UTB **3524**

Eine Arbeitsgemeinschaft der Verlage

Böhlau Verlag · Wien · Köln · Weimar
Verlag Barbara Budrich · Opladen · Farmington Hills
facultas.wuv · Wien
Wilhelm Fink · München
A. Francke Verlag · Tübingen und Basel
Haupt Verlag · Bern · Stuttgart · Wien
Julius Klinkhardt Verlagsbuchhandlung · Bad Heilbrunn
Mohr Siebeck · Tübingen
Nomos Verlagsgesellschaft · Baden-Baden
Orell Füssli Verlag · Zürich
Ernst Reinhardt Verlag · München · Basel
Ferdinand Schöningh · Paderborn · München · Wien · Zürich
Eugen Ulmer Verlag · Stuttgart
UVK Verlagsgesellschaft · Konstanz, mit UVK/Lucius · München
Vandenhoeck & Ruprecht · Göttingen · Oakville
vdf Hochschulverlag AG an der ETH Zürich

Hayek Lesebuch

herausgegeben von
Viktor J. Vanberg

Mohr Siebeck

Viktor J. Vanberg ist emeritierter Professor für Wirtschaftspolitik der Albert-Ludwigs-Universität Freiburg und Mitglied des Vorstands des Walter Eucken Instituts e.V.

ISBN 978-3-8252-3524-6

Die Deutsche Nationalbibliothek verzeichnet diese Publikation in der Deutschen Nationalbibliographie; detaillierte bibliographische Daten sind im Internet über *http://dnb.d-nb.de* abrufbar.

Das Buch wurde von Gulde-Druck in Tübingen gesetzt, auf alterungsbeständiges Werkdruckpapier gedruckt und gebunden.

Inhalt

Teil V: Liberalismus und Demokratie

Einleitung

von

Viktor J. Vanberg

„Obwohl man das Problem einer zweckdienlichen Gesellschaftsordnung heute unter den verschiedenen Gesichtspunkten der Ökonomie, der Jurisprudenz, der Politikwissenschaft, der Soziologie und der Ethik untersucht, läßt sich ein derartiges Problem mit Erfolg nur als Ganzes behandeln" (Hayek 2003a: 6).

Es ist oft und zu recht betont worden, dass das *Wissensproblem* – die „Grundtatsache der unvermeidlichen Unkenntnis des Menschen von einem Großteil dessen, worauf das Funktionieren einer Zivilisation beruht" (2005: 31)[1] – im Zentrum der Schriften von F.A. Hayek steht und seinem Gesamtwerk eine bemerkenswerte Kohärenz verleiht. Wie Hayek im Rückblick auf seine persönliche Entwicklung berichtet (1995: 62), wurde ihm die Bedeutung dieses Problems klar, als er sich Anfang der 1930er Jahre, nach seinem Wechsel von der Universität Wien an die London School of Economics,[2] daran machte, eine englischsprachige Ausgabe der wichtigsten Beiträge zur Diskussion um die Frage der Wirtschaftsrechnung im Sozialismus vorzubereiten, eine Diskussion, die ein Jahrzehnt zuvor in seinem Wiener Umfeld ein beherrschendes Thema gewesen war.[3] Bei seiner erneuten Beschäftigung mit dieser Diskussion sei ihm plötzlich eine Einsicht gekommen, die ihn den Charakter der Wirtschaftstheo-

[1] Die in dieser Einleitung lediglich mit Jahres- und Seitenzahl angeführten Verweise beziehen sich auf Schriften Hayeks.

[2] Nachdem er an der Universität Wien zum Dr. jur. (1921) und zum Dr. rer. pol. (1923) promoviert und sich 1929 habilitiert hatte, folgte Hayek 1931 einem Ruf an die London School of Economics. – Für einen tabellarischen Lebenslauf Hayeks siehe in diesem Band S. xx. Ausführlicher zur Biographie und zum Werk Hayeks: Caldwell 2004; Ebenstein 2001, 2003; Hennecke 2000, 2008; Vanberg 1990, 2001.

[3] Erschienen als F.A. Hayek (Hrsg.), *Collectivist Economic Planning: Critical Studies on the Possibilities of Socialism*, London: Routledge & Sons 1935. – Deutsche Übersetzungen der kommentierenden Beiträge Hayeks zu diesem Band ("Sozialistische Wirtschaftsrechnung I: Natur und Geschichte des Problems" und "Sozialistische Wirtschaftsrechnung II: Der Stand der Diskussion") finden sich in Hayek 2004b: 65–120.

rie in einem ganz neuen Licht sehen ließ, nämlich die Erkenntnis, daß sowohl die Befürworter einer zentral geplanten Wirtschaft wie auch die Vertreter der formalen ökonomische Gleichgewichtstheorie gleichermaßen die theoretischen und praktischen Probleme ignorieren, die daraus erwachsen, dass das für eine zweckmäßige Koordination wirtschaftlicher Tätigkeiten relevante Wissen nur in unvollkommener Form und verstreut in den Köpfen unzähliger einzelner Menschen existiert. Sein Vortrag „Economics and Knowledge", den er 1936 vor dem London Economic Club hielt und in dem er seine neue Sicht der Wirtschaftstheorie erstmals darlegte,[4] markiert nach Hayeks eigener Einschätzung einen entscheidenden Wendepunkt in seinem wissenschaftlichen Werdegang. Verstand er sich bis dahin als „reinen und engen ökonomischen Theoretiker", so schlug er nunmehr einen Forschungspfad ein, der ihn mehr und mehr „von der analytischen Wirtschaftstheorie in alle Arten von Fragen (führte), die üblicherweise als philosophische angesehen werden" (2007: 82).[5]

In „Wirtschaftstheorie und Wissen" setzt Hayek sich kritisch mit der für die „formale Gleichgewichtsanalyse in der Wirtschaftstheorie" charakteristische Tendenz auseinander, „die Nationalökonomie zu einem Zweig der reinen Logik zu machen" (2007: 137, 139), indem explizit oder stillschweigend von der Annahme ausgegangen wird, die soziale Welt sei von mehr oder weniger vollkommen rationalen, „quasi allwissenden Einzelmenschen" (ebd.: 149) bevölkert. Von einer solchen Annahme auszugehen bedeute aber, so lautete Hayeks Vorwurf, das Problem der Unvollkommenheit unseres Wissens und der Grenzen unserer Vernunft schlicht zu ignorieren und damit die „zentrale Frage aller Sozialwissenschaften" unbeantwortet zu lassen, nämlich die Frage, wie aus dem Zusammenwirken der Bruchstücke beschränkten Wissens das verstreut in den Köpfen der verschiedenen Menschen existiert, eine zweckmäßige soziale Ordnung hervorgehen kann (ebd.: 156).[6] Eine Antwort auf diese Frage könne

[4] Hayek (1995: 62): „It was somehow in thinking through anew these problems which had much occupied us in Vienna ten or fifteen years earlier that I had suddenly the one enlightening idea which made me see the whole character of economic theory in what to me was an entirely new light, and which I tried to convey in my presidential address to the London Economic Club on 'Economics and Knowledge'." – Der Vortrag „Economics and Knowledge"erschien 1937 in *Economica*. Die erstmals 1952 erschienene deutsche Übersetzung „Wirtschaftstheorie und Wissen" ist wiederabgedruckt in Hayek 2007: 137–158.

[5] Hayek (1995: 62): "I do not want to become too autobiographical and explain in detail how one who then still felt that he was probably for the rest of his life committed to work in pure theory was gradually and insensibly more and more drawn into problems of the philosophy of science, of social philosophy, and the history of ideas."

[6] Siehe dazu auch Hayeks Bemerkung in seinem (erstmals 1942 in der Zeitschrift *Economica* erschienenen) Aufsatz „Szientismus und das Studium der Gesellschaft": „Aber die konkreten Kenntnisse, die die Handlungen jedweder Gruppe von Menschen leiten, existieren nie als ein widerspruchsfreies und zusammenhängendes Ganzes. Sie exi-

man nur geben, wenn man über „die Tautologien, aus denen die formale Gleichgewichtsanalyse in der Wirtschaftstheorie im wesentlichen besteht“ hinausgehe und empirisch gehaltvolle Aussagen „über die Kausalzusammenhänge in der realen Welt“ mache, Aussagen darüber, wie Menschen aus Erfahrung lernen, wie Wissen erworben und vermittelt wird“ (ebd.: 137).

Der Beschäftigung mit der Frage, „wie Wissen erworben und vermittelt wird“ und was aus der Art und Weise des Wissenserwerbs und der Wissensvermittlung für die Erklärung und die Gestaltung gesellschaftlicher Ordnung zu folgern ist, sollte zum Schwerpunkt des Forschungsprogramms werden, dem Hayek sich in den folgenden Jahrzehnten widmete und dessen besonderes Kennzeichen daran liegt, dass es das Problem der Erklärung und Gestaltung sozialer Ordnung aus einer analytischen Perspektive angeht, die wirtschaftswissenschaftliches Denken mit Einsichten aus anderen Sozialwissenschaften, aus der Psychologie, der Philosophie und der Rechtswissenschaft zusammenführt.[7] Dies ist sicherlich einer der Gründe dafür, daß seine Schriften weit über die Wirtschaftswissenschaften hinaus Beachtung gefunden und die sozialwissenschaftliche Theoriediskussion beeinflusst haben. Liegt doch die Bedeutung seines Werks nicht zuletzt in dem Beitrag, den es zur Klärung der allgemeinen theoretischen Grundlagen leistet, die allen Sozialwissenschaften gemeinsamen sind, und in den Anstößen, die es damit für deren theoretische Integration gibt. Hayek in diesem Sinne als einen allgemeinen Sozialtheoretiker vorzustellen ist denn auch ein Hauptanliegen der für diesen Band getroffenen Auswahl aus seinem Gesamtwerk. Die dafür zusammengestellten Aufsätze und Buchkapitel sind in fünf Teile gegliedert, die die Schwerpunkte der um das Grundthema „Grenzen des Wissens und gesellschaftliche Ordnung“ kreisenden Soziatheorie Hayeks wiedergeben.[8]

Teil I *Grenzen des Wissens, Freiheit und die Bedeutung von Regeln* ist der Frage gewidmet, welche Folgerungen aus „unserer konstitutionellen Unwissenheit“ für ein angemessenes Verständnis menschlichen Handelns und sozialer

stieren nur in der verstreuten, unvollkommenen und widerspruchsvollen Form, in der sie in vielen einzelnen Köpfen erscheinen, und diese Verstreutheit und Unvollkommenheit allen Wissens ist eine der grundlegenden Tatsachen, von denen die Sozialwissenschaften ausgehen müssen“ (Hayek 2004a: 23).

[7] Von seinem wohl bedeutendstes Buch *Die Verfassung der Freiheit* sagt Hayek, sein Hauptzweck sei die „immer noch ausstehende Verflechtung der Philosophie, Jurisprudenz und Wirtschaftswissenschaft der Freiheit“ (2005: 6).

[8] Die im engeren Sinne ökonomische Teile des Hayekschen Werkes – seine frühen Beiträge zur Kapital- und Konjunkturtheorie, sowie seine geldtheoretischen Beiträge – bleiben in der vorliegenden Auswahl unberücksichtigt. Siehe dazu die Bände *Entnationalisierung des Geldes* (A 3), *Preise und Produktion* (A 8) und *Die reine Theorie des Kapitals* (B 6) in Friedrich A. von Hayek, Gesammelte Schriften in deutscher Sprache (Mohr Siebeck).

Institutionen zu ziehen sind. Mit den Worten, „das Argument für die Freiheit gründet sich auf die Erkenntnis unserer Unwissenheit“, umschreibt Hayek den Hauptgedanken seines Beitrages „Die schöpferischen Kräfte einer freien Zivilisation“, der an den Anfang gestellt ist, weil er eine allgemeine Einführung in seine Theorie freiheitlicher Gesellschaftsordnung bietet und gleichzeitig zu dem Thema hinführt, das im Zentrum des ersten Teils steht, nämlich Hayeks Argument, dass wir aufgrund der Beschränktheit unseres Wissens und unserer Vernunft auf allgemeine Regeln als Orientierungshilfen in einer komplexen Welt angewiesen sind.

Hayek, der neben seinem Rechtsstudium auch seinen Interessen an wahrnehmungspsychologischen Fragen nachging (Hennecke 2000: 43ff.). hatte sich bereits als Student mit der Frage beschäftigt, wie der menschliche Verstand aus Sinneswahrnehmungen Wissen über die Umwelt bildet, und 1920 ein Manuskript mit dem Titel „Beiträge zur Theorie der Entwicklung des Bewußtseins“ verfasst. Drei Jahrzehnte später sollte dieses Manuskript zur Grundlage seines wohl ungewöhnlichsten Werkes werden, des 1952 veröffentlichten Buches *The Sensory Order*, das Hayek im Untertitel als *An Inquiry into the Foundations of Theoretical Psychology* bezeichnet.[9] Der in diesem Buch entwickelten Theorie der Funktionsweise des Gehirns liegt der Gedanke zugrunde, daß wir unsere Umwelt niemals in der unerschöpflichen Totalität ihrer Einzelheiten sondern nur selektiv wahrnehmen können, im Lichte des Wissens, das wir bereits über die Welt besitzen, zum einen das Wissen, das aufgrund der im Prozeß der biologischen Evolution gesammelten ‚Erfahrung‘ der Spezies in unserer genetischen Ausstattung ‚gespeichert‘ ist, und zum anderen das gedächtnisgespeicherte Wissen, das wir aufgrund unserer eigenen, individuellen und kulturell vermittelten Erfahrung erworben haben.[10]

Der rationalistische Anspruch, „daß der Mensch fähig ist, seine Handlungen im Wege einer vollständigen, expliziten Bewertung der Konsequenzen sämtlicher möglicher Alternativentscheidungen und bei vollständiger Kenntnis aller Umstände erfolgreich zu koordinieren“ (2007: 80), verkennt nach Hayek bereits den elementaren Tatbestand der unvermeidbaren Selektivität unserer Wahrnehmung und ignoriert die unaufhebbaren Grenzen unseres Wissens um die Folgen, die unsere Handlungen in einer komplexen Welt insgesamt nach sich

[9] Das Manuskript von 1920 ist erstmals als Anhang in der von Manfred Streit erstellten und herausgegebenen Übersetzung von *The Sensory Order* erschienen (Hayek 2006: 199–226). Von führenden Neurowissenschaftlern ist anerkannt worden, daß die von Hayek in *The Sensory Order* entwickelten theoretischen Vorstellungen in ihrem Kern in bemerkenswerter Weise den Erkenntnissen der heutigen Hirnforschung entsprechen (siehe dazu Vanberg 2004: 183, 193).

[10] Hayek (2006: 137): „Wahrnehmung ist somit stets eine Interpretation, … oder, um es anders auszudrücken, *all* unser Wissen über die Welt besteht naturgemäß aus Theorien und alles, was ‚Erfahrung‘ tun kann, ist, diese Theorien zu verändern.“

ziehen. Allgemeine Regeln, so argumentiert Hayek, haben die Funktion, die zwangsläufige Selektivität unserer Wahrnehmung in eine Richtung zu lenken, die uns ein erfolgreicheres Handeln ermöglicht als es ansonsten der Fall wäre. Sie sind, so formuliert er, eine Anpassung an unsere „unvermeidliche Unkenntnis der meisten Einzelumstände, welche die Wirkung unserer Handlungen bestimmen" (2003a: 171), wobei ihre Eignung als Anleitung zum Handeln auf den Erfahrungen beruht, die im Prozeß ihrer durch Versuch und Irrtum bestimmten Herausbildung in sie eingeflossen sind.[11]

Sind wir schon in unserer persönlichen Lebensführen darauf angewiesen, uns um der Kohärenz in der zeitlichen Abfolge unserer Handlungen willen auf Regeln zu stützen, so trifft dies, wie Hayek betont, in noch höherem Maße dort zu, wo es darum geht, unser Handeln den Handlungen und Erwartungen anderer anpassen (2005: 88). Wobei auch hier gilt, daß die Tauglichkeit von Regeln zur zweckmäßigen sozialen Koordination der Einzelhandlungen auf den Erfahrungen beruht, die im experimentellen Prozess ihrer allmählichen Herausbildung gemacht worden sind und in ihnen ihren Niederschlag gefunden haben.[12] Das auf diesen Umstand abstellende Argument, „daß die meisten der Verhaltensregeln, die unser Handeln leiten, und die meisten Institutionen, die aus dieser Geregeltheit entstehen, Anpassungen an die Unmöglichkeit sind, daß irgend jemand bewußt alle die Einzeltatsachen berücksichtigt, welche auf die Gesellschaftsordnung einwirken", bezeichnet Hayek als eine der Hauptthesen seines Buches *Recht, Gesetz und Freiheit* (2003a: 15).

Teil II *Grundfragen sozialer Ordnung* ist zwei Themen gewidmet, die – systematisch verknüpft mit seinen Argumenten zu den Grenzen unseres Wissens und der Rolle von Regeln – in Hayeks Sozialtheorie einen prominenten Platz einnehmen. Dies ist zum einen die Unterscheidung zwischen zwei *Arten sozialer Ordnung* und zum anderen die Frage des Verhältnisses von *Regelordnung und Handelnsordnung*.

Mit seiner Unterscheidung zwischen *Organisation* und *spontaner Ordnung* als konträren Arten sozialer Ordnung stellt Hayek darauf ab, daß die soziale Koordination individueller Handlungen auf zwei grundsätzlich unterschiedliche Weisen erfolgen kann. Sie kann einerseits im Sinne des Ordnungsprinzips *Organisation* darauf beruhen, dass die Handlungen der einzelnen Beteiligten von einer ordnenden Instanz nach einem vorgefaßten Plan aufeinander abgestimmt, also durch Anordnung zentral koordiniert werden. Und sie kann andererseits

[11] Ausführlicher dazu Vanberg 1994a: 16ff., 111ff.

[12] Hayek (2007: 82): „Was ich über das Erfordernis abstrakter Regeln zur Koordination der fortwährenden Abfolge von Handlungen im Leben irgendeines Menschen in immer neuen und nicht voraussehbaren Umständen gesagt habe, gilt weit mehr für die Koordination der Handlungen vieler verschiedener Individuen in konkreten Umständen, die jedem einzelnen Individuum nur teilweise bekannt sind."

als *spontane Ordnung* dadurch zustande kommen, daß den Einzelnen lediglich allgemeine Regeln vorgegeben sind, die einen Rahmen abstecken, innerhalb dessen es ihnen frei steht, nach eigenem Wissen und Gutdünken ihre selbstgewählten Ziele zu verfolgen.[13] Der Aspekt, den Hayek bei seiner Unterscheidung der beiden Arten von Ordnung betont, betrifft den Umstand, daß ihre jeweilige spezifische Art der Wissensnutzung sie zur Lösung unterschiedlicher Arten von Koordinationsproblemen tauglich macht.

Die spezifische Leistungsfähigkeit des Ordnungstyps *Organisation* leitet sich daraus her, daß bei einem zentralen Lenkungsorgan vorhandenes Wissen genutzt werden kann, um die Anstrengungen einer Mehrzahl von Personen gezielt auf die Erreichung eines bestimmten angestrebten Ergebnisses auszurichten. Da die Handlungskoordination innerhalb der Organisation auf Anordnungen beruht, hat dieser Ordnungstyp jedoch den Nachteil, dass die den Anordnungen Unterworfenen mangels eigener Entscheidungsfreiheit das nur ihnen – und eben nicht der anordnenden Instanz – zur Verfügung stehende spezifische Wissen nicht zum Einsatz bringen können. Die spezifische Leistungsfähigkeit der auf allgemeinen Regeln beruhenden spontanen Ordnung liegt umgekehrt darin, dass sie im Maße der den Einzelnen eingeräumten Entscheidungsfreiheit deren spezifisches Wissen nutzen kann. Das bedeutet andererseits jedoch auch, dass die Gesamtergebnisse, die aus den separaten Handlungen der ihre Entscheidungsfreiheit nutzenden Einzelnen hervorgehen werden, nicht konkret vorausbestimmbar sind. Entsprechend ihren spezifischen Besonderheiten kann als allgemeine Regel gelten, dass sich das Ordnungsprinzip *Organisation* bei Problemen empfiehlt, für deren Lösung eine planmäßige Koordination der Einzelhandlungen wichtiger ist als die Nutzung des jeweiligen Wissens der Beteiligen, während sich das Prinzip der spontanen Ordnung bei Koordinationsproblemen als leistungsfähiger erweisen wird, bei deren Lösung es in besonderer Weise auf die Nutzung verstreuten Wissens ankommt. Dies wird, wie Hayek feststellt, in umso stärkerem Maße der Fall sein, je komplexer das betreffende soziale Ordnungsgefüge ist.[14] Deshalb kann die hoch komplexe umfassende Ordnung der Gesellschaft insgesamt nur eine spontane Ordnung sein, in deren Rahmen freilich eine Vielfalt von Organisationen – einschließlich der besonderen Organisation „Staat" – Platz findet. Und deshalb kann auch die Handlungskoordination

[13] Hayek (2002: 71 f.): „Die Unterscheidung zwischen einer auf abstrakten Regeln beruhenden spontanen Ordnung, die jedem einzelnen erlaubt, seine speziellen Kenntnisse für seine eigenen Zwecke zu nutzen, und einer auf Befehlen basierenden Organisation oder Anordnung ist von zentraler Bedeutung für das Verständnis der freien Gesellschaft."

[14] Hayek (2003a: 52): „Je komplexer die angestrebte Ordnung ist, umso größer wird der Anteil der einzelnen Handlungen, der durch Umstände bestimmt sein muß, die denen, die das Ganze leiten, nicht bekannt sind, und umso mehr wird die Kontrolle durch Regeln statt durch spezifische Befehle erfolgen müssen."

in Organisationen jenseits einer minimalen Größe nicht allein durch konkrete Anordnungen erfolgen sondern muß sich in gewissem Umfang auf Regeln, die den einzelnen Entscheidungsspielraum zur Nutzung ihrer lokalen Information lassen (Hayek 2002: 157).[15]

Der Umstand, daß wir uns um der Nutzung des nur verstreut in den Köpfen der einzelnen Menschen vorhandenen Wissens willen bei der Ordnung unseres sozialen Zusammenlebens sehr weitgehend auf allgemeine Regeln als Instrument der Verhaltenssteuerung stützen müssen, lenkt den Blick auf die Frage, die, so Hayek, „sowohl für die Sozialtheorie als auch für die Sozialpolitik von zentraler Bedeutung ist", nämlich die Frage, von welchen Regeln man die Herausbildung einer „Ordnung wünschenswerter Art" erwarten kann (2003b: 22, 23). Um diese Frage zu beantworten bedarf es der systematischen Analyse des Zusammenhangs zwischen den „Systemen von Verhaltensregeln ..., die das Verhalten der einzelnen Mitglieder einer Gruppe leiten ..., und ... der Ordnung oder dem Verhaltensmuster, das sich aus jenen für die Gruppe als Ganzes ergibt" (2003b: 74). In der Analyse des Zusammenspiels zwischen *Regelordnung* und *Handelnsordnung*, zwischen der Beschaffenheit des in einem sozialen Bereich geltenden Regelrahmens und der Eigenart des sich in diesem Rahmen herausbildenden Handlungsmusters sieht Hayek denn auch eine der Kernaufgaben sozialwissenschaftlicher Erkenntnisbemühungen.

Diesen Erkenntnisbemühungen ebenso wie unseren Fähigkeiten zur bewussten Gestaltung sozialer Ordnung sind nach Hayek allerdings dadurch bestimmte Grenzen gesetzt, daß wir es im sozialen Geschehen mit komplexen Phänomenen zu tun haben, die aus dem Zusammenwirken der Entscheidungen einer Vielzahl von Akteuren resultieren, die unter Nutzung ihrer spezifischen Kenntnisse ihre jeweiligen Interessen verfolgen. Die besonderen Schwierigkeiten, die daraus für die Sozialwissenschaften erwachsen, und die sie von den exakten Naturwissenschaften unterscheiden, behandelt Hayek in seinem Aufsatz „Die Theorie komplexer Phänomene". Diese Schwierigkeiten, so betont Hayek, stellen sich nicht bei „der Formulierung von Theorien für die Erklärung des beobachteten Geschehens" (2007: 96), sondern bei der Anwendung der Theorien auf Situationen in der realen Welt. Sie liegen darin, dass die zu erklärenden oder vorauszusagenden Sachverhalte typischerweise von einer zu großen Vielzahl von Einzelfaktoren abhängen werden, als daß wir sie alle kennen könnten. Und

[15] Organisationsregeln unterscheiden sich jedoch, wie Hayek erläutert, von den allgemeinen Verhaltensregeln, auf denen spontane Ordnungen beruhen. Während letztere für alle Akteure gleich und „in dem Sinne negativ sind, daß sie bestimmte Arten des Verhaltens verbieten statt vorzuschreiben" (2003a: 186), müssen erstere „Regeln für die Ausführung zugewiesener Aufgaben sein" und sind „notwendigerweise subsidiär im Verhältnis zu Befehlen; sie füllen die Lücken zwischen den Befehlen. Solche Regeln werden für die verschiedenen Mitglieder der Organisation verschieden sein" (ebd.: 51).

es sind, wie Hayek feststellt, nicht nur die Sozialwissenschaften, die mit solchen Schwierigkeiten konfrontiert sind. Sie stellen sich zwangsläufig überall dort, wo „wir uns von den relativ einfachen Phänomenen, mit denen es die Naturwissenschaften zu tun haben, zu den komplexeren biologischen, geistigen und gesellschaftlichen Phänomenen hinwenden" (2007: 191 f.). Es ist der Komplexitätsgrad der in Frage stehenden Wirkungszusammenhänge, der es nach Hayek dem Sozialwissenschaftler – wie allen Wissenschaftlern, die sich mit inhärent komplexen Phänomenen befassen – in der Regel unmöglich macht, nach dem Muster der exakten Naturwissenschaften vollständige Erklärungen oder präzise Voraussagen konkreter Einzelereignisse zu liefern, und ihm abverlangt, sich mit *Erklärungen des Prinzips* und mit *Mustervoraussagen* zu bescheiden, also damit, die allgemeinen Wirkprinzipien zu erklären, die dem in Frage stehende Phänomen zugrunde liegen, und das allgemeine Ergebnismuster vorauszusagen, das von einem Prozeß bestimmter Art zu erwarten ist.

Die Beiträge in Teil III *Die spontane Ordnung des Marktes* behandeln das Kernthema des Hayekschen Werkes, den Markt als paradigmatisches Beispiel spontaner sozialer Ordnung und die Theorie das Marktes als Musterbeispiel einer Theorie komplexer Phänomene. In seinem wohl bekanntesten, erstmals 1945 erschienenen Aufsatz *Die Verwertung des Wissens in der Gesellschaft*[16] knüpft Hayek an die in seinem eingangs erwähnten 1936er Vortrag *Wirtschaftstheorie und Wissen* geäußerte Kritik am tautologischen Charakter der formalen ökonomischen Gleichgewichtstheorie an, der er vorwirft, sich mit ihren Wissensannahmen völlig den Blick dafür zu versperren, welche Leistungen der Markt für die Koordination wirtschaftlicher Aktivitäten in der realen Welt tatsächlich erbringt.[17] Wenn man, wie es in ihr geschehe, davon ausgehe, daß die Präferenzen der Einzelnen sowie die zu ihrer Befriedigung verfügbaren Mittel und Möglichkeiten bekannt seien, dann sei das Problem der besten Mittelverwendung in der Tat „lediglich ein Problem der Logik", das „am besten in mathematischer Form dargestellt" werden könne (2007: 57). Dies sei jedoch, so Hayek, „ganz entschieden *nicht* das wirtschaftliche Problem, dem die Gesellschaft gegenübersteht" (ebd.). Das Problem sei vielmehr, „wie man den besten Gebrauch aller

[16] Die englischsprachige Erstveröffentlichung erschien unter dem Titel „The use of knowledge in society" in *The American Economic Review* 35, 1945: 519–530.

[17] Hayek (2007: 66): „Aber ich fürchte, daß unsere theoretische Gewohnheit, das Problem mit der Annahme mehr oder weniger vollkommenen Wissens seitens fast jedermanns anzugehen, uns für die wirkliche Funktion des Preismechanismus mehr oder weniger blind gemacht hat." – Zwar wolle er, so bemerkt Hayek, die heuristische Funktion der Gleichgewichtsanalyse nicht leugnen, aber man müsse sehen, „dass etwas grundlegend falsch an einem Weg ist, der grundsätzlich einen wesentlichen Teil des Phänomens missachtet, mit dem wir es zu tun haben: die unvermeidbare Unvollkommenheit menschlicher Kenntnis und die daraus folgende Notwendigkeit eines Prozesses, durch den die Kenntnis ständig vermittelt und erworben wird" (ebd.: 70).

Mittel sichern kann, die irgend einem Mitglied der Gesellschaft bekannt sind und zwar für Zwecke, deren relative Wichtigkeit nur diese Individuen kennen" (ebd.: 58).[18] Ein adäquates Verständnis davon, wie der realweltliche Markt dieses Problem löst, erfordert nach Hayek, die Funktion ins Auge zu fassen, die der marktliche Preismechanismus als ein Kommunikationssystem erfüllt, in dem im Wettbewerb gebildete Preise die einzelnen Akteure über relative Knappheiten und deren Veränderung informieren und ihnen damit das *allgemeine* Wissen zur Verfügung stellen, das sie benötigen, um sich im Lichte ihrer partikularen, spezifischen lokalen Kenntnisse und ihrer jeweiligen Präferenzen in zweckmäßiger Weise an die gegebenen Knappheitsbedingungen anzupassen.[19]

Gerade auch die für den Marktprozeß zentrale Funktion des Wettbewerbs verschließt sich nach Hayek einer Sichtweise, die von „gegebenen" Präferenzen und Mitteln ausgeht und damit das unaufhebbare Problem der Unvollkommenheit und Verstreutheit des Wissens ausblendet. Wo wir die Lösung eines Problems im Vorhinein kennen, kann Wettbewerb keine sinnvolle Rolle spielen. Sich seiner zu bedienen, so Hayeks Argument, macht nur dort Sinn, wo „wir die wesentlichen Umstände nicht kennen, die das Handeln der im Wettbewerb Stehenden bestimmen" (2003b: 132). Seine eigentliche Bedeutung liegt in seiner Funktion „als ein Verfahren zur Entdeckung von Tatsachen …, die ohne sein Bestehen entweder unbekannt bleiben oder doch zumindest nicht genutzt werden würden" (ebd.).[20] Das Entdeckungsverfahren des Wettbewerbs verleiht, wie Hayek deutlich macht, dem Marktprozess eine inhärente Zukunftsoffenheit, die es der Theorie des Marktes grundsätzlich unmöglich macht, Marktergebnisse konkret vorauszusagen, sondern sie „notwendig auf eine Voraussage der Art der Struktur oder der abstrakten Ordnung beschränkt" (ebd.: 134).[21]

---

[18] Hayek (2007: 57f.): „Der eigentümliche Charakter des Problems einer rationalen Wirtschaftsordnung ist gerade auch durch die Tatsache bestimmt, daß die Kenntnis der Umstände, von der wir Gebrauch machen müssen, niemals zusammengefaßt oder als Ganzes existiert, sondern immer nur als zerstreute Stücke unvollkommener und häufig widersprechender Kenntnisse, welche alle die verschiedenen Individuen gesondert besitzen."

[19] Hayek (2004a: 103): „Als ein solches Instrument der Übermittlung aller relevanten Information, in abgekürzter und kondensierter Form, an alle jene, die sich für eine bestimmte Ware interessieren, müssen wir Märkte und Preise auffassen, wenn wir ihre Funktion verstehen wollen. Sie … machen jene Kombination von Dezentralisierung der Entscheidungen und gegenseitiger Anpassung dieser Entscheidungen möglich, die wir in einem Wettbewerbssystem finden."

[20] In anschaulichen Worten beschreibt Hayek den Wettbewerb „als ein Entdeckungsverfahren …, in dem Kundschafter auf der ständigen Suche nach unausgenützten Gelegenheiten sind, die, wenn sie entdeckt wurden, dann auch von anderen genützt werden können" (2003b: 145).

[21] Hayek (2001: 77): „Wir kennen den allgemeinen Charakter der selbstregulierenden Kräfte der Wirtschaft und die allgemeinen Bedingungen, unter denen diese Kräfte funk-

Um die Funktionsweise des Marktes als einer spontanen Ordnung zu veranschaulichen, verweist Hayek in seinen Schriften – und so auch im Kapitel „Die marktliche Ordnung als Katallaxie“ – gerne auf die Strukturanalogie zwischen einem nach Regeln verlaufendem Spiel und einer auf allgemeinen Verhaltensregeln basierenden spontanen Ordnung.[22] Um zu verstehen, wie der Koordinationsmechanismus des Marktes „nicht nur zur Schaffung einer Ordnung führt, sondern auch zu einem großen Anstieg des Ertrages, den die Menschen aus ihren Anstrengungen ziehen“ (2003a: 266), sei es am besten, so Hayek, sich den Markt als ein Spiel zu denken, für das er – in Anlehnung an das altgriechische Wort für „tauschen“ oder „Handel treiben“ – den Namen „Spiel der *Katallaxie*“ oder Tauschspiel vorschlägt. Mit der Spielanalogie soll natürlich in keiner Weise der grundlegende Unterschied zwischen zur bloßen Unterhaltung betriebenen Spielen und dem die Lebensgrundlage der Menschen bestimmenden wirtschaftlichen Geschehen im Markt geleugnet werden. Damit soll allein auf die für die sozialtheoretische Analyse bedeutsamen Gemeinsamkeiten abgestellt werden, die zwischen Spielen im üblichen Wortsinne und jener Art von sozialen Prozessen bestehen, die sich dort einstellen, wo Menschen ihr Zusammenleben mit Hilfe allgemeiner „Spielregeln“ ordnen, die bestimmte Verhaltensweisen verbieten, es den einzelnen aber ansonsten überlassen, unter den nicht verbotenen Handlungsoptionen diejenigen auszuwählen, die ihnen nach ihrer eigenen Einschätzung am zweckmäßigsten und vorteilhaftesten erscheinen.

Was das auf den (Spiel-)Regeln „des Eigentums-, Haftungs- und Vertragsrechts“ (ebd.: 260) beruhende Katallaxie-Spiel des Marktes auszeichnet, ist der Umstand, daß es, wie Hayek formuliert, „ein wohlstandschaffendes Spiel (ist) ..., das heißt, eines, das eine Vergrößerung der Güterströme und eine Verbesserung der Aussichten aller Teilnehmer auf Befriedigung ihrer Bedürfnisse bewirkt“ (ebd.: 266). Und der entscheidende Grund für sein produktives Potential ist im Sinne des Hayekschen Wisssensarguments darin zu sehen, daß die einzelnen im Entdeckungsverfahren des Marktwettbewerbs die Freiheit und den Anreiz haben, ihre spezifischen Kenntnisse zum Einsatz zu bringen, und daß dadurch die Nutzung von mehr Wissen möglich wird als dies bei anderen Koordinationsverfahren der Fall wäre.

Die unaufhebbare Unvollkommenheit unseres Wissens, die den Möglichkeiten sozialwissenschaftlicher Erklärung und Prognose bestimmte Grenzen

---

tionieren oder nicht funktionieren werden, aber wir kennen nie alle Umstände, an die sie eine Anpassung herbeiführen.“

[22] Hayek (2011: Appendix E): „Die Verhaltensweisen, die zur Entstehung der spontanen Ordnung führten, haben viel mit den Regeln eines Spiels gemein. ... Ein Spiel ist in der Tat ein anschauliches Beispiel für einen Prozeß, in dem die Einhaltung allgemeiner Regeln durch die Spieler, die verschiedene und oft einander entgegen gesetzte Ziele verfolgen, eine Gesamtordnung bewirkt“.

setzt, legt, wie Hayek mit Nachdruck deutlich macht, auch unseren Bemühungen um die bewußte Gestaltung sozialer Ordnung Beschränkungen auf. Diese Beschränkungen zu verkennen, ist nach Hayek das Kennzeichen einer Denkweise, die er als *rationalistischen Konstruktivismus* – oder auch als *‚konstruktivistischen' Rationalismus* – charakterisiert, und der er eine *Anmaßung von Wissen*[23] vorwirft. Die Kritik dieser Denkweise, die „die Grenzen nicht zur Kenntnis nimmt, die den Kräften der Vernunft gezogen sind" (2007: 77), und die Warnung vor den verhängnisvollen Folgen ihrer politischen Umsetzung sind ein Thema, das das gesamte Werk Hayeks durchzieht, bis hin zu seinem letzten Buch *Die verhängnisvolle Anmaßung: Die Irrtümer des Sozialismus* (2011). Die Beiträge in Teil IV *Die Wissensanmaßung des Konstruktivismus* haben dieses Thema zum Gegenstand.

Hayeks Kritik gilt zwei unterscheidbaren Varianten eines „konstruktivistischen Rationalismus" (oder „rationalistischen Konstruktivismus"), die auf verschiedenen Spielarten einer Anmaßung von Wissen beruhen. Dabei geht es zum einen um das, wie man es nennen könnte, „horizontale Wissensproblem", das Problem der Nutzung des nicht-zentralisierbaren Wissens, das nur verstreut in den Köpfen der einzelnen Menschen existiert und nur „vor Ort" genutzt werden kann. Und es geht zum anderen um das „intertemporale Wissensproblem", das Problem der Nutzung des Wissens, das Menschen im Verlauf der Zeit, durch Versuch und Irrtum, über die Eignung von Regeln und Institutionen zur Lösung sozialer Koordinationsprobleme erwerben. Zunächst, und vor allem richtet sich Hayeks Kritik gegen den Anspruch, „daß der Mensch eine wünschenswerte Ordnung der Gesellschaft zustande bringen kann, indem er bei voller Kenntnis aller erheblichen Tatsachen ihre sämtlichen Bestandteile konkret aneinanderfügt" (2007: 78). Ein solcher Anspruch, wie er insbesondere im sozialistischen Projekt zentraler Wirtschaftsplanung angelegt ist, beruht, so Hayek, auf dem irrigen „Glauben, daß die Vernunft fähig sei, alle Einzelheiten einer komplexen Gesellschaft unmittelbar bestimmen zu können" (ebd.), und er verkennt, daß wir angesichts ihrer Komplexität die Ordnung unseres sozialen Zusammenlebens nur auf *indirekte* Weise gestalten können, durch allgemeine Regeln, die den einzelnen den Entscheidungsspielraum lassen, den sie benötigen, um ihr verstreutes Wissens zum Einsatz bringen zu können. Unseren Gestaltungsehrgeiz in „Erkenntnis der eigentlichen Grenzen rationaler Kontrolle" in solcher Weise zu beschränken, bedeutet nach Hayek keineswegs eine Abdankung sondern „eine der wichtigsten Anwendungen der Vernunft",

[23] Diesen Titel – bzw. den englischen Titel „The Pretence of Knowledge" – hatte Hayek für die Rede gewählt, die er 1974 anläßlich der Verleihung des Nobel-Preises gehalten hat.

während die Überschätzung ihrer Kräfte „eher einem Mißbrauch der Vernunft gleichkommt“ (2007: 83).[24]

Bei Hayeks Kritik der Wissensanmaßung eines ‚konstruktivistischen Rationalismus‘ geht es nicht um das „ob“ sondern um das angemessene Verfahren im Bemühen um eine bewußte Gestaltung sozialer Ordnung. Da in einer regelbasierten spontanen sozialen Ordnung die Art der Ergebnismuster, die aus der wechselseitigen Anpassung der separaten Einzelentscheidungen resultieren, von der Beschaffenheit des Regelrahmens abhängt, innerhalb dessen die Individuen unter Nutzung ihres Wissens ihre jeweiligen Ziele verfolgen können, kann die bewußte Gestaltung des Regelwerks als Mittel zur Beeinflussung der resultierenden Handlungsordnung genutzt werden.[25] Zwar sind, wie Hayek betont, die für unser Handeln bedeutsamen Regeln weitgehend bewußter Gestaltung entzogen, da sie informeller Natur und uns überhaupt nur zum Teil bewusst sind. Doch soweit wir Regeln vorsätzlich ändern können, und dies gilt für die Regeln des formalen Rechts, sind Gestaltungsmöglichkeiten gegeben. Die Rechtsregeln sind nach Hayek das „Hauptinstrument ..., mit dem wir auf die resultierende Handelnsordnung einwirken können“ (2003a: 47). Und die Frage, welche Form sie haben sollten, damit sie ihre Hauptfunktion – nämlich die „geeignete Abgrenzung der individuellen Sphären“ – am zweckmäßigsten erfüllen, bezeichnet er als „eines der Hauptprobleme der Wirtschafts- und Sozialpolitik“ (2003b: 23), ein Problem, zu dessen Lösung die Sozial- und Rechtswissenschaften mit ihren Einsichten in das Zusammenspiel von Rechtsordnung und Handelnsordnung beitragen können. Maßstab für die Zweckmäßigkeit des rechtlichen Regelrahmens ist im Sinne Hayeks dessen Eignung, „eine abstrakte Gesamtordnung von der Art zu sichern, dass sie den Mitgliedern die besten Chance bietet, ihre jeweiligen und weitgehend unbekannten Einzelziele zu verfolgen“ (2003a: 265), und dafür zu sorgen, daß die auf individuelle Ziele gerichteten Bestrebungen der einzelnen „so kanalisiert werden können, dass sie dem Gemeinwohl dienen“ (2003b: 53), daß der einzelne durch „seine auf Ausnützung seiner persönlichen

[24] Hayek (2003a: 35): „Es ist die Überschätzung der Macht der Vernunft, die zum Aufbegehren gegen die Unterwerfung unter abstrakte Regeln führt. Der konstruktivistische Rationalismus weist die Forderung nach Disziplinierung der Vernunft zurück, weil er sich in dem Glauben wiegt, die Vernunft könne alle Einzelheiten unmittelbar beherrschen.“

[25] In seiner 1939 erschienen Schrift *Freedom and the Economic System* hat Hayek zwischen „Planung“ im Sinne zentraler Steuerung durch direkte Anordnung und „Planung“ im Sinne planvoller Regelgestaltung unterschieden. Über letztere heißt es dort: „We can ‚plan‘ a system of general rules, equally applicable to all people and intended to be permanent (even if subject to revision with the growth of knowledge), which provides an institutional framework within which the decisions as to what to do and how to earn a living are left to the individuals. In other words, we can plan a system in which individual initiative is given the widest possible scope and the best opportunity to bring about effective coordination of individual efforts" (1997: 194).

Kenntnisse gegründete Entscheidung soviel wie möglich zum Gesamterfolg beitragen wird“ (2001: 77).[26]

Die Beschränkung auf *Erklärungen des Prinzips* bzw. auf *Mustervoraussagen*, mit denen die Sozialwissenschaften sich aufgrund der Komplexität ihres Gegenstandes bescheiden müssen, findet ihren Niederschlag in den Grenzen der Gestaltbarkeit gesellschaftlicher Prozesse, die eine Wirtschafts- und Sozialpolitik akzeptieren muß, die sich auf allgemeine Regeln als Steuerungsmittel stützt, Grenzen, die, so Hayek, ihren unvermeidbaren Grund in der „Eigentümlichkeit der spontanen Ordnung“ haben: „Wir können uns zwar ihrer ordnenden Kräfte (d.h. der Regelmäßigkeiten im Verhalten der Glieder) bedienen, um eine Ordnung weit komplexerer Erscheinungen zu erreichen, als es uns je durch gezielte Anordnung möglich wäre; wenn wir dies jedoch tun, verzichten wir gleichzeitig auf einen Teil unserer Macht über die Einzelheiten dieser Ordnung“ (2002: 72). Eine auf Regelsteuerung gestützte Politik – sie wird üblicherweise mit dem Begriff der *Ordnungspolitik* umschrieben – kann zwangsläufig nur das allgemeine Ergebnis*muster*, nicht jedoch die konkrete Ausgestaltung der resultierenden Handelnsordnung beeinflussen, da diese davon abhängen wird, wie die einzelnen die Entscheidungsfreiheit, über die sie innerhalb des gesetzten Regelrahmens verfügen, nutzen werden. Eine größere Kontrolle über die Einzelheiten der Handelnsordnung ist nur in dem Maße möglich, in dem man den einzelnen Entscheidungsfreiheit nimmt und ihnen Anordnungen erteilt, damit aber auch die Möglichkeit aufgibt, deren Wissen zu nutzen.

Wenn Hayek seinen Argumenten zur Rolle der Rechtsregeln als „Hauptinstrument“ der Ordnungsgestaltung den Hinweis beifügt, dies werde nicht durch die Tatsache geändert, dass die „wünschenswerte Form“ dieser Regeln „in weitem Maße durch die angesammelte Erfahrung von Jahrhunderten gefunden worden ist und dass ihre weitere Verbesserung mehr oder von einer experimentellen schrittweisen Entwicklung als von einem Neuaufbau des Ganzen zu erwarten ist“ (2003b: 23), so klingt darin seine Warnung vor der zweiten der oben unterschiedenen Varianten eines „konstruktivistischen Rationalismus“ an, einer Vorstellung, „die davon ausgeht, daß alle gesellschaftlichen Institu-

[26] Die Förderung der Möglichkeiten, die die rechtliche Rahmenordnung allen Beteiligten gleichermaßen bietet, ist nach Hayek „das einzige Ziel, das eigentlich als gemeinsames Ziel oder als Gemeinwohl oder als öffentliches Interesse bezeichnet werden kann“ (2001: 44). – Siehe auch Hayek (2003b: 171), wo es über diesem Kriterium entsprechende Rechtsregeln heißt: Sie „würden Spielregeln darstellen, die wohl mehr oder minder zweckmäßig sein können, aber nie jemandem etwas verbieten, was jemand anderem unter den gleichen Bedingungen erlaubt ist. Sie mögen wohl gewisse Handlungsweisen – etwa gefährliche Produktionsmethoden – allgemein verbieten oder nur unter bestimmten Bedingungen zulassen. Was sie ausschließen, ist jede Art vom Staat geförderter Privilegien oder von Diskriminierung. Sie würden ein für alle gleiches Rahmenwerk bieten, innerhalb dessen jeder weiß, daß er das gleiche tun darf wie jeder andere."

tionen das Ergebnis wohlüberlegten Entwurfs sind und sein sollten" (2003a: 7). Wirft Hayek der ersten Variante konstruktivistischen Denkens vor, daß sie sich anmaßt, auf die Nutzung des in der Gesellschaft verstreuten Wissen der einzelnen verzichten zu können, so lautet sein Einwand gegen eine „konstruktivistische Auslegung von Regeln" (ebd.: 168), daß sie unsere Möglichkeiten rationaler Regelgestaltung weit überschätzt und die Notwendigkeit verkennt, das Erfahrungswissen zu nutzen, das über Generationen mit der Problemlösungsfähigkeit unterschiedlicher Regeln gesammelt worden ist und in tradierten Institutionen seinen Niederschlag gefunden hat. Ebenso wie die Einsicht in die Unmöglichkeit rationaler Kontrolle aller Einzelheiten der komplexen menschlichen Gesellschaft uns dazu führen sollte, „mit abstrakten Regeln zufrieden zu sein", so sollten wir uns nach Hayek auch beim Bemühen um bewußte Regelgestaltung vor rationalistischem Übereifer hüten und von der Einsicht leiten lassen, „dass keine einzelne menschliche Intelligenz dazu fähig ist, die geeignetsten abstrakten Regeln zu erfinden, weil jene, die sich allmählich im Prozeß des Wachstums der Gesellschaft herausgebildet haben, die Erfahrung von weit mehr Versuchen und Irrtümern verkörpern als irgendeine einzelne Intelligenz sie erwerben könnte" (2007: 78).[27]

Gegenstand des abschließenden Teils V *Liberalismus und Demokratie* ist die Regelordnung – oder die Verfassung – des *Staates* als der besonderen Organisation, die einerseits selbst in die spontane Ordnung der umfassenderen Gesellschaft eingebettet ist, andererseits einen wesentlichen Teil des Rahmenwerks von Regeln – die formalen Regeln des Rechts – setzt und durchsetzt, auf denen die spontane Ordnung der Gesellschaft ihrerseits beruht. Ein Schwerpunkt der Überlegungen Hayeks zu diesem Thema liegt bei der Frage des Verhältnisses zwischen dem Ideal des Liberalismus und dem der Demokratie.[28]

Durch seine „Forderung nach gleichen Rechten für alle und der daraus folgenden Ablehnung aller Privilegien" (2002: 110) war der Liberalismus, wie

[27] So wie Hayek die Kritik der ersten Variante eines konstruktivistischen Rationalismus auf seine theoretischen Überlegungen zur „Nutzung des Wissens in der Gesellschaft" und zur Rolle des Marktes als Kommunikationssystem stützt, so stützt er die Kritik der zweiten Variante auf eine *Theorie der kulturellen Evolution*, nach der die Evolution kultureller Artefakte – von einfachen Werkzeugen bis hin zu sozialen Regelsystemen – ganz analog dem Prozeß der biologischen Evolution durch das Prinzip von *Variation, Selektion und Retention* bestimmt ist. In Kurzfassung lautet diese Theorie: „Wie alle Vielzweckwerkzeuge sind uns Regeln dienlich, weil sie an die Lösung wiederkehrender Probleme angepaßt wurden und dadurch den Mitgliedern der Gesellschaft, in der sie gelten, die wirksamere Verfolgung ihrer Ziele erlauben. Wie ein Messer oder ein Hammer wurden sie nicht für einen einzelnen Zweck gestaltet, sondern weil sie sich in dieser Form besser als in einer anderen in den unterschiedlichsten Situationen als nützlich erwiesen haben. Sie wurden ... in einem Evolutionsprozeß ausgewählt" (2003a: 171). – Eingehender zu Hayeks Theorie der kulturellen Evolution: Vanberg 1994b.

[28] Eingehender dazu Vanberg 2008; 2011.

Hayek erläutert, ursprünglich eng mit der demokratischen Bewegung und ihrer Forderung nach gleichen politischen Mitwirkungsrechten für alle verbunden. Die Tatsache, daß beide Bewegungen im Kampf und eine verfassungsmäßige Regierung oft nicht zu unterscheiden gewesen seien, habe allerdings überdeckt, daß die von ihnen verfolgten Ziele zwar kompatibel aber doch sehr unterschiedlich sind. „Der Liberalismus“, so Hayek, „befaßt sich mit den Aufgaben des Staates und vor allem mit der Beschränkung seiner Macht. Die demokratische Bewegung befaßt sich mit der Frage, wer den Staat lenken soll“ (ebd.). Anders formuliert, das Ideal der Demokratie richtet die Aufmerksamkeit auf die Frage, durch welche Regeln die Legitimation zur Ausübung staatlicher Macht verliehen bzw. die Besetzung politischer Ämter vorgenommen werden soll, während das Ideal des Liberalismus den Blick auf die Frage lenkt, welche Regeln für die Ausübung staatlicher Autorität gelten und welche Schranken ihr gesetzt werden sollten. Ein Konflikt zwischen den beiden zwar unterschiedlichen aber durchaus zu vereinbarenden und einander ergänzenden Anliegen tat sich nach Hayek erst in dem Maße auf, in dem der Sieg der Demokratie über autoritäre Regierungsformen zu dem Glauben verleitete, „die Vorkehrungen, welche die Menschen einst mühsam ersannen, um den Mißbrauch der Regierungsgewalt zu verhindern, würden alle dann unnötig, wenn die Macht in die Hände des Volkes gelegt ist“ (ebd.: 175).[29]

Dies ist der Hintergrund, vor dem Hayeks Kritik an der „zeitgenössischen Demokratie“ zu verstehen ist, eine Kritik, von der er ausdrücklich sagt, daß sie keineswegs dem eigentlichen Ideal der Demokratie gilt, sondern sich gegen die spezifische institutionelle Form richtet, in der dieses Ideal umgesetzt worden ist. Viele der allgemein festgestellten und beklagten Mängel des heutigen Staates, die als unvermeidliche Auswirkungen der Demokratie betrachtet würden, seien, so Hayeks These, „in Wirklichkeit nur Auswirkungen der Unbeschränktheit der gegenwärtigen Demokratie“ (2003a: 449). Nicht das demokratische Prinzip, „daß alle Macht vom Volke ausgehen soll“ (2001: 84), sondern die Vorstellung, „daß die jeweilige Mehrheit das Recht haben soll, zu bestimmen, welche Gewalt sie haben und wie diese auszuüben ist“ (2005: 137), gerate mit dem liberalen Ideal der Herrschaft des Gesetzes in Konflikt, dem Ideal der „Beschränkung aller Macht dadurch, daß man den Gesetzgeber verpflichtet, sich an allgemeine Regeln zu halten“ (2002: 181).

Die diskretionäre Entscheidungsgewalt, über die eine nicht durch allgemeine Prinzipien beschränkte Mehrheitsherrschaft verfügt, bedeutet nach Hayek nur scheinbar eine Stärkung staatlicher Macht, sondern läuft in ihren Auswirkungen auf eine Schwächung des Staates hinaus. „Der Grund dafür ist“, so erläutert er,

---

[29] Hayek (2003a: 309): „Die tragische Illusion lag in der Annahme, daß die Einführung demokratischer Verfahren alle anderen Beschränkungen staatlicher Macht entbehrlich macht.“

„dass der demokratische Staat, auch wenn er dem Namen nach allmächtig ist, infolge unbeschränkter Macht äußerst schwach wird – ein Spielball der Sonderinteressen, denen er gerecht werden muß, wenn er sich die Unterstützung der Mehrheit sichern will“ (2003a: 405f.).[30] Demgegenüber bedeute eine Bindung an Regeln, die ihm die Vergabe von Sonderrechten an bestimmte Gruppen verbieten, nur scheinbar eine Schwächung des demokratischen Staates. Sie stärke ihn vielmehr in der Fähigkeit, seinem originären Auftrag der Förderung der Gemeininteressen nachzukommen, da ihn die fehlende Autorität zur Privilegienvergabe zugleich vor der ansonsten bestehenden Notwendigkeit bewahrt, sich „die Unterstützung der verschiedenen Gruppen durch Gewährung besonderer Vergünstigungen“ (ebd.: 407) erkaufen zu müssen. Dadurch werde „die Energie des Staates wieder für die Aufgaben frei, die wirklich im allgemeinen Interesse liegen“ (2001: 87).

Einen wesentlichen strukturellen Grund für die mangelnde Beschränkung staatlicher Macht in der Demokratie heutiger Form sieht Hayek in dem Umstand, daß die Trennung zwischen Exekutive und Legislative zwar nominell bestehe, aber institutionell nicht wirksam gesichert sei, da sowohl die Aufgabe der eigentlichen Gesetzgebung im Sinne der Entscheidung über die allgemeinen Regeln für Gesellschaft und Staat wie auch die Aufgabe der Überwachung der laufenden Regierungsgeschäfte in den Händen ein und derselben Vertretungsinstitution liegen. In seinen Worten: „Die gegenwärtige Struktur demokratischer Staaten wird entscheidend durch die Tatsache bestimmt, daß wir den Abgeordnetenversammlungen zwei grundverschiedene Aufgaben übertragen haben. Wir nennen sie ‚Gesetzgeber‘, doch der bei weitem größere Teil ihrer Arbeit besteht nicht in der Formulierung und Verabschiedung allgemeiner Verhaltensregeln, sondern in der Anordnung staatlicher Maßnahmen in Einzelfällen“ (2003a: 329). In der Tat sei, so beklagt Hayek, das Bewußtsein für den grundlegenden Unterschied zwischen Entscheidungen über allgemeine Regeln und Entscheidungen über einzelne Regierungsmaßnahmen dadurch verloren gegangen, daß man in beiden Fällen von „Gesetzen“ spreche (ebd.). So berechtigt der Wunsch sei, daß sowohl die Gesetzgebung im eigentlichen Sinne als auch die laufende Regierungstätigkeit demokratisch vor sich gehen, so sei es doch ein verhängnisvoller Fehler, beide Aufgaben derselben repräsentativen Körperschaft anzuvertrauen (2002: 187f.).[31] Sei eine solche Versammlung doch zwangsläufig in steter Versu-

[30] Hayek (2003a: 445): „Seine Wurzel hat das Übel, kurz gesagt, natürlich darin, dass in einer unbeschränkten Demokratie die Inhaber von Ermessensgewalt, ob sie wollen oder nicht, genötigt sind, diese zu gebrauchen, um bestimmte Gruppen zu begünstigen, von deren entscheidender Stimme ihre Macht abhängt.“

[31] Dies mache, so fügt Hayek hinzu, „die Unterscheidung zwischen Gesetzgebung und Regierung und folglich auch die Wahrung der Grundsätze der Herrschaft des Gesetzes und des Rechtsstaates praktisch unmöglich“ (2002: 188).

chung, die Regeln, die sie beschließt, nicht – wie es die Aufgabe eines genuinen Gesetzgebers wäre – im Hinblick auf ihre langfristigen Steuerungswirkungen zu beurteilen, sondern sich jeweils die Gesetze zu geben, die ihr am besten helfen, „die augenblicklich aktuellen Ziele zu erreichen" (2003a: 407).[32]

Als Korrektur der von ihm diagnostizierten strukturellen Mängel heutiger demokratischer Institutionen hat Hayek ein Verfassungsmodell formuliert,[33] das eine „echte Gewaltenteilung" dadurch sichern soll, daß die Aufgaben der eigentlichen Gesetzgebung einerseits und der Kontrolle der laufenden Regierungstätigkeit andererseits zwei gesonderten und voneinander unabhängigen demokratischen Vertretungsorganen übertragen werden (2003a: 413). Nach diesem Verfassungsmodell soll die Unabhängigkeit der „gesetzgebenden Versammlung" gegenüber der „regierenden Versammlung" insbesondere dadurch gewährleistet werden, „daß die zwei Versammlungen nicht auf die gleiche Weise oder für den gleichen Zeitraum gewählt werden dürften" (ebd.: 418). Daß Hayek sich mit recht konkreten Vorschlägen zu der Frage geäußert hat, wie das Verfahren zur Wahl für die gesetzgebende Versammlung gestaltet sein könnte (ebd.: 419), hat der Wirksamkeit seines Arguments eher geschadet. Hat doch die kritische Reaktion auf diese, für das eigentliche Anliegen seines Verfassungsmodells völlig sekundären Vorschläge die Aufmerksamkeit von der entscheidenden Frage abgelenkt, ob die von ihm diagnostizierte mangelnde Trennung zwischen eigentlicher Gesetzgebung und laufenden Regierungsgeschäften in der Tat einen wesentlichen Defekt der vorherrschenden Form der Demokratie darstellt, und, falls seine Diagnose zutrifft, mit welchen institutionellen Mitteln dieser Mangel wirksam behoben werden kann.[34]

Die für dieses „Lesebuch" aus dem Hayekschen Gesamtwerk ausgewählten Beiträge sind in der Form übernommen, in der sie in *Friedrich A. von Hayek – Gesammelte Schriften in deutscher Sprache* erschienenen sind.[35] Um den Rückbezug auf die jeweils zugrundeliegende Veröffentlichung in den *Gesammelten Schriften* zu erleichtern, sind die darauf bezogenen Seitenzahlen in eckigen Klammern zusätzlich zu der für diesen Band geltenden laufenden Nummerierung angegeben. Die auf die *Gesammelten Schriften* bezogenen bibliographischen Verweise zu den einzelnen Beiträgen, ergänzt um weitere

---

[32] Hayek (2003a: 333): „Eine Versammlung, deren Hauptaufgabe es ist, zu entscheiden, welche Dinge im einzelnen getan werden sollten, und die in einer parlamentarischen Demokratie ihren Exekutivausschuß (genannt Regierung) bei der Ausführung eines von ihr gebilligten Aktionsprogramms überwacht, hat keinen Anreiz und kein Interesse, sich an allgemeine Regeln zu binden. Sie kann die einzelnen Regeln, die sie beschließt, den Erfordernissen des Augenblicks anpassen."

[33] Siehe dazu das Kapitel „Ein Verfassungsmodell" in Hayek 2003a: 411–433.

[34] Siehe dazu Vanberg 2008: 155ff.

[35] Eine vollständige Liste der in die Gesammelten Schriften aufgenommenen Werke findet sich am Ende dieses Bandes.

Hinweise zu ihrer Veröffentlichungsgeschichte, finden sich auf S. 320.[36] Einen Überblick über die wesentlichen Daten der Hayekschen Biographie bietet der auf S. 317 zu findende tabellarische Lebenslauf.

Literatur

Caldwell, Bruce 2004: *Hayek's Challenge – An Intellectual Biography of F.A. Hayek*, Chicago & London: The University of Chicago Press.

Ebenstein, Alan 2001: *Friedrich Hayek – A Biography*, New York: Palgrave.

Ebenstein, Alan 2003: *Hayek's Journey – The Mind of Friedrich Hayek*, New York: Palgrave Macmillan.

Hayek, F.A. 1995: „The Economics of the 1930s as seen from London", in: *Contra Keynes and Cambridte – Essays, Correspondence*, hg. von Bruce Caldwell, The Collected Works of F.A. Hayek, Vol. IX, Chicago: The University of Chicago Press, 49–63.

Hayek, F.A. 1997: "Freedom and the Economic System", in: *Socialism and War – Essays, Documents, Reviews*, hg. von Bruce Caldwell, The Collected Works of F.A. Hayek, Vol. X, Chicago: The University of Chicago Press, 189–211.

Hayek, F.A. 2001: *Wirtschaft, Wissenschaft und Politik – Aufsätze zur Wirtschaftspolitik*, Friedrich A. von Hayek, Gesammelte Schriften in deutscher Sprache A 6, Tübingen: Mohr Siebeck.

Hayek, F.A. 2002: *Grundsätze einer liberalen Gesellschaftsordnung – Aufsätze zur Politischen Philosophie und Theorie*, Friedrich A. von Hayek, Gesammelte Schriften in deutscher Sprache A 5, Tübingen: Mohr Siebeck.

Hayek, F.A. 2003a: *Recht, Gesetz und Freiheit – Eine Neufassung der liberalen Grundsätze und der politischen Ökonomie*. Friedrich A. von Hayek, Gesammelte Schriften in deutscher Sprache B 4, Tübingen: Mohr Siebeck.

Hayek, F.A. 2003b: *Rechtsordnung und Handelnsordnung – Aufsätze zur Ordnungsökonomik*, Friedrich A. von Hayek, Gesammelte Schriften in deutscher Sprache A 4, Tübingen: Mohr Siebeck.

Hayek, F.A. 2004a: *Mißbrauch und Verfall der Vernunft – Ein Fragment*. Friedrich A.von Hayek, Gesammelte Schriften in deutscher Sprache B 2, Tübingen: Mohr Siebeck.

Hayek, F.A. 2004b: *Wissenschaft und Sozialismus – Aufsätze zur Sozialismuskritik*, Friedrich A.von Hayek, Gesammelte Schriften in deutscher Sprache A 7, Tübingen: Mohr Siebeck.

Hayek, F.A. 2005: *Die Verfassung der Freiheit*, Friedrich A. von Hayek, Gesammelte Schriften in deutscher Sprache B 3, Tübingen: Mohr Siebeck.

Hayek, F.A. 2006: *Die sensorische Ordnung – Eine Untersuchung der Grundlagen der theoretischen Psychologie*, Friedrich A. von Hayek, Gesammelte Schriften in deutscher Sprache B 5, Tübingen: Mohr Siebeck.

Hayek, F.A. 2007: *Wirtschaftstheorie und Wissen – Aufsätze zur Erkenntnis- und Wissenschaftslehre*, Friedrich A. von Hayek, Gesammelte Schriften in deutscher Sprache A 1, Tübingen: Mohr Siebeck.

[36] Eine Liste der in diesen bibliographischen Angaben sowie in den Textbeiträgen abgekürzt zitierten Schriften Hayeks ist auf S. 319 wiedergegeben.

Hayek, F.A. 2011: *Die verhängnisvolle Anmaßung: Die Irrtümer des Sozialismus*, Friedrich A. von Hayek, Gesammelte Schriften in deutscher Sprache B 7, Tübingen: Mohr Siebeck.

Hennecke, Hans Jörg 2000: *Friedrich August von Hayek – Die Tradition der Freiheit*, Düsseldorf: Verlag Wirtschaft und Finanzen.

Hennecke, Hans Jörg 2008: *Friedrich August von Hayek zur Einführung*, Hamburg: Junius Verlag.

Vanberg, Viktor 1990: „Friedrich August von Hayek, in: G. Ballestrem and H. Ottman (Hrsg.), *Politische Philosophie des 20. Jahrhunderts*, München, Wien: Oldenburg Verlag, 57–70.

Vanberg, Viktor 1994a: *Rules and Choice in Economics*, New York und London: Routledge.

Vanberg, Viktor 1994b: *Kulturelle Evolution und die Gestaltung von Regeln*, Walter Eukken Institut, Vorträge und Aufsätze 144, Tübingen: Mohr Siebeck 1994.

Vanberg, Viktor 2001: „Hayek, Friedrich A. von (1899–1992)“, in: N.J. Smelser und P.B. Baltes (Hrsg.), *International Encyclopedia of the Social and Behavioral Sciences*, Bd. 10, Amsterdam u.a.O.: Elsevier 2001, 6482–6486.

Vanberg, Viktor 2004: "Austrian Economics, Evolutionary Psychology and Methodological Dualism: Subjectivism Reconsidered", in: R. Koppl (Hrsg.), *Evolutionary Psychology and Economic Theory*, *Advances in Austrian Economics* 7, 155–199.

Vanberg, Viktor 2008: "On the complementary of liberalism and democracy – a reading of F.A. Hayek and J.M. Buchanan", *Journal of Institutional Economics* 4, 139–161.

Vanberg, Viktor 2011: "Liberal Constitutionalism, constitutional liberalism and democracy", *Constitutional Political Economy* 22, 1–20.

Teil I

Grenzen des Wissens, Freiheit und die Bedeutung von Regeln

1. Die schöpferischen Kräfte einer freien Zivilisation*

> Die Zivilisation schreitet vorwärts, indem sie die Zahl der wichtigen Operationen, die wir ohne zu denken ausführen können, erhöht. Denkvorgänge sind wie Kavallerieattacken in der Schlacht – sie sind zahlenmäßig genau begrenzt, verlangen frische Pferde und dürfen nur in entscheidenden Augenblicken vorgetragen werden.
>
> Alfred North Whitehead**

1. Zivilisation und die Entwicklung des Wissens. Sokrates' Ausspruch, daß die Erkenntnis unserer Unwissenheit der Anfang der Weisheit ist, hat für unser Verständnis der Gesellschaft tiefe Bedeutung. Die erste Voraussetzung für dieses Verständnis ist, daß wir uns der unvermeidlichen Unkenntnis des Menschen von vielem, das ihm seine Ziele erreichen hilft, bewußt werden. Die meisten Vorteile des sozialen Lebens, insbesondere in seiner fortgeschritteneren Form, die wir »Zivilisation« nennen, beruhen darauf, daß der Einzelne aus viel mehr Wissen Nutzen zieht, als ihm bewußt ist. Man könnte sagen, daß die Zivilisation beginnt, wenn der Einzelne in der Verfolgung seiner Ziele mehr Wissen verwerten kann, als er selbst erworben hat, und wenn er die Grenzen seines Wissens überschreiten kann, indem er aus Wissen Nutzen zieht, das er nicht selbst besitzt.

Diese Grundtatsache der unvermeidlichen Unkenntnis des Menschen von einem Großteil dessen, worauf das Funktionieren einer Zivilisation beruht, hat wenig Aufmerksamkeit gefunden. Philosophen und Sozialforscher sind meistens darüber hinweggegangen und behandelten diese Unwissenheit als eine kleine Unvollkommenheit, die mehr oder weniger außer acht gelassen werden kann. Doch mögen Erörterungen gesellschaftlicher Probleme unter der An-

---

* Eine frühere Fassung dieses Kapitels erschien unter dem Titel »The Creative Powers of a Free Civilization« in: Morley, F. (Hrsg.), *Essays on Individuality,* Pittsburgh: University of Pennsylvania Press, 1958, S. 259–289.

** Whitehead, A. N., *Einführung in die Mathematik*, deutsch von Schenker, B., Bern: A. Francke, 1948, S. 52.

nahme vollkommenen Wissens zwar als logische Vorübung gelegentlich nützlich sein, aber sie führen zu keiner Erklärung der realen Welt. Die Probleme dieser Welt sind von der »praktischen Schwierigkeit« beherrscht, daß unser Wissen tatsächlich von Vollkommenheit weit entfernt ist. Daß die Vertreter der Naturwissenschaften die Tendenz haben, das zu betonen, was wir tatsächlich wissen, ist vielleicht nur natürlich; doch im sozialen Gebiet, in dem das, was wir nicht wissen, oft viel wichtiger ist, kann diese Tendenz sehr irreführend sein. Viele utopische Konstruktionen sind wertlos, weil sie den Theoretikern in der Annahme folgen, daß wir vollkommenes Wissen besitzen.

Es muß aber zugegeben werden, daß unser Unwissen ein besonders schwierig zu diskutierender Gegenstand ist. Es mag zunächst sogar definitionsgemäß unmöglich scheinen, darüber sinnvoll zu sprechen. Wir können sicherlich nicht etwas vernünftig diskutieren, worüber wir nichts wissen. Wir müssen zumindest in der Lage sein, die Fragen zu formulieren, auch wenn wir die Antworten nicht wissen. Das setzt einige echte Kenntnis der Art von Welt voraus, über die wir sprechen. Wenn wir verstehen wollen, wie die Gesellschaft funktioniert, müssen wir versuchen, die allgemeine Natur und die Reichweite unserer Unkenntnis von ihr festzulegen. Obwohl wir im Dunkeln nicht sehen können, müssen wir imstande sein, die Grenzen der dunklen Gebiete abzutasten.

Wie irreführend die Wirkung des üblichen Vorgehens ist, zeigt sich deutlich, wenn wir überlegen, was die Behauptung bedeutet, daß der Mensch seine Zivilisation geschaffen hat und daß er ihre Einrichtungen daher auch nach Gutdünken ändern kann. Diese Behauptung wäre nur dann berechtigt, wenn der Mensch die Zivilisation bewußt und in vollem Verständnis seines Tuns geschaffen hätte oder wenn er zumindest genau wüßte, was sie aufrechterhält. In einem gewissen Sinn ist es natürlich richtig, daß der Mensch seine Zivilisation geschaffen hat. Sie ist das Ergebnis seines Handelns oder vielmehr des Handelns einiger hundert Generationen. Das heißt aber nicht, daß die Zivilisation das Produkt eines menschlichen Planes ist, oder auch nur, daß der Mensch weiß, wovon ihr Funktionieren oder ihr Fortbestehen abhängt[1].

---

[1] Vgl. Ferguson, A., *An Essay on the History of Civil Society*, London 1767, *Abhandlung über die Geschichte der bürgerlichen Gesellschaft*, deutsch von Dorn, V., 2. Aufl., Jena: Gustav Fischer, 1923, S. 255–256: »Die Kunstwerke des Bibers, der Ameise und der Biene werden der Weisheit der Natur zugeschrieben. Jene zivilisierter Nationen schreibt man ihnen selbst zu und man glaubt, daß sie auf eine ungebildeten Geistern überlegene Fähigkeit hinweisen. Allein die Einrichtungen der Menschen wie jene aller Tiere sind Eingebungen der Natur und das Ergebnis eines Naturtriebes, der durch die Mannigfaltigkeit der Umstände, in welche die Menschen versetzt werden, geleitet wird. Jene Einrichtungen gingen aus aufeinander folgenden Verbesserungen hervor, die ohne irgend welches Verständnis für ihre allgemeine Wirkung gemacht wurden, und sie führen die menschlichen Angelegenheiten zu einer Komplikation, die auch die höchsten geistigen Fähigkeiten, mit denen die Menschennatur jemals geschmückt worden ist, nicht hätten

Diese ganze Vorstellung, daß der Mensch bereits mit einem Verstand ausgestattet ist, der fähig ist, sich eine Zivilisation auszudenken, und sich daran gemacht hat, diese zu schaffen, ist grundlegend falsch. Der Mensch hat nicht einfach der Welt eine von seinem Verstand erschaffene Ordnung aufgeprägt. Sein Verstand ist selbst eine Ordnung, die sich als Folge seiner Bemühungen, sich seiner Umwelt anzupassen, ständig ändert. Es wäre ein Irrtum, zu glauben, daß wir, um eine höhere Zivilisation zu erreichen, bloß die Ideen, die uns jetzt leiten, in die Tat umzusetzen brauchen. Wenn wir fortschreiten sollen, müssen wir Raum lassen für eine fortwährende Revision unserer gegenwärtigen Vorstellungen und Ideale, die durch weitere Erfahrung notwendig gemacht wird. Wir können uns ebensowenig vorstellen, wie unsere Zivilisation in fünfhundert oder auch in nur fünfzig Jahren aussehen wird, wie unsere Vorfahren im Mittelalter oder auch nur unsere Großeltern imstande waren, unsere gegenwärtige Lebensweise vorauszusehen[2].

Die Vorstellung vom Menschen, der seine Zivilisation bewußt aufbaut, stammt aus einem irrigen Intellektualismus, der sich die menschliche Vernunft als etwas außerhalb der Natur Stehendes vorstellt, die unabhängig von Erfahrung mit Wissen und Denkfähigkeit begabt ist. Aber die Entwicklung des menschlichen Geistes ist Teil der Entwicklung der Zivilisation; der Stand der Zivilisation zu irgend einem gegebenen Zeitpunkt bestimmt den Bereich und die Möglichkeiten menschlicher Ziele und Werte. Die Vernunft kann nie ihre eigene Entwicklung voraussehen. Obwohl wir immer nach der Erreichung unserer gegenwärtigen Ziele streben müssen, müssen wir auch Raum dafür lassen, daß neue Erfahrungen und zukünftige Ereignisse entscheiden, welche von diesen Zielen erreicht werden können.

Ein zeitgenössischer Anthropologe sagt, daß »nicht der Mensch die Kultur beherrscht, sondern umgekehrt«; das mag etwas übertrieben sein, aber es ist nützlich, daran erinnert zu werden, daß »es nur unsere tiefe und weitgehende Unkenntnis des Wesens der Kultur ist, die den Gedanken aufkommen läßt, daß wir sie lenken und beherrschen«[3]. Er regt zumindest eine wichtige Korrektur

---

ausdenken können. Ja, sogar wenn das Ganze zur Ausführung gelangt ist, kann es in seinem vollen Umfang nicht begriffen werden.«

2 Vgl. Polanyi, M., *The Logic of Liberty. Reflections and Rejoinders*, London: Routledge and Kegan Paul, 1951, S. 199: »The conceptions by the light of which men will judge our own ideas in a thousand years – or perhaps even in fifty years – are beyond our guess. If a library of the year 3000 came into our hands to-day, we could not understand its contents. How should we consciously determine a future which is, by its very nature, beyond our comprehension? Such presumption reveals only the narrowness of an outlook uninformed by humility.«

3 White, L. A., »Man's Control over Civilization: An Anthropocentric Illusion«, *Scientific Monthly*, LXVI, 1948, S. 238; ebenso ders., *The Science of Culture*, 1949, S. 337 und 342.

der intellektualistischen Vorstellung an. Seine Warnung verhilft uns zu einem wahreren Bild von der unaufhörlichen Wechselwirkung zwischen unserem bewußten Streben nach den Zielen, die unsere Vernunft für erreichbar hält, und dem Wirken von Institutionen, Überlieferungen und Gewohnheiten, die gemeinsam oft etwas ganz anderes herbeiführen, als was wir angestrebt hatten.

In doppelter Hinsicht stellt das bewußte Wissen, das das Handeln des Einzelnen leitet, nur einen Teil der Voraussetzungen dar, die es ihm ermöglichen, seine Ziele zu erreichen. Erstens ist der Verstand des Menschen selbst ein Produkt der Zivilisation, in der er aufgewachsen ist, und der Verstand weiß von der Erfahrung, die ihn geformt hat, zum großen Teil nichts – Erfahrung, die ihn unterstützt, indem sie in Gewohnheiten, Gebräuchen, der Sprache und Moral verkörpert ist, die Teil seiner Ausstattung sind. Zweitens ist das Wissen, das der Einzelne bewußt verwendet, nur ein kleiner Teil des Wissens, das zu jeder Zeit zum Erfolg seiner Handlungen beiträgt. Wenn wir überlegen, wieviel Wissen anderer Menschen eine wesentliche Vorbedingung für die Verfolgung unserer individuellen Ziele ist, erscheint uns das Ausmaß unserer Unkenntnis der Umstände, von denen die Ergebnisse unseres Handelns abhängen, einfach überwältigend. Wissen existiert nur als Wissen von Einzelnen. Es ist nicht mehr als eine Metapher, vom Wissen der Gesellschaft als Ganzer zu sprechen. Die Summe des Wissens aller Einzelnen existiert nirgends als integriertes Ganzes. Das große Problem ist, wie alle von diesem Wissen profitieren können, das nur verstreut als getrennte, partielle, und manchmal widersprüchliche Meinungen aller Menschen existiert.

Weil es uns die Zivilisation ermöglicht, ständig aus Wissen Nutzen zu ziehen, das wir nicht persönlich besitzen, und weil der Gebrauch des Einzelnen von seinem besonderen Wissen anderen, ihm Unbekannten helfen kann, ihre Ziele zu erreichen, können die Menschen als Mitglieder einer zivilisierten Gesellschaft ihre eigenen Ziele um so viel erfolgreicher verfolgen, als sie es allein könnten. Wir wissen nur wenig von den Einzeltatsachen, denen sich alle Tätigkeit in der Gesellschaft ständig anpaßt, um das zu bieten, was wir zu erwarten gelernt haben. Noch weniger wissen wir von den Kräften, die diese Anpassung durch geeignete Koordination der Tätigkeit der Einzelnen herbeiführen. Und wenn wir entdecken, wie wenig wir davon wissen, was uns zu dieser Zusammenarbeit bringt, ist unsere Reaktion gewöhnlich Ärger anstatt Staunen und Neugierde. Und unser gelegentlicher stürmischer Wunsch, die ganze verworrene Zivilisationsmaschinerie zu zerschlagen, ist die Folge dieser Unfähigkeit des Menschen, zu verstehen, was er tut.

2. *Die verschiedenen Nutzungen der Erfahrung.* Die Entwicklung der Zivilisation mit der Entwicklung des Wissens zu identifizieren, wäre jedoch sehr irreführend, wenn wir unter »Wissen« nur das bewußte und explizite Wissen der

Einzelnen verstünden, das Wissen, das uns befähigt zu sagen, daß sich dies und jenes so und so verhält[4]. Noch weniger kann dieses Wissen auf wissenschaftliche Kenntnis beschränkt werden. Es ist für das Verständnis der späteren Überlegungen wichtig, im Auge zu behalten, daß auch wissenschaftliche Kenntnis entgegen einer modernen Ansicht[5] keineswegs alles bewußte und explizite Wissen erschöpft, von dem die Gesellschaft ständig Gebrauch macht. Die wissenschaftlichen Methoden der Suche nach Wissen sind nicht imstande, alle Erfordernisse der Gesellschaft nach explizitem Wissen zu befriedigen. Nicht alles Wissen der sich fortwährend ändernden Einzeltatsachen, das der Mensch ständig gebraucht, eignet sich zu Organisation oder systematischer Darstellung; viel davon existiert nur unter zahllose Individuen verstreut. Dasselbe gilt für jenen wichtigen Teil des Fachwissens, der nicht in konkretem Wissen besteht, sondern nur in der Kenntnis darüber, wie und wo die jeweils benötigte Information zu finden ist[6]. Für unseren gegenwärtigen Zweck ist jedoch diese Unterscheidung zwischen verschiedenen Arten rationalen Wissens nicht so wichtig, und wenn wir von explizitem Wissen sprechen, werden wir diese verschiedenen Arten in dieselbe Gruppe stellen.

Die Entwicklung des Wissens und die Entwicklung der Zivilisation sind nur dann dasselbe, wenn wir »Wissen« so verstehen, daß alle Anpassungen des Menschen an die Umgebung, die auf vergangener Erfahrung beruhen, mit eingeschlossen sind. Nicht alles Wissen in diesem Sinn ist Teil unseres Intellekts, noch ist unser Intellekt die Gesamtheit unseres Wissens. Unsere Gewohnheiten und Fertigkeiten, unsere gefühlsmäßigen Einstellungen, unsere Werkzeuge und unsere Einrichtungen – sie alle sind in diesem Sinn Anpassungen an die vergangene Erfahrung, die sich durch selektive Ausmerzung weniger geeigneten Verhaltens ergeben haben. Sie sind eine ebenso unentbehrliche Grundlage für erfolgreiches Handeln wie unser bewußtes Wissen. Nicht alle diese nicht-

---

4 Siehe Ryle, G., »Knowing How and Knowing That«, *Proceedings of the Aristotelian Society*, 1945/46; vgl. auch Polanyi, M., *Personal Knowledge: Towards a Post-critical Philosophy*, London und Chicago 1958.

5 Vgl. die oft zitierte Bemerkung von Ramsey, F.P., *The Foundations of Mathematics*, Cambridge: Cambridge University Press, 1925, S. 287: »There is nothing to know except science.«

6 Über diese verschiedenen Arten des Wissens siehe Hayek, F. A., »Über den ‚Sinn' sozialer Institutionen«, *Schweizer Monatshefte*, 36, 1956, S. 512–524 [Hayek, *Schriften*, A 4, S. 3–14], und über die Anwendung der in diesem Kapitel entwickelten Gedankengänge auf die eigentlich wirtschaftlichen Probleme siehe die beiden Aufsätze »Wirtschaftstheorie und Wissen« und »Die Verwertung des Wissens in der Gesellschaft« in Hayek, F. A., *Individualismus und wirtschaftliche Ordnung*, Erlenbach-Zürich: Eugen Rentsch, 1952, S. 49–77 und S. 103–121. [Beide Aufsätze in: Hayek, *Schriften*, A 1]. – Vgl. auch den Ausspruch von Samuel Johnson: »Knowledge is of two kinds: we know a subject ourselves, or we know, where we can find information upon it.«

rationalen Faktoren, die unserem Handeln zugrunde liegen, führen zum Erfolg. Viele bestehen fort, wenn sie ihre Nützlichkeit schon lange verloren haben, und sogar, wenn sie mehr ein Hindernis als eine Hilfe geworden sind. Trotzdem können wir sie nicht entbehren: Denn selbst der erfolgreiche Einsatz unseres Verstandes beruht auf ihrem ständigen Gebrauch.

Der Mensch ist stolz auf die Vermehrung seines Wissens. Doch als Folge der Entwicklung, die er selbst geschaffen hat, ist die Beschränktheit seines bewußten Wissens und daher der Bereich der Unkenntnis dessen, was für seine bewußten Handlungen Bedeutung hat, immer größer geworden. Seit dem Beginn der modernen Wissenschaft haben die besten Denker erkannt, daß »der Bereich der zugestandenen Unkenntnis mit dem Fortschritt der Wissenschaft wachsen wird«[7]. Leider hat dieser Fortschritt der Wissenschaft beim Publikum den Glauben erweckt, der anscheinend auch in wissenschaftlichen Kreisen geteilt wird, daß sich der Bereich unseres Unwissens ständig vermindere und wir daher eine umfassendere und bewußtere Lenkung aller menschlichen Tätigkeiten anstreben könnten. Aus diesem Grunde werden die Menschen, die vom Fortschritt des Wissens berauscht sind, so oft zu Feinden der Freiheit. Während die Erweiterung unserer Naturerkenntnis ständig neue Bereiche der Unkenntnis enthüllt, bereitet die zunehmende Komplexität der Zivilisation, die wir mit Hilfe dieser Kenntnisse aufbauen, neue Hindernisse für eine intellektuelle Erfassung unserer Umwelt. Je mehr die Menschen wissen, desto geringer wird der Anteil am gesamten Wissen, den ein einzelner Verstand aufnehmen kann. Je zivilisierter wir werden, desto verhältnismäßig unwissender muß jeder Einzelne über die Tatsachen sein, von denen das Funktionieren seiner Zivilisation abhängt. Gerade die Teilung des Wissens erhöht die notwendige Unkenntnis des Individuums vom größten Teil dieses Wissens.

---

[7] Santillana, G. de, *The Crime of Galileo*, Chicago: University of Chicago Press, 1955, S. 34. Herbert Spencer bemerkt auch irgendwo: »In science the more we know, the more extensive the contact with nescience.« Vgl. Popper, K. R., »On the Sources of Knowledge and of Ignorance«, *Proceedings of the British Academy*, XLVI, 1960 (39–71), S. 69: »The more we learn about the world, and the deeper our learning, the more conscious, specific, and articulate will be our knowledge of what we do not know, our knowledge of our ignorance«; und Weaver, W., »A Scientist Ponders Faith«, *Saturday Review*, 3. Jan. 1959 (S. 8–10 und S. 33), S. 9: »... is [science] really gaining in its assault on the totality of the unsolved? As science learns one answer, it is characteristically true that it also learns several new questions. It is as though science were working in a great forest of ignorance, making an ever larger circular clearing within which, not to insist on the pun, things are clear. ... But as that circle becomes larger and larger, the circumference of contact with ignorance also gets longer and longer. Science learns more and more. But there is an ultimate sense in which it does not gain; for the volume of the appreciated but not understood keeps getting larger. We keep, in science, getting a more and more sophisticated view of our essential ignorance.«

3. Übertragung und Vermittlung von Erfahrung. Als wir von der Übertragung und Mitteilung von Wissen sprachen, wollten wir auf zwei Aspekte des Zivilisationsprozesses hinweisen, die wir schon unterschieden haben: die zeitliche Weitergabe unseres angesammelten Wissensbestandes an die späteren Generationen und die Mitteilung von Information unter Zeitgenossen, auf die sie ihre Handlungen gründen. Sie können nicht scharf getrennt werden, weil die Instrumente der Kommunikation zwischen Zeitgenossen selbst Teil der kulturellen Erbschaft sind, die der Mensch in der Verfolgung seiner Ziele ständig verwendet.

Dieser Prozeß der Ansammlung und Weitergabe von Wissen ist uns im Bereich der Naturwissenschaft am besten bekannt – soweit sie sowohl die allgemeinen Naturgesetze als auch die konkreten Züge unserer Welt aufzeigt. Aber wenn dies auch der augenfälligste Teil unseres ererbten Wissensbestandes ist und der Hauptteil dessen, was wir notwendigerweise wissen, so ist es im gewöhnlichen Sinn von »Wissen« doch nur ein Teil; denn außerdem verfügen wir über viele Werkzeuge – im weitesten Sinn dieses Wortes –, die die Menschheit entwickelt hat und die es uns ermöglichen, uns in unserer Umgebung zurechtzufinden. Diese sind die Ergebnisse der Erfahrung aufeinanderfolgender Generationen, die weitergegeben werden. Und sobald ein wirksameres Werkzeug verfügbar ist, wird es verwendet, ohne daß wir wissen, warum es besser ist, oder sogar, welche anderen Möglichkeiten es gibt.

Diese »Werkzeuge«, die der Mensch entwickelt hat und die einen so wichtigen Teil seiner Anpassung an seine Umgebung darstellen, schließen viel mehr ein als materielle Arbeitsgegenstände. Sie bestehen weitgehend in Verhaltensformen, die er gewohnheitsmäßig einhält, ohne zu wissen, warum; sie bestehen in den sogenannten »Traditionen« und »Institutionen«, die er gebraucht, weil sie ihm als Ergebnis eines kumulativen Wachstums zur Verfügung stehen, ohne daß sie je von einem einzelnen Verstand erdacht worden sind. Der Mensch weiß im allgemeinen weder, warum er eine bestimmte Form von Werkzeugen gebraucht und nicht eine andere, noch, wieviel davon abhängt, daß er gerade in dieser Weise handelt und nicht in einer anderen. Er weiß gewöhnlich nicht, in welchem Ausmaß der Erfolg seiner Anstrengung davon bestimmt ist, daß er sich an Bräuche hält, deren Bestehen ihm gar nicht zu Bewußtsein kommt. Das gilt wahrscheinlich gleichermaßen für den zivilisierten wie für den primitiven Menschen. Die Vermehrung unserer bewußten Kenntnisse ist stets begleitet von einem ebenso wichtigen Anwachsen der Werkzeuge in diesem weiteren Sinn, nämlich der sich bewährenden und allgemein übernommenen Art und Weise, die Dinge zu tun.

Im Augenblick interessiert uns weniger das so übermittelte Wissen oder die Bildung neuer, in der Zukunft zu benützender Werkzeuge, als vielmehr die Art und Weise, in der laufende Erfahrung zum Nutzen derer verwertet wird, die diese Erfahrung nicht direkt gewinnen. Soweit es möglich ist, werden wir den zeitlichen Fortschritt dem nächsten Kapitel überlassen und uns hier darauf konzentrieren, wie jenes verstreute Wissen und die verschiedenen Fertigkeiten, die verschiedenen Gewohnheiten und Gelegenheiten der einzelnen Mitglieder der Gesellschaft dazu beitragen, die Anpassung ihrer Tätigkeiten an ewig wechselnde Umstände zu bewerkstelligen.

Jede Änderung in den äußeren Umständen wird eine gewisse Änderung in der Verwendung der Mittel, in der Richtung und Art der menschlichen Handlungen, in Gewohnheiten und Bräuchen notwendig machen. Und jede Änderung in den Handlungen der zunächst Betroffenen wird weitere Anpassungen notwendig machen, die sich allmählich auf die ganze Gesellschaft ausbreiten. Jede Änderung schafft so in gewissem Sinn ein »Problem« für die Gesellschaft, obwohl kein Einzelner es als solches empfindet; und es wird allmählich »gelöst« durch die Herausbildung einer neuen allseitigen Anpassung. Die Einzelnen, die an diesem Prozeß teilnehmen, haben wenig Vorstellung davon, warum sie in der bestimmten Weise handeln, und wir haben keine Methode, vorauszusagen, wer in jedem Stadium zuerst den geeigneten Schritt tun wird oder welche besonderen Kombinationen von Wissen und Fertigkeiten, persönlichen Einstellungen oder Umständen einen Mann zu der richtigen Lösung führen werden und auf welchen Wegen sein Beispiel anderen übermittelt werden wird, die ihm dann folgen. Es ist schwer, sich all die Kombinationen von Kenntnissen und Fähigkeiten vorzustellen, die da in Aktion treten und aus denen die Entdeckung der zweckmäßigen Verfahren oder Einrichtungen entsteht, die, wenn sie einmal gefunden sind, allgemein angenommen werden können. Doch aus den zahllosen bescheidenen Schritten, die von namenlosen Personen getan werden, wenn sie ihre gewohnten Aufgaben unter geänderten Umständen durchführen, entstehen die Vorbilder, die sich durchsetzen. Sie sind ebenso wichtig wie die großen intellektuellen Neuerungen, die klar als solche erkannt und mitgeteilt werden.

Wer die richtige Kombination von Fähigkeiten und Gelegenheiten besitzt, um eine bessere Methode zu finden, ist ebensowenig voraussagbar, wie in welcher Weise oder durch welchen Prozeß verschiedene Arten von Wissen und Fertigkeiten sich vereinigen werden, so daß eine Lösung des Problems zustande kommt[8]. Die erfolgreiche Kombination von Wissen und Fähigkeit wird nicht durch gemeinsame Erörterung von Menschen, die in gemeinsamer

---

[8] Vgl. Barnett, H. G., *Innovation: The Basis of Cultural Change*, New York, Toronto und London: McGraw-Hill Book, 1953, besonders S. 19: »… every individual is an innovator many times over«; sowie S. 65: »There is a positive correlation between individualism and innovative potential. The greater the freedom of the individual to explore his world of experience and to organize its elements in accordance with his private interpretation of his sense impressions, the greater the likelihood of new ideas coming into being.«

Bemühung eine Lösung ihrer Probleme suchen, ausgewählt[9]; sie ist das Produkt Einzelner, die jene nachahmen, die erfolgreicher gewesen sind, und die geleitet werden von Zeichen oder Symbolen wie den mit ihren Erzeugnissen zu erzielenden Preisen oder den Äußerungen moralischer oder ästhetischer Wertschätzung für die Befolgung üblicher Verhaltensweisen – kurz jener, die Ergebisse der Erfahrungen anderer nutzen.

Das Wesentliche für den günstigen Ablauf dieses Prozesses ist, daß jeder Einzelne die Möglichkeit hat, nach seinen besonderen Kenntnissen zu handeln, die immer einzigartig sind, was die besonderen Umstände betrifft, und daß er seine persönlichen Fertigkeiten und Gelegenheiten, innerhalb der ihm bekannten Grenzen, für seinen eigenen persönlichen Zweck verwenden kann.

4. Das Argument für die Freiheit gründet sich auf die Erkenntnis unserer Unwissenheit. Wir sind nun an dem Punkt angelangt, an dem der Hauptgedanke dieses Kapitels leicht verständlich wird: daß nämlich das Argument für die individuelle Freiheit hauptsächlich auf der Erkenntnis beruht, daß sich jeder von uns unvermeidlich in Unkenntnis eines sehr großen Teils der Faktoren befindet, von denen die Erreichung unserer Ziele und unserer Wohlfahrt abhängt[10].

---

[9] Vgl. Lewis, W.A., *Die Theorie des wirtschaftlichen Wachstums*, deutsch von Beckerath, H. v., Tübingen: J. C. B. Mohr (Paul Siebeck) und Zürich: Polygraphischer Verlag, 1956, S. 161: »Diese Neuerer sind immer eine Minderheit. Zunächst werden neue Ideen nur durch ein oder zwei oder doch sehr wenige Menschen in die Tat umgesetzt, mag es sich nun um neue technische Ideen, neue Organisationsformen, neue Warenarten oder andere Neuerungen handeln. Es ist möglich, daß auch die übrige Bevölkerung dergleichen rasch annimmt. Wahrscheinlicher ist es, daß das Neue zunächst einer skeptischen und ungläubigen Haltung begegnet, und sich, wenn überhaupt, nur sehr langsam durchsetzt. Wenn die neuen Ideen nach einer Weile Erfolg zu haben scheinen, werden sie von einer wachsenden Menge angenommen. Man sagt oft, daß die Veränderungen das Werk einer Elite sind, oder daß ihr Umfang von der Qualität der Führerschaft in dem betreffenden Lande abhängt. Dies ist zwar richtig, wenn es nicht mehr heißen soll, als daß die Mehrheit der Menschen keine Neuerer sind, sondern einfach das Werk anderer nachahmen. Es ist jedoch irreführend, wenn es heißen soll, daß irgendeine besondere Klasse oder Gruppe allein die neuen Ideen hervorbringt.« Auch S. 188: »... das gemeinsame Urteil über neue Ideen [ist] oft derartig falsch ..., daß man mit Recht der Meinung sein kann, es sei für den Fortschritt erforderlich, den Individuen die Freiheit zu lassen, trotz allgemeiner Mißbilligung ihren eigenen Ideen zu folgen. ... Einem Regierungsausschuß ein Monopol der Entscheidung zu geben, hieße offenbar, die Nachteile zweier Welten verbinden.«

[10] Einer der wenigen Autoren, die dies zumindest zum Teil klar erkannt haben, war F. W. Maitland, der betont (*Collected Papers*, Cambridge: Cambridge University Press, 1911, 1. Bd., S. 107), daß »the most powerful argument is that based on the ignorance, the necessary ignorance, of our masters.« Siehe jedoch Kline, B. E. und Martin, N. H., »Freedom, Authority and Decentralization«, *Harvard Business Review*, XXXVI, 1958, bes. S. 70: »the chief characteristic of the command hierarchy, or any group in our society, is not knowledge but ignorance. Consider that any one person can know only a fraction of

Wenn es allwissende Menschen gäbe, wenn wir nicht nur alles wissen könnten, wovon die Erfüllung unserer gegenwärtigen Wünsche abhängt, sondern auch alle unsere zukünftigen Bedürfnisse und Wünsche, gäbe es wenig zugunsten der Freiheit zu sagen. Und andererseits würde Freiheit des Einzelnen vollkommene Voraussicht natürlich unmöglich machen. Freiheit ist wesentlich, um Raum für das Unvorhersehbare und Unvoraussagbare zu lassen; wir wollen sie, weil wir gelernt haben, von ihr die Gelegenheit zur Verwirklichung vieler unserer Ziele zu erwarten. Weil jeder Einzelne so wenig weiß, und insbesondere, weil wir selten wissen, wer von uns etwas am besten weiß, vertrauen wir darauf, daß die unabhängigen und wettbewerblichen Bemühungen Vieler die Dinge hervorbringen, die wir wünschen werden, wenn wir sie sehen.

So demütigend es für unseren Stolz sein mag, wir müssen anerkennen, daß der Fortschritt und selbst die Erhaltung unserer Zivilisation von der größt möglichen Gelegenheit für den Eintritt von Zufällen abhängig sind[11]. Diese Zufälle geschehen beim Zusammentreffen von Kenntnissen und Einstellungen, Fertigkeiten und Gewohnheiten, die einzelne Menschen erworben haben, und auch, wenn geschulte Leute an besondere Umstände geraten, zu deren Bewältigung sie ausgerüstet sind. Unsere unvermeidliche Unkenntnis vieler Dinge

---

what is going on around him. Much of what that person knows or believes will be false rather than true. ... At any given time, vastly more is not known than is known, either by one person in a command chain or by all the organization. – It seems possible, then, that in organizing ourselves into a hierarchy of authority for the purpose of increasing efficiency, we may really be institutionalizing ignorance. While making better use of what the few know, we are making sure that the great majority are prevented from exploring the dark areas beyond our knowledge.« Vgl. auch Sumner, W. G., *The Challenge of Facts and Other Papers*, New Haven 1914, S. 215: »It is characteristic of speculative legislation that it very generally produces the exact opposite of the results it was hoped to get from it ... The reason is that the elements of any social problem which we do not know so far exceed those which we do know, that our solutions have a greater chance to be wrong than right.«

In einer wichtigen Beziehung ist der Ausdruck »Unwissenheit« für unsere Zwecke etwas zu eng. Es gibt Fälle, in denen es wahrscheinlich besser wäre, von »Ungewißheit« zu sprechen, wenn es sich um Unwissenheit handelt über das, was richtig ist, da es zweifelhaft ist, ob wir sinnvoller Weise von etwas sagen können, daß es richtig sei, wenn niemand weiß, was in dem speziellen Zusammenhang richtig ist. In solchen Fällen mag es tatsächlich zutreffen, daß die bestehenden Moralbegriffe keine Antwort geben auf ein Problem, obwohl es eine Antwort geben mag, die, wenn sie bekannt und weithin akzeptiert wäre, sehr wertvoll wäre. Ich bin Mr. P. F. Goodrich sehr zu Dank verpflichtet, dessen Stellungnahme in einer Diskussion mir half, diesen wichtigen Punkt zu klären, obwohl ich nicht überzeugt wurde, allgemein von »Unvollkommenheit« zu sprechen, wo ich Unwissenheit betone.

11 Vgl. Wheeler, J.-A., »A Septet of Sibyls: Aids in the Search for Truth«, *American Scientist*, XLIV, 1956, S. 360: »Our whole problem is to make the mistakes as fast as possible.«

bedeutet, daß wir es weitgehend mit Wahrscheinlichkeiten und Möglichkeiten zu tun haben.

Es ist natürlich richtig, daß im gesellschaftlichen ebenso wie im persönlichen Leben günstige Zufälle gewöhnlich nicht einfach geschehen. Wir müssen sie vorbereiten[12]. Aber sie bleiben immer noch Möglichkeiten und werden keine Gewißheiten. Sie bedeuten bewußt eingegangene Risiken, mögliches Mißgeschick von Einzelnen und Gruppen, die ebenso verdienstvoll sind wie andere, die Erfolg haben, sie bedeuten die Möglichkeit ernsten Fehlschlages oder eines Rückschlages sogar für die Mehrheit, und nur eine hohe Wahrscheinlichkeit eines Nettogewinns im Ganzen. Alles, was wir tun können, ist, die Wahrscheinlichkeit zu vergrößern, daß ein besonderes Zusammentreffen von persönlicher Begabung und Umständen zur Schaffung eines neuen Werkzeuges oder zur Verbesserung eines alten führen wird, und die Aussichten zu verbessern, daß solche Neuerungen schnell allen jenen bekannt werden, die Verwendung dafür haben.

Natürlich gehen alle politischen Theorien davon aus, daß die meisten Menschen sehr unwissend sind. Die Vertreter der Freiheit unterscheiden sich von den übrigen dadurch, daß sie zu den Unwissenden auch sich selbst und auch die Weisesten zählen. Gegenüber der Gesamtheit des Wissens, das in der Entwicklung einer dynamischen Zivilisation ständig genutzt wird, ist der Unterschied zwischen dem Wissen, das der Weiseste, und dem Wissen, das der Kenntnisloseste bewußt verwenden kann, verhältnismäßig bedeutungslos.

Die klassische Begründung der Toleranz, die von John Milton und John Locke formuliert und von John Stuart Mill und Walter Bagehot neu formuliert wurde, beruht natürlich auf dieser Erkenntnis unserer Unwissenheit. Sie ist eine spezielle Anwendung allgemeiner Betrachtungen, zu denen uns eine nicht-rationalistische Einsicht in das Funktionieren unseres Verstandes die Tore öffnet. Wir werden durch das ganze Buch hindurch finden, daß alle Einrichtungen der Freiheit, auch wenn wir uns dessen meistens nicht bewußt sind, Anpassungen an diese grundlegende Tatsache des Unwissens sind, Anpassungen daran, daß wir es mit Möglichkeiten und Wahrscheinlichkeiten, nicht mit Gewißheit zu tun haben. Gewißheit können wir in menschlichen Angelegenheiten nicht erreichen, und das ist der Grund, daß wir, um von unserem geringen Wissen den besten Gebrauch zu machen, uns an Regeln halten müssen, die sich in der Erfahrung am zweckdienlichsten erwiesen haben, auch wenn wir nicht wissen, was die Folgen ihrer Einhaltung im einzelnen Fall sein werden[13].

---

12 Vgl. die Bemerkung von Louis Pasteur: »In der Forschung hilft der Zufall nur denen, die das geistige Rüstzeug dazu mitbringen.« (Zitiert in: Taton, R., *Reason and Chance in Scientific Discovery*, englisch von Pomerans, A. J., London: Hutchinson, 1957, S. 91.)

13 Vgl. Lerner, A.P., »The Backward-leaning Approach to Controls«, *Journal of*

5. Freiheit als Gelegenheit für die unbekannten Wenigen. Der Mensch lernt durch die Enttäuschung von Erwartungen. Natürlich sollen wir nicht die Unvoraussagbarkeit von Ereignissen durch törichte Einrichtungen noch vergrößern. So weit wie möglich sollte es unser Ziel sein, die Einrichtungen so zu verbessern, daß die Wahrscheinlichkeit richtiger Voraussicht vergrößert wird. Vor allem aber sollten wir die größtmögliche Gelegenheit schaffen, daß unbekannte Individuen Tatsachen erfahren, die wir selbst noch nicht kennen, und daß sie von diesen Kenntnissen in ihrem Handeln Gebrauch machen können.

Wir verdanken es den wechselseitig einander angepaßten Handlungen vieler Menschen, daß mehr Wissen genützt wird, als irgend eine Einzelperson besitzt oder als der Verstand synthetisch bilden könnte; und dank solcher Verwertung von verstreutem Wissen werden Errungenschaften möglich, die größer sind, als irgend ein Einzelverstand voraussehen kann. Weil die Freiheit einen Verzicht auf direkte Lenkung der individuellen Bemühungen bedeutet, kann eine Gesellschaft freier Menschen von weit mehr Kenntnissen Gebrauch machen, als die Vernunft des weisesten Herrschers erfassen könnte.

Aus dieser Grundlage des Arguments für die Freiheit folgt, daß wir ihre Ziele nicht erreichen werden, wenn wir die Freiheit auf die besonderen Fälle beschränken, in denen wir wissen, daß sie Gutes stiften wird. Freiheit, die nur gewährt wird, wenn im voraus bekannt ist, daß ihre Folgen günstig sein werden, ist nicht Freiheit. Wenn wir wüßten, wie Freiheit gebraucht werden wird, würde sie in weitem Maße ihre Rechtfertigung verlieren. Wir werden die Vorteile der Freiheit nie genießen, nie jene unvorhersehbaren neuen Entwicklungen erreichen, für die sie die Gelegenheit bietet, wenn sie nicht auch dort gewährt wird, wo der Gebrauch, den manche von ihr machen, nicht wünschenswert erscheint. Es ist daher kein Argument gegen individuelle Freiheit, daß sie oft mißbraucht wird. Freiheit bedeutet notwendig, daß vieles getan werden wird, das uns nicht gefällt. Unser Vertrauen auf die Freiheit beruht nicht auf den voraussehbaren Ergebnissen in bestimmten Umständen, sondern auf dem Glauben, daß sie im ganzen mehr Kräfte zum Guten als zum Schlechten auslösen wird.

Es folgt auch, daß die Wichtigkeit unserer Freiheit, etwas Bestimmtes zu tun, nichts damit zu tun hat, ob es wahrscheinlich ist, daß wir oder die Mehrzahl der Menschen je von dieser besonderen Möglichkeit Gebrauch machen werden. Nicht mehr Freiheit zu gewähren, als alle ausüben können, hieße ihre

---

Political Economy, LXV, 1957, S. 441: »The free-trade doctrines are valid as *general rules* whose general use is generally beneficial. As with all general rules, there are particular cases where, if one knew all the attendant circumstances and the full effects in all their ramifications, it would be better for the rule not to be applied. But that does not make the rule a bad rule or give reason for not applying the rule where, as is normally the case, one does not know all the ramifications that would make the case a desirable exception.«

Funktion völlig mißverstehen. Die Freiheit, von der von einer Million Menschen nur einer Gebrauch machen wird, kann für die Gesellschaft wichtiger und für die Mehrheit nutzbringender sein als eine Freiheit, die wir alle nützen[14].

Man könnte sogar sagen, daß, je unwahrscheinlicher die Gelegenheit ist, die Freiheit, etwas Bestimmtes zu tun, auszunützen, desto kostbarer wird sie für die Gesellschaft als Ganzes sein. Je weniger wahrscheinlich die Gelegenheit ist, desto schlimmer wird es sein, sie zu versäumen, wenn sie sich ergibt, denn die Erfahrung, die sie bietet, wird fast einzigartig sein. Es ist wahrscheinlich auch richtig, daß die meisten Menschen kein unmittelbares Interesse an den meisten wichtigen Dingen haben, die zu tun jedem offen stehen sollte. Gerade weil wir nicht wissen, wie die Einzelnen ihre Freiheit nützen werden, ist sie so wichtig. Wenn das nicht so wäre, könnten die Ergebnisse der Freiheit auch dadurch erreicht werden, daß die Mehrheit bestimmt, was von den Einzelnen getan werden soll. Mehrheitsentscheidungen sind aber notwendig auf das schon Erprobte und Gesicherte beschränkt, nämlich auf die Dinge, über die jener Prozeß der Diskussion, dem die verschiedenen Erfahrungen und Handlungen verschiedener Menschen vorangegangen sein müssen, schon Übereinstimmung gebracht hat.

Die Vorteile, die ich aus der Freiheit ziehe, sind daher weitgehend das Ergebnis des Gebrauchs der Freiheit durch andere und größtenteils das Ergebnis eines Gebrauchs der Freiheit, den ich selbst nie machen könnte. Es ist daher nicht notwendig der Gebrauch der Freiheit, den ich selbst machen kann, für mich der wichtigste. Es ist sicher wichtiger, daß alles von irgend jemandem versucht werden kann, als daß alle dasselbe tun können. Wir haben einen Anspruch auf Freiheit nicht deswegen, weil wir gerne bestimmte Dinge tun möchten, nicht, weil wir irgend eine bestimmte Freiheit als wesentlich für unser Glück betrachten. Der Instinkt, mit dem wir uns gegen jede physische Beschränkung auflehnen, ist zwar ein hilfreicher Verbündeter, aber nicht immer ein sicherer Führer, wenn es sich darum handelt, die Freiheit zu rechtfertigen

---

14 Vgl. Rashdall, H., »The Philosophical Theory of Property«, in: *Property: Its Duties and Rights*, New York und London 1915, S. 62: »The plea for liberty is not sufficiently met by insisting, as has been so eloquently and humorously done by Mr. Lowes Dickinson (*Justice and Liberty: A Political Dialogue*, e.g. S. 129, 131), upon the absurdity of supposing that the propertyless labourer under the ordinary capitalistic regime enjoys any liberty of which socialism would deprive him. For it may be of extreme importance that some should enjoy liberty – that it should be possible for some few men to be able to dispose of their time in their own way – although such liberty may be neither possible nor desirable for the great majority. That culture requires a considerable differentiation in social conditions is also a principle of unquestionable importance.« Siehe auch den in Anm. 10 erwähnten Aufsatz von Kline und Martin, S. 69: »If there is to be freedom for the few who *will* take advantage of it, freedom must be offered to the many. If any lesson is clear from history, it is this.«

oder abzugrenzen. Das Wesentliche ist nicht, welche Freiheit ich persönlich ausüben möchte, sondern welche Freiheit irgend jemand braucht, um für die Gesellschaft nützliche Dinge zu tun. Diese Freiheit können wir für die unbekannte Person nur dadurch sichern, daß wir sie allen geben.

Die wohltätigen Wirkungen der Freiheit sind daher nicht auf die Freien beschränkt – zumindest gewinnt ein Mensch nicht hauptsächlich aus jenen Möglichkeiten der Freiheit, die er selbst ausnützt. Es kann kein Zweifel darüber bestehen, daß im Laufe der Geschichte unfreie Mehrheiten Gewinn aus der Freiheit einer Minderheit gezogen haben und daß heute unfreie Gesellschaften Gewinn daraus ziehen, was sie von freien Gesellschaften erhalten und lernen. Natürlich werden die Vorteile, die wir aus der Freiheit anderer gewinnen, größer, je größer die Zahl derer wird, die Freiheit ausüben können. Das Argument für die Freiheit einiger gilt daher für die Freiheit aller. Aber es ist immer noch besser für alle, wenn einige frei sind als keiner, und auch, wenn einige volle Freiheit genießen, als wenn alle eine beschränkte Freiheit haben. Das Wesentliche ist, daß die Wichtigkeit der Freiheit, etwas Bestimmtes zu tun, nichts mit der Anzahl der Menschen zu tun hat, die dieses tun wollen: sie mag damit sogar fast im umgekehrten Verhältnis stehen. Eine Folge davon ist, daß es durchaus möglich ist, daß eine Gesellschaft durch Kontrollen gelähmt ist, obwohl sich die große Mehrzahl nicht bewußt ist, daß ihre Freiheit merklich beschnitten ist. Wenn wir von der Annahme ausgehen würden, daß nur die Freiheit wichtig ist, die von der großen Mehrheit ausgeübt wird, würden wir mit Sicherheit eine stagnierende Gesellschaft mit allen wesentlichen Merkmalen der Unfreiheit schaffen.

6. Denkfreiheit und Handelnsfreiheit. Die ungeplanten Neuerungen, die im Verlauf der Anpassung ständig entstehen, bestehen erstens in neuen Anordnungen oder Mustern, in denen die Bemühungen der verschiedenen Individuen koordiniert sind, und in neuen Kombinationen in der Verwendung der Mittel, die ebenso vorübergehender Natur sein werden wie die besonderen Umstände, die zu ihnen geführt haben. Es wird zweitens in Anpassung an die neuen Umstände Modifikationen der Werkzeuge und Einrichtungen geben, von denen manche auch nur vorübergehende Anpassungen an die Umstände des Augenblicks sein werden, andere aber Verbesserungen darstellen, die die Vielseitigkeit der bestehenden Werkzeuge und ihres Gebrauchs erweitern und daher beibehalten werden. Die letzteren werden eine bessere Anpassung nicht nur an die besonderen Umstände von Ort und Zeit, sondern auch an die dauernden Züge unserer Umwelt darstellen. In solchen spontanen »Formationen«[15] ist eine Wahrnehmung der allgemeinen, die Natur beherrschenden Ge-

[15] Über den Gebrauch des Ausdrucks Formation, der in diesem Zusammenhang

setze verkörpert. Mit dieser kumulativen Einverleibung von Erfahrung in Werkzeuge und Formen des Handelns wird eine Vermehrung von explizitem Wissen verbunden sein, von formulierten allgemeinen Regeln, die durch die Sprache von Person zu Person mitgeteilt werden können.

Dieser Prozeß, durch den Neues entsteht, wird am besten auf dem Gebiet des Geistigen verstanden, wo die Ergebnisse neue Ideen sind. Auf diesem Gebiet kennen die meisten von uns zumindest einige einzelne Schritte des Prozesses, wir wissen notwendigerweise, was vorgeht, und erkennen daher im allgemeinen die Notwendigkeit der Freiheit. Die meisten Gelehrten erkennen, daß wir den Fortschritt des Wissens nicht planen können; daß wir bei der Fahrt ins Unbekannte – was die Forschung ist – in hohem Maße von den Launen des einzelnen schöpferischen Geistes und von den Umständen abhängen; daß wissenschaftlicher Fortschritt ebenso wie eine neue Idee, die einem einzelnen Kopf entspringt, das Ergebnis einer Kombination von Vorstellungen, Gewohnheiten und Umständen ist, die dem Einzelnen durch die Gesellschaft übermittelt werden; daß er ebensosehr das Ergebnis von glücklichen Zufällen wie von systematischem Bemühen ist.

Weil wir im Bereich des Geistigen deutlicher sehen, daß der Fortschritt aus dem Unvorhergesehenen und Ungeplanten entsteht, neigen wir dazu, die Bedeutung der Freiheit auf diesem Gebiete zu sehr zu betonen und die Wichtigkeit der Freiheit, Dinge zu *tun*, zu übersehen. Aber die Freiheit der Forschung und des Glaubens, die Freiheit der Rede und Diskussion, deren Wichtigkeit ziemlich allgemein verstanden wird, sind von Bedeutung erst in der letzten Phase des Prozesses, in dem neue Wahrheiten entdeckt werden. Den Wert der geistigen Freiheit auf Kosten der Freiheit des Handelns hervorzuheben, hieße die Krönung eines Baues für den ganzen Bau nehmen. Wir haben neue Ideen zu erörtern, verschiedene Ansichten einander anzupassen, weil diese Ideen und Ansichten aus den Bemühungen Einzelner hervorgehen, die unter immer neuen Umständen in ihren konkreten Aufgaben sich der neuen Werkzeuge und Formen des Handelns, die sie erlernt haben, bedienen.

Der nicht-intellektuelle Teil dieses Prozesses – nämlich die Bildung der veränderten materiellen Umgebung, in der das Neue entsteht – erfordert zu seinem Verständnis und zur richtigen Einschätzung viel mehr Vorstellungskraft als die Faktoren, die vom intellektualistischen Standpunkt aus betont werden. Die geistigen Vorgänge, die zu einer neuen Idee geführt haben, können wir manchmal zurückverfolgen, aber wir können kaum je die Abfolge und die Kombinationen jener Beiträge rekonstruieren, die nicht zur Erwerbung expliziten Wissens geführt haben; wir können kaum je die günstigen Gewohnheiten

---

geeigneter ist als der gebräuchlichere Institution, vergleiche Hayek, F. A., *Mißbrauch und Verfall der Vernunft*, Frankfurt 1959, S. 115. [Hayek, *Schriften*, B 2].

und die angewendeten Fertigkeiten, die Einrichtungen und die genützten Gelegenheiten und die besondere Umgebung der Hauptbeteiligten, die das Ergebnis begünstigt hat, rekonstruieren. Unser Bemühen um ein Verständnis dieses Teils des Prozesses kann kaum über den Versuch hinausgehen, an vereinfachten Modellen den Charakter der hier wirkenden Kräfte aufzuzeigen und mehr auf das allgemeine Prinzip als den speziellen Charakter der wirkenden Einflüsse hinzuweisen[16]. Die Menschen sind immer nur mit dem befaßt, was sie kennen. Daher werden jene Faktoren, die, während der Prozeß im Gange ist, niemandem bewußt bekannt sind, gewöhnlich nicht beachtet und können vielleicht nie im einzelnen verfolgt werden.

Tatsächlich werden diese unbewußten Faktoren nicht nur gewöhnlich außer acht gelassen, sondern oft so behandelt, als wären sie eher ein Hemmnis als eine Hilfe oder eine wesentliche Bedingung. Weil sie nicht in dem Sinn »rational« sind, daß sie ausdrücklich in unser Denken eingehen, werden sie oft als irrational behandelt in dem Sinn, als ob sie im Gegensatz zu vernünftigem Handeln stünden. Doch wenn auch vieles Nicht-Rationale, das unser Handeln beeinflußt, in diesem Sinn irrational sein mag, sind doch viele der »bloßen Gewohnheiten« und »sinnlosen Institutionen«, die wir in unserem Handeln gebrauchen und voraussetzen, wesentliche Bedingungen für unsere Errungenschaften; sie sind erfolgreiche Anpassungen der Gesellschaft, die ständig verbessert werden und von denen der Bereich dessen abhängt, was wir erreichen können. Es ist zwar wichtig, ihre Mängel aufzudecken, aber ohne sie könnten wir nicht einen Augenblick weiterkommen.

Die Art und Weise, in der wir gelernt haben, unseren Tag einzuteilen, uns zu kleiden, zu essen, unsere Wohnung einzurichten, zu sprechen und zu schreiben, und die zahllosen anderen Werkzeuge und Geräte der Zivilisation zu gebrauchen, bilden nicht weniger als das praktische Können in Erzeugung und Handel die Grundlagen, auf die sich unsere eigenen Beiträge zu dem Prozeß der Zivilisation stützen. Im neuartigen Gebrauch und in der Verbesserung alles dessen, was uns die Einrichtungen der Zivilisation bieten, entstehen die neuen Ideen, die schließlich im intellektuellen Bereich behandelt werden. Obwohl die bewußte Anwendung abstrakten Denkens, wenn es einmal in Gang gesetzt ist, in gewissem Maße ein Eigenleben hat, würde es nicht lange bestehen und sich entwickeln ohne die ständigen Herausforderungen durch Menschen, die die

[16] Vgl. Hayek, F. A., »Degrees of Explanation«, *The British Journal for the Philosophy of Science*, Bd. VI, 1955/56, S. 209–225, abgedruckt in Hayek, F. A., *Studies in Philosophy, Politics and Economics*, Chicago: University of Chicago Press, 1967, und Hayek, F. A., »The Theory of Complex Phenomena«, in: Bunge, M. (Hrsg.), *The Critical Approach to Science and Philosophy. Essays in Honor of Karl R. Popper*, New York und London: The Free Press of Glencoe, 1964, S. 332–349. [Deutsch: »Die Theorie komplexer Phänomene«, Hayek, *Schriften*, A 1].

Fähigkeit haben, in neuer Weise zu handeln, neue Arbeitsweisen zu versuchen, und die die ganze Struktur der Zivilisation durch Anpassung an den Wandel zu ändern versuchen. Der intellektuelle Prozeß ist im wesentlichen nur ein Prozeß der Ausarbeitung, Auswahl und Elimination bereits gebildeter Ideen. Und der Strom neuer Ideen entspringt in weitem Maß dem Bereich, in dem Handeln, oft nicht-rationales Handeln, und materielles Geschehen aufeinanderstoßen. Er würde versiegen, wenn Freiheit auf die intellektuelle Sphäre beschränkt wäre.

Die Bedeutung der Freiheit ist daher nicht von dem gehobenen Charakter der Tätigkeiten abhängig, die durch sie ermöglicht werden. Freiheit des Handelns, auch in bescheidenen Dingen, ist ebenso wichtig wie Freiheit des Denkens. Es ist allgemein üblich geworden, die Freiheit des Handelns herabzuwürdigen, indem sie »wirtschaftliche Freiheit« genannt wird[17]. Aber der Begriff der Handelnsfreiheit ist viel weiter als der Begriff der wirtschaftlichen Freiheit, den er einschließt; und was noch wichtiger ist, es ist sehr fraglich, ob es überhaupt Handlungen gibt, die bloß »wirtschaftlich« genannt werden können, und ob Beschränkungen der Freiheit je auf die bloß »wirtschaftlichen« Aspekte begrenzt werden können. Wirtschaftliche Erwägungen sind nur jene, durch die wir die verschiedenen Ziele miteinander in Einklang bringen und einander anpassen, Ziele, die aber letzten Endes nie wirtschaftlich sind (außer vielleicht im Falle des Geizhalses oder des Mannes, für den der Gelderwerb zum Selbstzweck geworden ist)[18].

7. Freiheit und Veränderung der Werte. Das meiste des bisher Gesagten gilt nicht nur für die Verwendung der Mittel zur Erreichung der Ziele der Menschen, sondern auch für jene Ziele selbst. Es ist eines der Merkmale einer freien Gesellschaft, daß die Ziele der Menschen offen sind[19], das heißt, daß neue Ziele für die bewußten Bemühungen auftauchen können, zunächst bei ein paar Einzelnen, um mit der Zeit die Ziele der meisten zu werden. Wir müssen die Tatsache anerkennen, daß sogar veränderlich ist, was sie als gut und schön ansehen, nicht in einer erkennbaren Art, die zu einer relativistischen Position be-

---

[17] Siehe Director, A., »The Parity of the Economic Market Place«, in: *Conference on Freedom and the Law* (University of Chicago Law School Conference Series No. 13), Chicago 1953.

[18] Vgl. Hayek, F. A., *Der Weg zur Knechtschaft*, Erlenbach-Zürich: Eugen Rentsch, 1945, Kap. 7 [Hayek, *Schriften*, B 1].

[19] Siehe Popper, K. R., *Die offene Gesellschaft und ihre Feinde*, Bd. I, *Der Zauber Platons*, deutsch von Feyerabend, P. K., Sammlung Dalp, Bd. 84, Bern: A. Francke, 1957, insbesondere S. 268 [8. Aufl., Tübingen: Mohr Siebeck, 2003, insbesondere S. 239]: »Aber wenn wir Menschen bleiben wollen, dann gibt es nur einen Weg, den Weg in die offene Gesellschaft. Wir müssen ins Unbekannte, ins Ungewisse, ins Unsichere weiterschreiten und die Vernunft, die uns gegeben ist, verwenden, um, so gut wir es eben können, für beides zu planen: nicht nur für Sicherheit, sondern zugleich auch für Freiheit.«

rechtigen würde, sondern in dem Sinn, daß wir in vieler Hinsicht nicht wissen, was einer späteren Generation gut oder schön erscheinen wird. Wir wissen auch nicht, warum wir dies oder jenes als gut ansehen, oder wer recht hat, wenn Menschen verschiedener Ansicht sind, ob etwas gut ist oder nicht. Der Mensch ist nicht nur hinsichtlich seines Wissens, sondern auch seiner Ziele und Werte ein Geschöpf der Zivilisation; letzten Endes bestimmt die Bedeutung dieser individuellen Wünsche für die Erhaltung der Gruppe oder der Art darüber, ob sie bestehen bleiben oder sich ändern werden. Es ist natürlich irrig zu glauben, daß wir Schlüsse darüber ziehen können, welches unsere Werte sein sollen, einfach weil wir erkennen, daß sie ein Ergebnis der Entwicklung sind. Aber wir können vernünftigerweise nicht bezweifeln, daß diese Werte durch dieselben Entwicklungskräfte geschaffen und geändert werden, die auch unsere Intelligenz hervorgebracht haben. Wir wissen nicht mehr, als daß die endgültige Entscheidung über Gut und Böse nicht durch individuelle menschliche Weisheit fallen wird, sondern durch Untergang der Gruppen, die die »falschen« Ansichten hatten.

In der Verfolgung der jeweiligen Ziele des Menschen muß sich die Bewährung all der Erfindungen der Zivilisation erweisen: die unzweckmäßigen werden fallen gelassen und die zweckmäßigen beibehalten werden. Doch daß mit der Befriedigung alter Bedürfnisse und dem Auftreten neuer Möglichkeiten ständig neue Ziele entstehen, ist nicht alles. Welche Individuen und welche Gruppen erfolgreich sind und sich erhalten, hängt ebensosehr von den Zielen ab, die sie verfolgen, und den Werten, die ihr Handeln bestimmen, wie von den Werkzeugen und Fähigkeiten, über die sie verfügen. Ob eine Gruppe gedeiht oder untergeht, hängt ebensosehr von den Moralregeln ab, die sie befolgt, oder von den Idealen von Schönheit und Wohlbefinden, die sie leiten, wie von dem Ausmaß, in dem sie gelernt hat, ihre materiellen Bedürfnisse zu befriedigen. Innerhalb einer gegebenen Gesellschaft werden bestimmte Gruppen gedeihen oder verfallen, je nach den Zielen, die sie verfolgen, und den Verhaltensregeln, die sie beachten. Und die Ziele der erfolgreichen Gruppe werden schließlich die Ziele aller Mitglieder der Gesellschaft werden.

Warum die Werte, die wir vertreten, oder die ethischen Regeln, die wir befolgen, dem Fortbestand unserer Gesellschaft günstig sind, verstehen wir höchstens teilweise. Wir können auch nicht sicher sein, daß unter ständig wechselnden Bedingungen all die Regeln, die sich zur Erreichung eines bestimmten Zieles als dienlich erwiesen haben, sich auch weiterhin bewähren werden. Obwohl wir annehmen können, daß eingebürgerte soziale Normen in gewisser Weise zur Erhaltung der Zivilisation beitragen, können wir eine Bestätigung nur dadurch finden, daß wir feststellen, ob sie sich im Wettbewerb mit anderen Normen, denen andere Individuen und Gruppen folgen, bewähren.

8. Organisation und Wettbewerb. Der Wettbewerb, auf dem der Auswahlprozeß beruht, muß im weitesten Sinn verstanden werden. Er schließt Wettbewerb zwischen organisierten und zwischen unorganisierten Gruppen ebenso ein wie den Wettbewerb zwischen Individuen. Ihn im Gegensatz zu Kooperation oder Organisation zu sehen, heißt sein Wesen mißverstehen. Das Bemühen, gewisse Ergebnisse durch Kooperation und Organisation zu erreichen, gehört ebenso zum Wettbewerb wie die Bemühungen der Einzelnen. Auch erfolgreiche Gruppenbeziehungen erweisen ihre Wirksamkeit im Wettbewerb zwischen Gruppen, die in verschiedener Weise organisiert sind. Der relevante Unterschied ist nicht der zwischen dem Handeln Einzelner und dem Handeln von Gruppen, sondern der zwischen Bedingungen einerseits, unter denen verschiedene, sich auf verschiedene Ansichten oder Praktiken gründende Wege versucht werden können, und Bedingungen andererseits, unter denen eine einzige Stelle das ausschließliche Recht und die Macht hat, andere von Versuchen auszuschließen. Nur wenn solche ausschließliche Rechte verliehen werden unter der Anmaßung höheren Wissens auf seiten bestimmter Individuen oder Gruppen, verliert der Entwicklungsprozeß seinen experimentellen Charakter, und Ansichten, die zu einer gegebenen Zeit gerade vorherrschen, können ein Hindernis für den Fortschritt des Wissens werden.

Die Argumente für die Freiheit sind daher nicht Argumente gegen Organisation, die eines der mächtigsten Mittel ist, deren sich der menschliche Verstand bedienen kann, sondern Argumente gegen jede ausschließliche, privilegierte oder monopolistische Organisation, gegen die Anwendung von Zwang, um andere daran zu hindern, es besser zu versuchen. Jede Organisation beruht auf gegebenen Kenntnissen; Organisation bedeutet eine Festlegung auf ein bestimmtes Ziel und auf bestimmte Methoden, aber selbst eine Organisation, deren Aufgabe die Vermehrung des Wissens ist, wird nur erfolgreich sein, sofern die Kenntnisse und Anschauungen, auf die sie aufgebaut ist, richtig sind. Und wenn irgendwelche Tatsachen den Ansichten, auf die sich der Aufbau der Organisation gründet, widersprechen, wird sich dies nur in ihrem Fehlschlag und ihrer Verdrängung durch eine Organisation anderer Art zeigen. Organisation ist daher wohltätig und wirksam, solange sie freiwillig und in eine freie Sphäre eingebettet ist, und wird sich entweder Umständen, die in ihrem Entwurf nicht vorgesehen waren, anpassen müssen oder zugrunde gehen. Die ganze Gesellschaft zu einer einzigen Organisation zu machen, die nach einem einzelnen Plan entworfen und geleitet ist, hieße gerade die Kräfte zerstören, die die individuelle menschliche Vernunft geformt haben, von der die Organisation geplant wurde.

Es ist der Mühe wert, einen Augenblick zu überlegen, was geschehen würde, wenn in allen Tätigkeiten nur das Wissen verwendet werden würde, das übereinstimmend als das beste angesehen wird. Wenn alle Versuche, die im

Lichte des allgemein anerkannten Wissens verschwenderisch erscheinen, verboten würden und nur solche Fragen gestellt und nur solche Experimente versucht werden dürften, die nach der herrschenden Meinung bedeutsam erscheinen, könnte die Menschheit sehr wohl den Punkt erreichen, an dem ihr Wissen sie in den Stand setzt, die Folgen aller konventionellen Handlungen vorauszusagen und alle Enttäuschungen oder Fehlschläge zu vermeiden. Der Mensch hätte dann scheinbar seine Umwelt seinem Verstand unterworfen, denn er würde nur das unternehmen, was in seinen Folgen völlig voraussagbar wäre. Wir könnten uns vorstellen, daß eine Zivilisation zum Stillstand kommt, nicht weil die Möglichkeiten weiteren Wachstums ausgeschöpft sind, sondern weil es dem Menschen gelungen ist, seine ganze Tätigkeit und seine unmittelbare Umgebung dem bestehenden Wissensstand so vollkommen zu unterwerfen, daß keine Gelegenheit für das Auftreten neuer Erkenntnis bliebe.

9. Rationalismus und die Grenzen der Vernunft. Der Rationalist, der alles dem menschlichen Verstand unterwerfen möchte, befindet sich damit in einem wirklichen Zwiespalt. Die Anwendung des Verstandes strebt nach Beherrschung und Voraussagbarkeit. Aber der Prozeß, in dem sich der Verstand entwickelt, beruht auf Freiheit und Unvoraussagbarkeit des menschlichen Handelns. Diejenigen, die die Macht der menschlichen Vernunft preisen, sehen gewöhnlich nur eine Seite der Wechselwirkung zwischen menschlichem Denken und Verhalten, in der der Verstand sowohl angewendet als auch gebildet wird. Sie sehen nicht, daß, wenn es Fortschritt geben soll, der soziale Prozeß, in dem sich der Verstand entwickelt, nicht von diesem Verstand beherrscht werden kann.

Zweifellos verdankt der Mensch manche seiner größten Erfolge der Vergangenheit dem Umstand, daß er *nicht* imstande war, das gesellschaftliche Leben bewußt zu lenken. Ob der Fortschritt andauern wird, kann sehr wohl davon abhängen, daß der Mensch bewußt darauf verzichtet, die Lenkung auszuüben, die heute in seiner Macht liegt. In der Vergangenheit konnten sich die spontanen Kräfte des Wachstums, wie beschränkt sie auch waren, gewöhnlich gegen den organisierten Zwang des Staates behaupten. Bei den technischen Mitteln, die dem Staat heute zur Verfügung stehen, ist es nicht so sicher, daß sie sich noch durchsetzen können; es kann jedenfalls bald unmöglich werden. Wir sind nicht weit davon entfernt, daß die bewußt organisierten Kräfte der Gesellschaft jene spontanen Kräfte zerstören könnten, die den Fortschritt möglich machten.

2. Regeln, Wahrnehmung und Verständlichkeit*

Regelgeleitetes Handeln

Das verblüffendste Beispiel für das Phänomen, von dem wir ausgehen werden, ist die Fähigkeit kleiner Kinder, beim Sprechen die Regeln der Grammatik und Idiomatik anzuwenden, von denen sie gar nichts wissen. »Vielleicht«, so schrieb Edward Sapir vor 35 Jahren, »sollte es uns sehr zu denken geben, daß selbst ein Kind die schwierigste Sprache mit idiomatischer Leichtigkeit sprechen kann, man aber einen ungewöhnlich stark analytischen Verstand braucht, um die bloßen Elemente jenes unglaublich differenzierten linguistischen Mechanismus zu definieren, der im Unbewußten des Kindes nur Spielzeug ist.«[1]

---

* Erstveröffentlichung unter dem Titel »Rules, Perception and Intelligibility« in *Proceedings of the British Academy*, 48, 1962, 321–344.

[1] Sapir, E., »The Unconscious Patterning of Behaviour in Society« (1927) in: Mandelbaum, D. G., Hrsg., *Selected Writings of Edward Sapir*, Berkeley 1949, 549. Weitere Erkenntnisse über das Wesen der grammatikalischen Ordnung lassen diese Leistung des Kindes noch beachtlicher erscheinen; und R. B. Lees fühlte sich jüngst zu der Feststellung bewogen (Besprechung von Chomsky, N., *Syntactic Structures*, in: *Language*, 33, 1951, 408): »... im Falle dieses typisch menschlichen und kulturell universalen Phänomens der Sprache zeigt das einfachste Modell, das wir zu ihrer Erklärung bauen können, daß eine Grammatik der gleichen Ordnung angehört wie eine prognostische Theorie. Wenn wir die unbezweifelbare Tatsache, daß ein Kind mit fünf oder sechs Jahren die Theorie dieser Sprache für sich auf irgendeine Weise rekonstruiert hat, befriedigend erklären sollen, so bedürfte es dazu wohl einer erheblichen Differenzierung unserer Vorstellungen vom menschlichen Lernen.«

Vergleiche zu der ganzen Frage auch Polanyi, M., *Personal Knowledge, Towards a Post-Critical Philosophy*, London 1959, besonders die Kapitel über »Skills« und »Articulation« sowie die scharfsichtigen Bemerkungen in Ferguson, A., *An Essay on the History of Civil Society*, London 1767, 50: »Es ist ein Glück, daß hier, wie bei anderen Dingen auch, mit denen Spekulation und Theorie sich befassen, die Natur ihren Lauf nimmt, dieweil die Wißbegierigen mit der Suche nach ihren Prinzipien beschäftigt sind. Der Landmann oder das Kind kann logisch denken und urteilen und seine Sprache mit Unterscheidungsvermögen, Konsequenz und einem Sinn für Analogie gebrauchen, die den Logiker, den Moralisten und den Grammatiker verblüffen, wenn sie sich bemühen, die Prinzipien zu finden, auf denen dieser Vorgang beruht, oder das, was so vertraut ist und im Einzelfall so erfolgreich geschieht, in allgemeine Regeln kleiden wollen.«

Das Phänomen ist sehr umfassend und schließt alles ein, was wir als Können bezeichnen. Das Können eines Handwerkers oder Athleten, das als »Wissen, wie« bezeichnet wird (wissen, wie man schnitzt, Rad fährt, Schi fährt oder einen Knoten bindet), gehört in diese Kategorie. Es ist typisch für diese Arten von Können, daß wir gewöhnlich nicht imstande sind, explizit (diskursiv) die Art und Weise des Handelns, um das es geht, anzugeben. Ein gutes Beispiel findet sich in einem anderen Zusammenhang bei M. Friedman und L. J. Savage:

> Überlegen wir das Problem der Vorhersage vor jedem Stoß, in welche Richtung sich eine von einem erstklassigen Billardspieler gestoßene Billardkugel bewegen wird. Man könnte eine oder mehrere mathematische Formeln aufstellen, die die Stoßrichtungen angäben, in denen Punkte erzielt würden, und darunter die eine (oder auch mehrere) kenntlich machen, die die Kugeln in der besten Position beließe. Die Formeln könnten natürlich äußerst kompliziert sein, weil sie notwendigerweise die Positionen der Kugeln zueinander sowie die Bande und die komplizierten, durch Effets hervorgerufenen Erscheinungen berücksichtigen müßten. Nichtsdestotrotz scheint es keineswegs undenkbar, daß man zu ausgezeichneten Prognosen kommen könnte, wenn man unterstellt, daß der Billardspieler seine Stöße so macht, *als ob* er die Formeln kennte, nach Augenmaß genau die Winkel usw. schätzen könnte, die die Position der Kugeln bestimmen, nach den Formeln blitzschnelle Berechnungen anstellen könnte und dann die Kugel in die Richtung rollen lassen könnte, die die Formeln angeben.[2]

(Ein mit intellektuellen Fähigkeiten einer höheren Ordnung begabtes Wesen würde das wahrscheinlich mit den Worten beschreiben, der Billiardspieler handle so, als ob er denken könne.)

Soweit wir den Charakter solcher Fertigkeiten zu beschreiben vermögen, müssen wird das dadurch tun, daß wir die Regeln angeben, die das Handeln bestimmen, den Handelnden für gewöhnlich aber nicht bewußt sind. Bedauerlicherweise erlaubt es der moderne englische Sprachgebrauch nicht, allgemein das Verbum »can« im Sinne des deutschen »können« zu verwenden, um alle die Fälle zu bezeichnen, in denen ein einzelner nur »weiß, wie« man etwas macht. In den bisher zitierten Fällen wird man wahrscheinlich ohne weiteres zugeben, daß »Wissen, wie« in der Fähigkeit besteht, nach Regeln zu handeln, die wir vielleicht herausfinden können, die wir aber nicht in Worte fassen können müssen, um sie zu befolgen.[3] Das Problem ist freilich von viel größerer Tragweite,

---

[2] Friedman, M. und Savage, L. J. , »The Utility Analysis of Choice Involving Risk« (ursprünglich *Journal of Political Economy*, 56, 1948), abgedruckt in: David, H. P. und Brengelmann, J. C., Hrsg., *Perspectives in Personality Research*, New York 1960, 87.

[3] Vgl. Ryle, G., »Knowing How and Knowing That«, *Proceedings of the Aristotelian Society*, 1945–46, und Ryle, G., *The Concept of Mind*, London 1949, Kapitel 2. Der

als man vielleicht ohne weiteres zugestehen wird. Wenn das sogenannte Sprachgefühl in unserer Fähigkeit besteht, noch nicht formulierte Regeln zu befolgen,[4] gibt es keinen Grund, warum beispielsweise das Rechtsgefühl nicht auch in solch einer Fähigkeit bestehen sollte, Regeln zu befolgen, die wir nicht in dem Sinne kennen, daß wir sie in Worte fassen könnten.[5]

Von diesen Fällen, in denen das Handeln von Regeln (Bewegungsmustern, Ordnungsprinzipien usw.) geleitet ist, die der Handelnde nicht ausdrücklich zu kennen braucht (angeben, diskursiv beschreiben oder »verbalisieren« können muß)[6] und in denen das Nervensystem als, wie man sagen könnte, »Bewegungsmustereffektor« zu wirken scheint, müssen wir uns jetzt ab- und den entsprechenden und nicht weniger interessanten Fällen zuwenden, in denen der Organismus zu erkennen vermag, daß Handlungen solchen Regeln oder Mustern folgen, ohne daß er die Elemente dieser Muster bewußt erfaßt, so daß wir annehmen müssen, er besitze ebenfalls eine Art von »Bewegungsmusterdetektor«.

Regelgeleitete Wahrnehmung

Wiederum bietet die Fähigkeit des Kindes, die durch die jeweils passende grammatische Form zum Ausdruck gebrachten unterschiedlichen Bedeutungen von

fast vollständige Verlust der ursprünglichen Bedeutung von »können« im Englischen, wo man es kaum mehr im Infinitiv gebrauchen kann, ist nicht nur ein Hindernis für die mühelose Diskussion dieser Probleme, sondern auch eine Quelle von Irrtümern im internationalen Gedankenaustausch. Wenn ein Deutscher sagt, »ich weiß, wie man Tennis spielt«, heißt das nicht notwendigerweise, daß er Tennis zu spielen versteht; in diesem Fall würde ein Deutscher sagen, »ich kann Tennis spielen«. Im Deutschen bezeichnet die erstgenannte Wendung die ausdrückliche Kenntnis der Spielregeln und kann sich – falls der Sprechende besondere Bewegungsstudien angestellt hatte – auf die Regeln beziehen, mit denen das Können eines Spielers beschrieben werden kann, ein Können, über das der Sprechende, der diese Regeln zu kennen behauptet, nicht verfügen muß. Das Deutsche verfügt über drei Ausdrücke für das englische »to know«: wissen (svw to know that), kennen (svw to be acquainted with) und können (svw to know how). Siehe die interessante Erörterung bei Helmholtz, H. v., *Populäre wissenschaftliche Vorträge*, 2. Heft, Braunschweig 1871, 92ff.

[4] Vgl. Kainz, F., *Psychologie der Sprache*, 4. Band, Stuttgart 1956, 343: »Die Normen, die das Sprachverwenden steuern, das Richtige vom Falschen sondern, bilden in ihrer Gesamtheit das Sprachgefühl.«

[5] Vgl. Wittgenstein, L., *Philosophical Investigations*, hrg. v. Anscombe, G. E. M. und Rhees, R., Oxford 1958, 185: »... es ›wissen‹, heißt nur: es beschreiben können«.

[6] Da die Bedeutung vieler der Ausdrücke, die wir verwenden werden müssen, einigermaßen fließend ist, werden wir gelegentlich dazu greifen, Fast-Synonyma aneinanderzureihen, die in ihrer Bedeutung zwar nicht identisch sind, aber durch ihre Bedeutungsüberschneidungen den Sinn, in dem wir diese Ausdrücke verwenden, genauer definieren.

Sätzen zu erfassen, das deutlichste Beispiel für die Fähigkeit der Regelwahrnehmung. Regeln, die wir nicht in Worte fassen können, leiten somit nicht nur unser Handeln. Sie leiten vielmehr auch unsere Wahrnehmungen des Handelns anderer Menschen. Das Kind, das grammatikalisch richtig spricht, ohne die Regeln der Grammatik zu kennen, versteht nicht nur alle Bedeutungsnuancen, die andere ausdrücken, indem sie sich an die Grammatikregeln halten, sondern vermag auch einen Grammatikfehler in der Sprache anderer zu korrigieren.

Diese Fähigkeit zur Wahrnehmung von Regeln (oder Regelmäßigkeiten oder Mustern) im Handeln anderer ist ein sehr allgemeines und wichtiges Phänomen. Es ist ein Fall von Gestaltwahrnehmung, freilich einer Wahrnehmung von Gestalten besonderer Art. Während wir in den bekannteren Fällen die Gestalten, die als gleich erkannt werden, anzugeben (explizit oder diskursiv zu beschreiben oder zu erklären) vermögen und somit auch imstande sind, bewußt die Reizsituation zu reproduzieren, die in verschiedenen Personen die gleiche Wahrnehmung hervorrufen wird, wissen wir in den hier in Betracht kommenden Fällen, mit denen sich dieser Aufsatz hauptsächlich befassen wird, oft nicht mehr, als daß eine bestimmte Situation von verschiedenen Personen als solche einer gewissen Art erkannt wird.

Zu diesen Klassen von Ereignismustern, die »keiner kennt und jeder versteht«,[7] zählen in erster Linie Gebärde und Gesichtsausdruck. Es ist bedeutsam, daß die uns nicht bewußte Fähigkeit, auf Zeichen zu reagieren, abnimmt, wenn wir uns von Angehörigen unserer eigenen Kultur weg- zu denen anderer Kulturen hinbewegen, daß sie aber in gewissem Maß sogar in unseren Beziehungen zu den höheren Tieren (und auch zwischen diesen) vorhanden ist.[8] In

---

[7] Sapir, E., »The Unconscious Patterning of Behaviour in Society« (1927), in: Mandelbaum, D. G., Hrsg., *Selected Writings of Edward Sapir*, Berkeley 1949, 556: »Trotz dieser Schwierigkeiten bewußter Analyse reagieren wir auf Gebärden mit größter Aufmerksamkeit und, man möchte fast sagen, nach einem ausgefeilten und geheimen Code, der nirgends niedergeschrieben ist, den keiner kennt und jeder versteht.« Vgl. auch Goethes Wort: »Ein jeder lebt's, nicht allen ist's bekannt«.

[8] W. Köhler (in *The Mentality of Apes*, New York 1925), berichtet auf S. 307, daß ein Schimpanse »die geringfügigsten Veränderungen im menschlichen Ausdruck, ob drohend oder freundlich, sofort richtig deutet«; und H. Hediger (in *Skizzen zu einer Tierpsychologie im Zoo und im Zirkus*, Stuttgart 1954, 282), schreibt: »Im Tierreich, namentlich bei den Säugetieren, besteht eine weitverbreitete und überraschend hohe Fähigkeit, menschliche Ausdruckserscheinungen ganz allgemein aufs feinste zu interpretieren.« R. E. Miller, J. V. Murphy und I. A. Mirsky (in »Non-Verbal Communication of Affect«, *Journal of Clinical Psychology*, 15, 1959, 158), haben gezeigt, »daß die Wirkung von Furcht und/oder Angst von Rhesusaffen in Gesichtsausdruck und Haltung anderer Affen wahrgenommen oder unterschieden werden kann«. Als Beispiel für die umgekehrte Beziehung, daß nämlich der Mensch das Handeln von Affen als sinnvoll erkennt, siehe die Beschreibung von Beobachtungen von Schimpansen in Freiheit bei Kortlandt, A., »Chimpanzees in the Wild«, *Scientific American*, Mai 1962.

den letzten Jahren hat man diesem Phänomen unter dem Titel »physiognomische Wahrnehmung«[9] erhebliche Aufmerksamkeit gewidmet; es dürfte jedoch viel häufiger sein, als die Bezeichnung zunächst vermuten läßt. Es leitet nicht nur unsere Ausdruckswahrnehmung, sondern auch unsere Beurteilung von Handlungen als gerichtet oder zweckhaft;[10] und es färbt auch unsere Wahrnehmung nichtmenschlicher und lebloser Phänomene. Es würde zu weit führen, hier auf die wichtigen Beiträge der Ethologie zur Erforschung dieser Phänomene einzugehen, insbesondere auf die Vogelstudien von Heinroth, Lorenz und Tinbergen,[11] obwohl deren Beschreibungen des »ansteckenden« Charakters gewisser Arten von Bewegungen und des »angeborenen Auslösemechanismus« als »Wahrnehmungsfunktion« höchst bedeutsam sind. Insgesamt werden wir uns auf die Probleme beim Menschen beschränken müssen und nur gelegentlich einen Blick auf andere höhere Tiere werfen.

Nachahmung und Identifikation

Die Hauptschwierigkeit, die es bei der Erklärung dieser Phänomene zu überwinden gilt, zeigt sich am deutlichsten im Zusammenhang mit dem Phänomen der Nachahmung. Die Beachtung, die ihm die Psychologen geschenkt haben, war starken Schwankungen unterworfen; nach einer Phase des Desinteresses scheint ihm jetzt wiederum Aufmerksamkeit zuteil zu werden.[12] Der Aspekt,

9 Siehe Werner, H., *Comparative Psychology of Mental Development*, überarb. Ausgabe, Chicago 1948, und Werner, H. u. a., »Studies in Physiognomic Perception«, *Journal of Psychology*, 38–46, 1954–1958; Heider, F., *The Psychology of Interpersonal Relations*, New York 1958; und neuerdings Church, J., *Language and the Discovery of Reality*, New York 1961, wo ich nach Fertigstellung dieses Aufsatzes vieles fand, was meine Argumentation stützt.

10 Siehe insbesondere From, F. G., »Perception and Human Action« in: David, H. P. und Brengelmann, J. C., Hrsg., *Perspectives in Personality Research*, New York 1960; und Rubin, E., »Bemerkungen über unser Wissen von anderen Menschen« in Rubin, E., *Experimenta Psychologica*, Kopenhagen 1949; ebenso wie Allport, G. W., *Pattern and Growth of Personality*, New York 1961, der das in dem Satz zusammenfaßt: »… der Schlüssel zur Personenwahrnehmung liegt in unserer Aufmerksamkeit für das, was der andere *zu tun versucht*« (520).

11 Siehe Heinroth, O., »Über bestimmte Bewegungsweisen von Wirbeltieren«, *Sitzungsberichte der Gesellschaft naturforschender Freunde*, Berlin 1931; Lorenz, K. Z., »The Comparative Method in Studying Innate Behaviour«, in: *Physiological Mechanisms in Animal Behaviour*, Symposia of the Society for Experimental Biology, Nr. 4, Cambridge 1950; Lorenz, K. Z., »The Role Of Gestalt Perception in Animal and Human Behaviour« in: Whyte, L. L., Hrsg., *Aspects of Form*, London 1951, sowie Tinbergen, N., *The Study of Instinct*, Oxford 1951.

12 Einen Überblick siehe bei Miller, N. E. und Dollard, J., *Social Learning and Imitation*, New Haven 1941, besonders Anhang 2; vgl. auch Harlow, H. F., »Social Behavi-

der uns hier interessiert, ist wahrscheinlich nie mehr so klar in Worte gefaßt worden, seit er zu Ende des achtzehnten Jahrhunderts von Dugald Stewart erstmals hervorgehoben wurde.[13] Er betrifft eine Schwierigkeit, die für gewöhnlich übersehen wird, weil Nachahmung meist im Zusammenhang mit Sprache behandelt wird, wo die Annahme zumindest plausibel ist, daß die Töne, die ein Mensch hervorbringt, von ihm als denen ähnlich wahrgenommen werden, die ein anderer erzeugt.

Ganz anders ist die Sache im Fall von Gebärden, Körperhaltungen, Gangart und anderen Bewegungen und insbesondere im Fall des Gesichtsausdrucks, in dem die Bewegung des eigenen Körpers in einer Weise wahrgenommen wird, die ganz und gar verschieden ist von der, in der die entsprechenden Bewegungen einer anderen Person wahrgenommen werden. Was immer in dieser Hinsicht die Fähigkeiten des Neugeborenen sein mögen,[14] es kann kein Zweifel bestehen, daß nicht nur menschliche Wesen komplexe Bewegungsabläufe bald erkennen und nachahmen lernen, sondern auch, daß die verschiedenen Formen der »Ansteckung«, die in allen Formen des Gruppenlebens auftreten, eine solche Identifikation der beobachteten Bewegungen eines anderen mit den eigenen Bewegungen voraussetzen.[15] Ob es der Vogel ist, der dadurch zum Fliegen (oder Sich-Putzen, -Kratzen, -Schütteln usw.) bewogen wird, daß er andere Vögel das Gleiche tun sieht, oder ob es der Mensch ist, der da zu bewogen wird, zu gähnen oder sich zu strecken, weil er andere das Gleiche tun sieht, oder ob es die stärker bewußte Nachahmung bei Mimikry oder dem Erlernen einer Fertigkeit ist – das, was in allen diesen Fällen geschieht, ist, daß eine be-

---

or in Primates« in: Stone, C. P., Hrsg., *Comparative Psychology*, 3. Auflage, New York 1951, 443; Koffka, K., *Growth of the Mind*, New York 1925, 307–319; und Allport, G. W., *Pattern and Growth of Personality*, New York 1961, Kapitel I.

13 Stewart, D., *Elements of the Philosophy of the Human Mind*, in: *Collected Works*, Band 4, Edinburgh 1854, Kapitel über »Sympathetic Imitation«.

14 Zu den neuesten Versuchsergebnissen und zur älteren Literatur zum Lächeln als Reaktion von Kleinstkindern vgl. Ahrens, R., »Beitrag zur Entwicklung der Physiognomie- und Mimikerkenntnis«, *Zeitschrift für experimentelle und angewandte Psychologie*, 1954; Goldstein, K., »The Smiling of the Infant and the Problem of Understanding the ›Other‹«, *Journal of Psychology*, 44, 1957; Plessner, H., »Die Deutung des mimischen Ausdrucks« (1925–26), abgedruckt in Plessner, H., *Zwischen Philosophie und Gesellschaft*, Bern 1953; und Buytendijk, F. J. J., »Das erste Lächeln des Kindes«, *Psyche*, 2, 1957.

15 Vgl. Stewart, D., a.a.O., 139: »Um ihr [der Nachahmungstheorie] auch nur den Anschein der Plausibilität zu geben, muß des weiteren angenommen werden, daß das Kleinstkind einen Spiegel zur Verfügung hat, aus dem es das Vorhandensein seines eigenen Lächelns erfahren kann und welche Art von Erscheinung solches Lächeln dem Auge bietet, ... das wirft keinerlei Licht auf die gegenwärtige Schwierigkeit, bis außerdem erklärt wird, in welchem Vorgang das Kind das, was es fühlt, oder an seinem eigenen Gesichtsausdruck bemerkt, mit dem zu *identifizieren* lernt, was es auf den Gesichtern anderer sieht« (meine Hervorhebung; ursprüngliche Hervorhebung weggelassen).

obachtete Bewegung unmittelbar in die entsprechende Handlung umgesetzt wird, oft, ohne daß das beobachtende und nachahmende Wesen erfaßt, aus welchen Elementen die Handlung besteht, oder (im Fall des Menschen) anzugeben vermöchte, was es beobachtet und tut.[16]

Unsere Fähigkeit, jemandes Gang, Körperhaltungen oder Grimassen nachzuahmen, hängt gewiß nicht von unserer Fähigkeit ab, diese in Worten zu beschreiben. Dazu sind wir häufig nicht imstande, nicht nur, weil uns die passenden Wörter fehlen, sondern weil wir weder die Elemente erfassen, aus denen sich diese Muster zusammensetzen, noch die Art und Weise, wie sie zusammenhängen. Wir können ohne weiteres einen Namen für das Ganze haben,[17] oder mitunter Vergleiche mit Bewegungen von Tieren (»kriechend«, »wild«) gebrauchen usw. oder von einem Verhalten sagen, es drücke eine Charaktereigenschaft aus wie »verschlagen«, »ängstlich«, »entschlossen« oder »stolz«. In einem Sinn wissen wir also, was wir beobachten, in einem anderen Sinn wissen wir nicht, was es ist, das wir da beobachten.

Nachahmung ist natürlich nur ein besonders einleuchtendes Beispiel aus den vielen Fällen, in denen wir erkennen, daß andere in einer uns bekannten Art handeln, aber einer Art, die wir nur beschreiben können, indem wir den »Sinn«, den diese Handlungen für uns haben, in Worte fassen, und nicht, indem wir die Elemente angeben, die uns diesen Sinn erkennen lassen. Wann immer wir feststellen, daß jemand in einer gewissen Stimmung ist, daß er wohlüberlegt oder zweckgerichtet oder mühelos handelt, daß er etwas zu erwarten[18] oder einen anderen zu bedrohen oder zu trösten scheint usw., wissen wir im allgemeinen nicht, wie wir das wissen, und vermögen das auch nicht anzugeben.

---

16 Vgl. Schilder, P., *The Image and Appearance of the Human Body*, London 1936, 244: »Echte Nachahmungshandlungen … gehen darauf zurück, daß die visuelle Darbietung der Bewegung eines anderen die Vorstellung einer ähnlichen Bewegung des eigenen Körpers hervorzurufen fähig ist, die wie alle anderen motorischen Vorstellungen, dazu neigt, sich unmittelbar in Bewegung umzusetzen. Viele der nachahmenden Bewegungen von Kindern sind von dieser Art.« Die umfangreichen experimentellen Untersuchungen zu dieser Erscheinung in neuerer Zeit mit Hilfe von komplizierten Apparaten, Photographie usw., haben uns nicht viel mehr gelehrt, als bereits Adam Smith wußte, als er in der *Theory of Moral Sentiments* schrieb, »die Massen, die gebannt auf einen Seiltänzer starren, drehen und wenden sich und balancieren ihren eigenen Körper, so wie sie ihn das tun sehen und wie sie spüren, daß sie sich in seiner Situation bewegen müßten« (*Essays*, London 1869, 10).

17 Kietz, G., *Der Ausdrucksgehalt des menschlichen Ganges*, Beiheft 93 zur *Zeitschrift für angewandte Psychologie und Charakterkunde*, Leipzig 1948, 1.

18 Selbst W. S. Verplanck, der Verfasser von *A Glossary of Some Terms used in the Objective Science of Behaviour*, Suppl. *Psychological Review*, 64, 1947 (siehe unter »expect«), sieht sich zu der Bemerkung genötigt: »Wenn man nicht ›intuitiv weiß‹, was *erwarten* bedeutet, ist man verloren«.

Trotzdem handeln wir aufgrund derartigen »Verstehens« des Verhaltens anderer im allgemeinen erfolgreich.

In allen diesen Fällen ergibt sich ein »Identifikations«-Problem, nicht in dem besonderen psychoanalytischen, sondern im gewöhnlichen Sinn des Wortes, dem Sinn, in dem festgestellt wird, daß eine unserer eigenen, mit einem Sinnesorgan wahrgenommenen Bewegungen (oder Haltungen usw.) von derselben Art ist wie die Bewegungen anderer Personen, die wir mit einem anderen Sinnesorgan wahrnehmen. Bevor Nachahmung möglich ist, muß eine Identifikation erfolgt sein, das heißt, die Entsprechung zwischen Bewegungsmustern, die mit verschiedenen Sinnesorganen wahrgenommen werden, hergestellt sein.

Die Übertragung erlernter Regeln

Die Wahrnehmung einer Entsprechung zwischen Mustern, die sich aus verschiedenen sensorischen Elementen zusammensetzen (die entweder den gleichen oder verschiedenen Sinnesorganen zuzuordnen sein mögen), setzt einen Mechanismus zur Übertragung sensorischer Muster voraus, das heißt, einen Mechanismus für die Übertragung der Fähigkeit zur Erkenntnis einer abstrakten Ordnung oder Anordnung aus einem Gebiet in ein anderes. Daß es solch eine Fähigkeit geben sollte, scheint nicht unplausibel, da eine ähnliche Übertragung von motorischem Lernen eine wohlbekannte Tatsache ist: Fähigkeiten, die mit einer Hand erlernt wurden, werden ohne weiteres auf die andere übertragen, usw.[19] Neuerdings hat man auch gezeigt, daß beispielsweise Affen, die darauf abgerichtet waren, auf Unterschiede in einfachen rhythmischen Abfolgen von Lichtsignalen zu reagieren (bei zwei gleich langen Signalen eine Tür zu öffnen, bei zwei ungleich langen Signalen sie nicht zu öffnen), diese Reaktion umgehend auf entsprechende Rhythmen bei akustischen Signalen übertrugen.[20] Im Bereich der Wahrnehmung lassen viele der Gestaltphänomene, etwa die Transposition einer Melodie, ebenfalls auf die Gültigkeit desselben Prinzips schließen. Die herrschenden Lehren vom Wesen der Wahrnehmung liefern uns

---

[19] Einen handlichen Überblick über das Tatsachenmaterial geben Woodworth, R. S. und Schlossberg, H., *Experimental Psychology*, überarb. Auflage, New York 1955, Kapitel 24, wo auch Beispiele für die Übertragung von »Wahrnehmungsfähigkeiten« angegeben werden. Siehe auch Lashley, K. S., »The Problem of Serial Order in Behavior« in Jeffress, L., Hrsg., Hixon Symposium on *Cerebral Mechanism in Behavior*, New York 1951, ein Aufsatz voll von bedeutsamen Bemerkungen zu unserem Thema.

[20] Stepien, L. C., Cordeau, J. P. und Rasmussen, T., »The Effect of Temporal Lobe and Hippocampal Lesions on Auditory and Visual Recent Memory in Monkeys«, *Brain* 83, 1960, 472–473.

aber keine ausreichende Erklärung dafür, wie so eine Übertragung zustandekommt.[21]

Solch ein Mechanismus ist unschwer vorzustellen. Zu beachten ist in erster Linie, daß zwei beliebige sensorische Elemente (»elementare sensorische Qualitäten« oder komplexere Wahrnehmungen), um in einem Muster bestimmter Art den gleichen Platz einnehmen zu können, gewisse Attribute gemein haben müssen. Außer wenn beide entlang einer Skala wie groß : klein, stark : schwach, langdauernd : kurzdauernd usw. variieren können, vermögen sie nicht am gleichen Platz als Bestandteile ähnlicher Muster zu dienen. Die wichtigste dieser gemeinsamen Eigenschaften verschiedener Arten von Empfindungen, die es ihnen ermöglicht, in einem Muster einer gewissen Art den gleichen Platz einzunehmen, ist ihr gleichartiger Raum-Zeit-Rahmen: Während visuelle, taktile, kinästhetische und akustische Empfindungen denselben Rhythmus aufweisen können und die ersten drei auch dieselbe räumliche Anordnung haben können, ist das für Geruchs- und Geschmacksempfindungen nicht möglich.[22]

---

[21] Heutzutage greift man in Erörterungen dieser Probleme im allgemeinen zu der einigermaßen vagen Vorstellung des »Schemas«. Zur neueren Diskussion siehe Oldfield, R. C. und Zangwill, O. L., »Head's Concept of the Schema and its Application to Contemporary British Psychology«, *British Journal of Psychology*, 1942–43; Oldfield, R. C., »Memory Mechanism and the Theory of Schemata«, *British Journal of Psychology*, Gen. Sect., 45, 1954; und Vernon, M. D., »The Function of Schemata in Perceiving«, *Psychological Review*, 62, 1955. Wir werden das Wort hier nicht als terminus technicus verwenden, weil es durch seine verschiedenartigen Verwendungen in eine Grauzone unerwünschter Nebenbedeutungen geraten ist.

[22] Es wird zunehmend klar, daß selbst die Wahrnehmung räumlicher Muster, die wir gerne dem gleichzeitigen Auftreten der sensorischen Elemente, aus denen die Muster sich zusammensetzen, zuschreiben, weitgehend auf einem Vorgang visueller oder taktiler Abtastung und der Wahrnehmung von »Gradienten« beruht, das heißt, auf der Erkenntnis, daß eine bestimmte Sequenz von Reizen einer Regel folgt. Infolgedessen erscheinen, wie K. S. Lashley (in »The Problem of Serial Order in Behavior« in: Jeffress, L., Hrsg., Hixon Symposium on *Cerebral Mechanism in Behavior*, New York 1951, 218), betonte, »für die Gehirntätigkeit räumliche und zeitliche Ordnung … fast vollständig austauschbar«. Es hat den Anschein, als ob es zunehmend Aufgabe der Wahrnehmungstheorie wird, die Regeln ausfindig zu machen, nach denen unterschiedliche Konstellationen physikalischer Daten in Wahrnehmungskategorien übertragen werden, so daß verschiedenste Mengen physikalischer Daten als gleiches Erscheinungsbild gedeutet werden. Diese Entwicklung geht zurück auf H. von Helmholtz' Vorstellung vom »unbewußten Schluß« (*Populäre wissenschaftliche Vorträge*, 2. Heft, Braunschweig 1871); sie wurde insbesondere von J. C. Gibson (*The Perception of the Visual World*, Boston 1950), vorangetrieben und hat neuerdings zu höchst beachtlichen Ergebnissen geführt in Ivo Kohlers Nachweis der »allgemeinen Regeln«, nach denen das Sehsystem lernt, äußerst komplexe und unterschiedliche Verzerrungen zu korrigieren, die von prismatischen Brillen bei Bewegung des Auges oder des Kopfes hervorgerufen werden (Kohler, I., »Experiments with Goggles«, *Scientific American*, Mai 1962).

Die gemeinsamen Attribute, die die einzelnen Empfindungen besitzen müssen, um dieselben abstrakten Muster bilden zu können, müssen offensichtlich eigene neurale Korrelate haben (Reize in bestimmten Gruppen von Neuronen, die sie vorstellen), weil sie in gewisser Hinsicht nur so die gleiche Wirkung auf unsere Denkvorgänge und Handlungen haben können: Wenn unterschiedliche Empfindungen uns veranlassen, sie als »groß« oder »intensiv« oder »lang« zu bezeichnen, so müssen die zugehörigen Reize auf einer bestimmten Stufe der hierarchisch geordneten Beurteilung (Klassifizierung)[23] dieselben Bahnen benützen. Sobald wir jedoch erkennen, daß die von verschiedenen Nervenreizen ausgelösten Empfindungen, wenn sie ähnliche Attribute aufweisen sollen, einige identische Elemente unter der »Gefolgschaft«[24] haben müssen, die ihre Qualität bestimmt, so wirft die Frage der Übertragung eines in dem einen Empfindungsfeld erlernten Musters auf ein anderes keine ernstliche Schwierigkeit auf.

Hat eine gewisse Ordnung oder Abfolge von sensorischen Elementen mit gegebenen Attributen eine charakteristische Signifikanz erreicht, so wird diese Signifikanz dadurch bestimmt sein, daß die neuralen Ereignisse, die für diese Attribute stehen, als äquivalent klassifiziert werden, und sie wird somit automatisch auch dann für sie gelten, wenn sie von anderen Empfindungen hervorgerufen werden als jenen in dem Kontext, in dem das Muster ursprünglich erlernt wurde. Oder, um es anders auszudrücken: Empfindungen mit gleichen Attributen werden Elemente desselben Musters bilden können, und dieses Muster wird als ein und dasselbe aufgefaßt werden, selbst wenn es nie zuvor in Verbindung mit den spezifischen Elementen erfahren wurde, denn die ansonsten qualitativ andersgearteten Empfindungen werden unter den Reizen, die ihre Qualität bestimmen, solche haben, die das fragliche abstrakte Attribut eineindeutig bestimmen; und sobald einmal die Fähigkeit zum Erkennen einer abstrakten Regel, der die Anordnung dieser Attribute folgt, auf einem Gebiet erworben wurde, wird dieselbe Schablone auch dann anwendbar sein, wenn die Zeichen für jene abstrakten Attribute von völlig anderen Elementen hervorgerufen werden. Die Klassifizierung des Gefüges von Beziehungen zwischen diesen abstrakten Attributen bestimmt darüber, ob die Muster als gleich oder als verschieden aufgefaßt werden.

---

23 Für eine systematische Darstellung der zugrundeliegenden Theorie siehe Hayek, F. A., *The Sensory Order*, London und Chicago 1952; deutsch: *Die sensorische Ordnung*, Hayek, *Schriften*, B 5, 2006.

24 Siehe ebenda, § 3.34.

Verhaltensmuster und Wahrnehmungsmuster

Im Verlauf seiner Entwicklung[25] erwirbt jeder Organismus ein großes Repertoire solcher Wahrnehmungsmuster, auf die er spezifisch zu reagieren vermag, und in diesem Repertoire von Mustern werden unter den am frühesten erworbenen und am festesten verankerten diejenigen sein, die sich aus der kinästhetischen Speicherung von Bewegungsmustern des eigenen Körpers ergeben – Bewegungsmuster, die in vielen Fällen durch angeborene Organisation eingeführt und wahrscheinlich subcortikal gelenkt sind, jedoch an höhere Ebenen weitergegeben und dort gespeichert werden. Die Bezeichnung »Bewegungsmuster« in diesem Zusammenhang läßt die Komplexität oder Vielfalt der Attribute der fraglichen Bewegungen kaum erahnen. Sie umfaßt nicht nur relative Bewegungen starrer Körper und verschiedene Biege- oder elastische Bewegungen flexibler Körper, sondern auch kontinuierliche und diskontinuierliche, rhythmische und arhythmische Geschwindigkeitsveränderungen usw. Das Öffnen und Schließen von Kiefern und Schnäbeln oder die charakteristischen Bewegungen von Gliedmaßen sind relativ einfache Beispiele für solche Muster. Im allgemeinen lassen sie sich in mehrere Einzelbewegungen gliedern, die zusammen das fragliche Muster hervorbringen.

Das Jungtier, für das jeder Tag damit beginnt, daß es erwachsene Tiere und Altersgenossen gähnen, sich strecken, putzen, entleeren, die Umgebung beobachten usw. sieht und das bald lernt, diese Grundschemata als das Gleiche wie seine eigenen angeborenen Bewegungsmuster in Verbindung mit bestimmten Stimmungen (oder Dispositionen oder Bereitschaftszuständen) zu erfassen, wird dazu neigen, in diese Wahrnehmungskategorien alles einzuordnen, was nur annähernd hineinpaßt. Diese Muster werden die Schablonen (Grundformen oder Schemata) bilden, mit deren Hilfe viele andere komplexe Erscheinungen wahrgenommen werden, zusätzlich zu denen, von denen die Muster hergeleitet sind. Was zunächst mit einem angeborenen und eher spezifischen Bewegungsmuster begann, kann somit eine erlernte und abstrakte Schablone zur Klassifizierung wahrgenommener Ereignisse werden. (»Klassifizierung« steht hier natürlich für einen Vorgang der Kanalisierung, Umleitung oder »Zulassung« von Nervenreizen derart, daß sie eine bestimmte Disposition oder Bereitschaft schaffen.)[26] Die Wahrnehmung, daß Ereignisse gemäß einer Regel eintreten, wird somit die Wirkung haben, daß für den weiteren Verlauf der Vorgänge im Nervensystem eine andere Regel vorgeschrieben wird.

---

[25] Der Ausdruck »Entwicklung« soll hier nicht nur ontogenetische, sondern auch phylogenetische Vorgänge umfassen.

[26] Siehe Hayek, F. A., »Scientism and the Study of Society«, Part II, *Economica*, N. S., 10, 1942. Deutsch: »Szientismus und das Studium der Gesellschaft«, Teil I von *Mißbrauch und Verfall der Vernunft*; Hayek, *Schriften*, B 2, 2004, 3–106.

Die (sensorische, subjektive, verhaltensbezogene) Erscheinungswelt,[27] in der solch ein Organismus lebt, wird daher großteils aus Bewegungsmustern bestehen, die für seine eigene Art (Spezies oder größere Gruppe) typisch sind. Diese werden mit die wichtigsten Kategorien ausmachen, in denen er die Welt und insbesondere die meisten Lebensformen wahrnimmt. Unsere Tendenz, die von uns beobachteten Ereignisse zu personifizieren (anthropomorph oder animistisch zu deuten), rührt wahrscheinlich aus solch einer Anwendung von Schemata her, die uns unsere eigenen Körperbewegungen liefern. Sie machen Komplexe von Ereignissen zwar noch nicht verständlich, aber zumindest wahrnehmbar (begreifbar oder sinnvoll), die ohne derartige Wahrnehmungsschemata keinen Zusammenhang, keinen Ganzheitscharakter hätten.

Es ist nicht erstaunlich, daß das absichtliche Hervorrufen anthropomorpher Interpretationen zu einem der wichtigsten Mittel künstlerischen Ausdrucks geworden ist, durch das ein Dichter oder Maler das Typische unserer Erfahrungen besonders lebendig wachzurufen vermag. Ausdrücke wie, daß eine Gewitterwolke dräuend über uns hängt, oder daß eine Landschaft friedvoll oder lächelnd oder ernst oder wild ist, sind mehr als bloße Metaphern. Sie bezeichnen zutreffende Attribute unserer Erfahrungen in der Art, wie sie eintreten. Das heißt nicht, daß diese Attribute den objektiven Ereignissen in irgendeinem anderen Sinn zugehören, als daß wir sie diesen Ereignissen intuitiv zuschreiben. Nichtsdestoweniger sind sie Teil der Umwelt, wie wir sie kennen und wie sie unser Verhalten bestimmt. Und wenn unsere Wahrnehmungen in solchen Fällen uns auch nicht wirklich helfen, die Natur zu verstehen, so wird, wie wir sehen werden, doch die Tatsache, daß mitunter jene von uns in die Natur hineingelesenen (oder -projizierten) Muster alles sind, was wir wissen und was unser Handeln bestimmt, zu einem Angelpunkt in unseren Bemühungen, die Ergebnisse menschlichen Zusammenwirkens zu erklären.

Die Vorstellung, daß wir oft Muster wahrnehmen, ohne uns der Elemente bewußt zu sein, aus denen sie bestehen (oder diese überhaupt wahrzunehmen), steht im Widerspruch zu dem tiefwurzelnden Glauben, daß alle Erkenntnis »abstrakter« Formen aus unserer ihr vorausgehenden Wahrnehmung des »Konkreten« »abgeleitet« ist: zu der Annahme, daß wir erst das Besondere in all seiner Fülle und seinen Einzelheiten wahrnehmen müssen, bevor wir lernen, daraus jene Merkmale zu abstrahieren, die es mit anderen Erfahrungen gemein hat. Doch obzwar wir einiges klinische Belegmaterial dafür haben, daß das Abstrakte von der Tätigkeit höherer Nervenzentren abhängt und die Fähigkeit, abstrakte Vorstellungen zu bilden, verlorengehen kann, während stärker kon-

---

[27] Im Gegensatz zu objektiv, physisch, wissenschaftlich usw. Siehe Hayek, F. A., *Die sensorische Ordnung*, § 1.10.

krete Bilder noch bewahrt werden, ist das offensichtlich nicht immer der Fall.[28] Es würde auch nicht beweisen, daß das Konkrete zeitlich früher da ist. Es ist zumindest sehr wahrscheinlich, daß wir oft nur hochgradig abstrakte Merkmale wahrnehmen, das heißt, eine Ordnung von Reizen, die im einzelnen überhaupt nicht wahrgenommen oder zumindest nicht identifiziert werden.[29]

Spezifizierbare und nicht-spezifizierbare Muster

Daß wir mitunter Muster wahrnehmen, die wir nicht zu spezifizieren vermögen, wurde zwar oft festgestellt, es findet aber in unserer allgemeinen Vorstellung von unseren Beziehungen zur Außenwelt bislang kaum angemessene Beachtung. Es wird daher zweckmäßig sein, dem ausdrücklich die zwei geläufigeren Arten gegenüberzustellen, wie Muster in der Deutung unserer Umgebung eine Rolle spielen. Der Fall, den jeder kennt, ist der der sinnlichen Wahrnehmung von Mustern wie etwa geometrischen Figuren, die wir auch in Worten beschreiben können. Daß die Fähigkeit der intuitiven Wahrnehmung und die Fähigkeit, ein Muster diskursiv zu beschreiben, aber nicht das gleiche sind, hat der Fortschritt der Wissenschaft gezeigt, die zunehmend die Natur mit Hilfe von Mustern interpretiert, die vom Verstand konstruiert werden können, aber nicht intuitiv vorstellbar sind (etwa Muster in einem vieldimensionalen Raum). Mathematik und Logik beschäftigen sich zu einem guten Teil mit der Bildung neuer Muster, die unsere Wahrnehmung uns nicht zeigt, bei denen sich aber später herausstellen kann, daß sie Beziehungen zwischen beobachtbaren Elementen abbilden (oder auch nicht).[30]

Im dritten, dem hier interessierenden Fall, ist die Beziehung umgekehrt: Unsere Sinne erkennen Muster (oder besser: »projizieren« oder »lesen« Muster in die Welt hinein), die wir faktisch nicht diskursiv zu beschreiben vermögen[31] und vielleicht überhaupt nie im einzelnen angeben können. Daß es Fälle gibt, in denen wir solche Muster intuitiv erfassen, lange bevor wir sie beschreiben können, macht allein schon das Beispiel der Sprache hinlänglich deutlich. Aber

---

[28] Vgl. Brown, R. W., *Words and Things*, Glencoe, Ill. 1958, sowie Hayek, F. A., *Die sensorische Ordnung*, §§ 6.33–6.43.

[29] Vgl. Church, J., *Language and the Discovery of Reality*, New York 1961, 111: »Man kann ohne weiteres etwas gut genug sehen, um zu spüren, daß es etwas Gefährliches oder etwas Reizvolles ist, aber nicht gut genug, um zu wissen, was es ist.«

[30] Vgl. Hayek, F. A., *Die Theorie komplexer Phänomene* (1961); abgedruckt in Hayek, *Schriften*, A 1, 188–212.

[31] Vgl. Goethes Bemerkung: »Das Wort bemüht sich nur umsonst, Gestalten schöpferisch aufzubauen«. Siehe auch Gombrich, E. H., *Art and Illusion*, New York 1960, 103–105 und 307–313, insbesondere seine Bemerkung, »es sieht beinahe so aus, als ob das Auge von Bedeutungen wüßte, von denen der Verstand nichts weiß« (307).

sobald die Existenz einiger derartiger Fälle nachgewiesen ist, müssen wir darauf gefaßt sein, zu entdecken, daß sie zahlreicher und bedeutsamer sind, als wir unmittelbar bemerken. Ob wir in allen solchen Fällen auch nur grundsätzlich imstande sein werden, die Strukturen, die unsere Sinne spontan als Realisierungen ein und desselben Musters behandeln, in Worten zu beschreiben, werden wir am Schluß dieses Aufsatzes zu überlegen haben.

Daß wir Muster erkennen, die wir nicht spezifizieren können, berechtigt uns freilich nicht, solche Wahrnehmungen als legitime Bestandteile wissenschaftlicher Erklärung heranzuziehen (wiewohl sie die »Intuitionen« liefern können, die der begrifflichen Formulierung für gewöhnlich vorausgehen).[32] Doch wenn solche Wahrnehmungen auch keine wissenschaftliche Erklärung bieten, so werfen sie nicht nur ein Erklärungsproblem auf, sondern wir müssen bei der Erklärung der Wirkungen menschlichen Handelns auch berücksichtigen, daß Menschen sich von solchen Wahrnehmungen leiten lassen. Auf dieses Problem werden wir später zurückkommen müssen. Vorläufig genügt der Hinweis, daß es völlig konsequent ist, einerseits zu leugnen, daß »Ganzheiten«, die der Wissenschaftler intuitiv wahrnimmt, legitim in seinen Erklärungen aufscheinen dürfen, und andererseits darauf zu bestehen, daß die Wahrnehmung solcher Ganzheiten seitens der Personen, deren Zusammenwirken Gegenstand der Untersuchung ist, für die wissenschaftliche Analyse ein Datum abgeben muß. Wir werden feststellen, daß derartige Wahrnehmungen, die die radikalen Behavioristen ignorieren wollen, weil die entsprechenden Reize sich nicht »physikalisch« definieren lassen, zu den wichtigsten Daten zählen, auf die sich unsere Erklärungen der Beziehungen zwischen Menschen stützen müssen.[33]

---

[32] Etwas anderes ist es, daß in medizinischen und anderen Diagnosen die »Wahrnehmung der Physiognomie« als Anleitung für die Praxis eine sehr wichtige Rolle spielt. Selbst hier aber kann sie nicht unmittelbar in die Theorie eingehen. Zu ihrer Rolle vgl. Polanyi, M., »Knowing and Being«, *Mind*, 70, 1961. Siehe zu diesen Problemen auch Klüver, H., *Behavior Mechanisms in Monkeys*, Chicago 1933, 7–9, und Lorenz, K. Z., »The Role of Gestalt Perception in Animal and Human Behaviour« in: Whyte, L. L., Hrsg., *Aspects of Form*, London 1951, der behauptet, »keine wichtige wissenschaftliche Tatsache [sei] je ›bewiesen‹ worden, die nicht zuvor einfach und unmittelbar durch intuitive Gestaltwahrnehmung gesehen worden wäre« (176).

[33] Es ist schwer zu sagen, wie weit solche Wahrnehmungen nicht-spezifizierbarer Muster der gängigen Vorstellung von »sensorischen Daten«, »Beobachtungsdaten«, »Wahrnehmungsdaten«, »empirischen Gegebenheiten« oder »objektiven Tatsachen« entsprechen, und vielleicht sogar, ob wir noch von Sinneswahrnehmung sprechen können oder besser von der Wahrnehmung durch den Verstand sprechen sollten. Anscheinend läßt sich das ganze Phänomen, das uns hier beschäftigt, nicht in die sensualistische Philosophie einfügen, der diese Vorstellungen entstammen. Es ist offensichtlich unrichtig, daß (wie deren Terminologie besagt) wir imstande sein müssen, alles, was wir erfahren, auch zu beschreiben. Auch wenn wir für dergleichen nicht-spezifizierbare Wahrnehmungen einen Namen haben mögen, den unsere Mitmenschen verstehen, wären wir

In einem gewissen Sinn gilt allgemein, daß das Erfordernis, die in einer Erklärung verwendeten Begriffe müßten genau spezifizierbar sein, nur für die Theorie (die allgemeine Formel oder das abstrakte Muster) gilt und nicht für die Einzeldaten, die jeweils einzusetzen sind, um sie auf bestimmte Fälle anwendbar zu machen. Was die Erkenntnis der spezifischen Bedingungen angeht, auf die eine theoretische Aussage anwendbar ist, so müssen wir uns immer auf die interpersonelle Übereinstimmung darüber verlassen, ob die Bedingungen mit Hilfe von sensorischen Qualitäten wie »grün« oder »bitter« definiert werden oder mit Hilfe von Punkt-Koinzidenzen, wie dort, wo wir messen. In diesen gängigen Beispielen ergibt sich im allgemeinen keine Schwierigkeit, nicht nur, weil die Übereinstimmung zwischen verschiedenen Beobachtern sehr groß ist, sondern auch, weil wir wissen, wie man die Bedingungen schafft, unter denen verschiedene Personen die gleichen Wahrnehmungen haben werden. Die physikalischen Umstände, die diese Empfindungen auslösen, lassen sich bewußt manipulieren und im allgemeinen definierten Raum-Zeit-Bereichen zuordnen, die für den Beobachter mit der in Frage stehenden sensorischen Qualität »ausgefüllt« sind. Wir werden allgemein auch feststellen, daß das, was verschiedenen Personen als gleichartig erscheint, auch auf andere Objekte die gleichen Wirkungen haben wird; und wir sehen es als eher erstaunliche Ausnahme an, wenn das, was uns als gleichartig erscheint, auf andere Objekte unterschiedlich wirkt, oder das, was uns als verschiedenartig erscheint, auf andere Objekte gleich wirkt.[34] Dennoch können wir mit den Reizen, die solche Wahrnehmungen auslösen, experimentieren, und obwohl letztlich die Anwendbarkeit unseres theoretischen Modells auch davon abhängt, daß wir uns über die Sinneswahrnehmungen einig sind, können wir diese gewissermaßen zerlegen, soweit wir wollen.

Anders ist die Situation dann, wenn wir die Strukturen der Elemente, die die Leute tatsächlich als ein und dasselbe Muster behandeln und mit ein und demselben Namen bezeichnen, nicht spezifizieren können. Obwohl in dem einen Sinn die Leute in solchen Fällen wissen, was sie wahrnehmen, wissen sie in einem anderen nicht, was es ist, was sie da wahrnehmen. Auch wenn sich alle Beobachter tatsächlich einig sein mögen, daß jemand glücklich ist, vorsätzlich oder ungeschickt handelt, etwas erwartet usw., können sie Personen, die nicht wissen, was diese Ausdrücke bedeuten, keine »anschauliche« Definition (wie das mitunter fälschlich genannt wird) geben, weil sie auf diejenigen Teile der

---

nicht in der Lage, sie einem Menschen zu erklären, der nicht bereits in irgendeinem Sinn die gleichen Ereigniskomplexe wahrnimmt, von denen wir nicht genauer sagen können, was sie miteinander gemein haben.

[34] Siehe Hayek, F. A., *Die sensorische Ordnung*, §§ 1.6–1.21, und Hayek, F. A., »Scientism and the Study of Society«, Teil II, *Economica* N.S. 10, 1942; deutsch: »Szientismus und das Studium der Gesellschaft«, Hayek, *Schriften*, B 2, 2004, 3–106.

beobachteten Umwelt, aus denen sie diese Eigenschaften erschließen, nicht zeigen können.

Die Verständlichkeit von Mitteilungen, die verstanden werden sollen (oder die Erfassung ihres Sinnes), aufgrund der Wahrnehmung der Regeln, denen sie folgen, ist lediglich das auffallendste Beispiel für eine Erscheinung, die viel häufiger ist. Was wir wahrnehmen, wenn wir andere Leute beobachten (und in gewissem Maße auch, wenn wir andere Lebewesen beobachten),[35] sind nicht so sehr spezifische Bewegungen, sondern ein Zweck oder eine Stimmung oder Haltung (Disposition oder Bereitschaft), die wir, woran wissen wir nicht, erkennen. Aus derartigen Wahrnehmungen beziehen wir den Großteil der Information, die das Verhalten anderer für uns verständlich macht. Was wir als zweckmäßiges Verhalten erkennen, ist ein Verhalten, das einer Regel folgt, die uns vertraut ist, die wir aber nicht formulieren können müssen. Ähnlich erkennen wir, daß die Annäherung eines anderen freundlich oder feindselig ist, daß er ein Spiel spielt, uns etwas zu verkaufen bereit ist, Liebkosungen im Sinn hat, ohne daß wir wüßten, woran wir es erkennen. Im allgemeinen wissen wir nicht, was in derlei Fällen, um mit den Psychologen zu sprechen, die »Schlüssel« oder »Signale« sind, an denen Menschen das erkennen, was der für sie bedeutsame Aspekt der Situation ist; und in den meisten Fällen wird es überhaupt keine spezifischen Anhaltspunkte in Gestalt einzelner Ereignisse geben, sondern nur eine bestimmte Art von Muster, die für sie einen Sinn hat.

Die vielfache Kette von Regeln

Wir haben die besprochenen Erscheinungen als »Regelwahrnehmung« bezeichnet (passender wäre vielleicht »Wahrnehmung von Regelmäßigkeiten«).[36] Der Ausdruck hat gegenüber Bezeichnungen wie »Musterwahrnehmung« und dergleichen den Vorzug, nachdrücklicher darauf hinzudeuten, daß solche Wahrnehmungen jeden beliebigen Grad von Allgemeinheit oder Abstraktheit aufweisen können, daß er offensichtlich ebensogut zeitliche wie räumliche Ordnungen umfaßt und daß er sich mit der Tatsache verträgt, daß die Regeln, auf die er sich bezieht, in einem komplexen Gefüge aufeinander einwirken. Er

---

[35] Wenn die Vitalisten Kausalerklärungen der Lebenserscheinungen so unbefriedigend finden, liegt das wahrscheinlich daran, daß solche Erklärungen denjenigen Merkmalen, an denen wir etwas intuitiv als lebendig erkennen, nicht vollständig gerecht werden.

[36] Vgl. Selfridge, O. G., »Pattern Recognition and Learning« in: Cherry, C., Hrsg., *Information Theory*, Third London Symposium, London 1956, 345: »Ein Muster ist das Äquivalent eines Satzes von Regeln für dessen Erfassung«, und 346: »Unter Mustererkennen wird die Klassifizierung von Mustern in erlernten Kategorien verstanden.«

hilft auch, den Zusammenhang zwischen den Regeln für die Wahrnehmung und den Regeln für das Handeln herauszubringen.[37]

Ich werde hier gar nicht versuchen, »Regel« zu definieren. Man beachte jedoch, daß bei der Beschreibung der Regeln, nach denen ein System arbeitet, zumindest einige dieser Regeln in der Form von Imperativen oder Normen angegeben werden müssen, das heißt in der Form »wenn A, dann tu B«, obwohl dann, wenn einmal ein Rahmen solcher Imperative vorhanden ist, indikative Regeln wie »wenn A, dann B« dazu gebraucht werden können, in ihm die Prämissen der imperativen Regeln zu bestimmen. Aber während man alle indikativen Regeln auch als imperative Regeln formulieren könnte (nämlich in der Form: »wenn A, dann tu, als ob B«), ist das Umgekehrte nicht der Fall.

Die unbewußten Regeln, die unser Handeln bestimmen, werden oft als »Gebräuche« oder »Gewohnheiten« hingestellt. Diese Bezeichnungen sind jedoch einigermaßen irreführend, weil man sie für gewöhnlich so versteht, als ob sie sich auf sehr spezifische oder konkrete Handlungen beziehen. Doch die Regeln, von denen wir sprechen, regeln oder umschreiben im allgemeinen nur gewisse Aspekte konkreter Handlungen, indem sie ein allgemeines Schema bieten, das an die besonderen Umstände angepaßt wird. Sie werden oft nur den Möglichkeitenbereich festsetzen oder einschränken, in dem die Entscheidung bewußt erfolgt.[38] Indem sie gewisse Arten des Handelns von vornherein ausschließen und gewisse Routineverfahren zur Erreichung des Zieles angeben, schränken sie lediglich die Alternativen ein, die eine bewußte Entscheidung erfordern. Die Moralregeln beispielsweise, die Teil der Natur eines Menschen geworden sind, werden bedeuten, daß unter den Möglichkeiten, zwischen denen einer wählt, gewisse vorstellbare Wahlmöglichkeiten überhaupt nicht aufscheinen. Somit werden selbst gründlich überlegte Entscheidungen zum Teil von Regeln bestimmt sein, die der Handelnde gar nicht bemerkt. Wie für wissenschaftliche Gesetze[39] gilt auch für die Regeln, die das Handeln eines Menschen leiten, daß sie eher das bestimmen, was er nicht tun wird, als das, was er tun wird.

Die Beziehungen zwischen Wahrnehmungsregeln und Handelnsregeln sind komplex. Was die Wahrnehmung des Handelns anderer Personen angeht, so haben wir gesehen, daß im ersten Fall das eigene Handlungsmuster des Wahr-

---

[37] Die entscheidende Bedeutung des Begriffes Regel in diesem Zusammenhang wurde mir klar bei der Lektüre von Szazs, T. S., *The Myth of Mental Illness: Foundations of a Theory of Personal Conduct,* New York 1961; und Peters, R. S., *The Concept of Motivation*, London 1958, die es mir ermöglichte, verschiedene, aus unterschiedlichen Quellen stammende Gedankengänge zusammenzuführen.

[38] Vgl. Humphrey, G., *The Nature of Learning*, London 1933, der im Hinblick auf Gewohnheiten unterscheidet zwischen der fixen Strategie und der variablen Taktik (besonders S. 255).

[39] Vgl. Popper, K. R., *Logik der Forschung* (1935), 11. Aufl., Tübingen 2005.

nehmenden die Schablonen liefert, anhand deren die Handlungsmuster anderer erkannt werden. Doch die Erkenntnis, daß ein Handlungsmuster einer Klasse angehört, besagt lediglich, daß es den gleichen Sinn hat wie andere derselben Klasse, nicht aber, was dieser Sinn ist. Dieser hängt von dem weiteren Handlungsmuster (oder dem Satz von Regeln) ab, das der Organismus in Reaktion auf die Erkennung eines Musters als das einer bestimmten Art seinen eigenen weiteren Tätigkeiten selbst vorschreibt.[40] Jede Wahrnehmung einer Regel in den äußeren Ereignissen ebenso wie jedes einzelne wahrgenommene Ereignis oder jede aus den inneren Prozessen des Organismus entstehende Notwendigkeit vergrößert oder verändert daher die Menge von Regeln, die die weiteren Reaktionen auf neue Reize bestimmen. Es ist die Gesamtheit solcher aktivierter Regeln (oder der Bedingungen für weiteres Handeln), die in jedem Augenblick das ausmacht, was man »Bereitschaft« (Disposition) des Organismus nennt, und die Bedeutung neu empfangener Signale besteht in der Art und Weise, wie sie diesen Komplex von Regeln modifizieren.[41]

Die Komplexität der Anordnung, in der diese Regeln übereinandergelagert und aufeinander bezogen werden können, läßt sich in knappen Worten schwer angeben. Wir müssen annehmen, daß es nicht nur auf der Wahrnehmungsseite eine Hierarchie einander überlagernder Klassen von Klassen usw. gibt, sondern daß ähnlich auch auf der motorischen Seite nicht nur Dispositionen zum Handeln gemäß einer Regel, sondern auch Dispositionen zum Ändern von Dispositionen usw. Sequenzen in Bewegung setzen, die von erheblicher Länge sein können. Ja, angesichts der wechselseitigen Verbindungen zwischen den sensorischen und den motorischen Elementen auf allen Stufen wird es unmöglich, deutlich zwischen einem aufsteigenden (sensorischen) und einem absteigenden

[40] Ich vermute, daß Viktor von Weizsäcker an diesen zirkulären Zusammenhang zwischen Handlungsmustern und Wahrnehmungsmustern dachte, als er vom Gestaltkreis sprach (*Der Gestaltkreis*, 3. Auflage, Stuttgart 1947). In diesem Zusammenhang ist zu erwähnen, daß, abgesehen von den Gestalttheoretikern, diejenigen, die den hier erörterten Phänomenen die größte Aufmerksamkeit gewidmet haben, hauptsächlich von phänomenologischen oder existentialistischen Vorstellungen beeinflußte Forscher waren, wenn ich auch selbst mich ihren philosophischen Interpretationen nicht anschließen kann. Siehe insbesondere Buytendijk, F. J. J., *Allgemeine Theorie der menschlichen Haltung und Bewegung*, Berlin-Heidelberg 1956; Merleau-Ponty, M., *La Structure du Comportement*, Paris 1942; und Plessner, H., »Die Deutung des mimischen Ausdrucks« (1925–26), abgedruckt in Plessner, H., *Zwischen Philosophie und Gesellschaft*, Bern 1953. Vgl. auch Hayek, F. A., *Die sensorische Ordnung*, §§ 4.45–4.63 und 5.63–5.75.

[41] Damit das Auftreten zusätzlicher Modifikatoren einer Handlung, die bereits hinreichend durch andere Umstände determiniert sein kann, nicht zu Überdetermination führt, bedarf es einer Organisation, die komplexer ist als die beispielsweise durch ein System simultaner Gleichungen dargestellte, etwas, in dem eine »normale« (Vielzweck- oder Routine-)Instruktion durch eine andere abgelöst werden kann, die spezifischere Information enthält.

(motorischen) Ast des Prozesses zu unterscheiden; wir sollten uns das Ganze eher als einen einzigen stetigen Strom vorstellen, in dem die Verbindung zwischen einer Gruppe von Reizen und einer Gruppe von Reaktionen durch viele Bögen verschiedener Länge hergestellt wird, wobei die längeren nicht nur auf die Ergebnisse der kürzeren Einfluß nehmen, sondern ihrerseits von den Abläufen in den höheren Zentren beeinflußt werden, die sie passieren. Der erste Schritt in der schrittweisen Klassifizierung der Reize ist also gleichzeitig als erster Schritt in einer sukzessiven Vorgabe von Handelnsregeln zu sehen, und die endgültige Spezifizierung eines bestimmten Handelns als der letzte Schritt in vielen Strängen sukzessiver Klassifizierung von Reizen nach den Regeln, denen ihre Anordnung entspricht.[42]

Daraus scheint zu folgen, daß der Sinn (die Bedeutung, Intention) eines Symbols oder Begriffs normalerweise eine Regel sein wird, die weiteren geistigen Prozessen vorgegeben sein wird, ohne daß sie selbst das Bewußtsein erreichen oder spezifizierbar sein muß. Das würde heißen, daß solch ein Begriff nicht von einer Vorstellung begleitet sein muß oder eine »Bezugsgröße« in der Außenwelt haben muß: Er aktiviert lediglich eine Regel, die der Organismus besitzt. Diese, den weiteren Prozessen vorgegebene Regel sollte natürlich nicht verwechselt werden mit der Regel, nach der das Symbol oder die Handlung mit diesem Sinn erkannt wird. Auch dürfen wir nicht erwarten, daß wir eine einfache Entsprechung zwischen der Struktur irgendeines Systems von Symbolen und der Sinnstruktur finden werden: Das, womit wir uns befassen müssen, ist eine Menge von Beziehungen zwischen zwei Regelsystemen. Die heutigen Philosophien des »Symbolismus« scheinen in dieser Hinsicht großteils auf dem falschen Weg zu sein – gar nicht zu reden von der Widersinnigkeit einer »Kommunikationstheorie«, die glaubt, sie könne Kommunikation ohne Rücksicht auf den Inhalt oder den Verstehensvorgang erklären.

Γνῶσις τοῦ ὁμοίου τῷ ὁμοίῳ

Wir müssen nun noch genauer überlegen, welche Rolle die Wahrnehmung des Sinnes des Handelns anderer Leute bei der wissenschaftlichen Erklärung des Zusammenwirkens von Menschen spielen muß. Das hierbei auftretende Problem ist in der Diskussion der Methodologie der Sozialwissenschaften als Verstehensproblem bekannt. Wir haben gesehen, daß dieses Verstehen des Sinnes von Handlungen von derselben Art ist wie das Verstehen von Mitteilungen (das heißt, eines Handelns, das verstanden werden soll). Es umfaßt das, was Autoren des achtzehnten Jahrhunderts als Sympathie bezeichneten und und was

---

[42] Vgl. Hayek, F. A., *Die sensorische Ordnung*, §§ 4.45–4.63 und 5.63–5.75.

neuerdings unter dem Titel »Einfühlung« erörtert wird. Da wir uns hauptsächlich mit der Verwendung dieser Wahrnehmungen als Daten für die theoretischen Sozialwissenschaften befassen werden, konzentrieren wir uns auf das, was mitunter rationales Verstehen (rationale Rekonstruktion) genannt wird, das heißt, auf die Fälle, in denen wir erkennen, daß die Personen, an deren Handeln wir interessiert sind, ihre Entscheidungen nach dem Sinn dessen richten, was sie wahrnehmen. Die theoretischen Sozialwissenschaften behandeln nicht alles Handeln einer Person als unspezifizierbares und unerklärbares Ganzes, sondern sind in ihrem Bemühen um Erklärung der unbeabsichtigten Folgen individuellen Handelns bestrebt, die Schlußfolgerungen des einzelnen aufgrund der Daten nachzuvollziehen, die ihm die Erkenntnis der Handlungen anderer als sinnvoller Ganzheiten liefert. Wir werden diese Einschränkung dadurch kenntlich machen, daß wir von *Verständlichkeit* und vom *Erfassen des Sinnes* menschlichen Handelns sprechen statt von Verstehen.[43]

Die Hauptfrage, die wir zu überlegen haben werden, lautet: Was und wieviel müssen wir mit anderen Menschen gemein haben, um ihre Handlungen verständlich oder sinnvoll zu finden? Wir haben gesehen, daß unsere Fähigkeit, zu erkennen, daß Handeln Regeln folgt und Sinn hat, darauf beruht, daß wir selbst bereits mit diesen Regeln ausgestattet sind. Dieses »Wissen aus Vertrautheit« setzt daher voraus, daß einige der Regeln, nach denen wir wahrnehmen und handeln, die gleichen sind wie die, die das Verhalten derjenigen leiten, deren Handeln wir interpretieren.

Die Behauptung, Verständlichkeit menschlichen Handelns setze eine gewisse Ähnlichkeit zwischen dem Handelnden und dem Interpreten seines Handelns voraus, hat zu der Irrmeinung geführt, das bedeute, daß sich etwa »nur ein kriegerischer Historiker mit einem Dschingis Khan oder Hitler befassen« könne.[44] Das besagt die Behauptung natürlich nicht. Wir brauchen nicht völlig gleich zu sein oder auch nur einen ähnlichen Charakter zu haben wie die, deren Mitteilungen oder sonstige Handlungen wir verständlich finden, aber wir müssen aus den gleichen Ingredienzien gemacht sein, so verschieden deren Mi-

---

[43] Siehe Mises, L. v., »Begreifen und Verstehen«, *Jahrbuch für Gesetzgebung, Verwaltung und Volkswirtschaft*, 54, 1930, und Mises, L. v., *Human Action*, New Haven 1949, der zwischen *Begreifen* und *Verstehen* unterscheidet, obwohl ich es vorziehe, sein *Begreifen* durch den Begriff ›comprehension‹ wiederzugeben statt durch das von ihm benutzte ›conception‹. Dem ersteren hier zitierten Werk von Mises verdanke ich auch das Zitat von Empedokles, das als Überschrift dieses Absatzes erscheint und das aus Aristoteles, *Metaphysics*, ii.4, 1000^{b}5 stammt. Eine sorgfältige Untersuchung des ganzen *Verstehens*problems, die größere Beachtung verdient, findet sich in Gomperz, H., *Über Sinn und Sinngebilde, Verstehen und Erklären*, Tübingen 1929.

[44] Watkins, J. W. N., »Ideal Types and Historical Explanation« in: Feigl, H. und Brodbeck, M., Hrsg., *Readings in the Philosophy of Science*, New York 1953, 740.

schung im Einzelfall sein mag. Das Erfordernis der Ähnlichkeit ist von derselben Art wie im Fall des Sprachverstehens, obwohl in diesem die besondere Beziehung zwischen Sprachen und einzelnen Kulturen ein zusätzliches Erfordernis anfügt, das für die Interpretation des Sinnes vieler anderer Handlungen nicht nötig ist. Man braucht offensichtlich nicht häufig oder überhaupt jemals in heftigen Zorn zu geraten, um mit dem Zornschema vertraut zu sein oder ein cholerisches Temperament zu erkennen und zu deuten.[45] Und man braucht keinerlei Ähnlichkeit mit Hitler zu haben, um seine Beweggründe in einer Art und Weise zu verstehen, wie man die geistigen Vorgänge eines Schwachsinnigen nicht verstehen kann. Man braucht auch nicht die gleichen Dinge wie ein anderer zu mögen, um zu wissen, was »mögen« bedeutet.[46] Verständlichkeit ist sicherlich eine Sache des Grades, und es ist ein Gemeinplatz, daß Leute, die mehr Ähnlichkeit miteinander haben, einander auch besser verstehen. Aber das ändert nichts an der Tatsache, daß selbst im Grenzfall des eingeschränkten Verstehens, das zwischen Menschen und höheren Tieren herrscht, und noch mehr im Verstehen zwischen Menschen mit verschiedenem kulturellem Hintergrund oder Charakter, die Verständlichkeit von Mitteilungen und anderen Handlungen auf einer teilweisen Ähnlichkeit der geistigen Struktur beruht.

Es ist richtig, daß es kein systematisches Verfahren gibt, nach dem wir im Einzelfall entscheiden könnten, ob unsere Auffassung vom Sinn des Handelns anderer richtig ist, und auch, daß wir uns aus diesem Grund dieser Art von Tatsachen nie sicher sein können. Dessen sind sich aber im allgemeinen auch diejenigen bewußt, die ihr Handeln an physiognomischen Wahrnehmungen ausrichten, und das Ausmaß, in dem sie darauf vertrauen, daß sie den Sinn des Handelns eines anderen kennen, ist ebensosehr eine Gegebenheit, an der sie sich orientieren, wie der Sinn selbst, und sie muß daher in derselben Weise in unsere wissenschaftliche Darstellung der Effekte des Zusammenwirkens vieler Menschen eingehen.

---

[45] Vgl. Redfield, R., »Social Science among the Humanities«, *Measure*, 1, 1950, 47: »Der Anthropologe beweist das Vorhandensein der menschlichen Natur, wann immer er herausfindet, was ein exotischer Menschenschlag denkt und fühlt. Das kann er nur, indem er annimmt, daß sie mit ihm gewisse erworbene Verhaltensneigungen gemein haben; diese sind menschliche Natur. Um herausfinden zu können, wofür sich ein Zuni Indianer schämt, muß man bereits wissen, was sich schämen ist« .

[46] Vgl. Klüver, H., »Functional Significance of the Geniculo-Striate System«, *Biological Symposia*, 7, 1942, 286: »Zu beachten ist, daß ›emotionale‹ oder ›affektive‹ Qualitäten als ›physiognomische‹ Eigenschaften sichtbar werden können, ohne daß im Beobachter oder dem beobachteten Objekt emotionale Zustände oder Ereignisse eintreten. Wir können beispielsweise ›Traurigkeit‹ oder ›Aggressivität‹ in einem Gesicht sehen, ohne emotional berührt zu werden«.

Über-bewußte Regeln und die Erklärung des Verstandes

Bislang berief sich unsere Argumentation allein auf die unbestreitbare Annahme, daß wir tatsächlich nicht alle Regeln spezifizieren können, die unsere Wahrnehmungen und Handlungen bestimmen. Nunmehr müssen wir die Frage behandeln, ob es vorstellbar ist, daß wir je in einer Position sein könnten, in der wir alle diese Regeln (oder wenigstens jede beliebige von ihnen) diskursiv angeben könnten, oder ob geistige Tätigkeit immer auch von Regeln geleitet sein muß, die wir grundsätzlich nicht zu spezifizieren vermögen.

Sollte es sich zeigen, daß es im Grunde unmöglich ist, alle Regeln, die unser Handeln (einschließlich unserer Mitteilungen und ausdrücklichen Aussagen) bestimmen, anzugeben oder mitzuteilen, so würde das eine inhärente Beschränkung unseres möglichen expliziten Wissens bedeuten und insbesondere die Unmöglichkeit, einen Verstand von der Komplexität unseres eigenen jemals vollständig zu erklären. Auch wenn ich keinen strengen Beweis dafür liefern kann, scheint mir genau das aus den obenstehenden Überlegungen zu folgen.

Wenn alles, was wir ausdrücken (aussagen, mitteilen) können, für andere nur deshalb verständlich ist, weil die Struktur ihres Geistes von denselben Regeln bestimmt ist wie die unsrige, so steht zu vermuten, daß diese Regeln selbst nie mitgeteilt werden können. Das besagt anscheinend: Im einen Sinne wissen wir immer nicht nur mehr, als wir bewußt ausdrücken können, sondern auch mehr, als wir wissen oder bewußt überprüfen können; und vieles von dem, was wir mit Erfolg tun, hängt ab von Voraussetzungen, die außerhalb des Bereiches dessen liegen, was wir entweder aussagen oder bedenken können. Diese Anwendung dessen, was augenscheinlich für Verbalaussagen gilt, auf alles bewußte Denken scheint aus der Tatsache zu folgen, daß wir, wenn wir nicht in einen infiniten Regress geraten sollen, annehmen müssen, daß solches Denken von Regeln geleitet sein muß, deren man sich nicht bewußt sein kann – von einem über-bewußten[47] Mechanismus, der auf Bewußtseinsinhalte einwirkt, dessen man sich aber nicht bewußt sein kann.[48]

---

[47] Vielleicht besser noch »meta-bewußt«, denn das Problem ist im wesentlichen von derselben Art wie diejenigen, die eine Meta-Mathematik, Meta-Sprachen und Meta-Rechtsregeln entstehen ließen.

[48] Vor zwanzig Jahren behauptete ich (in »Scientism and the Study of Society«, *Economica* N.S., 10, 1942, 48, deutsch: »Szientismus und das Studium der Gesellschaft«, Hayek, *Schriften*, B 2, 48), allem Anschein nach müsse jeder Klassifizierungsmechanismus immer einen Komplexitätsgrad besitzen, der höher sei als der jedes der Objekte, die er klassifiziere, und wenn das richtig sei, folge daraus die Unmöglichkeit, daß unser Gehirn jemals eine vollständige Erklärung der einzelnen Arten, wie es Reize klassifiziert, zu geben imstande wäre (im Unterschied zu einer bloßen Erklärung des Prinzips); und zehn Jahre später versuchte ich, die Argumentation ausführlicher darzulegen (*Die sensorische Ordnung*, §§ 8.66–8.68). Inzwischen scheint sie mir aus Georg Cantors mengentheore-

Das Haupthindernis für die Annahme der Existenz solcher über-bewußter Vorgänge ist wahrscheinlich unsere Gewohnheit, bewußtes Denken und explizite Aussagen als gewissermaßen die höchste Stufe geistiger Funktionen anzusehen. Während wir offensichtlich geistige Prozesse oft nicht wahrnehmen, weil sie noch nicht die Stufe des Bewußtseins erreicht haben, sondern sich auf (sowohl physiologisch als auch psychologisch) niedrigeren Stufen abspielen, gibt es keinen Grund, warum die bewußte Stufe die höchste sein sollte, aber viele Gründe, die es wahrscheinlich machen, daß, um bewußt werden zu können, Prozesse von einer über-bewußten Ordnung geleitet sein müssen, die nicht zum Gegenstand ihrer eigenen Vorstellungen werden kann. Geistige Ereignisse können also genausogut deshalb unbewußt und nichtmitteilbar sein, weil sie sich auf einer zu hohen Stufe abspielen, wie deshalb, weil sie sich auf einer zu niedrigen Stufe abspielen.

Anders ausgedrückt: Wenn »Sinn haben« bedeutet, einen Platz in einer Ordnung zu haben, die wir mit anderen Menschen teilen, so kann diese Ordnung selbst keinen Sinn haben, weil sie keinen Platz in sich selbst haben kann. Ein Punkt kann in einem Netzwerk von Linien einen ganz bestimmten Ort haben, der ihn von allen anderen Punkten in diesem Netzwerk unterscheidet; und ähnlich kann ein komplexes Beziehungsgefüge sich von allen anderen ähnlichen Gefügen durch einen Ort in einem noch umfassenderen Gefüge unterscheiden, das jedem Element des ersten Gefüges und seinen Beziehungen einen ganz bestimmten Ort anweist. Der eigentümliche Charakter einer solchen Ordnung könnte aber niemals durch einen Platz in sich selbst definiert werden, und ein Mechanismus, der eine solche Ordnung besitzt, mag zwar imstande sein, durch Verweis auf einen solchen Ort einen Sinn anzugeben, kann aber durch sein Tätigwerden niemals die Menge von Beziehungen reproduzieren, die diesen Ort so definiert, daß er von einer anderen derartigen Menge von Beziehungen zu unterscheiden ist.

Es ist wichtig, die Behauptung, daß jedes derartige System immer auch nach Regeln ablaufen muß, die es nicht mitteilen kann, nicht zu verwechseln mit der Behauptung, daß es bestimmte Regeln gibt, die kein derartiges System jemals formulieren könnte. Die erste Behauptung besagt nichts weiter, als daß es immer einen Verstand leitende Regeln geben wird, die dieser Verstand in seinem gegebenen Zustand nicht mitteilen kann, und daß, wenn er die Fähigkeit zur Mitteilung dieser Regeln jemals erwürbe, das voraussetzen würde, daß er wei-

---

tischem Theorem, so wie ich es verstehe, zu folgen, nach dem es in jedem Klassifizierungssystem immer mehr Klassen als zu klassifizierende Dinge gibt, was vermutlich besagt, daß kein System von Klassen sich selbst enthalten kann. Jedoch halte ich mich nicht für kompetent, einen solchen Beweis zu versuchen.

tere höhere Regeln angenommen hätte, die die Mitteilung der ersteren möglich machten, selbst jedoch nicht mitteilbar wären.

Für diejenigen, die mit dem berühmten Theorem, das wir Kurt Gödel verdanken, vertraut sind, wird es wahrscheinlich offenkundig sein, daß diese Schlußfolgerungen nahe verwandt sind mit jenen, von denen Gödel gezeigt hat, daß sie in formalisierten arithmetischen Systemen gelten.[49] Es hat somit den Anschein, daß Gödels Theorem nur ein Sonderfall eines allgemeineren Prinzips ist, das für alle bewußten und insbesondere alle rationalen Vorgänge gilt, nämlich des Prinzips, daß es unter deren Bestimmungsgründen immer auch Regeln geben muß, die nicht formuliert werden können oder auch nur das Bewußtsein erreichen. Zumindest setzt alles, worüber wir sprechen können und wahrscheinlich alles, was wir bewußt denken können, die Existenz eines Bezugsrahmens voraus, der dessen Sinn bestimmt, das heißt, ein System von Regeln, die uns leiten, die wir aber weder formulieren noch uns bildlich vorstellen können und die wir bei anderen nur insoweit aktivieren können, als sie sie bereits besitzen.

Es würde zu weit führen, wenn wir hier eine Untersuchung der Vorgänge versuchen wollten, in denen die Manipulation von uns bewußten Regeln zur Schaffung weiterer, meta-bewußter Regeln führen kann, anhand deren wir dann vielleicht imstande sind, Regeln explizit zu formulieren, die uns früher nicht bewußt waren. Wahrscheinlich dürfte ein guter Teil der geheimnisvollen Kräfte wissenschaftlicher Kreativität auf Vorgänge dieser Art zurückgehen, bei denen es um eine Umgestaltung der über-bewußten Matrix geht, in der sich unser bewußtes Denken bewegt.

Wir müssen uns hier damit begnügen, einen Rahmen zu liefern, in dem das Problem des Sinns (der Verständlichkeit, der Bedeutung, des Verstehens) sinnvoll erörtert werden kann. Zu seiner ausführlicheren Behandlung bedürfte es der Konstruktion eines formalen Modells eines Kausalsystems, das nicht nur imstande wäre, in den beobachteten Ereignissen Regeln zu erkennen und auf diese zu reagieren, und zwar gemäß einer weiteren Menge von Regeln, die von den ersten verschieden, aber mit ihnen verwandt sind, sondern das auch seine Wahrnehmungen und Handlungen einem anderen, gleichartigen System mitzuteilen vermöchte, und es bedürfte des Beweises, daß zwei solchermaßen kommunizierende Systeme von einer gemeinsamen Menge von Regeln geleitet sein müssen, die sie einander nicht mitteilen können. Das freilich ist eine Aufgabe, die nicht nur den Umfang dieses Aufsatzes, sondern auch die Kräfte seines Verfassers überstiege.

---

[49] Eine einigermaßen gemeinverständliche Darstellung geben Nagel, E. und Newman, J. R., *Gödel's Proof*, New York 1958.

3. Über den »Sinn« sozialer Institutionen*

Vor gar nicht so langer Zeit hätte der Titel dieses Aufsatzes sofort den Verdacht eines gewissen Obskurantismus hervorgerufen, und ich wäre nicht überrascht, wenn er auch heute noch bei manchen Unbehagen und Mißtrauen erregte. Vielleicht schützt mich davor auch nur die Zweideutigkeit des Ausdruckes »Soziale Institutionen«, den ich im Titel verwendete. Denn der Gegenstand dieses Aufsatzes sind nicht die bewußt geschaffenen Einrichtungen der Gesellschaft, sondern vielmehr jene ohne Absicht entstandenen Bildungen wie Moral, Sitte, Sprache und der Markt, deren Entstehen und Funktionieren zu erklären der eigentliche Gegenstand aller sozialwissenschaftlichen Theorie ist. Wie aber, so mag der Leser mit einem gewissen Recht fragen, kann etwas, das nicht von menschlichem Verstand bewußt geschaffen wurde, einen *Sinn* haben? In der strikten Bedeutung des Wortes, wie sie etwa Max Weber mit dem Ausdruck *gemeinter Sinn* untersucht, können sie in der Tat keinen Sinn haben, denn wenn sie niemand bewußt geschaffen hat, so kann auch niemand etwas mit ihnen gemeint haben.

Die Sprache macht es aber fast unvermeidlich, etwas loser und ungenauer von einem »Sinn« bei manchen Erscheinungen auch dann zu sprechen, wenn wir damit nicht sagen wollen, daß ihnen ein schaffender Geist einen Sinn beigemessen hat. Daß wir z.B. irgend etwas Vernünftiges damit meinen, wenn wir sagen, daß ein Sprachgebrauch oder die Übungen einer Sitte einen guten Sinn haben, wird kaum jemand bestreiten, obwohl wir damit gewiß nicht den Sinn oder Zweck meinen, den irgendein »Erfinder« dieses Gebrauchs mit ihm verbunden hat. Aber *was* wir eigentlich damit meinen, ist viel schwerer zu sagen. Es ist ähnlich wie in der Biologie, wo gewohnheitsmäßig von dem »Zweck« oder der Funktion eines Organs u.dgl. gesprochen wird, obwohl der Biologe natürlich genau weiß, daß das im wörtlichen Sinn nicht richtig ist und der Gebrauch solcher Ausdrücke eine gewisse Gefahr in sich birgt. Und doch kann er diese »teleological shorthand«, wie es Julian Huxley einmal nannte, nicht entbehren. Bei den biologischen Organismen ist es jedoch noch verhältnismäßig

* Erstveröffentlichung in: *Schweizer Monatshefte* 36, 1956, 512–524.

leicht zu sehen, in welchem Sinn die Teile oder Organe »einem Zweck dienen«, wie wir sagen, nämlich in dem Sinn einer Förderung des Fortbestandes des Individuums oder der Spezies.

Bei den gewachsenen, nicht geschaffenen sozialen Bildungen ist es meist viel schwerer, klar zu machen, was wir meinen, wenn wir von ihrem »Sinn« sprechen, da wir damit meist auf etwas hinweisen, das wir nur sehr unvollkommen kennen oder sogar nur vermuten. Wenn sich so ein Gebilde bewährt und erhalten hat, so besteht eine gewisse Präsumtion – keineswegs Gewißheit –, daß es den Menschen irgendwie zur Erreichung ihrer Ziele geholfen hat, auch wenn es nicht bewußt dazu geschaffen wurde. Die Entwicklung solcher Gebilde bedeutet eine gewisse Anpassung, es ist eine gewisse Erfahrung des Menschengeschlechts in ihnen niedergelegt, von der wir Nutzen ziehen, ohne diese Erfahrung selbst gemacht zu haben oder auch nur wirklich zu wissen, worin diese Erfahrungen vieler Generationen bestanden haben.

Unser ganzes Denken ist, seiner Natur nach, so völlig auf das beschränkt, was wir wissen, daß es einer ganz gewaltigen Anstrengung unserer Einbildungskraft bedarf, um uns klar zu machen, wie das ganze Funktionieren unserer Zivilisation, unser ganzes Leben in viel höherem Maß von Umständen bestimmt wird, die wir nicht kennen und die zum großen Teil niemand kennt. Wenn man anfängt, sich darüber Rechenschaft zu geben, einen wieviel größeren Teil der unser Leben beeinflussenden Faktoren wir *nicht* kennen, so wird man sich bewußt, daß unsere Unwissenheit, unsere Unkenntnis der meisten konkreten Dinge, die den Gang der Welt um uns bestimmen, eigentlich als die wichtigste aller sozialen Tatsachen in jeder Diskussion sozialer Erscheinungen eine zentrale Rolle spielen sollte. Aber über unser Unwissen haben wir der Natur der Sache nach nicht viel zu sagen, wenn es auch nicht zutrifft, wie es zuerst scheinen möchte, daß wir darüber gar nichts sagen können. Natürlich können wir nicht über Dinge reden, von denen wir gar nichts wissen. Aber es hat durchaus Sinn zu sagen, daß wir über dies oder jenes, von dessen Existenz wir wissen, bestimmte Fragen nicht beantworten können; durch Formulierung solcher Fragen können wir wenigstens den Bereich dessen abgrenzen, was wir nicht wissen. Wenn wir das systematisch versuchen, wird uns erst bewußt, daß wir in einem solchen Ozean von Unwissen leben, daß es wie ein Wunder erscheint, daß wir uns in der Welt überhaupt mit einigem Erfolg zurechtfinden. So ein Versuch wäre nicht die schlechteste Vorbereitung für das, was ich besprechen will, oder für die Behandlung sozialwissenschaftlicher Probleme überhaupt.

Das würde aber mehr Raum in Anspruch nehmen als mir zur Verfügung steht, und für unsere Zwecke ist es nützlicher zu fragen, in welchen Formen wir Wissen besitzen, oder besser, wie wir die mannigfaltige Erfahrung verwerten, die das Individium und das menschliche Geschlecht als solches erworben hat. Wenn wir von *Wissen* sprechen, denken wir zunächst nur an explizites Wissen, an ausdrückliche Kenntnisse, die wir ohne Schwierigkeiten in Worten formulieren und einander mitteilen können. Die herrschende Auffassung der letzten 300 Jahre, die man als Rationalismus oder Intellektualismus bezeichnen kann und die nur »klare und deutliche Ideen« als wirkliches Wissen gelten lassen wollte, hat dazu geführt, daß die zahlreichen anderen Formen, in denen wir erfolgreich Erfahrung verwenden, wenig Beachtung gefunden haben. In einer modernen Zuspitzung geht das so weit, daß überhaupt nur mehr das präzise Wissen der Wissenschaft als Wissen gezählt wurde. Der hochbegabte und früh verstorbene Cambridger Philosoph Frank Ramsay hat das einmal in den Worten ausgedrückt: »There is nothing to know except science«[1].

Man kann natürlich niemandem verbieten, »Wissen« oder »Kenntnisse« so eng zu definieren. Aber das erschöpft dann gewiß nicht alle die Arten und Weisen, in welchen der Mensch seine Erfahrung verwertet und sich mehr oder weniger erfolgreich seiner Umgebung anpaßt. Was wir gewöhnlich als wissenschaftliche Kenntnisse bezeichnen, ist nicht das einzige Wissen, das uns in der Verwirklichung unserer Wünsche hilft; sobald man auf die anderen Arten des Wissens hinweist, ist das so offenkundig, daß es kaum jemand bestreiten dürfte. In erster Linie wären natürlich die allgemeinen Sätze der Wissenschaft nutzlos ohne die Kenntnis von konkreten Umständen von Zeit und Ort; daher ist dieses konkrete Wissen, daß das eine da und das andere dort zu finden ist, von höchster Wichtigkeit. Aber es ist gewiß nicht in seiner Gesamtheit systematisch zusammengefaßt und kann nicht als Wissenschaft bezeichnet werden. Es ist Wissen, das seiner Natur nach unter die Menschen verteilt ist, von dem jeder von uns Stücke besitzt, die niemand anderer hat. Das ist so selbstverständlich, daß es nur seiner Selbstverständlichkeit halber selten erwähnt und manchmal deshalb vielleicht sogar vergessen wird, und ich will mich daher dabei nicht länger aufhalten. Fast dasselbe gilt für das Wissen, das nicht direkt Wissen über die Welt ist, sondern nur Wissen, wie und wo die Antwort auf bestimmte Fragen zu finden ist. Ein sehr großer Teil der Fähigkeit jedes Wissenschaftlers oder Gelehrten besteht in diesem Sinn nicht aus bestimmtem Wissen, sondern in der Fähigkeit oder Technik, sich das Wissen zu beschaffen, das er jeweils braucht. Ein Großteil des sogenannten heutigen Wissens der Menschheit ist wahrscheinlich keinem lebenden Menschen wirklich bekannt, sondern bloß jenen verfügbar, die wissen, wo sie es finden. Auch das braucht man wohl nur zu erwähnen, um die Wichtigkeit solchen »Wissens« jedermann bewußt zu machen.

Bevor ich auf die anderen Arten, in denen wir die Erfahrung der Vergan-

---

1 Ramsay, F.P., *The Foundation of Mathematics*, Cambridge: Cambridge University Press, 1925, 287.

genheit verwenden, eingehe, auf die es mir vor allem ankommt, möchte ich noch kurz betrachten, was alles in dem wissenschaftlichen oder theoretischen Wissen eingeschlossen ist. Denn die Musterbeispiele aus den exakten oder physikalischen Wissenschaften, an die wir da zunächst denken, legen eine allzu enge Interpretation nahe, und es wird später für uns von Wichtigkeit sein, zu verstehen, daß auch das wissenschaftliche Wissen sehr vieler Abstufungen fähig ist.

Die enge Interpretation wissenschaftlicher Kenntnis, von der ich spreche, drückt sich in der Ansicht aus, daß es das Kennzeichen aller Wissenschaft sei, daß sie zur Voraussage und Beherrschung der Ereignisse führt. Unter echter Voraussage wird dabei gewöhnlich nur die Vorhersage genau definierter Vorgänge an einem bestimmten Ort zu einer bestimmten Zeit betrachtet. Die physikalischen Wissenschaften entsprechen in hohem Maß diesem Ideal. Aber an sich ist es für die Nützlichkeit eines wissenschaftlichen Satzes keineswegs notwendig, daß er zur positiven Voraussage bestimmter Ereignisse führt. Zwischen einer positiven Voraussage und einer, wie wir es nennen können, negativen Voraussage besteht nur ein gradueller Unterschied; und eine in diesem Sinn bloß negative Voraussage, z.B. daß wir auf einer bestimmten Wanderung kein Wasser finden werden, kann wichtiger sein als viele positiven Voraussagen. Und wenn, wie Prof. Popper klar gemacht hat, alle wissenschaftlichen Gesetze wesentlich den Charakter von Verboten haben[2], dann bedeutet ja auch eine spezifische positive Voraussage eigentlich nur, daß wir durch Ausschließen so vieler Möglichkeiten das zu Erwartende so weit eingeschränkt haben, daß wir es als ein einzigartiges Ereignis betrachten.

Das ist aber, wo es sich um sehr komplexe Erscheinungen handelt, oft nicht möglich. Bei diesen können wir oft nicht nur nicht genug Fälle der gleichen Art beobachten, um strenge Regelmäßigkeiten festzustellen, sondern wir sind auch nicht fähig, im Einzelfall alle relevanten Variablen zu beobachten oder diese Vielheit von Faktoren völlig zu übersehen. In solchen Fällen lehrt uns die Erfahrung nur, daß, wenn wir a, b, c, d beobachten, entweder x oder y oder z die Folge sein wird. Es wird uns bestenfalls gelingen, sehr vereinfachte Modelle von Erscheinungen dieser Art zu konstruieren, die uns sagen, warum ein Mechanismus oder ein kausales System dieser Art gewisser Verhalten, aber nicht bestimmter anderer Verhalten fähig ist. Und wenn wir dann in der Wirklichkeit komplexe Erscheinungen beobachten, die so ablaufen, wie wir es von einem Mechanismus bestimmter Art erwarten dürfen, so werden wir oft mit Erfolg schließen, daß wir von diesem Mechanismus nur gewisse weitere Vorgänge erwarten dürfen und nicht andere. Wenn wir z.B. das Prinzip eines Uhrwerks oder den Mechanismus der Vererbung kennen, so können wir daraus ableiten, was für einen Bereich von Erscheinungen dieser Mechanismus hervorbringen

[2] Popper, K. R., *Die Logik der Forschung*, Wien 1935 (10. Aufl. Tübingen 1994).

kann, und welche nicht. Auch das sind Voraussagen und oft sehr nützliche Voraussagen. Aber sie sehen ganz anders aus als die spezifischen Voraussagen etwa der Physik und werden darum oft nicht einbezogen, wenn wir an wissenschaftliche Kenntnisse denken. Ich habe sie im Augenblick nur erwähnt, um klar zu machen, was wir in wissenschaftliches Wissen einschließen müssen und werde später darauf zurückkommen müssen.

Jetzt muß ich mich aber den Formen der Verwertung jener Erfahrungen zuwenden, die nicht in explizitem Wissen ihren Ausdruck finden und die wir nicht einander mitteilen können, indem wir sagen, daß dies oder jenes so ist, die aber doch in unserem Handeln ihren Niederschlag finden. Die deutsche Sprache gibt uns da einen wichtigen Fingerzeig mit ihrer Unterscheidung zwischen Wissen und Können. Ich *kann* eine Sprache, ich *kann* ein Instrument handhaben oder sonst verschiedenes machen oder tun. Das heißt noch lange nicht, daß ich *weiß*, wie ich mich dabei verhalte, d.h., daß ich jemandem anderen auf seine Frage erklären könnte, wie ich meinen Erfolg zustande bringe. Das Kind, das seine Muttersprache mühelos beherrscht, hat natürlich keine Ahnung von den ungemein komplizierten Regeln, die es dabei befolgt. Der erfahrene Kletterer oder Skiläufer ist sich gewöhnlich wenig bewußt, in welcher Weise er sich erfolgreich dem Gelände anpaßt. Nichtsdestoweniger ist in allen diesen Fällen das Verhalten den Umständen in einer Weise angepaßt, daß wir mit Recht davon sprechen können, daß dabei »Wissen« oder Erfahrung verwendet wird, von denen der Handelnde nicht wirklich *weiß*, daß er es besitzt.

Am relativ leichtesten lassen sich diese Umstände in bezug auf die Sprache zeigen, wo auch die neuere Forschung am meisten dazu beigetragen hat, ihr Verständnis zu fördern[3]. Das wichtige ist hier, daß wir uns nicht nur der Sprache bedienen lernen, ohne wirklich zu *wissen*, was für komplizierte Regeln wir ständig anwenden – es so wenig wissen, daß die Regeln, die jedes Kind richtig zu gebrauchen weiß, erst von den Grammatikern entdeckt werden mußten –, sondern daß wir mit der Sprache sehr viel Wissen über die Welt erwerben, Wissen, das gewissermaßen in der Sprache enthalten ist und uns, ohne daß wir es formulieren könnten, ständig leitet, wenn wir in der Sprache denken oder sprechen. Daß uns die Sprache oft irreführt, ist natürlich oft betont worden. Aber viel öfter hilft uns der erlernte Gebrauch der Sprache, uns in der Welt, in der wir leben, zu orientieren, hilft uns, gewissermaßen automatisch viele Probleme zu lösen, ohne daß wir wirklich erklären könnten, wie wir zu dieser Lösung kommen; das wird nicht so leicht gesehen.

Ich denke dabei nicht nur und nicht einmal hauptsächlich an das Wissen,

---

[3] Siehe insbesondere Sapir, E., *Selected writings of Edward Sapir in Language, Culture and Personality*, hrsg. von D. G. Mandelbaum, Berkeley: University of California Press 1949.

das im Vokabular jeder Sprache enthalten ist, obwohl auch das von beträchtlicher Wichtigkeit ist. Denn es ist keineswegs selbstverständlich, daß sich die Dinge und Ereignisse gerade so gruppieren, wie wir sie mit gleichen oder verschiedenen Namen belegen; in der Zusammenfassung an sich verschiedener Dinge unter demselben Namen oder einer verschiedenen Benennung liegt schon viel Erfahrung verborgen. Wir lernen zwar die verschieden benannten Dinge zu erkennen – oft ohne wirklich zu wissen, wann wir die eine oder die andere Bezeichnung gebrauchen –, aber warum *diese* Unterscheidungen wichtig sind, warum wir auf gewisse Eigenschaften achten lernen und auf andere nicht, wissen wir nicht. *Daß* wir es tun und daher nur auf das »X« genannte das über »X« gelernte anwenden, bedeutet, daß wir bereits mit einem Vorrat von Wissen beginnen, den wir aus der Sprache entnehmen. Das Eskimokind, das ein halbes Dutzend Worte für die verschiedenen Arten der Naturerscheinung kennt, die wir einfach »Schnee« nennen, ist damit schon in einer ganz anderen Weise geschult, relevante Unterscheidungen zu machen als wir. Der Azteke wiederum, der für Kälte, Eis und Schnee nur ein Wort hat, ist entsprechend schlechter dran als wir.

Mindestens ebenso wichtig wie das Vokabular ist aber die Struktur jeder Sprache, die vielleicht in noch höherem Maße Theorien über die Welt in sich schließt, deren sich der Gebraucher dieser Sprachen ständig bedient, ohne sich ihrer bewußt zu sein. Da wir fast alle nur Sprachen eines Typs, nämlich des indo-europäischen, kennen, deren Strukturen außerordentlich ähnlich sind, so ist es uns kaum bewußt, wie sehr Sprachen in ihrer Struktur verschieden sein können. Es scheint uns, daß die Sprache so sein muß wie alle Sprachen, die wir kennen, weil sie dieselbe Welt beschreiben. Aber solche Unterscheidungen wie zwischen Dingen und Ereignissen, Substantiv und Verb, Subjekt und Prädikat, Substanz und Form, Dinge und die Beziehungen zwischen ihnen, sind nicht in der Welt als solcher gegeben: es ist vielmehr unsere Sprache, die uns lehrt, die Welt in dieser besonderen Art zu zerlegen. Nicht alle Sprachen kennen diese Unterscheidungen, und doch gelingt es ihnen, die Welt ausreichend zu beschreiben. Das Studium der Indianersprachen, die untereinander größere Verschiedenheiten aufweisen, als sie etwa zwischen dem Deutschen und dem Hebräischen bestehen, hat uns gelehrt, wie außerordentlich viele Möglichkeiten es gibt, die Erfahrungswelt zu beschreiben – oder ich hätte vielleicht nicht sagen sollen, *die* Erfahrungswelt, denn wie wir die Welt erfahren, hängt in weitem Maß davon ab, durch welche Sprache wir sie betrachten. In einer Sprache, die den Unterschied zwischen Substantiv und Verbum nicht kennt oder die von Dingen, die nicht gleichzeitig vorkommen können, wie Tagen, keinen Plural bilden kann, sieht die Welt ganz anders aus als in unserer: eine solche Sprache führt sehr oft zu – richtigen oder falschen – Schlüssen, zu der unsere nicht führt. Es gibt z.B. eine Indianersprache, die keine Ausdrücke wie Zeit, Beschleunigung u.dgl. hat und die darum zwar nicht von der Simultanität von Ereignissen sprechen kann, aber doch keine Schwierigkeiten hat, die physische Welt zureichend zu beschreiben. Ihr Hauptmittel dazu ist ein unglaublicher Reichtum von Ausdrücken, um zwischen Intensitäten von Vorgängen zu unterscheiden, ein Reichtum, von dem wir keine Vorstellung haben. Ich glaube, es gibt eine Sprache – oder sie wäre zumindest vorstellbar –, in der es keinen Ausdruck gibt, der unserem kausalen »weil« entspricht. Denn in diesem kleinen Wörtchen »weil« und in »warum« liegt natürlich eine ganze Naturphilosophie verborgen, in der *wir* notwendig denken, die aber sicher nicht im Wesen der Natur liegt.

So interessant diese Dinge sind, ich darf mich nicht zu lange bei der Sprache aufhalten, die ja hier nur *ein* Beispiel für eine viel allgemeinere Erscheinung sein soll. Was ich von der Sprache sagte, daß nämlich in ihr Erfahrung verborgen liegt, die wir benützen, ohne sie zu kennen, gilt natürlich für sehr viele andere Dinge. Es gilt vor allem für alle Werkzeuge und Hilfsmittel des täglichen Lebens. Niemand kennt wahrscheinlich alle die Gründe, die dazu geführt haben, dem Hammer, der Schere oder der Schaufel gerade die heute allgemein übliche Form zu geben, in neuerer Zeit hat man begonnen, die in den Dingen angesammelte Erfahrung von Generationen durch systematisches Studium zu ersetzen.

Was von den materiellen Gebrauchsgegenständen gilt, trifft natürlich auch auf die Gebräuche und Gepflogenheiten des sozialen Lebens, auf Tradition, Sitte und Moral und die Regeln des Rechts zu. Auch sie sind zum großen Teil nicht bewußt geschaffen oder erfunden worden, sondern entstanden; auch bei ihnen wissen wir meist nicht, warum sie so sind und ob und welchen Nutzen wir aus ihrer besonderen Form ziehen. Auch in ihnen ist oft viel Erfahrung der Vergangenheit niedergelegt, die wie benützen, ohne sie zu kennen; diese Erfahrung findet ihren Niederschlag in diesen in einem Auswahlprozeß erhalten gebliebenen erfolgreichen Gebräuchen und bildet einen wesentlichen Bestandteil dessen, was wir unsere Zivilisation nennen.

Das Verständnis dieser Erscheinungen hat sehr darunter gelitten, daß ihre Beurteilung Gegenstand politischer oder weltanschaulicher Gegensätze wurde. Diejenigen, die sich ihrer Wichtigkeit am meisten bewußt waren, waren zumindest auf dem Kontinent meist konservative und autoritäre Denker, wie Bonald und de Maistre in Frankreich, Justus Möser und andere in Deutschland, die von der kollektiven Erfahrung der Menschheit wohl viel sprachen, gelegentlich sogar, namentlich in bezug auf die Rolle der Sprache, erstaunliche Einsichten bewiesen, aber im ganzen diese Dinge doch als ein unverständliches Mysterium darstellten, an dem es frevelhaft wäre, zu rühren, so daß zum Schluß ihre ganze Argumentation auf Einwände gegen jede Neuerung hinauslief.

Das hatte unglücklicherweise zur Folge, daß unter den fortschrittlich Gesinnten der ganze Problemkreis in Mißkredit geriet. Ein gewisser übertriebener Rationalismus oder vielleicht besser Intellektualismus, der besonders auf dem Kontinent die fortschrittlichen liberalen und demokratischen Bewegungen beherrschte, führte dazu, daß in diesen Kreisen alle jene Bemühungen als Humbug abgetan und nicht ernst genommen wurden – eine tragische Entwicklung, denn niemand hätte an der Bedeutung spontan gewachsener Bildungen größeres Interesse nehmen sollen als die, welche alle ihre Hoffnungen auf die wohltätigen Wirkungen der Freiheit setzten. Tatsächlich hat aber jener falsche Rationalismus, von dem sie sich leiten ließen, sie gehindert, anzuerkennen, daß etwas anderes als die bewußte Vernunft – jenes Wissen, das wir willkürlich beherrschen – in der Organisation der Gesellschaft eine wohltätige Rolle spielen könne. Daß irgendeine soziale Bildung unabhängig von dem Zweck, für den sie etwa geschaffen wurde, einen nützlichen und vielleicht unentbehrlichen Dienst leisten könne, wurde als Aberglaube zurückgewiesen, und diejenigen, die etwa im Automatismus des Marktes (wo diese Dinge zuerst untersucht wurden) eine vorteilhafte und doch von keiner menschlichen Vernunft geleitete Steuerung der menschlichen Tätigkeit sahen, wurden als Apologetiker des Bestehenden abgetan. Wie diese Einstellung schließlich fast mit Notwendigkeit zum Sozialismus und der Planwirtschaft führte, habe ich bei anderen Gelegenheiten zu zeigen versucht und will es hier nicht weiter besprechen[4].

Während aber in der Nationalökonomie alle solche Vorstellungen wie Adam Smiths »unsichtbare Hand«, die ohne Wissen der Menschen ihre Tätigkeit wohltätig regelt, durch Generationen hindurch mit einer Art Tabu belegt wurden, haben andere Sozialwissenschaften, die sich mit weltanschaulich neutraleren Gebieten befaßten, besonders die Linguistik und die Anthropologie, hier große Fortschritte gemacht. Wir wissen heute, daß die Rolle, die soziale Bildungen im Leben der Menschheit spielen, wenig oder gar nichts mit dem zu tun hat, was die handelnden Menschen mit ihnen meinen.

Wir wissen heute z.B., daß wir nicht im Geiste des naiven Rationalismus des 19. Jahrhunderts solche Begriffe wie den des »Naturrechts« oder des »eingeborenen Rechtsgefühls« einfach als metaphysische Spekulationen ansehen und uns auf das Studium der Regeln positiven Rechts beschränken können, sondern daß wir die letzteren nur gegen einen Hintergrund eines oft unbewußten Rahmenwerks von Vorstellungen und Begriffen verstehen können, die sich gar nicht so sehr von dem unterscheiden, was man einmal als Naturrecht bezeichnete. Es hat sich insbesondere als unberechtigt, wenn nicht sogar verderblich

---

[4] Siehe insbesondere Hayek, F. A., *The Counter-Revolution of Science*, Glencoe [Ill.]: Free Press, 1952. (Deutsche Übersetzung: *Mißbrauch und Verfall der Vernunft*, Frankfurt a.M. 1959; Hayek, *Schriften*, B2, 2004, d. Hrsg.).

erwiesen, daß es in den letzten hundert Jahren üblich war, alle moralischen Regeln, die wir nicht durch einen bekannten Zweck rechtfertigen können, als »bloße Gewohnheiten«, »sinnlose Gebräuche« zu betrachten. Der große Kampf gegen den Aberglauben, den der Rationalismus führte, hat in eigenartiger Weise zu einem neuen Aberglauben geführt. Dieser Kampf war natürlich gerechtfertigt, soweit er sich gegen alle Meinungen richtete, die sich als falsch erwiesen hatten. Aber zwischen dem Bestreben, nichts Falsches zu glauben und dem Bestreben, nichts zu glauben, was nicht als richtig erwiesen ist, besteht ein großer Unterschied: während das erste nicht nur löblich, sondern eine Forderung der intellektuellen Rechtschaffenheit ist, ist letzteres weder wünschenswert noch auch nur *möglich*. So wie wir nicht einmal den Mund aufmachen könnten, wenn wir vor jedem Satz wissen müßten, warum wir diese oder jene Form des sprachlichen Ausdrucks verwenden, so wäre jedes soziale Zusammenleben unmöglich, wenn wir uns weigern würden, uns Verhaltungsformen anzupassen, deren Sinn und Zweck wir nicht kennen oder verstehen.

Es ist jetzt schon bald zweihundert Jahre her, seitdem der große Engländer Edmund Burke zum ersten Male die große Frage aufgeworfen hat, die immer mehr zur Schicksalsfrage der Menschheit zu werden droht: »What would become of the world if the practice of moral duty and the foundation of society rested upon their reason made clear and demonstrative to every individual?« (Was würde aus der Welt, wenn die Erfüllung moralischer Pflichten und die Grundlagen der Gesellschaft darauf basierten, daß ihre rationale Begründung jedem einzelnen klar gemacht und bewiesen werden müßte?) Es ist wahrscheinlich die Wurzel einer der Hauptschwierigkeiten der Gegenwart, die große Krankheit unserer Zivilisation, daß der Mensch sich nicht mehr Kräften unterwerfen will, die er nicht versteht, zumindest eine freie Zivilisation aber nur mit dieser Bereitwilligkeit möglich ist und das meiste, was unsere Zivilisation ausmacht, von solchen Kräften geschaffen und in Gang erhalten wird.

Es war eines der typischen Klischees dieser Zeit, daß der Mensch nach Belieben ändern könne, was er geschaffen habe, und es daher auch in seiner Macht stehen müsse, die Zivilisation, die er gebaut hat, seinen Wünschen anzupassen. Dieses plausibel klingende Argument beruht jedoch auf einem Doppelsinn des Wortes »geschaffen«. Gewiß ist alles, was wir Zivilisation und Kultur nennen, das Resultat menschlicher Tätigkeit. Aber das heißt nicht, daß diese Dinge eine bewußte Schöpfung des menschlichen Geistes sind, auch nicht, daß wir ihr Funktionieren verstehen, oder wissen, in welcher Weise sie uns bei der Erreichung unserer Ziele helfen. In einem gewissen Sinn sind natürlich wir in höherem Grade die Geschöpfe unserer Zivilisation als diese Zivilisation unser Geschöpf ist – es gab nicht zuerst einen menschlichen Geist, der diese Zivilisation entworfen hat, sondern unser individuelles und kollektives Wissen ist ein Produkt des Prozesses der Zivilisation.

Nun ist freilich vom modernen Menschen, der zum bewußten Gebrauch seiner Vernunft erwacht ist, nicht zu verlangen, daß er diese Vernunft nicht verwendet, um seine Umwelt zu beherrschen; allerdings nur insofern er nicht wieder durch Vernunftgründe überzeugt wird, daß dies unzweckmäßig ist. Ich bin gewiß der letzte, der den Verzweiflungsschritt zu einem Mystizismus empfehlen würde, der das Gewordene oder Bestehende kritiklos als das beste hinnimmt. Gewiß müssen wir unsere Vernunft verwenden, auch wenn im besonderen Fall das Ergebnis nur wäre, uns die Grenzen zu zeigen, bis zu denen wir die Beherrschung der Umwelt durch unsere bewußte Vernunft zweckmäßigerweise treiben dürfen.

Das große Problem ist hier, wie weit wir hoffen dürfen, intellektuelle Probleme zu meistern, deren Schwierigkeit gerade darin besteht, daß wir einen großen Teil der konkreten Daten, die das Problem im Einzelfall bestimmen, nie kennen können. Es wäre zum Beispiel, um bei einem Beispiel zu bleiben, eine Unmöglichkeit, all das Wissen, das implizite in der Sprache enthalten ist, explizit zu machen, und selbst wenn wir das könnten, wäre in der Sprache, in der wir dieses Wissen ausdrücken, wieder anderes Wissen implizite enthalten und so weiter. Ebenso würde es gewiß das Fassungsvermögen jedes menschlichen Geistes übersteigen, alle Vor- und Nachteile der Befolgung eines bestimmten Moralsystems zu überblicken oder im Fall des Marktes alle jene Umstände, die unsere täglichen Bemühungen bestimmen, in Betracht zu ziehen, die Dank seinem spontanen Mechanismus tatsächlich in Betracht gezogen werden. Wir haben tatsächlich keine Ahnung, welche Wirkung auf die Entwicklung einer gesellschaftlichen Gruppe die Befolgung gewisser ethischer Überzeugungen oder bestimmter Gebräuche und Gepflogenheiten hat, ob und wann das, was wir »gut« nennen, auch wirklich dem Fortbestand der Gesellschaft hilft. Es kann wohl sein, daß eine Gesellschaftsgruppe zugrunde geht, weil sie sich zu streng an Regeln hält, die wir für gut halten, und eine andere ihre Prosperität gerade dem Vorherrschen von Verhaltensformen verdankt, die wir als »schlecht« bezeichnen. Die moderne Tendenz, in allen mir bekannten Sprachen das Wort »gut« durch das Wort »sozial« zu ersetzen, ist dabei nur ein Symptom der anmaßenden Idee, daß wir wirklich wissen, was in diesem Sinne »sozial« ist.

Die Tatsache, daß wir im konkreten Fall nie mehr als einen Bruchteil der relevanten Umstände kennen (und kennen können) und daher auch nie eine vollständige Erklärung liefern oder spezifische Voraussagen machen können, bedeutet jedoch nicht, daß wir über derartige Erscheinungen gar nichts wissen. Wenn wir auch nicht wissen können, was im besonderen Fall im einzelnen vorgeht, so können wir doch oft aus dem Verständnis des Prinzips, das am Werk ist, aus unserer Kenntnis der Art der Vorgänge, um die es sich handelt, oder des Typs von Mechanismus, wichtige Schlußfolgerungen ziehen. Ich habe mich wegen der Bedeutung, die sie hier haben, schon eingangs mit diesen bloßen

»Erklärungen des Prinzips« befaßt und will jetzt nicht weiter auf ihr Wesen eingehen, sondern vielmehr fragen, welchen Nutzen sie uns leisten, d.h. in welcher Weise sie uns helfen, unsere Ziele erfolgreicher zu verwirklichen.

Kurz gesagt, haben wir es bei diesen bloßen Erklärungen des Prinzips mit sehr vereinfachten Gedankenmodellen zu tun (in dem Sinn, wie wir von Gedankenexperimenten sprechen), aus denen wir ablesen können, welcher Art von Verhalten gewisse Typen von Strukturen fähig sind, und welcher nicht. Wir sind zu dem Gebrauch solch vereinfachter Modelle gezwungen, weil die Wirklichkeit zu komplex ist, als daß wir sie je ganz übersehen könnten, und wir werden nie genügend Bestimmungsstücke besitzen, um das Resultat einer konkreten Situation mit Bestimmtheit vorauszusagen. Diese Modelle werden uns bloß in die Lage versetzen, den Bereich von Verhaltensmöglichkeiten abzustecken, dessen ein System oder eine Struktur dieser Art fähig, und jener, welcher sie nicht fähig ist, aber nicht vorauszusagen, welche besonderen Vorgänge in einem bestimmten Moment eintreten werden. Wenn wir an einem gegebenen Objekt dann Verhalten beobachten, das für Systeme bestimmter Art typisch ist, werden wir oft mit Erfolg voraussagen können, daß dieses Objekt oder dieser Zusammenhang auch dieser oder jener Verhalten und keiner anderen fähig ist. Das ist die typische Situation sozialwissenschaftlicher Theorien. Wir können meist feststellen, daß der Komplex, mit dem wir zu tun haben, aus gewissen typischen Elementen zusammengesetzt ist und können aus unseren Modellen ableiten, was für Verhalten so ein Komplex zeigen kann und was für Verhalten nicht.

Das gibt uns Wissen, das zwar im weiteren Sinn, wie wir gesehen haben, auch Voraussagen (oder zumindest Poppersche »Verbote«) enthält, aber kaum zu Voraussagen im Sinne der physikalischen Wissenschaften führt. Ich möchte den Dienst, den uns solche Modelle oder Theorien leisten, vielleicht besser mit dem Wort »Orientierung« als mit Voraussage bezeichnen: sie sagen uns zwar nicht, welches bestimmte Ereignis, aber doch welche Art von Ereignissen wir erwarten dürfen, und damit wird die Welt, in der wir leben, doch eine weniger ungewisse, weniger beunruhigende Welt, in der wir uns mit größerer Sicherheit bewegen, an die wir uns besser anpassen und unsere Ziele mit besserer Aussicht auf Erfolg verfolgen können.

Auf die gesellschaftlichen Bildungen angewendet, von denen ich gesprochen habe, bedeutet das, daß uns unser theoretisches Wissen zwar helfen wird zu verstehen, welcher Art von Funktionen diese verschiedenen Bildungen fähig sind, in welcher Art und Weise und unter welchen Bedingungen sie den Menschen in ihren Bestrebungen helfen werden, meist aber ohne daß wir sagen könnten, worin im konkreten und im Einzelfall dieser Nutzen besteht. Da wir den Leistungsbereich verschiedenartiger Bildungen abstecken können, werden wir zumindest oft in der Lage sein, die Bildungen zu fördern, die der Erreichung unserer Ziele günstig sind, und jene auszuscheiden, die im ganzen weniger vorteilhaft sind. Aber ebenso wie wir keine spezifischen Voraussagen bestimmter Ereignisse machen können, werden wir auch nicht in der Lage sein, gerade jene bestimmten Ergebnisse herbeizuführen, die wir im einzelnen Fall wünschen. Mit anderen Worten, wo wir nicht mehr als das Prinzip einer komplexen Erscheinung kennen, trifft die eingangs erwähnte Charakterisierung wissenschaftlicher Erkenntnis, daß sie uns zur Vorhersage und Beherrschung (»prediction and control«) der Ereignisse hilft, nicht ganz zu. So wie ich früher vorgeschlagen habe, in diesem Zusammenhang statt von Vorhersage von *Orientierung* zu sprechen, so möchte ich jetzt hinzufügen, daß wir statt von Beherrschung besser von *Kultivierung* sprechen sollten – in dem Sinn, wie der Gärtner seine Blumen kultiviert und der Staatsmann oder Politiker die gesellschaftlichen Bildungen kultivieren und nicht beherrschen sollte. In allen diesen Fällen können wir zwar günstige Bedingungen für die gewünschten Erfolge schaffen, aber nicht durch bewußte Kontrolle bestimmte Resultate herbeiführen, da sich ein Teil der wesentlichen Faktoren unserer Beobachtung und Beherrschung entzieht[5].

---

[5] Die in den letzten Absätzen angedeuteten Überlegungen sind voller ausgeführt in Hayek, F. A., »Degrees of Explanation«, *British Journal for the Philosophy of Science*, 6 (1955), 209–225, verbesserter Abdruck in Hayek, *Studies*, 1967, 3–21.

Teil II

Grundfragen sozialer Ordnung

[15]

4. Arten der Ordnung*

1

Wir nennen eine Mehrzahl von Menschen eine Gesellschaft, wenn ihre Handlungen wechselseitig aufeinander abgestimmt sind. Die Menschen können in der Gesellschaft ihren Zielen mit Erfolg nachgehen, weil sie wissen, was sie vom Mitmenschen zu erwarten haben. Mit anderen Worten, ihre Beziehungen zeigen eine gewisse Ordnung. Wie eine solche Ordnung der vielfältigen Tätigkeiten von Millionen von Menschen entsteht oder hervorgebracht werden kann, ist das Kernproblem der Sozialtheorie und der Sozialpolitik[1].

Manchmal wird das Bestehen einer solchen Ordnung überhaupt geleugnet, wenn behauptet wird, daß die Gesellschaft oder insbesondere ihre wirtschaftliche Tätigkeit »chaotisch« ist. Daß eine Ordnung völlig fehlt, kann aber nicht ernstlich behauptet werden. Was mit dem Vorwurf gemeint ist, ist offenbar, daß die Gesellschaft nicht so wohlgeordnet ist, wie sie sein sollte. Die Ordnung der gegenwärtigen Gesellschaft mag tatsächlich sehr verbesserungsfähig sein; aber die Kritik ist hauptsächlich darauf zurückzuführen, daß weder die bestehende Ordnung noch die Art und Weise, in der sie sich bildet, leicht wahrzunehmen ist. Der einfache Mann wird eine Ordnung der wirtschaftlichen Dinge nur in dem Ausmaß gewahr werden, als diese bewußt hergestellt wurde; und er neigt dazu, den scheinbaren Mangel an Ordnung in vielem, das er sieht, dem Um-

---

* Erstveröffentlichung in: *Ordo – Jahrbuch für die Ordnung von Wirtschaft und Gesellschaft* 14, 1963, 3–20.

1 Der Begriff der Ordnung hat in neuerer Zeit in den Sozialwissenschaften eine zentrale Position erworben, hauptsächlich durch die Arbeiten von Walter Eucken und seinen Freunden und Schülern, die nach dem Jahrbuch *Ordo*, das von ihnen herausgegeben wird, als der *Ordo*-Kreis bekannt sind. Andere Beispiele seiner Verwendung bieten Spengler, J. J., »The Problem of Order in Economic Affairs«, *The Southern Economic Journal*, 14(1), 1948, 1–29, nachgedruckt in: Spengler, J. J. und Allen, W. R. (Hrsg.), *Essays on Economic Thought*, Chicago 1960; Barth, H., *Die Idee der Ordnung*, Erlenbach-Zürich 1958; Meimberg, R., *Alternativen der Ordnung*, Berlin 1956; etwas entfernter relevant als Behandlung einiger der zugehörigen philosophischen Probleme ist Oliver, W. D., *Theory of Order*, Yellow Springs, Ohio 1951.

stand zuzuschreiben, daß jene Tätigkeiten von niemand bewußt geordnet wurden. Ordnung ist für einfach denkende Menschen das Ergebnis der ordnenden Tätigkeit eines ordnenden Wesens. Ein Großteil der Ordnung der Gesellschaft, von der wir sprechen, ist aber nicht von dieser Art; und die bloße Erkenntnis, daß es eine andere Art der Ordnung gibt, erfordert einiges Nachdenken.

Die Hauptschwierigkeit ist, daß die Ordnung sozialer Geschehnisse nicht mit den Sinnen wahrgenommen, sondern nur vom Verstand nachgebildet werden kann. Es ist, wie wir sehen werden, eine abstrakte und nicht eine konkrete Ordnung. Es ist ferner eine sehr komplexe Ordnung, die – obzwar das Ergebnis der Tätigkeit der Menschen – nicht in dem Sinn von Menschen geschaffen worden ist, daß sie die Elemente nach einem vorgefaßten Plan bewußt angeordnet hätten. Diese Eigentümlichkeiten der sozialen Ordnung sind untereinander eng verknüpft, und es wird die Aufgabe dieses Aufsatzes sein, diese Zusammenhänge aufzuzeigen. Eine komplexe Ordnung muß nicht unbedingt spontan und abstrakt sein; aber wir werden sehen: je komplexer eine Ordnung ist, die wir anstreben, desto mehr sind wir für ihre Herstellung auf spontane Kräfte angewiesen und desto mehr wird infolgedessen bei ihrer Verwirklichung unsere Macht der Lenkung auf die abstrakten Züge beschränkt sein und sich nicht auf die konkreten Manifestationen dieser Ordnung erstrecken können[2].

Die Ausdrücke »konkret« und »abstrakt«, die wir oft gebrauchen müssen, haben sehr verschiedene Bedeutungen. Es mag daher angebracht sein, den Sinn zu präzisieren, in dem sie hier gebraucht werden. »Konkret« werden wir individuelle reale Gegenstände nennen, die der Beobachtung durch unsere Sinne zugänglich sind, und es als unterscheidendes Merkmal solcher realer Gegenstände ansehen, daß außer den Eigenschaften, die wir schon kennen oder wahrgenommen haben, immer noch andere an ihnen entdeckt werden können. Im Gegensatz zu solchen bestimmten Gegenständen und der intuitiven Kenntnis, die wir über sie erwerben können, sind alle Vorstellungen und Begriffe von diesen Gegenständen abstrakt und besitzen nur eine begrenzte Anzahl von Eigenschaften. *Alles* Denken muß natürlich in diesem Sinne abstrakt sein, wenn es auch Grade der Abstraktheit gibt; es ist üblich, das verhältnismäßig weniger Abstrakte im Gegensatz zum Abstrakteren, (relativ) konkret zu nennen. Strenggenommen ist der Unterschied zwischen konkret und abstrakt in dem hier gebrauchten Sinne dieser Ausdrücke derselbe wie der zwischen einer Tatsache, von der wir immer nur abstrakte Züge kennen, aber immer weitere abstrakte Züge entdecken kön-

---

[2] Eine ausführlichere Darstellung des Problems der wissenschaftlichen Behandlung komplexer Phänomene findet sich in Hayek, F. A., »The Theory of Complex Phenomena«, in: Bunge, M. (Hrsg.), *The Critical Approach to Science and Philosophy. Essays in Honor of K. R. Popper*, New York und London: The Free Press of Glencoe, 1964. (Deutsche Übersetzung: Die Theorie komplexer Phänomene, in Hayek, *Schriften*, A1, d. Hrsg.).

nen, und all jenen Abbildern, Vorstellungen und Begriffen, die wir behalten, wenn wir das bestimmte Objekt nicht mehr betrachten[3].

Der Unterschied zwischen einer abstrakten und einer (relativ) konkreten Ordnung ist natürlich derselbe wie der zwischen einem Begriff mit kleinem Inhalt und daher großem Umfang und einem Begriff von reichem Inhalt und einem entsprechend kleinen Umfang. Eine abstrakte Ordnung bestimmter Art kann viele Manifestationen dieser Ordnung einschließen. Die Unterscheidung gewinnt Bedeutung im Falle von komplexen Ordnungen, die auf einer Hierarchie von Ordnungsbeziehungen beruhen und bei denen einige solcher Ordnungen in bezug auf ihre allgemeineren Ordnungsprinzipien übereinstimmen, in bezug auf andere aber verschieden sein können. Die Bedeutung im gegenwärtigen Zusammenhang ist, daß es praktisch wichtig sein kann, daß eine Ordnung ohne Rücksicht auf ihre konkreten Manifestationen bestimmte abstrakte Züge besitzt und daß es in unserer Macht liegen kann, es herbeizuführen, daß eine sich spontan bildende Ordnung jene erwünschten Züge hat, aber nicht, ihre konkrete Erscheinung oder die Position der einzelnen Elemente zu bestimmen.

2

Die einfache Vorstellung von einer Ordnung von der Art, wie sie entsteht, wenn jemand die Teile eines beabsichtigten Ganzen an die entsprechenden Stellen setzt, ist auf viele Gebiete der Gesellschaft anwendbar. Eine Ordnung, die erzielt wird, indem die Teile nach einem vorgefaßten Plan in Beziehung zueinander gebracht werden, nennen wir im sozialen Gebiet eine *Organisation*. Das Ausmaß, in dem die Macht vieler Menschen durch solche bewußte Koordination ihrer Bemühungen vergrößert werden kann, ist wohlbekannt, und viele Errungenschaften der Menschheit beruhen auf diesem Verfahren. Es ergibt eine Ordnung, die wir alle verstehen, weil wir wissen, wie sie hergestellt wird. Aber es ist nicht die einzige Art von Ordnung, auf der das Wirken der Gesellschaft beruht, und es kann auch nicht die ganze Ordnung der Gesellschaft auf diese Weise hergestellt werden.

Die *Entdeckung*, daß es in der Gesellschaft Ordnungen anderer Art gibt, Ordnungen, die nicht vom Menschen entworfen worden sind, sondern aus der Tätigkeit der Individuen ohne ihre Absicht resultieren, ist die Errungenschaft der Sozialtheorie – oder, besser gesagt, diese Entdeckung war es, die gezeigt hat,

---

[3] Einen nützlichen Überblick der Abstrakt-konkret-Beziehung und inbesondere ihre Bedeutung in der Jurisprudenz gibt Engisch, K., *Die Idee der Konkretisierung in Recht und Rechtswissenschaft unserer Zeit* (Abhandlungen der Heidelberger Akademie der Wissenschaften, Phil.-Hist. Klasse, 1953, I).

daß es einen Gegenstand für die Sozialtheorie gibt. Sie erschütterte den tief eingewurzelten Glauben, daß, wo es eine Ordnung gibt, es auch einen persönlichen Ordnenden gegeben haben muß. Sie hatte Konsequenzen weit über das Gebiet der Sozialtheorie hinaus, da sie Begriffe bildete, die eine theoretische Erklärung der Strukturen biologischer Erscheinungen möglich machte[4].

Im Bereich des Sozialen wurde sie die Grundlage eines systematischen Arguments für die persönliche Freiheit.

Diese Art von Ordnung, die nicht nur für biologische Organismen charakteristisch ist (auf die der Ausdruck »Organismus«, der ursprünglich eine viel weitere Bedeutung hatte, jetzt im allgemeinen beschränkt wird), wird nicht von irgend jemand gemacht, sondern sie bildet sich. Deswegen wird sie gewöhnlich als »spontane« oder auch (aus Gründen, die wir noch erklären werden) »polyzentrische« Ordnung bezeichnet. Wenn wir die Kräfte verstehen, die eine solche Ordnung bestimmen, können wir jene auch nutzen, um die Voraussetzungen zu schaffen, unter denen sich eine Ordnung dieser Art bilden wird. Diese indirekte Methode, eine Ordnung hervorzubringen, hat den Vorteil, daß auf diese Weise komplexere Ordnungen gebildet werden können, als wir schaffen könnten, indem wir die einzelnen Teile an den entsprechenden Platz setzen. Aber sie hat auch den Nachteil, daß wir nur den allgemeinen Charakter der sich so ergebenden Ordnung bestimmen können, nicht aber deren Einzelheiten. Ihre Anwendung erweitert also in einem Sinn unsere Macht, indem sie uns gestattet, sehr komplexe Ordnungen hervorzubringen, die wir nie hervorbringen könnten, indem wir die Einzelteile an ihren Platz setzen. Unsere Macht über die Einzelheiten der Anordnung der Elemente aber ist in einer solchen Ordnung viel begrenzter als im Falle einer Ordnung, die wir durch Anordnung der einzelnen Teile hervorbringen. Wir haben nur gewisse abstrakte Züge einer solchen Ordnung in der Hand, aber nicht ihre konkreten Einzelheiten.

All das ist im physikalisch-biologischen Bereich bekannt. Wir können niemals durch bewußte Anordnung der einzelnen Moleküle einen Kristall aufbauen. Aber wir können die Voraussetzungen schaffen, unter denen sich der Kristall bilden wird. Wir machen zu diesem Zweck Gebrauch von uns bekannten Kräften, aber wir können nicht die Lage eines einzelnen Moleküls im Kristall oder auch nur die Größe und die Lage verschiedener Kristalle vorausbestimmen. Ebenso können wir die Bedingungen schaffen, unter denen ein biologischer Organismus wachsen und gedeihen wird; aber wir können nur günstige Bedingungen für das Wachstum schaffen; die sich ergebende Größe und Struktur können wir nur innerhalb enger Grenzen bestimmen. Genau dasselbe gilt für spontane Ordnungen im Bereich der Gesellschaft.

---

[4] Die drei Entdecker der biologischen Entwicklungstheorie, Darwin, Wallace und Spencer, leiteten alle zugegebenermaßen ihre Ideen aus dem Gebiete des Sozialen her.

3

Im Falle mancher sozialer Erscheinungen, wie z.B. der Sprache, ist die Tatsache, daß sie eine Ordnung zeigen, die niemand absichtlich entworfen hat und die wir entdecken müssen, jetzt allgemein anerkannt. In diesen Gebieten sind wir endlich dem naiven Glauben entwachsen, daß jede Ordnung von Elementen, die den Menschen in der Verfolgung seiner Ziele unterstützt, auf einen persönlichen Schöpfer zurückgehen muß. Es gab eine Zeit, da man glaubte, daß all die nützlichen Institutionen, die dem Verkehr zwischen den Menschen dienen, wie Sprache, Moral, Gesetz, Schrift und Geld, einem bestimmten Erfinder, einem Gesetzgeber oder einem ausdrücklichen Übereinkommen unter weisen Männern, die sich auf gewisse nützliche Praktiken einigten, zugeschrieben werden müßten[5]. Wir verstehen heute den Vorgang, durch den solche Institutionen allmählich Gestalt angenommen haben, nämlich indem die Menschen lernten, gewissen Regeln gemäß zu handeln, die sie zu befolgen wußten, lange bevor ein Bedürfnis bestand, sie in Worte zu fassen.

Aber wenn wir auch in diesen einfacheren Fällen den Glauben überwunden haben, daß es überall, wo wir eine Ordnung oder regelmäßige Strukturen finden, die menschlichen Zwecken dienen, auch ein Wesen gegeben haben muß, das sie bewußt geschaffen hat, so zögern wir in vielen anderen Gebieten doch immer noch, die Existenz spontaner Ordnungen anzuerkennen. Wir halten immer noch an einer Zweiteilung fest, die seit dem klassischen Altertum tief im westlichen Denken verwurzelt ist, nämlich der Unterscheidung zwischen Dingen, die ihre Ordnung der »Natur«, und solchen, die sie einer »Konvention« verdanken[6]. Es scheint vielen Menschen immer noch befremdend und unglaubhaft, daß eine Ordnung entstehen kann, die weder ganz unabhängig von menschlichem Handeln ist, noch auch das bezweckte Ergebnis solcher Handlungen, sondern das unvorhergesehene Ergebnis von Verhalten, das die Menschen angenommen haben, ohne ein solches Resultat im Sinn zu haben. Trotzdem ist ein Großteil dessen, was wir Kultur nennen, eine solche spontan gewachsene Ordnung, die weder völlig unabhängig von menschlichem Handeln entstand, noch planmäßig geschaffen wurde, sondern durch einen Vorgang, der irgendwo zwischen diesen beiden Möglichkeiten steht, die lange als die einzigen Alternativen betrachtet wurden.

Solche spontane Ordnungen finden wir nicht nur in Institutionen wie der Sprache oder dem Recht (und noch deutlicher in den biologischen Organismen), die eine erkennbare dauernde Struktur zeigen, welche das Ergebnis einer langsamen Entwicklung ist; sie finden sich auch in den Beziehungen des Mark-

---

[5] Vgl. etwa die Beispiele in Hay, D., *Polydore Vergil*, Oxford 1952, Kap. III.

[6] Vgl. Heinimann, F., *Nomos und Physis*, Basel 1945.

tes, die sich ständig bilden und erneuern müssen und bei denen sich nur die Bedingungen, die zu ihrer ständigen Erneuerung führen, durch eine solche Entwicklung gebildet haben. Die genetischen und funktionellen Aspekte dieser Erscheinungen können nie ganz getrennt werden[7].

Die Arbeitsteilung, auf der unser Wirtschaftssystem beruht, ist das beste Beispiel einer solchen sich täglich erneuernden Ordnung. Die Art und Weise, in der es der Markt zustande bringt, daß die Teilnehmer ständig veranlaßt werden, auf Ereignisse, von denen sie keine direkte Kenntnis haben, in einer Weise zu reagieren, die einen ununterbrochenen Produktenstrom sichert, d.h. eine solche Koordination der Mengen der verschiedenen Dinge, daß jeweils die zur Fortsetzung der Produktion erforderlichen Mengen vorhanden sind und alles mindestens so billig erzeugt wird, als irgend jemand die letzten Mengen herstellen kann, die noch zu einem die Kosten deckenden Preis abgesetzt werden können, ist das Musterbeispiel einer solchen spontanen Ordnung. Diese Ordnung beruht auf einer Anpassung an alle die vielfältigen Umstände, die keine Einzelperson kennen kann, und das ist einer der Gründe, weshalb ihr Bestehen nicht durch einfache Betrachtung wahrgenommen werden kann. Sie ist in solchen Beziehungen verkörpert wie denen zwischen Preisen und Kosten der Waren und der entsprechenden Verteilung der Produktionsmittel; und daß eine solche Ordnung tatsächlich existiert, können wir erst bestätigen, nachdem wir ihr Ordnungsprinzip gedanklich rekonstruiert haben.

4

Die Ordnungskräfte, von denen wir in den eben erwähnten Fällen Gebrauch machen können, sind die Regeln, die das Verhalten der Elemente beherrschen, aus denen die Ordnungen gebildet sind. Sie bestimmen, daß jedes Element auf die besonderen Umstände, die auf dieses wirken, so reagiert, daß eine Gesamtstruktur entsteht. Jedes Stück von Eisenfeilspänen z.B., die von einem Magneten unter einem Blatt Papier, auf das wir sie gestreut haben, magnetisiert werden, wird auf die Nachbarstückchen so wirken und auf deren Wirkung so reagieren, daß sich alle in einer charakteristischen Figur anordnen, von der wir die allgemeine Form, aber nicht die Einzelheiten voraussagen können. In diesem einfachen Beispiel sind die Elemente alle von gleicher Art, und die bekannten gleichartigen Regeln, die ihr Verhalten bestimmen, würden es uns ermöglichen, das

---

[7] Über die Unzertrennlichkeit der genetischen und funktionalen Aspekte dieser Phänomene als auch die allgemeine Beziehung zwischen Organismen und Organisationen siehe Menger, C., *Untersuchungen über die Methode der Socialwissenschaften und der Politischen Ökonomie insbesondere*, Leipzig 1883, III. Buch, das noch immer die klassische Behandlung dieses Gegenstandes darstellt.

Verhalten jedes einzelnen Teilchens im einzelnen vorauszusagen, wenn wir nur alle Tatsachen kennten und imstande wären, sie in all ihrer Komplexität zu verarbeiten.

Eine gewisse Ordnung von bestimmten allgemeinem Charakter kann sich auch aus vielen Arten verschiedener Elemente bilden, d.h. aus Elementen, deren Verhalten in gegebenen Umständen zwar in mancher, aber nicht in jeder Beziehung gleich sein wird. Die Bildung von Molekülen komplizierter organischer Substanzen aus verschiedenartigen Atomen ist ein Beispiel dieser Art aus den physikalischen Wissenschaften. Aber dieser Umstand ist besonders bedeutsam für viele spontane Ordnungen, die sich im biologischen und sozialen Bereich bilden. Diese sind aus vielen verschiedenen Elementen zusammengesetzt, die auf die gleichen Umstände in mancher Beziehung gleich, in anderer verschieden reagieren. Sie bilden aber ein geordnetes Ganzes, weil jedes Element auf seine individuelle Umgebung nach bestimmten Regeln reagiert. Die Ordnung resultiert so aus den gesonderten Reaktionen der einzelnen Elemente auf die besonderen Umstände, die auf jedes wirken, und deswegen nennen wir eine solche Ordnung polyzentrisch[8].

Die Beispiele spontaner Ordnungen aus der Physik, die wir betrachtet haben, sind auch deshalb aufschlußreich, weil sie zeigen, daß die Regeln, denen die Elemente folgen, diesen nicht »bekannt« sein müssen. Dasselbe gilt meistens auch, wo Lebewesen und insbesondere Menschen die Elemente solch einer Ordnung bilden. Der Mensch befolgt die meisten Regeln, nach denen er handelt, ohne sie zu kennen[9]; selbst was wir seine Intelligenz nennen, ist in weitem Maße ein System von Regeln, die sein Denken leiten, die er aber nicht kennt. In Tiergesellschaften und in hohem Maße auch in der primitiven menschlichen Gesellschaft ist die Struktur des Soziallebens von Verhaltensregeln bestimmt, die sich nur darin äußern, daß sie befolgt werden. Erst wenn die Intelligenz sich zureichend differenziert (oder der individuelle Verstand komplexer wird), wird es notwendig, die Regeln in mitteilbarer Form auszudrücken, so daß sie durch Beispiel gelehrt und abwegiges Verhalten korrigiert und Differenzen der Ansichten über das, was sich gehört, entschieden werden können[10]. Wenngleich der Mensch nie ohne Gesetze existierte, die er befolgte,

[8] Vgl. Polanyi, M., *The Logic of Liberty*, London 1951, 159.

[9] Über die ganze Frage der Beziehung unbewußter Regeln zum menschlichen Verhalten, die ich hier nur kurz berühren kann, siehe Hayek, F. A., »Rules, Perception and Intelligibility«, *Proceedings of the British Academy* 48, 1962, 321–344 (Deutsche Übersetzung: »Regeln, Wahrnehmung und Verständlichkeiten« in: Hayek, *Schriften*, A1, d. Hrsg.).

[10] Es scheint also ein Körnchen Wahrheit in dem Glauben an das ursprüngliche goldene Zeitalter zu stecken, in dem jeder aus eigenem Antrieb und ohne Gesetz gerecht handelte (sponte sua sine lege fidem rectumque colebat), weil er nicht anders konnte, und in der Vorstellung, daß das Unrechttun erst mit vermehrter Erkenntnis kam. Der

hat er doch Jahrtausende ohne Gesetze gelebt, die er in dem Sinn kannte, daß er fähig gewesen wäre, sie auszusprechen.

Die Elemente der sozialen Ordnung sind die einzelnen Menschen, und die besonderen Umstände, die das Handeln jedes einzelnen bestimmen, sind diejenigen, die er kennt. Aber nur insofern das Verhalten der verschiedenen Individuen eine gewisse Ähnlichkeit zeigt oder gewissen gemeinsamen Regeln gehorcht, wird daraus eine Gesamtordnung resultieren. Auch eine begrenzte Ähnlichkeit in den Reaktionen der einzelnen – gemeinsame Regeln, die nur einige Belange ihres Verhaltens bestimmen –, genügt zur Bildung einer Ordnung von gewisser allgemeiner Art. Das wesentliche ist, daß diese Ordnung eine Anpassung an eine Vielheit von Umständen darstellen wird, die nur den einzelnen Gliedern, aber nicht irgendeinem von ihnen als eine Gesamtheit bekannt sind, und daß eine Ordnung resultieren wird, nur deswegen, weil die einzelnen Individuen in ihren Reaktionen auf die ihnen bekannten besonderen Umstände ähnliche Regeln befolgen. Das heißt nicht – und es ist auch nicht notwendig zur Hervorbringung einer Ordnung –, daß verschiedene Personen unter ähnlichen Umständen genau dasselbe tun. Alles, was gemeint und notwendig ist, ist, daß sie in gewisser Hinsicht denselben Regeln folgen, daß ihre Reaktionen in gewissem Maß ähnlich sind oder daß sie auf einen gewissen Bereich von Handlungen beschränkt sind, die alle einige Attribute gemeinsam haben. Das gilt sogar für die Eisenfeilspäne in dem früher gegebenen Beispiel, die sich nicht alle mit derselben Geschwindigkeit bewegen werden, weil sie verschiedene Gestalt, Oberfläche oder Gewichte haben mögen. Solche Unterschiede werden die besondere Anordnung des sich ergebenden Musters bestimmen, die infolge unserer Unkenntnis der Einzelheiten auch nicht voraussagbar sein wird; aber der allgemeine Charakter des Musters wird von diesen nicht beeinflußt und daher auch voraussagbar sein.

In gleicher Weise brauchen die Reaktionen der menschlichen Individuen auf Geschehnisse in ihrer Umgebung nur in gewissen abstrakten Aspekten ähnlich zu sein, damit sich eine bestimmte Gesamtstruktur ergibt. Es muß eine gewisse, aber nicht eine vollständige Regelmäßigkeit in ihren Handlungen bestehen: sie müssen gewissen gemeinsamen Regeln folgen, aber diese gemeinsamen Regeln brauchen nicht so weitgehend zu sein, daß sie ihre Handlungen vollends bestimmen; und welche Handlung innerhalb des so bestimmten Bereichs eine Einzelperson wählen wird, wird von weiteren Faktoren abhängen.

Die Frage, die sowohl für die Sozialtheorie als auch für die Sozialpolitik von zentraler Bedeutung ist, lautet: Was für Regeln müssen die Individuen befolgen, wenn sich eine Ordnung ergeben soll? Manchen solchen gemeinsamen Regeln

---

einzelne kann erst infolge eines Wissens von anderen Möglichkeiten von den bestehenden Regeln abweichen; ohne solches Wissen gibt es keine Sünde.

werden die Menschen einfach wegen der Ähnlichkeit ihrer Umgebungen folgen, oder besser, wegen der Ähnlichkeit der Art und Weise, in der diese Umgebung sich in ihrem Denken spiegelt. Anderen werden sie gleichfalls spontan folgen, weil sie ein Teil der gemeinsamen kulturellen Tradition ihrer Gesellschaft sind. Aber es gibt auch andere, die zu befolgen sie bewogen werden müssen, weil es im Interesse des einzelnen wäre, sie zu umgehen, aber die Gesamtordnung sich nur bilden wird, wenn die Regel allgemein befolgt wird.

Die wesentlichste Regelmäßigkeit im Verhalten der Individuen in einer auf Arbeitsteilung und Tausch beruhenden Gesellschaftsordnung folgt aus der gemeinsamen Situation, daß alle arbeiten, um ein Einkommen zu verdienen. Sie werden normalerweise für eine gegebene Leistung ein größeres Einkommen vorziehen – und möglicherweise ihre Anstrengung verringern (oder auch vergrößern), wenn die Produktivität der Leistung steigt. Das ist eine Regel, die tatsächlich allgemein genug befolgt wird, damit die ihr Folgenden der Gesellschaft eine bestimmte Ordnung aufdrücken. Aber daß die meisten Menschen in ihren Handlungen einer solchen Regel folgen, läßt das Wesen der sich ergebenden Ordnung noch sehr unbestimmt und garantiert auch nicht, daß diese Ordnung wünschenswerter Art ist. Dazu ist es notwendig, daß die Menschen auch gewissen konventionellen Regeln folgen, d.h. Regeln, die nicht einfach aus der Natur ihres Wissens und ihrer Ziele stammen, sondern die in der Gesellschaft Gewohnheitsregeln wurden. Die allgemeinen Moralregeln sind das wichtigste Beispiel.

Es ist hier nicht unsere Aufgabe, die Beziehung zwischen den verschiedenen Arten von Regeln zu analysieren, denen die Menschen tatsächlich folgen. Uns interessiert hier nur eine bestimmte Art von Regeln, die zur Natur der Ordnung beitragen und die, weil wir sie absichtlich formen können, das Hauptwerkzeug darstellen, durch das wir den allgemeinen Charakter der Ordnung beeinflussen können, die sich bilden wird, nämlich die Regeln des Rechts.

Diese Regeln unterscheiden sich von den übrigen, denen die Menschen folgen, hauptsächlich dadurch, daß das Individuum von seinen Mitmenschen gehalten wird, sie zu befolgen. Sie sind notwendig, weil nur, wenn der einzelne weiß, welche Wege ihm offenstehen, und er selbst die Folgen seiner Wahl zu tragen hat, die sich ergebende Ordnung gewisse erwünschte Züge zeigen wird. Die geeignete Abgrenzung der individuellen Sphäre ist die Hauptfunktion der Rechtsregeln und ihr zweckmäßiger Gehalt eines der Hauptprobleme der Wirtschafts- und Sozialpolitik. Das wird durch die Tatsache nicht geändert, daß ihre wünschenswerte Form in weitem Maße durch die angesammelte Erfahrung von Jahrhunderten gefunden worden ist und daß auch ihre weitere Verbesserung mehr von einer experimentellen schrittweisen Entwicklung als von einem Neuaufbau des Ganzen zu erwarten ist.

5

Obwohl das Verhalten der Individuen, das die soziale Ordnung schafft, zum Teil durch Regeln geleitet ist, deren Befolgung bewußt erzwungen wird, ist die daraus entstehende Ordnung doch eine spontane Ordnung und eher mit einem Organismus als mit einer Organisation zu vergleichen. Sie beruht nicht darauf, daß die Tätigkeiten der einzelnen nach einem vorgefaßten Plan angeordnet sind, sondern darauf, daß sie durch eine Beschränkung der Handlungen aller durch gewisse allgemeine Regeln aufeinander abgestimmt werden; und die Erzwingung dieser allgemeinen Regeln sichert nur den allgemeinen Charakter der Ordnung, aber nicht ihre konkrete Verwirklichung; sie sichert auch nur allgemeine Möglichkeiten, die unbekannte Individuen für ihre eigenen Zwecke benützen können, aber nicht irgendwelche bestimmten Resultate.

Die Erzwingung der zur Bildung dieser spontanen Ordnung erforderlichen Regeln verlangt aber auch eine Ordnung der anderen Art, nämlich eine Organisation. Selbst wenn die Regeln ein für allemal gegeben wären, würde ihre Durchsetzung die koordinierten Bemühungen vieler Menschen verlangen. Die Aufgabe, die Regeln zu ändern und zu verbessern, kann ebenfalls (muß aber nicht) Gegenstand organisierten Bemühens sein. Insofern der Staat außer der Aufrechterhaltung des Rechts den Bürgern auch noch andere Dienste leistet, erfordert auch dies einen nach anderen Grundsätzen geordneten Apparat als die spontane Ordnung der Gesellschaft.

Die geplante Ordnung des Staatsapparates wird in gewissem Ausmaß auch mit Hilfe von Regeln herbeigeführt. Aber diese Regeln, die der Schaffung und Lenkung einer Organisation dienen, sind von etwas anderer Art als jene, welche die Bildung einer spontanen Ordnung ermöglichen. Es sind Regeln, die nur für besondere, von der Regierung bestimmte Personen gelten und die in den meisten Fällen (eine Ausnahme bilden z.B. die Richter) in der Verfolgung besonderer, ebenfalls von der Regierung bestimmter Ziele befolgt werden müssen.

Daß auch dort, wo es sich um eine Organisation und nicht um eine spontane Ordnung handelt, der Organisator die Mitglieder der Organisation großenteils durch Regeln und nicht durch spezielle Befehle lenken muß, ergibt sich aus dem grundlegenden Problem, das jede komplexe Ordnung aufwirft: nämlich, daß die Individuen, die in der Organisation zusammenarbeiten, von Wissen Gebrauch machen sollen, das der Organisator nicht besitzen kann. In keiner außer der allereinfachsten Art von sozialer Ordnung ist es vorstellbar, daß alle Tätigkeiten durch einen einzigen Kopf gelenkt werden; und sicherlich hat es noch niemand zustande gebracht, alle Tätigkeiten in einer komplexen Gesellschaft bewußt zu arrangieren; etwas wie eine voll geplante Gesellschaft von auch nur etwas höherem Grad von Komplexität gibt es nicht. Wenn es irgend jemand zustande brächte, eine solche Gesellschaft zu organisieren, dann würde diese Gesellschaft keinen Gebrauch vom Denken vieler machen, sondern vollkommen von einem einzelnen Verstand abhängig sein; und sie würde sicherlich nicht komplex, sondern sehr primitiv sein – und dasselbe würde bald auf den Verstand zutreffen, dessen Kenntnis und Wille alles bestimmte. Die Tatsachen, die in die Planung einer solchen Ordnung eingehen, könnten nur die sein, welche von diesem Verstand erfaßt und verarbeitet werden können, und da er allein über die Tätigkeiten entscheiden und damit Erfahrung sammeln könnte, gäbe es nicht jenes Zusammenspiel vieler Meinungen, in dem allein der Verstand sich entwickeln kann.

Die Regeln, die eine Organisation leiten, sind Regeln für die Ausführung zugewiesener Aufgaben. Sie setzen voraus, daß der Platz jedes Individuums in einem festen Ordnungsgerüst durch bewußte Zuweisung bestimmt wird und daß die Regeln, die für jeden einzelnen gelten, von dem Platz abhängen, der ihm in dieser Ordnung zugewiesen ist. Sie regeln auf diese Weise nur die Einzelheiten der Tätigkeiten bestellter Funktionäre oder Behörden – oder die Arbeitsweise einer durch Anordnung geschaffenen Organisation.

Regeln dagegen, die die einzelnen in die Lage setzen sollen, selbst ihren Platz in einer spontanen Ordnung zu finden, müssen allgemein sein, dürfen nicht bestimmten Individuen einen Platz zuweisen, sondern müssen es dem einzelnen überlassen, sich seine Position zu schaffen. Die Regeln andererseits, die der Führung einer Organisation dienen, helfen nur innerhalb des Rahmens von spezifischen Befehlen, welche die besonderen Zwecke, die die Organisation verfolgt, und die speziellen Funktionen, die die verschiedenen Mitglieder auszuüben haben, festlegen. Obwohl diese Regeln in einer Organisation nur auf bestimmte, individuell auf ihren Platz gestellte Menschen anwendbar sind, sehen sie den allgemeinen Regeln, die einer spontanen Ordnung zugrunde liegen, sehr ähnlich, dürfen aber mit diesen nicht verwechselt werden. Sie geben denen, die Befehle durchzuführen haben, nur die Möglichkeit, Einzelheiten je nach den Umständen einzufügen, welche sie, aber nicht der Befehlende kennt.

In den früher gebrauchten Ausdrücken bedeutet das, daß die allgemeinen Gesetzesregeln auf eine abstrakte Ordnung abzielen, deren konkrete oder partikuläre Manifestation unvoraussagbar ist; während sowohl die Befehle als auch die Regeln, welche den den Befehlen Unterworfenen erlaubt, Details, die im Befehl offengelassen wurden, auszufüllen, einer konkreten Ordnung oder Organisation dienen. Je komplexer die angestrebte Ordnung ist, desto größer wird der Teil der ihre konkrete Manifestation bestimmenden Umstände sein, der jenen nicht bekannt sein kann, deren Ziel es ist, die Ordnung hervorzubringen, und um so mehr werden sie sie nur durch Regeln und nicht durch Befehle beherrschen können. In Organisationen komplexester Art wird kaum mehr als die Zuweisung bestimmter Funktionen an bestimmte Personen durch spezielle Entscheidungen bestimmt werden, während die Ausübung dieser Funktionen nur von Regeln gesteuert werden wird.

Wenn wir von den größten Organisationen, die bestimmten Aufgaben dienen, zur Ordnung der gesamten Gesellschaft übergehen, die die Beziehung zwischen jenen Organisationen ebenso wie die Beziehungen zwischen diesen und den einzelnen und zwischen den einzelnen umfaßt, finden wir, daß diese Gesamtordnung völlig auf Regeln beruht, d.h. ihr Charakter völlig spontan ist und nicht einmal das Gerüst durch Befehle bestimmt wird. Die Tatsache ist natürlich einfach, daß, gerade, weil die moderne Gesellschaft nicht organisiert wurde, sondern als spontane Ordnung entstand, ihre Struktur einen Grad der Komplexität erreichen konnte, der alles bei weitem übertrifft, was durch bewußte Organisation hätte geschaffen werden können. Auch die Regeln, die das Entstehen dieser komplexen Ordnung möglich machten, waren nicht im Vorausblick auf dieses Ergebnis entworfen worden, sondern es haben jene Menschen, die zufällig geeignete Regeln annahmen, infolgedessen eine komplexe Zivilisation entwickelt, die sich als anderen überlegen erwies. Es ist daher paradox und beruht auf einem völligen Verkennen dieser Zusammenhänge, wenn heute oft gesagt wird, daß wir die moderne Gesellschaft bewußt planen müssen, weil sie so komplex geworden ist. In Wirklichkeit können wir eine Ordnung von solcher Komplexität nur dann erhalten, wenn wir sie nicht nach der Methode des »Planens«, d.h. nicht durch Befehle handhaben, sondern auf die Bildung einer auf allgemeinen Regeln beruhenden spontanen Ordnung abzielen.

Wir werden sogleich zu betrachten haben, wie in einem solchen komplexen System die verschiedenen Ordnungsprinzipien kombiniert werden müssen. Zunächst ist es aber, um einem Mißverständnis vorzubeugen, notwendig, zu betonen, daß es eine Art gibt, in der es niemals vernünftig sein kann, die beiden Prinzipien zu mischen. Während es in einer Organisation Sinn hat – und tatsächlich in der Regel auch geschieht –, das Gerüst durch Befehl festzulegen und die Einzelheiten der Tätigkeit der Mitglieder bloß durch Regeln zu steuern, könnte das Umgekehrte niemals einem rationalen Zweck dienen; wenn der Gesamtcharakter der Ordnung ein spontaner sein soll, können wir diese nicht verbessern, indem wir den Gliedern der Ordnung direkte Befehle geben: denn nur diese Individuen und keine zentrale Behörde kann alle Umstände kennen, die die Individuen veranlaßt, in eben dieser oder jener Weise zu handeln.

6

Jede einigermaßen komplexe Gesellschaft muß von beiden besprochenen Ordnungsprinzipien Gebrauch machen. Doch wenn sie auch kombiniert werden müssen, indem sie auf verschiedene Aufgaben und auf die entsprechenden Sektoren der Gesellschaft angewendet werden, können sie nicht in jeder beliebigen Weise gemischt werden. Ein Verkennen des Unterschieds zwischen den zwei Prinzipien führt ständig zu Versuchen solcher Mischung. Es ist die Art und Weise, in der die beiden Prinzipien kombiniert werden, die das Wesen der verschiedenen sozialen und wirtschaftlichen Systeme bestimmt. (Daß diese verschiedenen Systeme, die aus möglichen Kombinationen der beiden Ordnungsprinzipien resultieren, manchmal auch als verschiedene »Ordnungen« bezeichnet werden, hat die terminologische Verwirrung noch gesteigert.)

Wir werden weiterhin nur ein solches freies System betrachten, das sich der spontanen Ordnungskräfte nicht nur (wie es jedes System muß) bedient, um die Lücken zu füllen, die in den Ziele und Struktur bestimmenden Befehlen offengelassen werden, sondern das sich für die Bildung der Gesamtordnung auf die spontanen Kräfte verläßt. Solche Systeme haben nicht nur viele Organisationen (insbesondere Firmen) als Elemente, sondern bedürfen auch einer Organisation, um die Befolgung der abstrakten Regeln zu sichern (und um diese Regeln zu modifizieren und zu entwickeln), die erforderlich sind, um die Bildung der spontanen Gesamtordnung herbeizuführen. Daß der Staatsapparat selbst eine Organisation ist und Regeln als Instrument seiner Organisierung anwendet und daß über die Erzwingung der Gesetzesbefolgung hinaus diese Organisation eine Vielfalt von anderen Dienstleistungen bietet, hat zu einer völligen Verwirrung über die Natur der verschiedenen Arten von Regeln und der daraus sich ergebenden Ordnungen geführt.

Die abstrakten und allgemeinen Regeln des Gesetzes im engeren Sinn, in dem »Gesetz« die Regeln des Zivil- und Strafrechts einschließt, zielen nicht auf die Schaffung einer Ordnung durch Anordnung, sondern auf die Schaffung der Bedingungen, unter denen sich eine Ordnung von selbst bilden wird. Aber die Vorstellung vom Gesetz als Mittel der Ordnungsgestaltung wurde in den Händen der Öffentlichrechtler und Beamten, die ja in erster Linie mit Problemen der Organisation und nicht mit den Bedingungen für die Bildung einer spontanen Ordnung befaßt sind, immer mehr dahin interpretiert, daß es ein Instrument der Anordnung ist. Diese Auffassung des Gesetzes, die in totalitären Staaten vorherrscht, hat bezeichnenderweise ihren klarsten Ausdruck in der von Hitlers Kronjuristen geprägten Bezeichnung »konkretes Ordnungsdenken« gefunden[11]. Die ihr entsprechende Art von Gesetz strebt die Schaffung einer konkreten, im voraus ausgedachten Ordnung an, in der jedem einzelnen von der Autorität eine Aufgabe zugewiesen wird.

---

[11] Siehe Schmitt, C., »Die drei Arten des rechtswissenschaftlichen Denkens«, *Schriften der Akademie für deutsches Recht*, Hamburg 1934.

Doch wenn auch diese Technik der Ordnungsgestaltung zur Organisation des Regierungsapparates und aller Unternehmungen und Haushalte unentbehrlich ist, welche die Elemente der gesamten Gesellschaftsordnung bilden, ist sie zur Hervorbringung der unendlich komplexeren Gesamtordnung völlig unzureichend. Wir haben es in unserer Macht, es herbeizuführen, daß sich eine solche Gesamtordnung, die gewisse erwünschte allgemeine Charakterzüge hat, bildet, aber nur dann, wenn wir nicht versuchen, die Gestaltung der Einzelheiten dieser Ordnung zu bestimmen. Aber wir opfern diese Macht und berauben uns der Möglichkeit, diese abstrakte Gesamtordnung zu erzielen, wenn wir darauf bestehen, bestimmte Stücke an den Platz zu bringen, an dem wir sie haben möchten. Es ist die Vorbedingung für die Bildung dieser abstrakten Ordnung, daß wir die konkreten und individuellen Einzelheiten den einzelnen Individuen überlassen und diese nur durch allgemein abstrakte Regeln binden. Wenn wir diese Vorbedingung nicht schaffen, sondern die Fähigkeit der Individuen, sich an die besonderen, nur ihnen bekannten Umstände anzupassen, einschränken, dann vernichten wir die Kräfte, die zu einer spontanen Gesamtordnung führen, und sind gezwungen, diese durch eine bewußte Anordnung zu ersetzen, die uns zwar größere Gewalt über Einzelheiten gibt, aber den Bereich einschränkt, in dem wir hoffen können, eine zusammenhängende Ordnung zu erreichen.

7

Es ist für unseren Hauptzweck nicht ohne Bedeutung, wenn wir zum Schluß noch kurz die Rolle betrachten, die abstrakte Regeln in der Koordination nicht nur der Handlungen vieler Menschen spielen, sondern auch in der wechselseitigen Anpassung der aufeinanderfolgenden Entscheidungen einer Einzelperson oder Einzelorganisation. Auch hier ist es oft nicht möglich, ins einzelne gehende Pläne für Handlungen in der entfernteren Zukunft zu machen, obwohl das, was wir jetzt tun sollen, in gewissem Maß davon abhängt, was wir in der Zukunft werden tun wollen, und zwar einfach, weil wir die Einzelheiten, denen wir dann gegenüberstehen werden, noch nicht kennen. Die Methode, mit der es uns trotzdem gelingt, unseren Handlungen einen gewissen Zusammenhang zu geben, ist, daß wir einen Rahmen von Regeln zu unserer Führung festlegen, die den allgemeinen Charakter, aber nicht die Einzelheiten unseres Lebens voraussagbar machen. Solche Regeln, deren wir uns oft gar nicht bewußt sind und die in vielen Fällen sehr abstrakten Charakter haben, sind es, die den Lauf unseres Lebens geordnet machen. Viele dieser Regeln sind einfach »Gebräuche« der Gesellschaft, in der wir aufgewachsen sind, und nur einige werden individuelle »Gewohnheiten« sein, die wir durch Zufall oder absichtlich angenommen haben. Aber alle dienen dazu, die Liste der Umstände, die wir im Einzelfall in Rechnung ziehen müssen, zu verkürzen, indem sie gewisse Klassen von Tatsachen herausgreifen, die allein die allgemeine Handlungsweise bestimmen, die wir annehmen sollen. Das schließt in sich, daß wir systematisch gewisse Umstände unbeachtet lassen, die wir kennen und die für unsere Entscheidungen relevant wären, wenn wir alle Umstände dieser Art kennten, die zu vernachlässigen aber rational ist, weil sie zufällige und teilweise Informationen darstellen, die die Wahrscheinlichkeit nicht ändern, daß, wenn wir mehr solcher Umstände kennen und verarbeiten könnten, der Netto-Vorteil auf seiten der Befolgung der Regel läge.

Es ist mit anderen Worten der begrenzte Horizont unserer Kenntnis der konkreten Tatsachen, der es notwendig macht, unsere Handlungen dadurch zu koordinieren, daß wir uns abstrakten Regeln unterwerfen und nicht versuchen, jeden Einzelfall allein auf Grund der beschränkten Zahl relevanter Einzelfakten zu entscheiden, die wir zufällig kennen. Es mag paradox klingen, daß rationales Handeln es erfordern soll, Kenntnisse, die wir haben, bewußt außer acht zu lassen; aber das gehört zu der Notwendigkeit, uns mit unserer unvermeidlichen Unkenntnis vieler Tatsachen abzufinden, die relevant wären, wenn wir sie kennen würden. Wenn wir wissen, daß es wahrscheinlich ist, daß die ungünstigen Wirkungen einer Handlungsweise die günstigen überwiegen werden, dann sollte die Entscheidung nicht von dem Umstand beeinflußt werden, daß in dem bestimmten Fall einige Folgen, die wir zufällig voraussehen können, günstig sind. Tatsache ist, daß wir in einem scheinbaren Streben nach Rationalität im Sinne einer volleren Abwägung aller voraussehbaren Folgen nur irrationaler werden, da wir die entfernteren Folgen weniger in Rechnung ziehen und ein weniger zusammenhängendes Ergebnis erreichen werden. Es ist die große Lehre der Wissenschaft, daß wir zum Abstrakten Zuflucht nehmen müssen, wo wir das Konkrete nicht meistern können. Das Konkrete vorziehen bedeutet, auf die Macht zu verzichten, die uns das Denken gibt. Es ist daher auch nicht verwunderlich, daß die moderne demokratische Gesetzgebung, die sich weigert, sich allgemeinen Regeln zu unterwerfen, und versucht, jedes auftretende Problem nach seinem speziellen Verdienst zu lösen, bisher zu einem Resultat geführt hat, das wahrscheinlich die irrationalste und desorganisierteste Ordnung der öffentlichen Angelegenheiten ist, die je von überlegter menschlicher Entscheidung hervorgebracht wurde.

5. Rechtsordnung und Handelnsordnung*

Leicht beieinander wohnen die Gedanken,
Doch hart im Raume stoßen sich die Sachen.

I

Der Ausdruck »Rechtsordnung« ist uns allen so vertraut, daß wir uns selten der Doppeldeutigkeit bewußt werden, die ihm anhaftet und die nicht nur leicht den Laien, sondern manchmal wohl auch den Juristen irreführt. Unter einer Rechtsordnung leben bedeutet für uns, daß sich die Vorgänge des gesellschaftlichen Lebens geordnet abspielen. Es ist nur allzu leicht, daraus den Schluß zu ziehen, daß wir so eine Ordnung vorfinden, weil jemand die Dinge so angeordnet hat. Diese Deutung des Begriffes Rechtsordnung ist deshalb besonders verführerisch, weil sie für einen Teil des öffentlichen Lebens in weitem Maße zutrifft: die Organisationsregeln, die das öffentliche Recht ausmachen[1], be-

---

* Erstveröffentlichung in: Streißler, E. (Hrsg.), *Zur Einheit der Rechts- und Staatswissenschaften*, Karlsruhe: C. F. Müller 1967, 195–230 (Freiburger Rechts- und Staatswissenschaftliche Abhandlungen, 27).

[1] Vgl. insbes. Burkhardt, W., *Einführung in die Rechtswissenschaft*, Zürich 1948², 137: Der erste der doppelten Gegensätze, auf die die Gegenüberstellung von öffentlichem und privatem Recht zielt, »beruht auf einer grundlegenden Verschiedenheit der Rechtsnormen; die *materiellen oder Verhaltensnormen* schreiben den Rechtsgenossen vor, wie sie sich verhalten, was sie tun oder lassen sollen; die *formellen oder organisatorischen Normen* bestimmen wie, d.h. durch wen und in welchem Verfahren, diese Regeln des Verhaltens gesetzt, angewendet und (zwangsweise) durchgesetzt werden. Die ersten kann man Verhaltensnormen oder (i.w.S.) Verfassungsnormen nennen. Man nennt die ersten auch materielle, die zweiten formelle Normen.« Ihm schließen sich Nawiaski, H., *Allgemeine Rechtslehre*, 1948², 265 und DuPasquier, C., *Introduction à la théorie générale et la philosophie du droit*, 1942², 195 an. Vgl. auch Giacometti, Z., *Allgemeine Lehren des rechtsstaatlichen Verwaltungsrechtes*, Zürich 1960, 101: »Die den Staat organisierenden Normen gehören eben dann dem öffentlichen Recht an, wenn sie ihre Adressaten, die Organträger, mit Imperium ausstatten, diese somit Hoheitsträger darstellen, wenn mit anderen Worten die Kompetenzen der Organträger, die sie festlegen, also die Ämter, begrifflich mit Befehlsgewalt verbunden sind.« Siehe auch Savigny, C.F.

stimmen zusammen mit den konkreten Befehlen, die die Ziele des Staatsapparates und die verschiedenen Aufgaben der einzelnen Funktionäre vorschreiben, tatsächlich eine konkrete Ordnung des menschlichen Handelns. Es ist daher auf diesem Gebiet nicht ernstlich irreführend, wenn zwischen dem System von Rechtsregeln und der dadurch bestimmten Ordnung des Handelns nicht scharf unterschieden wird oder beide mit dem Wort Rechtsordnung bezeichnet werden[1a]. Es will mir aber scheinen, als ob sich durch die auf diesem Gebiet erworbenen Denkgewohnheiten manchmal sogar angesehene Rechtsphilosophen, die ja heute meist vom öffentlichen Recht herkommen, täuschen ließen.

Denn die Ordnung im Handeln unserer Mitmenschen, die wir täglich vorzufinden hoffen und deren tatsächliches Bestehen es uns möglich macht, unse-

---

von, *Das System des heutigen Römischen Reiches I*, Berlin 1840, 23: »Dennoch bleibt zwischen beiden Gebieten ein fest bestimmter Gegensatz darin, daß in dem öffentlichen Recht das Ganze als Zweck, der einzelne aber als untergeordnet erscheint, anstatt daß in dem Privatrecht der einzelne Mensch für sich Zweck ist und jedes Rechtsverhältnis sich nur als Mittel auf sein Dasein und seine Zustände bezieht«; sowie auch Savignys Bemerkung in: Wesenberg, G.v. (Hrsg.), *Juristische Methodenlehre*, Stuttgart 1951, 13: »So gibt es also nur zwei Hauptteile der Jurisprudenz: Privat- und Kriminalrechtswissenschaft. Auf keine Weise läßt sich aber das Staatsrecht – systematische Darstellung der Staatskonstitution – in den Begriff der Jurisprudenz bringen.« Ferner Fuller, L.L., *The Morality of Law*, Yale University Press 1964, 63: »There is a strong tendency to identify law, not with a rule of conduct, but with a hierarchy of command«, und 169: »A confusion between law in the usual sense of rule of conduct directed toward the citizen, and government action generally«; Hart, H.L.A., *The Concept of Law*, Oxford: Clarendon Press 1961, 78f.: »Under rules of one type, which may well be the basic or primary type, human beings are required to do or not to do or abstain from certain actions, whether they wish to or not. Rules of the other type are in a sense parasitic upon or secondary to the first; for they provide that human beings may by doing or saying certain things, introduce new rules of the primary type, extinguish or modify old ones, or in various ways determine their incidence or control their operation.«

Die ganze deutsche Diskussion über den Unterschied zwischen Gesetz im materiellen und im formellen Sinn seit Paul Laband, in der viele der hier zu besprechenden Probleme berührt wurden, mußte ergebnislos bleiben, da sie von dem Bestreben beherrscht war, den Regeln des Verfassungsrechtes den Charakter von Regeln des gerechten Verhaltens zu vindizieren, während doch der ganze Rechtsbegriff, auf dem die Ideale des Rechtsstaates, der Freiheit unter dem Recht und der Gewaltenteilung beruhten, darauf hinauslief, daß nur die Regeln des Zivil- und Strafrechtes, aber nie das Staats- oder Verwaltungsrecht Grundlage von Zwangsanwendung gegenüber privaten Personen bilden dürfe. Jenes Ideal ist eben in Ländern wie dem antiken Athen, dem republikanischen Rom und England entstanden, in denen das Recht nicht ein Produkt der Gesetzgebung war, sondern aus der Rechtsprechung erwuchs.

Über den ganzen Problemkreis und zu allem Folgenden vgl. insbesondere Böhm, F., »Privatrechtsgesellschaft und Marktwirtschaft«, *Ordo* 17, 1966, 75–151.

[1a] Was hat wohl der »Inspecteur général de l'ordre du droit« inspiziert, den es in Frankreich zumindest um die Mitte des vorigen Jahrhunderts gab?

re eigenen Pläne einigermaßen erfolgreich durchzuführen, ist nicht *in demselben Sinn* ein Geschöpf des Rechts wie etwa die Ordnung des Behördenapparates. Es ist niemandes konkreter Anordnung zu verdanken, daß wir darauf zählen können, selbst in einer fremden Stadt die Dinge vorzufinden, die wir zum Leben brauchen, oder daß trotz aller Veränderungen, die ständig in der Welt vor sich gehen, wir im großen und ganzen doch wissen, was wir nächste Woche oder nächstes Jahr uns werden beschaffen können. Wir sind diesbezüglich so verwöhnt, daß wir eher geneigt sind, darüber zu klagen, daß wir nicht ganz genau das vorfinden, was wir erwarten; aber eigentlich sollten wir erstaunt darüber sein, daß sich unsere Erwartungen in so hohem Maße erfüllen, wie es tatsächlich der Fall ist, obwohl doch niemand die Pflicht hat, dafür zu sorgen, daß wir die gewünschten Dinge vorfinden.

Eine der intellektuellen Schwierigkeiten, der wir bei der Behandlung dieses Problems begegnen, ist die tief eingewurzelte Neigung unseres Denkens, überall dort, wo wir Ordnung finden, sie auf das Wirken eines persönlichen Anordners zurückzuführen. Die populäre Vorstellung, die in der Geschichte der politischen Ideen eine große Rolle gespielt hat, ist, daß Ordnung voraussetzt, daß jemand befiehlt und die anderen gehorchen[2]. Das trifft nun wohl tatsächlich für alle jene Anordnungen oder Organisationen zu, die der Mensch im Dienste konkreter Zwecke bewußt geschaffen hat, einschließlich der Organisation des Staatsapparates. Aber es trifft ebenso offensichtlich nicht zu für solche Ordnungen wie die des Marktes oder überhaupt der Gesellschaft, so wie wir diesen Ausdruck im Gegensatz zum organisierten Staatsapparat gebrauchen. Hier haben wir es mit Ordnungen anderer Art zu tun, Ordnungen, die sich selbst bilden, wenn die Elemente gewissen Regelmäßigkeiten gehorchen, die aber von diesen Regelmäßigkeiten des Einzelverhaltens verschieden sind[3]. Es

---

[2] Besonders klar ausgesprochen vom englischen König Jakob I., der (nach Wormuth, F.D., *The Origins of Modern Constitutionalism*, New York 1949, 51) gesagt haben soll, daß »order was dependent upon the relationship of command and obedience. All organization derived from superiority and obedience«. Nur aus solchen Vorstellungen ist es wohl auch zu erklären, wenn noch in moderner Zeit Carl Schmitt (»Legalität und Legitimität«, *Verfassungsrechtliche Aufsätze*, Berlin 1958, 269) sich zu dem Satz bekennen konnte: »Das Beste in der Welt ist der Befehl.«

[3] Vgl. Hayek, F. A. v., »Arten der Ordnung«, *Ordo* 14, 1963, 1–20 (Abdruck in diesem Band, Hayek, *Schriften* A4, d. Hrsg.). In dieser ersten Skizze der Unterscheidung zwischen spontanen Ordnungen und Anordnungen oder Organisationen habe ich noch nicht genügend hervorgehoben, daß erstere zweckunabhängig und letztere durch konkrete Zwecke bestimmt sind. Die Unterscheidung entspricht daher auch der von Michael Oakeshott zwischen *Nomokratie* und *Teleokratie* (Oakeshott, M., »Nomokratie und Teleokratie«, in: Streißler, E. (Hrsg.), *Zur Einheit der Rechts- und Sozialwissenschaften*, Karlsruhe: C. F. Müller 1967, 32–36 (Freiburger Rechts- und Staatswissenschaftliche Abhandlungen, 27)).

war die entscheidende Entdeckung der großen sozialwissenschaftlichen Denker des 18. Jahrhunderts, daß sie die Existenz solcher spontan sich bildenden Ordnungen erkannten und als »das Ergebnis menschlichen Handelns, aber nicht menschlicher Absicht« beschrieben[4]. Es war diese Entdeckung spontaner Ordnungen und die damit eng verbundene Einsicht in Entwicklungsprozesse, in denen sich Einrichtungen bilden, welche die Erhaltung oder ständige Neubildung solcher Ordnungen sichern, die nicht nur zeigte, daß es einen besonderen Erklärungsgegenstand für theoretische Sozialwissenschaften überhaupt gibt, sondern weit darüber hinaus, insbesondere für die Biologie, von größter Bedeutung geworden ist[5]. Erst in jüngster Zeit hat im Bereich der physikalischen Wissenschaften die Kybernetik unter dem Namen selbst regulierender oder sich selbst organisierender Systeme etwas Ähnliches geschaffen[6].

Obwohl es vielleicht offenbar ist, sobald man es ausspricht, daß das gesellschaftliche Geschehen in vieler Hinsicht eine Ordnung zeigt, die ihm niemand bewußt gegeben hat, so ist doch nicht ohne weiteres klar, in welchem Sinn man hier von Ordnung sprechen kann. Wohl sagt uns jeder Anthropologe oder Verhaltensforscher der Tierwelt, daß weder primitive menschliche Gesellschaften noch auch die verschiedenen Tiergesellschaften bestehen könnten ohne eine Ordnung, die in diesen Fällen gewiß keiner bewußten Anordnung zuzuschreiben ist, sondern sich irgendwie aus Regelmäßigkeiten des individuellen Verhaltens ergibt: Die bloße Feststellung, daß Regelmäßigkeiten des Verhaltens der Individuen zu einer für die Erhaltung der Art notwendigen Gesamtordnung führen können, genügt aber nicht. Wir müssen fragen: Was verstehen wir in diesem Zusammenhang unter Ordnung? und: Worin zeigt sich insbesondere die Geordnetheit der menschlichen Gesellschaft?

---

[4] Vgl. Hayek, F.A., »The Results of Human Action but not of Human Design«, *Studies*, 1967, 96–105. Auch in französischer Übersetzung in: Les fondements philosophiques des systèmes économiques, Textes de Jacques Rueff et essais rédigés en son honneur, Paris 1967 (Deutsche Übersetzung: »Die Ergebnisse menschlichen Handelns, aber nicht menschlichen Entwurfs«, Abdruck in Hayek, *Schriften* A4, d. Hrsg.). Zu allem folgenden siehe auch Hayek, F. A., »The Principles of a Liberal Social Order«, *Studies*, 1967, 160–177 (Deutsche Übersetzung: »Grundsätze einer liberalen Gesellschaftsordnung«, *Ordo* 18, 1967, 11–33, Abdruck in Hayek, *Schriften*, A5, d. Hrsg.)

[5] Vgl. Hayek, F. A., »Dr. Bernard Mandeville«, *The Proceedings of the British Academy*, 52, London 1966. (Deutsche Übersetzung in: Hayek, *Schriften*, A2, d. Hrsg.) Daß Charles Darwin den Entwicklungsgedanken von den theoretischen Sozialwissenschaften übernommen und in der Biologie so erfolgreich angewendet hat, macht diesen für die Sozialwissenschaften nicht weniger wertvoll, soviel Mißbrauch mit ihm auch von Autoren getrieben wurde, die ihn erst von der Biologie lernten.

[6] Vgl. z.B. Foerster, H.v. und Zopf, G.W. (Hrsg.), *Principles of Self-Organization*, New York 1962.

II

Die zweckmäßigste Definition des Begriffes »Ordnung« scheint mir das Bestehen von Beziehungen zwischen wiederkehrenden Elementen zu sein, die es für uns möglich macht, aufgrund der Kenntnis eines (räumlich oder zeitlich) beschränkten Teils eines Ganzen Erwartungen bezüglich des Restes zu bilden, die gute Aussicht auf Erfüllung haben. Aus dieser Definition ergeben sich sogleich zwei für das Weitere wichtige Folgerungen: zunächst die vielleicht selbstverständliche, daß Ordnung ein Gradbegriff ist und jede Art von Ordnung in verschiedenem Ausmaß verwirklicht sein kann, was sich darin ausdrückt, daß die Chance[7], unsere Erwartungen verwirklicht zu sehen, dementsprechend größer oder geringer ist. Die zweite, weniger selbstverständliche Folgerung ist, daß Ordnung unabhängig von bestimmten Zwecken definiert werden kann[8] – es sei

---

[7] Vgl. Weber, M., *Gesammelte Aufsätze zur Wissenschaftslehre*, Tübingen 1922 (5. Aufl. 1982), 346, wo er »hat eine gewisse Chance« definiert als »kann mit einem starken Maß von Wahrscheinlichkeit auf ein bestimmtes Verhalten anderer ihm gegenüber rechnen«. Schmitt, C., »Legalität und Legitimität«, 1932, *Verfasssungsrechtliche Aufsätze*, Berlin 1958, 283, sagt sehr richtig vom Wort »Chance«: »Es gehört eigentümlich zur Denkweise und Mundart eines liberalen Zeitalters der freien Konkurrenz und der expectation und trifft die Mischung von Glücksfall und Gesetzmäßigkeit, Freiheit und Berechenbarkeit, Willkür und Haftbarkeit, wie sie dieser Ära charakteristisch ist.« – Im übrigen muß leider gesagt werden, daß Max Webers bekannte Erörterung der Beziehungen zwischen Rechtsordnung und Wirtschaftsordnung (Weber, M., *Wirtschaft und Gesellschaft*, I, Kap. 1, § 5 und II, Kap. 6, § 1) für die hier verfolgte Problemstellung völlig unergiebig ist. Für Weber ist Ordnung durchwegs etwas, das »gilt«, »zu befolgen«, deren »Geltung durchzusetzen« oder die »in einem Rechtssatz enthalten« ist. Die »Orientierung des Handelns an einer Ordnung« oder die »Verletzung einer Ordnung« bezieht sich stets auf Regeln, die mit der Ordnung identifiziert werden. Mit anderen Worten, für ihn scheint es Ordnung nur als Anordung zu geben, und das Bestehen oder die Bildung einer spontanen Ordnung wird gar nicht zum Problem. Wie die meisten Positivisten und Sozialisten denkt er anthropomorph und kennt Ordnung nur als *taxis*, nicht als *kosmos* und versperrt sich damit den Zugang zu den eigentlichen Problemen einer theoretischen Sozialwissenschaft. Von da aus ist es dann nicht mehr weit dazu, das Recht selbst als eine Gesellschaftsordnung und Ordnung als ein System von Normen zu definieren (Kelsen, H., *Reine Rechtslehre*, Wien 1960², 32 und 34) und Organisation und Ordnung als identisch zu betrachten (ders., *Der soziologische und juristische Staatsbegriff*, Tübingen 1922, 143: »Organisation ist ... nur das Fremdwort für Ordnung«). Dieser Ausgangspunkt macht es natürlich auch unmöglich, zu einem Verständnis der unterschiedlichen Funktionen des Rechts als Grundlage der Bildung einer spontanen Ordnung im Gegensatz zu einer Anordnung der Organisation durch Befehle zu kommen. Bezüglich der griechischen Terminologie siehe Kuhn, H., »Ordnung im Werden und Zerfall«, in: Kuhn, H. und Wiemann, F. (Hrsg), *Das Problem der Ordnung*, (Sechster Deutscher Kongreß für Philosophie, München 1960), Meisenheim 1962, 11–13.

[8] Die einzige mir bekannte Stelle, an der die irrtümliche gegenteilige Auffassung, die sehr häufig der Argumentation stillschweigend zugrunde gelegt wird, ausdrücklich aus-

denn, man betrachte die Möglichkeit, überhaupt rational zu handeln, schon als Zweck. In einer völlig chaotischen Welt wäre es natürlich unmöglich, irgendeinen Zweck zu verfolgen, und Einsicht in das Bestehen einer Ordnung der Dinge ist Voraussetzung für die Verfolgung jedes wie immer gearteten Zweckes. Ordnung wird daher wünschenswert sein, auch wenn wir noch nicht wissen, welche besonderen Zwecke wir verfolgen wollen, aber verschiedene Ordnungen können selbstverständlich verschiedenen Zwecken mehr oder weniger dienlich sein. Ordnung ist daher zunächst ebensosehr ein Tatsachenbegriff wie irgendein anderer wissenschaftlicher Begriff und nicht ein Norm- oder Wertbegriff – in einem gewissen Sinne enthält ja jede wissenschaftliche Aussage die Behauptung, daß eine Ordnung bestimmter Art besteht. Das Wissen vom Bestehen einer Ordnung bedeutet dabei nicht, daß wir konkrete Tatsachen kennen, sondern nur, daß wir von abstrakten Beziehungen zwischen Arten von Dingen wissen.

Das ist wichtig, weil die Ordnung einer offenen oder Großgesellschaft, von der ich vor allem sprechen will, aus verschiedenen Gründen nur eine abstrakte Ordnung sein kann[9]. Sie kann nur das sein, weil sie auf einer Anpassung an ständig sich ändernde Umstände beruht, die niemandem als Ganzes bekannt sind und daher auch nie durch bewußte Anordnung hergestellt werden könnte, d.i. dadurch, daß ein Anordner bestimmte konkrete Dinge an den entsprechenden Platz stellt. Das Ergebnis, daß wir im großen und ganzen darauf zählen können, daß die Erwartungen erfüllt werden, auf die sich unsere individuellen Pläne aufbauen, wird nicht dadurch erreicht, daß die Dinge gleichbleiben. Es ändert sich ständig zu viel in der Welt, ohne daß wir es verhindern können, als daß wir erreichen könnten, daß die Dinge wirklich dieselben bleiben, selbst wenn wir es wünschten. Auch hülfe uns das weniger als das Fortbestehen einer abstrakten Ordnung, da wir ja immer nur einen Teil der Welt konkret kennen, aber dieselbe abstrakte Ordnung auch an anderen Orten vorfinden können.

---

gesprochen ist, findet sich bezeichnenderweise bei Bentham, J., »An Essay on Political Tactics«, das erstmalig in Band 2 seiner *Works* (hrsg. von Bowring, J., London 1833) erschien. Dort heißt es auf S. 299, nachdem »tactics« als »the art of setting in order« definiert wurde: »order supposes an end«. Impliziert ist diese Vorstellung aber auch in der unten, Anmerkung 30, zitierten Äußerung von Carl Schmitt.

[9] Vgl. in diesem Zusammenhang die in den späteren Auflagen von Popper, Sir Karl, *The Open Society and Its Enemies*, etwa Princeton 1963[4], 173, 175 eingefügten Stellen, in denen er »a closed society« als eine »concrete group of concrete individuals« bezeichnet, während »an open society may become ... an abstract society ... Our modern society resembles in many of its aspects such a completely abstract society.« (deutsche Übersetzung: *Die offene Gesellschaft und ihre Feinde*, 8. Aufl. Tübingen 2003, 207, 208, d. Hrsg.)

Die ökonomische Theorie hat den Idealfall einer solchen Ordnung, in der alle bestehenden Erwartungen wenigstens erfüllt werden *könnten* (weil sie nicht miteinander im Widerspruch stehen), als das Marktgleichgewicht bezeichnet[10]. So betrachtet, taucht dann freilich die Frage auf, ob ein solches Gleichgewicht je besteht, und auf sie müssen wir wohl antworten, daß es in Wirklichkeit nie besteht. Aber als Ordnung interpretiert, deren vollkommene, nie erreichte Verwirklichung das theoretische Gleichgewicht beschreibt, ist dieser Zustand vieler Grade der Annäherung fähig, und muß jede Vergrößerung der Übereinstimmung der Erwartungen als Gewinn betrachtet werden. Ich werde später auf das Paradox zu sprechen kommen, daß der Markt diese Maximierung der Erwartungserfüllung nur dadurch herbeiführen kann, daß er gewisse Erwartungen systematisch enttäuscht. Augenblicklich interessiert uns nur die Tatsache, daß eines der Charakteristika der spontan entstehenden Ordnung des Marktes eben das ist, daß im großen und ganzen die Pläne der einzelnen Teilnehmer so aufeinander abgestimmt sind, daß die meisten von ihnen gute Aussicht haben, durchgeführt werden zu können.

Es ist dabei, wie ich gleich zugeben will, wissenschaftlich ein völlig offenes Problem, wie groß die Stabilität der Daten sein muß bzw. in welchen Grenzen sich die unvorhergesehenen Änderungen halten müssen, damit sich eine solche gegenseitige Anpassung der Pläne einstellen kann. Aber wenn wir auch kaum eine Ahnung haben, wie diese Frage allgemein zu beantworten ist, so ist die Antwort doch auch nicht sehr wichtig, da es klar ist, daß bei allzu großer Instabilität der Daten jedes andere System noch weniger funktionieren könnte und insbesondere in diesem Fall zentrale Planung noch früher versagen würde.

Die gute Chance, unsere Erwartungen erfüllt zu sehen oder richtige Voraussagen zu machen, ist nun zwar die Eigenschaft der Marktordnung, die uns berechtigt, sie überhaupt als Ordnung zu bezeichnen, aber keineswegs die einzige charakteristische Eigenschaft oder der einzige Vorteil dieser Ordnung. Sie stellt nämlich nicht nur eine ständige Anpassung an neue, bisher noch nicht bekannte Umstände dar, sondern eine Anpassung, die bewirkt, daß das unter Hunderttausenden von Menschen verteilte Wissen so genützt wird, daß in einem beschränkten, aber doch scharf definierbaren Sinne das Gesamtprodukt so groß wird, als wir es auf irgendeine uns bekannte Art machen können.

---

[10] Diese Definition des wirtschaftlichen Gleichgewichts findet sich scheinbar zum ersten Mal ausdrücklich ausgesprochen in meinem Vortrag aus dem Jahre 1936, Hayek, F. A., »Economics and Knowledge«, *Economica*, N.S., 1937, 33–54, Abdruck in: Hayek, *Individualism*, 1948, 33–56 (Deutsche Übersetzung: »Wirtschaftstheorie und Wissen« in: Hayek, *Schriften*, A1, d. Hrsg.). Grundsätzlich dieselbe Idee liegt aber auch K.F. Maiers Behandlung des Problems der »Koordination der Einzelpläne«, in: Maier, K. F., *Goldwanderungen*, Jena 1935, insbes. 67, zugrunde, die dann durch Walter Euckens Schriften weite Verbreitung erlangte.

III

Eine solche Ordnung, die in der Anpassung an Umstände besteht, die niemand zur Gänze kennt, kann nur eine spontane Ordnung sein, weil ja die einzige alternative Form einer Ordnung, die Anordnung oder Organisation, voraussetzt, daß der Anordner über alle erforderlichen Informationen verfügt. Das Problem, das die spontane Marktordnung löst, ist gerade das der Nutzung von mehr Wissen, als irgendein einzelner Verstand besitzt. Die Marktordnung erreicht dies durch ein *Entdeckungsverfahren*, das wir Wettbewerb nennen. Das Ergebnis dieses Entdeckungsverfahrens ist nun allerdings nie genau jenes Gleichgewicht der Theorie der vollkommenen Konkurrenz, in dem jedes Gut und jede Dienstleistung zu den geringsten Kosten erzeugt und zu den geringsten Preisen verkauft wird, zu denen ein allwissender Diktator dies tun könnte. Aber überall, wo der Wettbewerb nicht verhindert wird, wird doch etwas recht Ähnliches erreicht: nämlich ein Zustand, in dem 1. alles, was auf den Markt kommt, zu Kosten erzeugt wird, die geringer sind als die, zu denen es von irgend jemand erzeugt werden könnte, der tatsächlich das betreffende Gut oder die betreffende Leistung nicht erzeugt, und in dem 2. diese Güter und Leistungen auch zu Preisen verkauft werden, die nicht notwendig die geringsten sind, zu denen sie auf die Dauer verkauft werden könnten, aber doch geringer als oder mindestens ebenso gering wie die, zu denen irgend jemand anderer sie verkaufen könnte. Das wird dadurch herbeigeführt, daß diese Handelnsordnung jeden Teilnehmer nötigt, sein Handeln an viel mehr Umstände anzupassen, als er unmittelbar kennt. In den Preisen und Preisänderungen, an denen er sich orientieren muß, schlagen sich gewissermaßen die relevanten Ergebnisse von manchmal über die ganze Welt verstreuten Vorgängen nieder, die dadurch den einzelnen so beeinflussen, daß er handelt, als ob er von ihnen wüßte.

Ich habe früher erwähnt, daß das Ergebnis dieses Prozesses nur in einem beschränkten Sinn als ein Maximum bezeichnet werden kann. Der Grund dafür ist, daß die Marktordnung nicht einem einheitlichen konkreten Zweck oder einer einheitlichen Hierarchie von Zwecken dient oder dienen kann. Wir haben schon gesehen, daß spontane Ordnungen keinen Zweck zu haben brauchen und trotzdem oder gerade deshalb einer Vielheit verschiedener und sogar divergenter Zwecke dienen können. Ohne eine solche einheitliche Rangordnung der Zwecke kann es aber auch kein Maß für die Größe des Gesamtergebnisses geben. Alles, was wir sagen können, ist, daß, was immer der Anteil sei, den irgendein einzelner sich aus dem gemeinsamen Topf herausnehmen darf, der reale Inhalt dieses Anteils mit so geringem Entgang für die anderen hergestellt wird, als das mit irgendeiner uns bekannten Methode möglich ist, oder, was auf dasselbe hinauskommt, daß der reale Gegenwert des verhältnismäßigen Anteils, der auf einen entfällt und dessen relative Größe in weitem Maße dem Zufall überlassen bleibt, so groß wie möglich ist.

Dieses Ergebnis erhalten wir aber nur, wenn wir die Bestimmung des Anteils der einzelnen und von ganzen Berufsgruppen auch von Umständen abhängig machen, die niemand in ihrer Gesamtheit kennt, wodurch der ganze Prozeß zu einer Art von Spiel wird, in dem die Gewinne der einzelnen zwar teilweise von ihrem Geschick, aber teilweise vom Glück abhängen[11]. Da dieses Spiel darauf beruht, daß jeder seine eigenen Kenntnisse nutzt, um seine Zwecke zu verfolgen, daß er aber auch genötigt ist, sich Umständen anzupassen, die er gar nicht voraussehen konnte, prämiiert es zwar richtige Voraussicht und bestraft das Gegenteil, aber auch dann, wenn die Entscheidung nur auf Raten beruhte und für eine rationale Entscheidung gar keine Grundlage vorhanden war. Es ist gewissermaßen ein Spiel, das, indem der Anteil der einzelnen zum Teil unvorhersehbaren und in diesem Sinn zufälligen Faktoren überlassen wird, dazu führt, daß sich die zur Verteilung verfügbare Gesamtmenge vergrößert und jeder zumindest darauf rechnen kann, daß das, was er für seinen ungewissen Anteil bekommt, soviel wie möglich ist.

Ich kann dieses schwierige Problem der sogenannten Maximierung des Sozialprodukts, an dem mir die sogenannte Theorie der Wohlfahrtsökonomie völlig irrezugehen scheint, hier jedoch nicht weiter verfolgen. Mit dem Gesagten wollte ich nur zweierlei hervorheben: erstens, daß die Nutzung spontaner Ordnungskräfte uns dazu verhilft, die Grenzen, die unserer Macht durch unsere unabänderliche Unkenntnis der Tatsachen gezogen sind, dadurch teilweise zu überschreiten, daß die spontane Ordnung des Marktes mehr Wissen nutzt, als irgendeine Person oder Organisation haben kann; und zweitens, daß die Ordnung, die durch den Markt geschaffen wird, sich nur im dauernden Bestehen gewisser abstrakter Beziehungen manifestiert und wir uns in diesem Maße, in dem wir uns spontaner Ordnungskräfte bedienen, der Möglichkeit berauben, den konkreten Inhalt der Ordnung zu bestimmen. Denn dieser hängt ja von dem konkreten Wissen und den konkreten Zielen der einzelnen ab, die wir nur auf diese Weise in die Ordnung eingehen lassen können.

---

[11] Die Interpretation des gesellschaftlichen Marktprozesses als Spiel findet sich schon bei Adam Smith, *The Theory of Moral Sentiments* [1759], part. VI, Sect. II, Chapt. 2: »in the great chessboard of human society, every single piece has a principle of motion of its own, altogether different from that which the legislature might choose to impress upon it. If those two principles coincide and act in the same direction, the game of human society will go on easily and harmoniously, and is very likely to be happy and successful. If they are opposite or different, the game will go on miserably, and the society must be at all times in the highest degree of disorder.« Vgl. auch ebd., part VII; sect. II, Chapt. 1: »Human Life the Stoics appear to have considered as a game of great skill; in which, however, there is a mixture of chance, or what is vulgarly understood to be chance.«

Diese abstrakte Ordnung ist daher auch gewissermaßen nur eine Art gemeinsames Vorziel, das den einzelnen als Mittel für die Verfolgung ihrer verschiedenen individuellen Ziele dient; sie ist aber auch das einzige Ziel, das eigentlich als gemeinsames Ziel oder als Gemeinwohl oder als öffentliches Interesse bezeichnet werden kann. Dies sollte daher auch nie als eine Summe von voraussehbaren konkreten Ergebnissen, sondern eben immer nur als eine Chance verstanden werden, die eine solche Ordnung unbekannten Menschen bietet.

Aus der Tatsache, daß wir die Bildung einer solchen Ordnung herbeiführen können, die mehr Wissen nutzt, als irgend jemand besitzt (weshalb wir auch ihren besonderen Inhalt nicht voraussagen können), und die es möglich macht, viele Zwecke zu erreichen, die sonst unerreichbar wären, folgt schließlich auch, daß die sich ergebende Struktur für uns nicht unmittelbar verständlich sein und keinen erkennbaren Entwurf zeigen wird (so daß wir nicht wissen werden, warum die einzelnen Vorgänge stattfinden), aber doch eine wirksamere Grundlage für die Erreichung von Zwecken einer Vielheit von Menschen bilden wird als eine rational konstruierte Anordnung. Diese Erkenntnis steht so sehr im Widerspruch zu dem seit Descartes das europäische Denken beherrschenden konstruktivistischen Rationalismus, daß sie sich erst mit dem Vordringen eines weiseren kritischen Rationalismus durchsetzen kann, der nicht nur die Macht, sondern auch die Grenzen der Vernunft sieht.

IV

Zu der grundlegenden Tatsache, daß praktisch alle Probleme der Sozialtheorie und der Politik Probleme sind, die sich aus einer unabänderlichen Beschränkung unseres Wissens ergeben, möchte ich zwei kurze Bemerkungen anfügen. Die erste betrifft einen wissenschaftstheorisch interessanten Punkt. Wenn wir nämlich, wie ich vorgeschlagen habe, den Wettbewerb als eine Art von Entdeckungsverfahren zur Nutzung von zunächst unbekannten Umständen betrachten, so folgt daraus, daß wir die Leistungen des Wettbewerbs zwar an konstruierten hypothetischen Modellen demonstrieren, aber die Theorie grundsätzlich nie an jenen Fällen nachprüfen können, in denen sie praktisch allein interessant ist. Denn um festzustellen, ob der Wettbewerb in der Wirklichkeit zu einer solchen Nutzung von Kenntnissen führt, die ohne ihn nicht genutzt würden, müßte zumindest der die Theorie nachprüfende Wissenschaftler dieses Wissen schon besitzen, und dann brauchten wir den Wettbewerb nicht mehr, um es zu nutzen[12].

---

12 Vgl. Hayek, F. A., »The Theory of Complex Phenomena«, in: Bunge, M.

Die zweite Überlegung ist allgemeinerer Art. Bertrand Russell hat einmal gesagt, daß die Wissenschaft sich mit dem beschäftige, was wir wissen, und die Philosophie mit dem, was wir nicht wissen[13]. Er hat damit wahrscheinlich recht. Aber in den Schlußfolgerungen möchte ich in diesem Streit der Fakultäten eine Russells diametral entgegengesetzte Position beziehen. Es scheint mir nämlich daraus zu folgen, daß die Philosophie wichtiger ist als die Wissenschaft. Denn auf sehr vielen Gebieten kann es sich nicht darum handeln, unsere Unwissenheit durch Fortschritt des Wissens zu beseitigen, sondern nur darum, wie wir uns am besten der Tatsache unabänderlichen Unwissens konkreter Umstände anpassen können. Bei allem Fortschritt der Wissenschaft ist ja der Bereich des uns individuell oder auch als Gesamtheit Unbekannten, das nichtsdestoweniger unsere Bestrebungen auf das nachhaltigste beeinflußt, stets viel größer als der des Bekannten – es ist sogar gesagt worden, daß, sowie sich der Kreis des Bekannten vergrößert, die Peripherie, an der er sich mit dem Unbekannten berührt, immer länger wird[14]. Es mag deshalb manchmal ein größerer Fortschritt sein, eine Methode zu finden, sich erfolgreich der Tatsache unabänderlichen Unwissens anzupassen, als mehr positives Wissen zu erwerben.

(Hrsg.), *The Critical Approach to Science and Philosophy*, New York 1964, wiederabgedruckt in: Hayek, *Studies*, 1967, 22–47. (Deutsche Übersetzung: »Die Theorie komplexer Phänomene«, Abdruck in Hayek, *Schriften*, A1, d. Hrsg.).

[13] Russell, B., »The Philosphy of Logical Atomism« [1918], in: Marsh, R.C. (Hrsg.), *Logic and Knowledge*, London 1956, 281: »science is what you more or less know and philosophy is what you do not know.«

Weil die Philosophie uns im Bereich der Unkenntnis helfen will, beschäftigt sie sich mit »Prinzipien«, nicht mit Tatsachen. Denn Prinzipien sind es, die uns helfen, uns in einer Welt zurechtzufinden, deren Tatsachen wir zum großen Teil nicht kennen. Insbesondere sind die Verbote der Moral und des Rechts zum großen Teil Anpassungen an den allgemeinen Charakter einer Welt, deren konkrete Gestaltung wir nicht kennen: Regeln, die uns zwar nicht sagen, was in dieser Welt geschieht, aber sagen, daß uns wahrscheinlich nichts geschehen wird, wenn wir sie befolgen.

[14] Weaver, W., »A Scientist Ponders Faith«, *Saturday Review*, 3. Jan. 1959: »As science learns one answer, it is characteristically true that it also learns several new questions. It is as though science were working in a great forest of ignorance, making an ever larger circular clearing within which, not to insist on the pun, things are clear... But, as the circle becomes larger and larger, the circumference of contact with ignorance also gets longer and longer.« Vgl. auch Popper, K.R., »On the Sources of Knowledge and of Ignorance«, *Conjectures and Refutations*, London 1963, 28: »The more we learn about the world, and the deeper our learning, the more conscious, specific, and articulate will be our knowledge of what we do not know, our knowledge of ignorance. For this, indeed, is the main source of our ignorance – the fact that our knowledge can be only finite, while our ignorance must necessarily be infinite«; sowie Santillana, G. de, *The Crime of Galileo*, Chicago 1935, 34: »in fact, as Galileo thought, the range of acknowledged ignorance will grow with the advance of science«; und die Herbert Spencer zugeschriebene Bemerkung: »In science, the more we know, the more extensive the contact with nescience.«

Es scheint mir, als ob viele der Verhaltensweisen, die der Mensch entwickelt hat, insbesondere alle Regeln des gerechten Verhaltens, solche Anpassungen an unsere konstitutionelle Unwissenheit wären. Wenn Sie das zunächst überrascht, so bitte fragen Sie sich, ob es in einer Welt, in der die Menschen allwissend wären, solche Regeln des gerechten Verhaltens überhaupt geben könnte. Ich glaube nicht. Alles Verhalten müßte in einer solchen Welt nach der Wichtigkeit der bestimmten konkreten Folgen bestimmt werden, und für Gerechtigkeitserwägungen wäre kein Platz. Regeln beschränken immer den Bereich der in Betracht zu ziehenden Umstände auf einen Teil der möglicherweise bedeutsamen, um so eine Entscheidung praktisch möglich zu machen. Sie sind stets eine Anweisung, nur einen Teil der vorliegenden Umstände in Betracht zu ziehen und alle anderen zu vernachlässigen, auch wenn sie bekannt sind. Und so wie tout comprendre tout pardonner bedeuten würde, so brauchten wir auch keine abstrakten Regeln oder Gerechtigkeitsprinzipien, um die Zulässigkeit oder Wünschenswertheit einer Handlung zu beurteilen, wenn wir alle Folgen kennten.

V

Ich muß aber jetzt zu meinem eigentlichen Problem zurückkehren, der Beziehung zwischen Regeln für das individuelle Handeln und der Bildung einer Ordnung des Ganzen. Es ist hoffentlich schon klargeworden, daß das Zusammenspiel, das das Ganze der gesellschaftlichen Ordnung (oder irgendeiner anderen spontanen Ordnung) ausmacht, etwas anderes ist als die Regelmäßigkeit des Verhaltens der Teile[15]. Daß dies so ist, ergibt sich schon daraus, daß sich die Elemente sehr regelmäßig verhalten können, dies aber zur völligen Unordnung des Ganzen führen kann, und umgekehrt eine Ordnung des Ganzen auch möglich ist, ohne daß das Verhalten der einzelnen Teile irgendeine Regelmäßigkeit zeigt. Das klassische Beispiel des ersten Falles, für das der Ausdruck vollkommene Unordnung geprägt wurde, ist der Entropiesatz der Thermodynamik, nach dem gerade die gleichmäßige geradlinige Bewegung der völlig elastischen Moleküle eines Gases zu völliger Unordnung führen muß. Gewiß sind auch viele Regeln des individuellen menschlichen Verhaltens vorstellbar, die zu völliger Unordnung, ja zur Unmöglichkeit einer Gesellschaft führen müßten. Der zweite Fall wäre in einer Gesellschaft verwirklicht, in der die Tätigkeit aller Individuen durch einen Gesamtplan bestimmt wäre, aber die Rolle oder Funkti-

---

[15] Typisch irreführend in dieser Richtung z.B. Ihering, R. von, *Der Zweck im Recht*, Bd. I, 3. Aufl., 1893, 352: »Ordnung, d.i. Gleichmäßigkeit des sozialen Handelns«; vgl. auch ibid. 357.

on jedes einzelnen von Tag zu Tag oder von Stunde zu Stunde durch das Los bestimmt würde. In einer solchen Gesellschaft würde das Verhalten jedes einzelnen gar keine Regelmäßigkeit zeigen, das Ganze aber doch geordnet erscheinen. Dieser Fall zeigt übrigens auch, daß eine Anordnung oder Organisation grundsätzlich auch ohne Regeln möglich ist, während eine spontane Ordnung sich immer auf Regelmäßigkeiten im Verhalten der Elemente aufbaut.

Das führt nun aber zu unserer Zentralfrage, nämlich: Welcher Art müssen die Regelmäßigkeiten im Verhalten der menschlichen Individuen sein, damit die Reaktionen jedes einzelnen auf die ihm bekannten Umstände zu einer Ordnung des Ganzen führen? Man möchte glauben, dies hätte seit jeher die Zentralfrage der Rechts- und Staatswissenschaften sein müssen. Seit den letzten Bemühungen des 18. Jahrhunderts, so etwas wie eine einheitliche science de la législation zu schaffen[16], sind aber die Rechtswissenschaft und die theoretischen Sozialwissenschaften getrennte Wege gegangen und hat sich kaum jemand *systematisch* mit diesem gemeinsamen Zentralproblem befaßt. Dabei sollte doch eigentlich kein Zweifel bestehen, daß ein Verständnis der Handelnsordnung, zu deren Bildung die Befolgung von Verhaltensregeln beiträgt, notwendige Voraussetzung für das Verständnis der Wirkung von Rechtsregeln ist, und umgekehrt, Vertrautheit mit den bestehenden Rechtsregeln Voraussetzung für jede Erklärung der Bildung einer Handelnsordnung sein müßte.

Daß Regeln des gerechten Verhaltens nicht direkt eine Handelnsordnung bestimmen können, die darauf beruhen soll, daß die einzelnen ihr Wissen für ihre Zwecke verwenden, ist offenbar. Eine konkrete Handelnsordnung wird vollständig immer erst durch die besonderen Absichten und Tatsachenkenntnisse der Handelnden bestimmt, und die Verhaltensregeln, die sie befolgen, können immer nur Bedingungen sein, die den Bereich ihrer Wahl einschränken. Tatsächlich finden wir ja auch, daß zumindest der größte Teil der Regeln des Privat- und Strafrechts – alles, was ich die Regeln des gerechten Verhaltens genannt habe, im Gegenstaz zu den konkreten Befehlen des öffentlichen Rechts – auch nur Verbote sind, die einen Bereich des freien Handelns abgrenzen[17] und

---

[16] Mit Recht sagt z.B. Cooke, C.A., »Adam Smith and Jurisprudence«, *Law Quarterly Review*, 51, 1935, 328: »The theory of political economy that emerges in the Wealth of Nations can be seen to be a consistent theory of law and legislation«; vgl. dazu insbesondere Giuliani, A., »Adamo Smith Filosofo del Diritto«, *Rivista Internazionale di Filosofia del Diritto*, 31, 1954, sowie Cropsey, J., *Polity and Economy. An Interpretation of the Principles of Adam Smith,* The Hague, 1957 und Bittermann, H.J., »Adam Smith's Empiricism and the Law of Nature«, *Journal of Political Economy*, 48(5), 1940, 703–734.

[17] Obwohl die Entdeckung, daß die Regeln des gerechten Verhaltens unter rechtlich Gleichgestellten wesentlich negativen Charakter haben, d.h. Verbote sind, von einer langen Reihe von Autoren immer wieder und oft mit allen Anzeichen der Überraschung gemacht wurde, scheint eigentlich niemand alle ihre Folgerungen konsequent durchdacht zu haben. Besonders klar ist diese Betrachtungsweise bei David Hume, Immanuel Kant

nur in Ausnahmefällen (nämlich wenn der einzelne in eine Gruppe mit gemeinsamen konkreten Zielen eintritt) bestimmte konkrete Handlungen vorschreiben. Man hat mit Recht oft gesagt, daß das Ziel fast des ganzen Pri-

---

und Adam Smith, für die die Regeln gerechten Verhaltens vor allem dem Schutz und der Abgrenzung der individuellen Domänen dienen. (Bagolini, L., *La Simpatia nella morale e nel diritto*, Bologna 1952, 60, betrachtet sogar die Behandlung von »il problema del diritto e della giustizia dal punto di vista dell'ingiustizia« als besonders charakteristisch für das Denken von Adam Smith.) Vgl. z.B. Smith, A., *The Theory of Moral Sentiments* [1759], part. II, Sect. II (vorletzter Absatz): »Mere justice is, upon most occasions, but a negative virtue and only hinders us from hurting our neighbour.« Siehe ferner Rousseau, J.J., *Émile*, Liv. II: »La plus sublime vertu est négative; elle nous instruit de ne jamais faire du mal à personne«; Schopenhauer, A., »Parerga und Paralipomena«, II, 9, Zur Rechtslehre und Politik; Hübscher, A. (Hrsg.), *Sämtliche Werke*, Leipzig 1939, Bd. 6, 257: »Der Begriff des *Rechts* ist nämlich ebenso wie auch der der *Freiheit* ein *negativer*, sein Inhalt ist eine bloße Negation. Der Begriff des *Unrechtes* ist der positive und gleichbedeutend mit Verletzung im weitesten Sinne, also laesio«; vgl. auch Schopenhauer, A., *Grundlagen der Moral*, 17; Bastiat, F., »La Loi«, *Œuvres complètes*, 4, Paris 1854 [1850], 35: »Cela est si vrai qu'ainsi qu'un des mes amis me le faisait remarquer, dire que le but de la Loi est de faire régner la Justice, c'est se servir d'une expression qui n'est pas vigoureusement exacte. Il faudrait dire: *La but de la Loi est d'empêcher l'Injustice de régner.* En effet, ce n'est pas la Justice qui a une existence propre, c'est l'Injustice. L'une résulte de l'absence de l'autre«; Scheler, M., *Der Formalismus in der Ethik und die materielle Wertethik*, Halle a.d.S.: Niemeyer, 1927³, 212: »Niemals kann daher (bei genauer Reduktion) die Rechtsordnung sagen, was sein soll (oder was recht ist), sondern immer nur, was nicht sein soll (oder nicht recht ist). Alles, was innerhalb der Rechtsordnung *positiv* gesetzt ist, ist reduziert auf pure Rechtseins- und Unrechtseinsverhalte stets ein *Unrechtseinsverhalt*«; Nelson, L., *Die Rechtswissenschaft ohne Recht*, Leipzig 1917, 133, spricht von der »Auffassung vom Recht ..., wonach das Recht ... die Bedeutung einer negativen, den Wert möglicher positiver Zwecke einschränkenden Bedingungen hat«, und S. 151 von der »Einsicht in den negativen (Werte nur beschränkenden) Charakter des Rechts«; auch Savigny, F.C. von, *System*, 1, 322, erwähnt, ohne sich aber dieser Ansicht anzuschließen: »Viele aber gehen, um den Begriff des Rechts zu finden, von dem entgegengesetzten Standpunkt aus, von dem Begriff des Unrechts. Unrecht ist ihnen Störung der Freiheit durch fremde Freiheit, die der menschlichen Entwicklung hinderlich ist und daher als ein Übel abgewehrt werden muß. Die Abwehr dieses Übels ist ihnen das Recht.« Ferner: Robbins, L.C., *The Theory of Economic Policy*, London 1952, 193: The classical Liberal »proposes, as it were, a division of labour: the state shall prescribe what individuals shall not do, if they are not to get in each other's way, while citizens shall be left free to do anything which is not so forbidden. To the one is assigned the task of establishing formal rules, to the other responsibility for the substance of specific action«; Boulding, K.E., *The Organisational Revolution*, New York 1953, 83: »The difficulty seems to be that ›justice‹ is a negative concept; that is, it is not justice which leads to action, but injustice or discontent«; Fuller, L.L., *The Morality of Law*, Yale University Press 1964, 42: »In what may be called the basic morality of social life, duties that run towards other persons generally (...) normally require only forbearances, or as we say, are negative in nature«; Mayo, B., *Ethics and the Moral Life*, London 1958, 204: »With certain apparent exceptions ... the function of law is to pro-

vatrechts (vielleicht mit Ausnahme gewisser Teile des Familienrechts) es sei, geschützte Bereiche oder Domänen des einzelnen abzugrenzen, in die andere nicht eingreifen dürfen[18]. Diese Domänen bestimmt das Recht nicht durch Zu-

---

hibit something«; Bundy, Mc-G., »A Lay View of Due Process«, in: Sutherland, A.E. (ed.), *Government under Law*, Harvard University Press 1956, 365: »I suggest, then, that legal process is best understood not as a source of pure and positive justice, but rather as an imperfect remedy for gross wrongs... Or perhaps we can think of the law not as something good in itself, but as an instrument which derives its value less from what it does than what it prevents... What one asks of [the courts] is not that they do justice but that they give some protection against grave injustice.« Vgl. auch Kolnay, A., »The Thematic Primacy of Moral Evil«, *Philosophical Quarterly* 6, 1956.

Die Einsicht, daß Ungerechtigkeit der primäre Tatbestand ist und die Regeln des gerechten Verhaltens im wesentlichen Verbote ungerechten Verhaltens sind, ist deshalb so wichtig, weil der ganze Rechtspositivismus seine Entstehung der Verzweiflung daran verdankt, positive Kriteria der Gerechtigkeit zu entdecken. (Vgl. etwa Gustav Radbruchs klassische Formulierung, in: *Rechtsphilosophie*, Stuttgart 1963[6], 179: »Vermag niemand festzustellen, was gerecht ist, so muß jemand festsetzen, was Rechtens sein soll.«) Aber auch wenn es richtig sein sollte, daß es keine objektiven Kriteria der Gerechtigkeit gibt, mag es doch objektive Kriteria der Ungerechtigkeit geben, deren systematische Anwendung auf die überlieferten Rechtsregeln uns schrittweise näher an die Gerechtigkeit heranbringt, ohne daß wir je sicher sein können, sie erreicht zu haben. Die Situation scheint hier genau analog zu der des Wahrheitsproblems in der Erkenntnistheorie zu sein, wo, wie Karl Popper gezeigt hat, wir auch keine Kriterien der Wahrheit, wohl aber Kriterien der Unwahrheit haben. Diese Frage kann hier nicht weiter verfolgt werden, vgl. jedoch Hayek, F. A., »Principles of a Liberal Social Order«, insbes. die Absätze 23–27 (Deutsche Übersetzung: »Grundsätze einer liberalen Gesellschaftsordnung« Abdruck in: Hayek, *Schriften*, A5, d. Hrsg.)

[18] Siehe vor allem Savigny, F.C. von, *System des heutigen Römischen Rechts*, Berlin 1840, Bd. I, 331/2: »Sollen nun in solcher Berührung freie Wesen nebeneinander bestehen, sich gegenseitig fördernd, nicht hemmend, in ihrer Entwicklung, so ist dies nur möglich durch Anerkennung einer unsichtbaren Grenze, innerhalb welcher das Dasein und die Wirksamkeit jedes einzelnen einen sicheren freien Raum gewinnen. Die Regel, wodurch jene Grenze und durch die dieser freie Raum bestimmt wird, ist das Recht.« Von Neueren vgl. z.B. Laband, P., *Das Staatsrecht des Deutschen Reiches*, Tübingen 1901[4], Bd. II, 64, wo er dem Recht die Aufgabe zuschreibt, »die durch das gesellige Zusammenleben der Menschen gebotenen Schranken und Grenzen der natürlichen Handlungsfreiheit der einzelnen zu bestimmen.« (Was Böckenförde, E.W., *Gesetz und gesetzgebende Gewalt*, Berlin 1958, 233, in einer für die später zu besprechende moderne Auffassung charakteristischen Weise als Beispiel einer »sinnwidrigen Verengung des Rechtsbegriffes« anführt, die »eine Folge der Verabsolutierung am Privatrecht entwickelter Begriffe ist«!) Jellinek, G., *Gesetz und Verordnung*, Freiburg 1887, 240: »Hat ein Gesetz den nächsten Zweck, die Sphäre der freien Tätigkeit von Persönlichkeiten gegeneinander abzugrenzen, ist es der sozialen Schrankenziehung halber erlassen, so enthält es Anordnungen eines Rechtssatzes, ist daher auch ein Gesetz im materiellen Sinn.« Vinogradoff, P., *Common Sense in Law*, London 1940, 70: »Every single legal rule may be thought of as one of the bulwarks or boundaries erected by society in order that its members shall not collide with each other in their actions«; Salmond, J., *Jurisprudence*

weisung konkreter Dinge an bestimmte Personen, sondern durch, wie man gewöhnlich sagt, abstrakte Regeln, die uns erlauben, aus den Tatsachen abzuleiten, was jedem gehört. Das Recht sorgt also nur dafür, daß jeder erhält, was ihm zukommt, aber was ihm konkret zukommen soll, hängt nicht nur von Rechtsregeln, sondern auch von tatsächlichen Umständen ab, auf die uns die Rechtsregeln hinweisen[19].

Selbstverständlich sind dabei die von artikulierten Rechtsregeln bestimmten Regelmäßigkeiten – oder Beschränkungen des Bereichs – des menschlichen Handelns nicht die einzigen zur Bildung einer Ordnung erforderlichen Regelmäßigkeiten dieses Handelns. Es könnte sich wahrscheinlich nie eine Handelnsordnung bilden, wenn das Verhalten der einzelnen nicht auch noch viele andere Regelmäßigkeiten zeigte. Zunächst befolgen wir alle stets auch noch viele Regeln der Sitte, der Moral und der Gewohnheit. Darüber hinaus bringen aber auch die Ähnlichkeit der Umstände, unter denen wir leben, der Kenntnisse, die wir besitzen, und der Bedürfnisse, die wir empfinden, Regelmäßigkeiten des Verhaltens hervor, die uns helfen, richtige Voraussagen über das Verhalten anderer zu machen.

[1902] Williams, G. (ed.), London 1947[10], 62: »The rule of justice determines the sphere of individual liberty in the pursuit of individual welfare, so as to confine that liberty within the limits which are consistent with the general welfare of mankind. Within the sphere of liberty so delimited for every man by the rules of justice he is left free to seek his own interests in accordance with the rules of wisdom«; Lévy-Ullmann, H., *Le définition du Droit*, Paris 1917, 165: »Nous définions donc le droit: la délimitation de ce que les hommes et leur groupement ont la liberté de faire et ne pas faire, sans encourir une condemnation, une saisie, une mise en jeu particulière de la force«; und Donati, D., »I caratteri della legge in senso materiale«, *Rivista di Diritto Pubblico*, 1911, 23 (des Sonderdrucks): »La funzione del diritto infatti sorge e si esplica per la delimitazione delle diverse sfere spettanti a ciascun consociato. La società umana se transforma da società anarchica in società ordinata per questo, che interviene una volontà ordinatrice a determinare la cerchia dell'attivitàs lecita come dell'attività doverosa.«

19 Nur dadurch wird natürlich Ulpians berühmtes »suum cuique tribuere« (Digesten I1§ 10) davor bewahrt, eine Tautologie zu sein. Nichtsdestoweniger wird dies oft verkannt, wenn davon gesprochen wird, daß das Recht bestimmten Menschen bestimmte Dinge »zuweist«. Ganz klar darüber Kant, I., *Metaphysik der Sitten*, Rechtslehre, I, 2, § 9: »Bürgerliche Verfassung ist hier allein der rechtliche Zustand, durch welchen jedem das Seine nur gesichert, eigentlich aber nicht ausgemacht oder bestimmt wird. – Alle Garantie setzt also das Seine von jemandem (dem es gesichert wird) schon voraus.« Ganze Bücher sind jedoch aus der Vorstellung heraus geschrieben worden, daß das Recht den einzelnen bestimmte Dinge zuweist, besonders kraß z.B. Hale, R.L., *Freedom through Law*, University of California Press, 1952, etwa S. 15: »The law confers on each person a wholly unique set of liberties with regard to the use of material goods and imposes on each person a unique set of restrictions with regard thereto ... In regard to acts which involve the use of those things which I own, the law favours me above everyone else.«

Alle diese Regeln bestimmen zusammen mit den konkreten Tatsachen des Augenblicks die konkreten Entscheidungen der einzelnen und damit auch die Handelnsordnung des Ganzen. Daraus folgt aber, daß die Rechtsregeln zwar eine notwendige, aber keine zureichende Bedingung der Bildung einer Gesamtordnung sind, sowie auch, daß es von der Art der tatsächlichen Umstände abhängt, ob bestimmte Rechtsregeln zur Bildung einer Gesamtordnung führen werden. Die Besonderheit, die die Rechtsregeln von anderen Verhaltensregeln unterscheidet, ist hauptsächlich, daß wir sie in einem gewissen Grade bewußt so gestalten können, daß sie in Verbindung mit den anderen Regeln und in den zu erwartenden tatsächlichen Umständen zur Bildung einer Gesamtordnung führen.

VI

Ich habe früher erwähnt, daß jener Charakter der Rechtsregeln, der sich darin ausdrückt, daß sie nur gewisse Aspekte von in unbekannten Umständen vorzunehmenden Handlungen beschränken, oft als ihr »abstrakter« Charakter bezeichnet wird. Das ist aber nur zutreffend, wenn der Ausdruck »abstrakt« nicht im strengen Sinn der Logik gebraucht wird. Eine Regel, die nur für Menschen mit Fingerabdrücken von einer bestimmten, geometrisch definierbaren Form gilt, wäre im Sinne der Logik gewiß eine abstrakte Regel. Aber da uns die Erfahrung gelehrt hat, daß praktisch jeder Mensch durch seine Fingerabdrücke eindeutig bestimmt ist, würde eine solche Regel tatsächlich nur für einen individuell feststellbaren Menschen gelten. Was wirklich relevant ist, drückt eine klassische Formel damit aus, daß die Regel für eine unbekannte Anzahl künfti-

---

[20] Die Idee taucht zumindest schon im 18. Jh. auf, etwa in William Paley, der in seinen *Principles of Moral and Political Philosophy,* Durham: Walker [1785], 348 der Auflage von 1824 davon spricht, daß »general laws are made ... without foreseeing whom they might affect«. Die älteste mir bekannte Stelle, in der die heute geläufige Formel auftaucht, ist Schulze, H., *Das Preußische Staatsrecht II*, Leipzig: Breitkopf & Härtel 1877, 209: »Dem Merkmal der Allgemeinheit ist genügt, wenn sich nur der Regel überhaupt eine Zahl von nicht vorauszusehenden Fällen logisch unterzuordnen hat.« (Ebd., 205 auch Verweise auf frühere Literatur.) Siehe dazu Seligmann, E., *Der Begriff des Gesetzes im materiellen und formellen Sinn*, Berlin 1886, 63: »... in der Tat ist es ein essentiale des Rechtsgesetzes, daß es abstrakt ist und eine nicht vorauszusehende Anzahl von Fällen ordnet.« Vgl. nun etwa Giacometti, Z., *Die Verfassungsgerichtsbarkeit des schweizerischen Bundesgerichtes*, Zürich 1933, 99: Generell abstrakt ist jede »an eine unbestimmte Vielheit von Personen für eine unbestimmte Vielheit von Fällen gerichtete Anordnung«, sowie derselbe, *Allgemeine Lehre des rechtsstaatlichen Verwaltungsrechtes*, 5: »... eine solche Bindung der staatlichen Gewaltenträger an generelle, abstrakte Vorschriften, die für eine unbestimmte Vielheit von Menschen gelten und die eine unbestimmte Vielheit von Tatbeständen regeln ohne Rücksicht auf einen bestimmten Einzelfall oder eine bestimmte Person«; und Burkhardt, W., *op. cit.*, 200:

ger Fälle gelten muß[20]. Für unsere Zwecke ist daran besonders interessant, daß sich hier auch die juristische Theorie genötigt gesehen hat, ausdrücklich auf die grundlegende Tatsache unserer konstitutionellen Unwissenheit der Umstände hinzuweisen, deren künftige Berücksichtigung durch einzelne in die Bildung der Handelnsordnung eingehen soll.

Daß wir zur Herbeiführung einer spontanen Ordnung, die viel komplexer ist (weil sie mehr Wissen nutzt), als wir intellektuell meistern können, uns solcher Regeln bedienen müssen, bedeutet aber, daß abstrakte Normen das wichtigste Instrument sind, das der Mensch gefunden hat, um die Beherrschung der Umwelt über den Bereich seines konkreten Wissens auszudehnen. Er mußte sich dabei freilich auf die Herbeiführung einer ebenso abstrakten Ordnung beschränken. In engem Zusammenhang mit dieser Abstraktheit der Handelnsregeln und der resultierenden Ordnung steht die schon erwähnte Tatsache, daß diese Regeln im wesentlichen negativ sind, d.h. nur Verbote aussprechen und damit einen Bereich abstecken, innerhalb dessen der handelnde Mensch nach seinem Wissen und im Dienste seiner Zwecke entscheidet, und daß die Regeln, wie schon Kant so klar gesehen hat[21], selbst von konkreten Zwecken unabhängig ist.

»Die Pflichten, die das Gesetz den Privaten auferlegt, müssen (im Gegensatz zu den Pflichten der Beamten) zum voraus für eine unbestimmte Zahl möglicher Fälle vorgeschrieben sein«; Allen, C.F., *Law in the Making* [1927], 1958[6], 367: »... a legal rule, like every kind of rule, aims at establishing a generalisation for an indefinite number of cases of a certain kind«; Planiol, M., *Traité élémentaire de Droit Civil*, Paris 1937‹12›, I, 69: »La loi est établie en permanence pour un nombre indéterminé d'actes et de faits,... une décision obligatoire d'une manière permanente, pour un nombre de fois indéterminé«; und besonders klar, Donati, D., *op. cit.*, 11 (des Sonderabdrucks): »questa generalità deve intendersi, non già nel senso, semplicamente, di *pluralità*, ma in quello, invece, di *universalità*. Commando generale, in altre termini, sarebbe, non già quelle che concerne una *pluralità* di persone o di azioni, ma soltanto quello che concerne una universalità di persone o di azioni; vale a dire: non quello che concerne un numero di persone o di azioni *determinato* o *determinabile*, ma quello che concerne un numero di persone o di azioni *indeterminato* e *indeterminabile*.«

21 Vgl. Kant, I., *Metaphysik der Sitten*, in: *Werke* (Akademie-Ausgabe), 1922, 6, 382: in der Rechtslehre »wird jedermanns freier Willkür überlassen, welchen Zweck er für seine Handlungen setzen wolle«; und ebendort 396: »Zwecke ... von denen überhaupt das Recht abstrahiert«; sowie Über den Gemeinspruch: *das mag in der Theorie richtig sein, taugt aber nicht für die Praxis* II. Vom Verhältnis der Theorie zur Praxis im Staatsrecht (gegen Hobbes), insbesondere die Bemerkung über »die reine a priori gesetzgebende Vernunft, die auf keinen empirischen Zweck (dergleichen alle unter dem Namen der Glückseligkeit begriffen werden) Rücksicht nimmt«. Ich möchte hier nicht Kant erwähnen, ohne auf ein vorzügliches neueres englisches Werk hinzuweisen, das mich eigentlich erst Kants Rechtsphilosophie richtig verstehen lehrte: Gregor, M.J., *Laws of Freedom*, Oxford 1963. Miss Gregor weist insbesondere überzeugend nach (81), was sich nur im Zusammenhang und durch keinen einzelnen Satz Kants belegen läßt, daß auch für ihn, »since juridical laws abstract altogether from our ends, they are essentially negative and limiting principles which merely restrict our exercise of freedom«.

Ich soll hier vielleicht noch einmal ausdrücklich betonen, daß all dies nur für das Verhältnis zwischen den Verhaltensregeln des Privatrechts und der spontanen Ordnung der Gesellschaft, aber nicht für das Verhältnis zwischen den Organisationsregeln des öffentlichen Rechts und der von ihnen bestimmten Ordnung des Staatsapparates gilt. Leider wird diese auf den beiden Gebieten grundsätzlich verschiedene Beziehung zwischen Regel und Ordnung in der deutschen Literatur oft durch die Vorliebe für das zweideutige Wort »Ordnungsgestaltung« verdeckt, das sich immer dann einzustellen scheint, wenn der Jurist nicht weiß, von welcher Art der Herbeiführung einer Ordnung er spricht, und das es möglich macht, unbemerkt von der einen Vorstellung zu der anderen überzugehen[22]. Es würde viel zur Klarheit der Diskussion beitragen, wenn das Wort »Gestaltung« aus ihr verschwände.

VII

Die Entdeckung des 18. Jahrhunderts, daß Bestrebungen der einzelnen, die nicht gerade egoistisch zu sein brauchen, aber jedenfalls nicht auf das Gemeinwohl, sondern auf individuelle Ziele gerichtet sind, durch die sie beschränkenden Regeln des gerechten Handelns so kanalisiert werden können, daß sie dem Gemeinwohl dienen (freilich nur im Sinne der Herstellung einer abstrakten

---

Daß die nur auf die Bildung einer abstrakten Ordnung mit unvorhersehbarem konkretem Inhalt und nicht auf besondere Zwecke gerichteten Regeln des gerechten Verhaltens, d.h. die Regeln des Privat- und Strafrechtes (vgl. Anm. 1) der Intention nach universell (»abstrakt-generell« oder für eine unbestimmte Anzahl von Fällen geltend – vgl. Anm. 20) und grundsätzlich universalisierbar sein müssen, nur das Verhalten gegenüber anderen Personen begrenzen, und zwar im wesentlichen durch Verbote (vgl. Anm. 17), die die geschützten individuellen Domänen abgrenzen (»life, liberty, and property«; irreführend wird manchmal davon gesprochen, daß sie in Freiheit und Eigentum »eingreifen«; vgl. Anm. 18), sind alles notwendige Attribute der Regeln gerechten Verhaltens und nicht, wie in der deutschen Diskussion über den materiellen Rechtssatz oft gesagt wurde, alternative oder gar unvereinbare Bestimmungen. Sie gelten freilich nicht für die Sätze des öffentlichen Rechtes, die grundsätzlich anderer Natur sind.

[22] Vgl. z.B. Forsthoff, E., *Lehrbuch des Verwaltungsrechts*, München 1961[8], I, 66: »Normierbar ist nur, was gestalthaft ist, denn Normieren ist ein Vorgang der Gestaltung.«

Daß das Ziel der Rechtsregeln die Bildung einer nicht durch sie allein bestimmten Ordnung ist, wird oft durch die Einführung des Begriffes »Integration« angedeutet. »Integration« besagt aber zunächst nicht mehr als Eingliederung in irgendeine (meist als »Ganzes« beschriebene) Ordnung, aber nichts über den Charakter dieser Ordnung. Wo der Jurist aber (wie Smend, R., *Handwörterbuch der Sozialwissenschaften V*, 299) von einem »nicht bewußten« Vorgang der Integration spricht, handelt es sich um Zusammenhänge, die nie allein juristisch, sondern nur mit den Mitteln der Sozialtheorie erklärt werden können.

Ordnung), muß also immer noch den Ausgangspunkt für die Analyse des Zusammenspiels zwischen Rechtsordnung und Handelnsordnung bilden[23]. Allerdings setzten die Denker des 18. Jahrhunderts mehr stillschweigend voraus, daß das System von Rechtsregeln gewissen allgemeinen Erfordernissen entspreche, als daß sie systematisch untersucht hätten, welchen besonderen Inhalt die Rechtsregeln haben müssen, damit die resultierende Ordnung möglichst befriedigend werde. Daß die Normen des Eigentums- und Vertragsrechtes der Bildung einer solchen Ordnung dienen, war ihnen eine Selbstverständlichkeit[24]. Aber zumindest die englischen und die schottischen Denker jener Zeit überließen der Rechtsprechung die Entwicklung jener besonderen Normen, die zur vorteilhaftesten Ordnung führen würden, ohne sich mit dieser Frage analytisch auseinanderzusetzen.

Wenn wir uns aber nun ausdrücklich die Frage stellen, welche Beschränkungen des individuellen Handelns durch Regeln des gerechten Verhaltens die größte Annäherung an eine Gesamtordnung mit wünschenswerten abstrakten Eigenschaften herbeiführen wird, so befinden wir uns daher in einer eigenartigen Lage. Es zeigt sich nämlich, daß jede einzelne Regel, deren Angemessenheit wir ja stets allein in Frage ziehen können, immer dazu dient, zur Verbesserung einer Seinsordnung beizutragen, die in mehr oder weniger vollkommener Weise schon besteht und die das Ergebnis der Befolgung vieler anderer Normen ist, die wir weder gleichzeitig alle in Frage stellen wollen noch auch können, die aber alle mehr oder weniger auf die Herbeiführung jener Seinsordnung ausgerichtet sind,

[23] Vgl. Smith, A., *Wealth of Nations*, Cannan (ed.), Bd. II, 184: »Every man, *so long as he does not violate the laws of justice*, is left perfectly free to pursue his own interest in his own way and to bring both his industry and capital into competition with those of any other man, or order of men. The sovereign is completely discharged from a duty, in the attempting to perform which he must always be exposed to innumerable delusions, and for the proper performance of which *no human wisdom or knowledge could ever be sufficient*, the duty of superintending the industry of private people, and of directing it towards the employments most suitable to the interest of the society.« (Hervorhebungen nicht im Original.) Für den Sprachgebrauch der Mitte des vorigen Jahrhunderts ist es interessant, daß C.W. Asher in seiner deutschen Ausgabe des *Volkswohlstandes* (Stuttgart 1861, Bd. II, 204) in der Übersetzung der ersten der beiden hervorgehobenen Stellen den Ausdruck »solange er die Gesetze des Rechtsstaates nicht übertritt« gebrauchte.

[24] Vgl. dazu Hayek, F. A., »The Political and Legal Philosophy of David Hume«, *Il Politico*, 28, 1963, wiederabgedruckt in: Hayek, *Studies*, 1967, 106–121 (Deutsche Übersetzung: »Die Rechts- und Staatsphilosophie David Humes« in Hayek, *Freiburger Studien*, 1969, 232–248, Abdruck in Hayek, *Schriften*, A2, d. Hrsg.), und siehe insbes. Hume, D., *Treatise*, op. cit., 2, 306: »But, though it be possible for men to maintain a small uncultivated society without government, it is impossible they should maintain a society of any kind without justice, and the observance of the three fundamental laws concerning the stability of possession, its translation by consent, and the performance of promises. These are therefore antecedent to Government.«

die sie zusammen mit den konkreten Tatsachen herbeiführen[25]. Diese Seinsordnung oder Handelnsordnung ist dabei nicht deshalb wünschenswert, weil sie den Gesetzen entspricht, sondern die Gesetze haben diesen bestimmten Inhalt, weil die resultierende Handelnsordnung wünschenswert ist.

Wir müssen uns dabei daran erinnern, daß diese Seinsordnung, wenn auch in unvollkommener Form, gewiß schon bestanden hat, zwar nicht bevor die Menschen Regeln des gerechten Verhaltens befolgten, aber bevor die große Mehrzahl dieser Regeln artikuliert, d.h. als Rechtsregeln ausgesprochen worden waren. Eben deshalb konnte die Entwicklung von Systemen solcher artikulierter Rechtssätze immer nur auf die Verbesserung einer gewissermaßen schon im Gange befindlichen Seinsordnung abzielen[26]. Dabei kommen die Beziehungen, die die Seinsordnung charakterisieren, in den Regeln, die die Voraussetzung für ihre Bildung sind, gar nicht vor. Trotzdem haben sich aber diese Regeln herausgebildet und erhalten, weil sie der Bildung jener Seinsordnung zuträglich sind. Und wenn wir die zweckmäßige Gestaltung irgendeiner Einzelregel prüfen wollen, müssen wir den Umstand berücksichtigen, daß alle oder die meisten anderen unbezweifelt geltenden Normen auf die Herbeiführung einer bestimmten Art von Seinsordnung abgestellt sind.

Die Rechtsregeln sagen nicht, daß die Einzelpläne aufeinander abgestellt werden sollen, aber sie tragen dazu bei, daß dies geschieht. Die Rechtsregeln sagen nicht, daß die Güter, die auf den Markt kommen, mit so geringem Aufwand wie möglich hergestellt werden sollen, aber sie dienen dazu, die Bedingungen zu schaffen, unter denen dies geschehen wird. Die Rechtsregeln bestimmen nicht, daß wenn die Herren aufhören, Hüte zu tragen, oder neue Kunstfasern verfügbar werden, manche der bisherigen Hersteller von Hüten oder Naturfasern sich anderen Tätigkeiten zuwenden müssen, um die Gesamtordnung herzustellen, aber sie machen es für die Betroffenen notwendig, dies zu tun. Durch diese Anpassungen, die keine Verhaltensnorm den einzelnen

---

25 Vgl. Schindler, D., »Der Kampf ums Recht in der neueren Staatsrechtslehre« [1928], *Recht, Staat, Völkergemeinschaft, Ausgewählte Schriften*, Zürich 1948, 169: »Die vorgeformte Ordnung ist zur Hauptsache *gewachsene Ordnung*, gewachsen im Lauf der Geschichte, gesättigt mit Tradition, hineinreichend bis ins Denken, Fühlen und Wollen eines Volkes«; sowie »Zum Wiederaufbau der Rechtsordnung«, ibid. 132: »Diese geänderte historische Lage soll uns nicht daran hindern, festzustellen, daß die konservative Gesellschaftslehre in der Anerkennung einer natürlichen, vom menschlichen Willen unabhängigen Ordnung mit der liberalen übereinstimmt ... Das Gemeinsame der Liberalen und Konservativen liegt in der Erkenntnis, daß der Voluntarismus als ausschließliches konstitutives Prinzip der sozialen Wirklichkeit unmöglich ist, Struktur und Funktionen vielmehr bereits vorgebildet in ihr liegen.«

26 Vgl. Hayek, F. A., »Notes on the Evolution of Systems of Rules of Conduct«, in: Hayek, *Studies*, 1967, 66–81 (Deutsche Übersetzung: »Bemerkungen über die Entwicklung von Systemen von Verhaltensregeln«, Abdruck in Hayek, *Schriften*, A4, d. Hrsg.)

vorschreibt, entstehen aber die Entsprechungen, die die Gesamtordnung charakterisieren.

Daß die Rechtsregeln auf eine durch sie nur *mitbestimmte* Handelnsordnung hinzielen, zeigt sich auch darin, daß, wenn wir von der Verträglichkeit der Rechtsregeln sprechen, wir nicht bloß ihre logische Widerspruchsfreiheit meinen. Worauf es ankommt, ist, daß die von ihnen zugelassenen Handlungen nicht in Konflikt geraten[27], und ob die von den Rechtsregeln zugelassenen Handlungen vereinbar sind, wird davon abhängen, welche Tatsachenkenntnisse, Absichten und auch sonstige Verhaltensregeln die Menschen leiten. Ein System von Regeln mag logisch völlig widerspruchsfrei sein und doch nicht ausreichen, in allen konkreten Fällen zu verhindern, daß etwa verschiedene Personen gleichzeitig auf Verwendung desselben Gegenstandes zählen. So genügt etwa in einer Welt, in der wir uns nur zweidimensional bewegen, eine lineare Grenze zwischen den geschützten Bereichen der Individuen, um Zusammenstöße zu verhindern. Wenn wir aber beginnen, uns über die Erdoberfläche zu erheben oder darunter zu steigen, so werden neue Abgrenzungsbestimmungen notwendig.

Es will mir scheinen, als ob diese Seinsordnung, auf die die Rechtsregeln abzielen, das wäre, was in der juristischen Literatur seit Jahrhunderten oft mit dem unglücklichen Ausdruck »Natur der Sache« bezeichnet wird. Der Ausdruck ist unglücklich, weil die Seinsordnung, von der ich spreche, weder mit dem wörtlichen Sinn von »Natur«, noch mit dem wörtlichen Sinn von »Sache« etwas zu tun hat[28]. Aber wenn wir etwa die oft zitierte Definition der Natur der Sache von Heinrich Dernburg lesen[29], so scheint damit genau das gemeint zu sein, was ich hier Handelnsordnung genannt habe. Dernburg schreibt: »Die

---

[27] Vgl. dazu v. Kempski, J., »Bemerkungen zum Begriff der Gerechtigkeit« [1959], wiederabgedruckt in: *Recht und Politik*, Stuttgart 1965, 51: »Wir wollen davon sprechen, daß den Privatrechtsordnungen ein Verträglichkeitsprinzip für Handlungen zugrunde liegt« und ders., *Grundlagen zu einer Strukturtheorie des Rechts*, Akademie der Wissenschaften und der Literatur in Mainz, Abhandlungen der Geistes- und Sozialwissenschaftlichen Klasse, 1961, Nr. 2, 90: »Wir fragen, welchen strukturellen Erfordernissen Handlungen entsprechen müssen, wenn sie miteinander verträglich sein sollen; mit anderen Worten, wir betrachten eine Welt, in der die Handlungen nicht miteinander kollidieren.«

[28] Das ist ganz klar bei den Spätscholastikern, die »Natur« ausdrücklich für jene spontane Ordnung verwendeten, die nicht durch menschliche Anordnung bestimmt war. Vgl. etwa Molina, L., *De iustitia et iure*, Köln 1596–1600, II, disp. 347, Nr. 3, wo er vom natürlichen Preis sagt: »naturale dicitur, quoniam ex ipsismet rebus, seclusa quacumque humana lege ac decreto consurgit, dependenter tamen a multiis circumstantiis, quibus variatur atque ab hominum affectu, ac aestimatione, comparatione diversorum usuum, interdum pro solo hominum beneplacito et arbitrio«. Gelegentlich verwendeten die Spätscholastiker an Stelle der »natura rei« auch den weniger mißverständlichen Ausdruck, daß die Naturrechtsregeln »de objecto« bestimmt seien.

[29] Dernburg, H., *Pandekten*, Berlin 1882², 85.

Lebensverhältnisse tragen, wenn auch mehr oder weniger entwickelt, ihr Maß und ihre Ordnung in sich. Diese den Dingen innewohnende Ordnung nennt man die Natur der Sache. Auf sie muß der denkende Jurist zurückgehen, wenn es an einer positiven Norm fehlt oder wenn dieselbe unvollständig oder unklar ist.« Natürlich wohnt die Ordnung nicht wirklich den Dingen oder Sachen inne, sondern sie zeigt sich als eine Ordnung des Handelns, eben als die Ordnung, deren Bildung und Charakter zu beschreiben Aufgabe der Sozialwissenschaften ist. Diese müßte daher Dernburgs »denkender Jurist« studieren, wenn er die »Natur der Sache« verstehen will.

VIII

Der wesentliche Punkt, daß die Entwicklung der Rechtsregeln stets auf die Verbesserung einer gegebenen Seinsordnung gerichtet war, die der Mensch weder bewußt geschaffen hatte noch wirklich verstand, ist wohl kaum bestreitbar. Die rationalistische Anmaßung, daß der Mensch in seiner Weisheit eine solche Ordnung bewußt geschaffen hätte[30], wird uns aber vielleicht erst endgültig genommen, wenn wir erkennen, wie auch in der Tierwelt ein Selektionsprozeß ganz ähnliche, auf Eigentum aufgebaute Friedensordnungen hervorgebracht hat, die sich gewiß nur dadurch entwickelt haben, daß die Ordnungen jener Gruppen, in denen die Mitglieder geeignetere Handelnsregeln verfolgen, sich anderen überlegen erwiesen und sie verdrängten[31]. Aus dem jahrtausendelangen

---

[30] Dieser naive konstruktivistische Rationalismus oder Voluntarismus, der ja nur eine konsequente Fortbildung jenes Positivismus ist, der alles Recht vom Willen eines Gesetzgebers ableitet, hat sich in der Rechtsphilosophie der zwanziger und dreißiger Jahre unter dem Namen »Dezisionismus« verbreitet. Vgl. z.B. Schmitt, C., *Politische Theorie* [1922], München 1934², 16: »Auch die Rechtsordnung, wie jede Ordnung, beruht auf einer Entscheidung, nicht einer Norm.« Ebenso in seinem Beitrag »Soziologie des Souveränitätsbegriffes und politische Theologie«, *Hauptprobleme der Soziologie, Erinnerungsgabe für Max Weber*, München 1923, Bd. I, 17: »Denn jede Ordnung beruht auf einer Entscheidung... Auch die Rechtsordnung beruht auf einer Entscheidung, und nicht auf einer Norm.« Daß der Begründer des Rechtspositivismus, Thomas Hobbes, damit auch der Begründer des Dezisionismus wurde, betont Carl Schmitt ausdrücklich in: *Die drei Arten des rechtswissenschaftlichen Denkens*, Hamburg 1934, 27.

Zur ungefähr gleichzeitigen Entstehung eines dezisionistischen Denkens unter dem Einfluß planwirtschaftlicher Ideen in den Vereinigten Staaten vgl. Shklar, J.N., »Decisionism«, *Nomos 7, Rational Decision*, New York 1964, insbes. ihre Bemerkung S. 7 über »the sort of decisionism that one finds among those radicals who, during the years of the New Deal, became the leading spokesmen of legal realism.«

[31] Vgl. etwa Wynne-Edwards, C.V., *Animal Dispersion in Relation to Social Behaviour*, Edinburgh 1962, der besonders schön zeigt, daß viele überaus komplexe und ritualisierte Verhaltensweisen von Tieren, von denen Revierverteidigung das einfachste ist,

Bemühen um die Verbesserung einer solchen, uns schon bei der Menschwerdung gegebenen Ordnung ist unser heutiges Rechtssystem entstanden. Der Mensch verstand dabei natürlich ebensowenig die Gründe, weshalb in den vielfältigen Versuchen mit Verhaltensregeln verschiedener Art gerade jene obsiegten, die die abstrakte Ordnung des Marktes begünstigten und die auf konkrete Zwecke gerichtete Organisation der kleinen Gruppe, der Stammesgesellschaft, immer mehr beschränkten und schließlich ersetzten. Dies geschah, weil jene abstrakten Regeln die Bildung einer Großgesellschaft mit umfassender Friedensordnung möglich machte, die nicht mehr die gemeinsame Verfolgung konkreter Zwecke voraussetzte, sondern es möglich machte, daß einander unbekannte Menschen mit ganz divergenten Zwecken ihr Wissen wechselseitig in einanders Dienste stellen konnten. Diese Auflösung der Organisation der an gemeinsamen konkreten Zwecken orientierten Stammesgesellschaft zugunsten einer nur abstrakten Ordnung der offenen Gesellschaft konnte jedoch nur um einen Preis erkauft werden, der mit vielen aus der Stammesgesellschaft ererbten Gefühlen in Widerspruch stand[32], deren Fortbestehen schließlich zu einer Re-

---

die Funktion erfüllen, dauernd die Zahl der Individuen dem Nahrungsspielraum anzupassen, lange bevor Überbevölkerung sich in Hunger oder Kampf auswirken (selbst im Tierreich haben die »preventive checks« der Malthusschen Theorie die »repressive checks« weitgehend überflüssig gemacht!). Niemand, der dieses Buch studiert hat, wird es als bloß metaphorisch und nicht als wörtlich zu interpretieren ansehen, wenn der Autor etwa (S. 456) von »elaborate systems of property tenure« von Krebsen spricht. Siehe ferner auch etwa S. 12: »The substitution of a parcel of ground as the object of competition in place of the actual food it contains so that each individual or family unit has a separate holding of the resource to exploit, is the simplest and most direct kind of limiting convention it is possible to have... Much space is devoted in later chapters to studying the almost endless variety of density limiting factors... The food territory just considered is concrete enough ... We shall find that ... abstract goals are especially characteristic of gregarious species«; sowie S. 190: »There is little new in this situation, so far as mankind is concerned, except in degree of complexity; all conventional behaviour is inherently social and moral in character; and, so far from being an exclusively human attribute, we find that the primary code of conventions evolved to prevent population density from exceeding the optimum, stems not only from the lowest vertebrate classes, but appears well established among the invertebrate phyla as well.«

32 Vgl. de Jouvenel, B., *De la Souveraineté*, Paris 1955, 178: »La petite société, comme milieu d'origine de l'homme, reste pour lui infiniment enviable; ensuite, il est vrai qu'il s'y charge de force; mais enfin, toute tentative pour donner les mêmes charactères à une grande société est utopique et mène à la tyrannie«; und dazu die Fußnote »Rousseau (Rousseau juge de Jean Jacques, Troisième Dialogue) a été en ceci d'un sagesse incompris de ses disciples: ›Son objet ne pouvait être de ramener les peuples nombreux, ni les Grands États à leur première simplicité, mais seulement d'arrêter, s'il était possible, le progrès de ceux dont la petitesse et la situation les ont préservés d'une marche aussi rapide vers la perfection de la société et vers la détérioration de l'espèce‹«, sowie auch Rousseau, J.J., *The Political Writings*, Vaughan, C.E. (ed.), Cambridge 1915, 1, 242f.: »Il

aktion führte, unter deren Einfluß die Entwicklung des Rechts während der letzten hundert Jahre gestanden ist[33].

Der Preis, um den allein eine Ordnung herbeigeführt werden konnte, die mehr Wissen nutzt, als die Regierenden besitzen, und mehr Zwecken dient, als die Regierenden kennen, war der Verzicht darauf, das konkrete Ergebnis so zu gestalten, wie es gewissen aus älteren Gesellschaftsformen überkommenen Gerechtigkeitsvorstellungen entsprach. Denn wenn auch die bewußte Herbeiführung bestimmter Ergebnisse für bestimmte Personen Gerechtigkeitskri-

---

est important que cette règle de justice sûre par rapport à tous les citoyens, peut être fautive avec les étrangers.« »Pour les membres de l'association, c'est une volonté générale; pour la grande société, c'est une volonté particulière, qui très souvent se trouve droite au premier égard, et vicieuse au second.«

[33] Es ist bezeichnend, daß diese moderne Entwicklung in Deutschland durch den gleichzeitigen Einfluß von R. von Iherings Zweckgedanken und O. von Gierkes Verbandsvorstellungen eingeleitet wurde. Damit waren die Grundlagen für die Interpretation des Rechts als die Regeln einer zweckgerichteten Organisation anstatt als abstrakte Verhaltensregeln gegeben und gleichzeitig die Anknüpfung an das primitive Stammesrecht, das die sozialistischen Bestrebungen der Zeit verlangten, durch eine nationalistische Verkleidung auch anderen Kreisen schmackhaft gemacht. (Vgl. dazu Wieacker, F., *Das Sozialmodell der klassischen Privatrechtsgesetzbücher und die Entwicklung der modernen Gesellschaft*, Karlsruhe 1952, 25: »Diese Gesellschaft [unserer Zeit] ist, um es mit Stichworten zu bezeichnen, keine Vielheit von Subjekten, die sich erst durch individuelle Selbstbeschränkung binden, sondern eine ›Genossenschaft‹ von Rechtsgenossen, die einander schon durch vorher gegebene gemeinsame Aufgaben verbunden sind. Es ist dies der Grund, weshalb wir glaubten, unter den Kritikern des liberalen Rechtsmodells im 19. Jahrhundert trotz mancher Vorbehalte Otto von Gierke die Palme reichen zu sollen, der die zukunftsträchtigen Vorboten der neuen Gesellschaft erkannte.«)

Die führenden liberalen Juristen der Zeit, von Gerber, C.F., Laband, P. und Jellinek, G., hatten sich mit der Annahme eines Gesetzespositivismus, der alles Recht als die bewußte Schöpfung des Gesetzgebers betrachtete und nur mehr das verfassungsmäßige Zustandekommen und nicht den Charakter einer Regel als erforderliche Eigenschaft des Rechtssatzes betrachtete (und damit an Stelle des materiellen den formellen Rechtsstaat setzten), jeder Möglichkeit eines wirksamen Widerstandes beraubt, ja sogar den Liberalismus durch die Verbindung mit diesem, mit ihm grundsätzlich unvereinbaren Gesetzespositivismus diskreditiert. Über diesen in Deutschland wenig verstandenen Zusammenhang vgl. das Buch von Hallowell, J.H., *The Decline of Liberalism as an Ideology with particular Reference to German Politico-Legal Thought* (University of California Publications in Political Science, I, 1) University of California Press 1943. Da das Buch infolge seines Erscheinungsdatums in Deutschland ziemlich unbekannt geblieben und wahrscheinlich schwer zu beschaffen ist, seien einige der Hauptschlußfolgerungen hier wiedergegeben. S. 77: »... men like Gerber, Laband, and Jellinek. It is with them, that is, about 1870, that liberalism might be said to decline.« S. 111: »Now so long as, and to the extent that, liberals retained the substantive, as well as the formal conception of law (that is, so long as liberals believed that law should embody certain substantive truths and values transcending individual will and interest), liberalism retained its integral character. When, however, the former conception of law alone was retained, liberalism became

terien unterworfen werden kann, ist schon die Anwendung des Gerechtigkeitsbegriffes auf die Ergebnisse einer spontanen Ordnung sinnlos. Gerecht oder ungerecht kann nur menschliches Verhalten oder dessen beabsichtigte Ergebnisse sein, aber nicht eine bloße Tatsache, die niemand absichtlich herbeigeführt hat oder herbeiführen könnte. Die Beschränkung des Rechts auf die Verhinderung ungerechten Verhaltens der einzelnen und damit auf bloße Bedingungen zur Herbeiführung einer abstrakten Ordnung bedeutet, daß auf die konkrete Gestaltung dieser Ordnung und insbesondere auf ihre Wirkung auf die einzelnen Personen und Gruppen der Gerechtigkeitsbegriff gar nicht angewendet werden kann. Dieser unleugbare Umstand, daß die Einkommensverteilung in einer spontanen Ordnung nicht gerecht genannt werden kann, und der es ebenso ausschließen sollte, sie ungerecht zu nennen, ist aber tatsächlich in letzteres verkehrt worden. Das war nur möglich durch Anwendung eines Maßstabes, der zwar für die Organisation der kleinen, zweckverbundenen Gruppe gelten, aber für die spontan entstehende Großgesellschaft nicht gelten kann[34].

---

decadent, preparing the way for its own demise.« S. 112: »If it is possible to formulate any ›law‹ of development peculiar to liberalism, at least as it applies to German politico-legal thought, then that ›law‹ is that the decline of liberalism parallels the degree to which liberal thinkers have accepted positivism.« Vgl. dazu auch Schmitt, C., *Die geistesgeschichtliche Lage des deutschen Parlamentarismus*, München 1926², 54: »Konstitutionelles und absolutistisches Denken haben also an dem Gesetzesbegriff ihren Prüfstein, aber natürlich nicht an dem, was man in Deutschland seit Laband Gesetz im formellen Sinne nennt, und wonach alles, was unter der Mitwirkung der Volksvertretung zustande kommt, Gesetz heißt, sondern an einem nach logischen Merkmalen bestimmten Satz. Das entscheidende Merkmal bleibt immer, ob das Gesetz ein genereller, rationaler Satz ist oder Maßnahme, konkrete Einzelverfügung, Befehl.« Es ist einer der eigenartigen Züge der gegenwärtigen Lage des deutschen rechtswissenschaftlichen Denkens, daß zwar die Mehrzahl der Autoren sich gegen den Positivismus wenden, aber praktisch keiner bereit ist, den entscheidenden Schritt zum Positivismus, den Übergang vom materiellen zum formellen Gesetzesbegriff und vom materiellen zum formellen Rechtsstaat, rückgängig zu machen. Ersterer läßt sich eben nur durch seine Beziehung zur abstrakten spontanen Ordnung des Handelns im Gegensatz zur Organisation bestimmen – eine Unterscheidung, die dem deutschen Juristen zunehmend fremd wurde.

[34] Das bedeutet, daß es Regeln der gerechten Verteilung zwar vielleicht für den verteilenden Leiter einer Organisation, aber nicht für das Handeln der Mitglieder einer spontanen Ordnung geben kann. Eine spontane Ordnung kann nur kommutative und keine distributive Gerechtigkeit kennen. Wenn Radbruch, G., *Rechtsphilosophie*, 1956³, 187 behauptet: »Auch das sozialistische Gemeinwesen wird also ein Rechtsstaat sein, ein Rechtsstaat freilich, der statt von ausgleichender von der austeilenden Gerechtigkeit beherrscht wird«, so kann das bestenfalls in dem rein formalen Sinn zutreffen, daß alle Entscheidungen eines solchen Staates von der verfassungsmäßigen Legislative autorisiert sind, nie aber in dem materiellen Sinn, daß der einzelne nur zur Einhaltung allgemeiner, für alle gleich geltenden Rechtsregeln verhalten werden kann. Vgl. dazu besonders Rawls, J., »Constitutional Liberty and the Concept of Justice«, *Nomos 6, Justice*, New

Die Sozialphilosophen haben in der Tradition des von Platon ererbten Stammesdenkens[35] eine lange Reihe von Gesichtspunkten herausgearbeitet, unter denen sie meinen, die Ergebnisse einer spontanen Ordnung als ungerecht bezeichnen zu müssen. Wir brauchen uns aber mit den meisten dieser theoretischen Kriterien einer vermeintlichen sozialen oder distributiven Gerechtigkeit – wie etwa der Verteilung nach Verdienst, nach Bedürftigkeit, nach der Größe des gebrachten Opfers oder nach irgendwelchen Gleichheitsüberlegungen – nicht aufzuhalten, weil sie auf die tatsächliche Entwicklung kaum Einfluß gehabt haben. Die Überlegungen, die in den letzten hundert Jahren unter dem Namen sozialer Gerechtigkeit fast allein die Gesetzgebung beeinflußt haben, waren nämlich ganz andere. Es war das Bestreben, größere Gruppen von Menschen vor einem Abstieg von einer einmal erreichten relativen Position in der Gesellschaft zu schützen, vor einem Abstieg, der sie infolge von Umständen bedrohte, für die sie nicht verantwortlich waren. Dies und dies allein ist in der Praxis unter dem Namen sozialer Gerechtigkeit ernstlich versucht worden. Wie ich zeigen möchte, ist aber gerade dies mit den Grundsätzen einer spontanen Freiheitsordnung unvereinbar und muß zu ihrer Zerstörung führen.

IX

Schon zu Anfang dieses Vortrags habe ich das Paradox erwähnt, daß die Marktordnung eine weitgehende Erfüllung der Erwartungen nur dadurch herbeiführen kann, daß sie gewisse Erwartungen systematisch enttäuscht. Sie arbeitet, wie man jetzt manchmal mit einem Ausdruck der Kybernetik sagt, nach

---

York 1963, 102: »... put another way, the principles of justice do not select specific distributions of desired things as just, given the wants of the particular persons. This task is abandoned as mistaken in principle, and it is, in any case, not capable of a definite answer. Rather, the principles of justice define the constraints which institutions and joint activities must satisfy if persons engaging in them are to have no complaints against them. If these constraints are satisfied, the resulting distribution, whatever it is, may be accepted as just (or at least not unjust).«

[35] Vgl. dazu insbesondere den ersten Band von Popper, K.R., *The Open Society and Its Enemies*, London and Princeton 1945 und später. Charakteristisch für den gegenwärtigen, von der Vorstellung bewußter Anordnung der Gesellschaft beherrschten Stand der Sozialphilosophie z.B. Barry, B.M., »Justice and the Common Good«, *Analysis 19*, 1961, 90: »Although Hume used the expression ›rule of justice‹ to cover precisely such things as property rules, ›justice‹ is now analytically tied to ›desert‹ and ›need‹, so that one could quite properly say that some of what Hume calls ›rules of justices‹ were injust«; und Chapman, J.W., »Justice and Fairness«, *Nomos 6, Justice*, New York 1963, 153: »Justice as reciprocity makes sense only if society is seen as a plurality of persons and not, as the utilitarian would have it, as a sort of single great person.« Vgl. nun auch Rescher, N., *Distributive Justice*, Indianapolis 1966.

dem Prinzip der negativen Rückkoppelung. An diesem Beispiel möchte ich nun zeigen, wie Gerechtigkeitsvorstellungen, die das verhindern wollen (wobei bezeichnenderweise das Ideal sozialer Gerechtigkeit immer mehr durch das der »sozialen Sicherheit« ersetzt wird), grundsätzlich unvereinbar sind mit den Prinzipien, die eine friedliche Großgesellschaft möglich machten. Jene Forderungen führen nämlich notwendig zu dem schrittweisen Ersatz der auf abstrakten Verhaltensregeln beruhenden spontanen Ordnung durch eine auf konkreten Befehlen beruhende Organisation.

Den Ausgangspunkt muß dabei die Tatsache bilden, daß *alle* wirtschaftliche Tätigkeit eine Anpassung an unvorhergesehene Änderungen darstellt und wir schon aus diesem Grunde nicht danach streben können, alle Enttäuschungen zu verhindern, sondern nur danach, Enttäuschungen auf das unvermeidliche Maß zu reduzieren. Es ist zweckmäßig, dabei zunächst von dem schnellen technischen Fortschritt abzusehen, der unsere Gegenwart so sehr beherrscht, um zu zeigen, daß bei annähernd gleichbleibenden technischen Kenntnissen schon die *bloße Erhaltung* des gegebenen Wohlstandsniveaus ständige Umstrukturierungen zur Anpassung an geänderte Verhältnisse verlangen würde. Das ist deshalb empfehlenswert, weil die Betrachtung einer schnell reicher werdenden Gesellschaft leicht den Eindruck erweckt, daß einigen zugemutet wird, Opfer zu bringen, nur damit andere schneller reicher werden; die entscheidende Tatsache ist jedoch, daß solche unverschuldete Verluste einer erworbenen Position erst recht dann häufig notwendig werden, wenn es sich nur darum handelt, ein Absinken auf ein niedrigeres allgemeines Wohlstandsniveau zu verhindern.

Diese stets vor sich gehenden Änderungen, wie die Erschöpfung von Naturschätzen, der Generationenwechsel mit dem Altern der Individuen und ihrem schließlichen Ersatz durch neue mit anderen Anlagen und Anschauungen, Änderungen der Bevölkerungszahl und -struktur, des Geschmacks, der Bildung, Wetterschwankungen, Naturkatastrophen und die Veränderung unserer biologischen Umwelt, die die Ausdehnung der Menschheit ausgelöst hat, werfen ununterbrochen solche Anpassungsprobleme auf. Ihre Wirkung ist, daß immer wieder ganze Gruppen ohne ihr Vorherwissen oder Verschulden relativ weniger zum Gesamtprodukt beitragen können und, wenn die in den geänderten Verhältnissen ergiebigste Nutzung der Produktivkräfte herbeigeführt werden soll, sich damit zufriedengeben müssen, einen geringeren Beitrag zum Ganzen zu leisten und daher auch einen geringeren Anteil zu erhalten.

Diese Anpassung, die unter den angenommenen Umständen immer wieder erforderlich wäre, um das Sozialprodukt auch nur annähernd auf seinem bisherigen Niveau zu erhalten, wird in der spontanen Ordnung der Marktwirtschaft dadurch erreicht, daß die, die mit oder ohne Verschulden falsch geraten haben, sich mit weniger zufriedengeben müssen, als sie Grund hatten, zu erwarten, ja unter Umständen für die bisher gebotenen Leistungen gar keine Abnehmer finden und genötigt sein werden, sich anderen Tätigkeiten zuzuwenden. Gerade dadurch, daß sie in einem solchen Fall gezwungen sind, sich an Umstände anzupassen, von denen sie gar nicht wissen konnten, wird sowohl die größere Ausnutzung des Wissens als auch die verhältnismäßige Stabilität der Versorgung der Bedürfnisse gesichert, die die Marktwirtschaft mit sich bringt.

Wenn etwa, vielleicht weil die erforderlichen Schiffe anderswo dringender benötigt werden, die Zufuhr von Rohjute unterbrochen wird, werden Säcke oder sonstiges Verpackungsmaterial, auf deren ständige Verfügbarkeit die Industrie für ihren Fortgang angewiesen ist, aus anderem Material hergestellt werden und die Jutespinner ihre Beschäftigung verlieren. Diese Herstellung von Stabilität durch Anpassung verlangt dabei ebenso, daß andere durch höhere Einkommen angelockt als auch daß die zunächst Betroffenen sich anderswo zu einer geringeren Entlohnung einschalten müssen. In einer nicht rasch reicher werdenden Gesellschaft ist es auch offenbar unvermeidlich, daß die durch die Änderung knapper gewordenen Produktionsfaktoren nur dann durch höhere Bezahlung an die Stellen gelenkt werden können, an denen sie nun dringender benötigt werden, wenn andere Produktionsfaktoren gleichzeitig weniger bekommen als bisher. Denn die Anpassung an eine solche unvorhergesehene Änderung schafft ja nicht einen Überschuß[36], sondern ist erforderlich, um ein Absinken des Gesamtproduktes zu verhindern oder es doch so klein wie möglich zu machen.

Die relative Stabilität des Güterstromes[37] und insbesondere der ständige Ersatz eines Produktionsmittels durch ein anderes, um im Endergebnis die verschiedenen Bedürfnisse durch einigermaßen gleichwertige Güter befriedigen zu können – das heißt also die Tatsache, daß die Erwartungen der meisten Menschen ständig im großen und ganzen sich erfüllen, und zwar auf dem Niveau, das die intensive Wissensnutzung der Marktwirtschaft möglich macht –, beruht daher darauf, daß die Erwartungen einzelner Gruppen ständig enttäuscht werden. In einer rasch fortschreitenden Wirtschaft mag das meist nur die Folge haben, daß diese Gruppen in ihrer *relativen* Position absinken, aber es wird oft – und in einer stationären Wirtschaft immer – bedeuten, daß sie auch eine absolute Einkommensminderung erleiden. Diese Notwendigkeit wird um so selte-

---

[36] Die Vorstellungen der theoretischen Wohlfahrtsökonomik, daß ein solcher durch Verbesserung der bestehenden Situation erzeugter Überschuß zur Verfügung steht, um die durch eine solche Anpassung Benachteiligten zu entschädigen, ist daher in diesem Falle völlig irreführend.

[37] Es handelt sich hier um Prozesse, die leider seit dem Vordringen der Makrotheorie auch viele sogenannte Ökonomen nicht mehr verstehen. Ihre statistischen Methoden verdecken gerade die mikro-ökonomischen Prozesse, die die Stabilität der Aggregate oder Durchschnittwerte herbeiführen, die statistisch allein erfaßbar sind.

ner auftreten, je schneller sich die ganze Struktur der Wirtschaft den Veränderungen anpaßt; das heißt aber, je weniger wir das Absinken einzelner Gruppen verhindern, desto weniger wird das Gesamtniveau absinken[38].

Gerade gegen dieses relative oder absolute Absteigen einzelner Gruppen, die notwendige Voraussetzung für eine Minimierung der Enttäuschungen im ganzen ist, sind jedoch im Namen sozialer Gerechtigkeit die Instrumente der Gesetzgebung eingesetzt worden. Es wurde als ungerecht empfunden, daß, ohne daß die Betroffenen etwas dafür könnten, und obwohl sie sich ebenso redlich bemühten wie vorher, sie genötigt sein sollten, sich mit viel weniger abzufinden, als sie zu erwarten gelernt hatten. Ob es sich um die Forderung nach »Parität« für die Landwirtschaft oder um Löhne und Beschäftigung im Kohlenbergbau, um das Handwerk oder den Kleinhandel handelt, jene Forderungen sind durchwegs auf eine Art der Gerechtigkeit gerichtet, die eine spontane Ordnung, die nur auf der Verhinderung ungerechten Verhaltens der einzelnen beruht, nicht erfüllen kann.

X

Die Natur dieser schon so lange wirksamen Bestrebungen wird gut durch eine in der juristischen Literatur öfter zitierte Anklage illustriert, die Franz Beyerle gegen die Pandektenwissenschaft des vorigen Jahrhunderts gerichtet hat[39].

---

[38] Das Land, in dem diese Probleme schon am deutlichsten hervortreten und in dem die Starrheit der Lohn- und Einkommensstruktur zu einem völligen Unvermögen geführt hat, sich stark geänderten Bedingungen anzupassen, und nun notwendig vergebliche Versuche gemacht werden, um der drohenden Verarmung vorzubeugen, den Markt durch eine »income policy« zu ersetzen, ist Großbritannien. Hier finden wir auch in der Literatur die wesentlichen Erkenntnisse klar ausgesprochen, freilich meist mit der Tendenz, mehr Planung zu verlangen, um den unwirksam gewordenen Markt zu ersetzen. Besonders instruktiv sind hier die Schriften von Lady Wootton, auf die die Forderungen nach einer obrigkeitlichen Festsetzung der Einkommen der verschiedenen Gruppen hauptsächlich zurückzuführen sind. Vgl. z.B. Wootton, B., *Social Foundations of Wage Policy* [1955] London 1962[2], 162: »Nobody knows in this context what justice is, and no Socrates walks the streets pestering us to find out. That is where conservatism comes to the rescue. Change – always, everywhere, in everything – requires justification: the strength of conservatism is that it is held to justify itself. It is not, therefore, surprising that the maintenance of standards, absolute or comparative, should be proven as warp and woof into the texture of wage discussions; to change the metaphor, that history should be summoned to fill the void when moral actions must be performed without moral principles to guide them.« Am konsequentesten entwickelt wird nun der aus der Vorstellung einer »relative deprivation« abgeleitete Begriff der »sozialen Gerechtigkeit« in Runciman, W.G., *Relative Deprivation and Social Justice*, London 1966.

[39] Beyerle, F., »Der andere Zugang zum Naturrecht«, *Deutsche Rechtswissenschaft*

»Zeitlos und unbekümmert um die eigene Umwelt [hätte] sie keine einzige soziale Krise ihrer Zeit erkannt und geistig abgefangen. Weder die rasch fortschreitende Entwurzelung des Bauerntums, die schon nach den napoleonischen Kriegen einsetzt, noch das Absinken der handwerklichen Existenzen nach der Jahrhundertmitte, noch endlich die Verelendung der Lohnarbeiterschaft.« Ganz abgesehen von der historischen Unrichtigkeit der letzten Behauptung[40], muß man fragen: Kann es überhaupt die Aufgabe der Privatrechtswissenschaft oder irgendeines Systems von gleichen Verhaltensregeln für alle einzelnen sein, sich um die Wirkung der tatsächlichen Entwicklung auf bestimmte Gruppen zu kümmern? Muß ein solcher Gebrauch der Gesetzgebung nicht zu einer Auflösung der auf die Nutzung spontaner Ordnungskräfte gerichteten Privatrechtsordnung und ihren Ersatz durch die auf Organisation oder bewußte Anordnung hinzielenden Methoden des Organisationsrechts führen?

Die ganze Vorstellung, daß wir die konkreten Ergebnisse einer spontanen Ordnung so *korrigieren* können, daß sie einer Verteilungsgerechtigkeit entsprechen, steht in einem unauflösbaren Widerspruch zu dem, was diese spontane Ordnung für die Gesamtheit vorteilhaft macht, nämlich, daß sie Wissen nutzt, das den Anordnern nicht zur Verfügung steht. Das gilt nicht weniger für die neuere Vorstellung, daß wir durch Befehle oder »Entscheidungen eines Einzelfalles in Form eines Gesetzes« (also sogenannte Maßnahmegesetze) die Störungen einer spontanen Ordnung beseitigen könnten[41]. Das würde voraus-

---

(Vierteljahresschrift der Akademie für deutsches Recht) 1939, 20. Ihm folgt insbesondere Wieacker, F., *Privatrechtsgeschichte der Neuzeit*, Göttingen 1952, 261: »Da die sozialistische Empfindung der meisten heutigen den wirtschaftlichen und sozialen Liberalismus des 19. Jahrhunderts ablehnt, so liegt der Vorwurf nahe genug, die Pandektenwissenschaft sei mit ihrer Begünstigung des industriellen Kapitalismus (der ›freie‹, d.h. schutzlose Arbeitsvertrag), des Liberalismus (›freie‹ Bodenzersplitterung und Bodenverschuldung, Freiteilungsrecht) das Werkzeug einer ungerechten Gesellschaftsordnung geworden... Im übrigen ist der Vorwurf in der eingeschränkten Fassung unabweisbar, das abstrakte Privatrecht habe diesen Mißbrauch zwar nicht herbeigeführt, aber nicht verhindert.«

[40] Vgl. dazu Hayek, F.A. (Hrsg.), *Capitalism and the Historians*, London und Chicago 1954. (Hayeks Einleitung unter dem Titel »History and Politics« zu diesem Band ist in deutscher Übersetzung wiederabgedruckt als »Wirtschaftsgeschichte und Politik« in Hayek, *Schriften*, A5, d. Hrsg.)

[41] Huber, E.R., »Der Streit um das Wirtschaftsverfassungsrecht«, *Die öffentliche Verwaltung*, 1956, 204: »Das Maßnahmegesetz ist ein Gesetz, das durch eine konkrete Störungslage bestimmt wird und dessen beherrschender Zweck die Überwindung dieser Störungslage durch notwendige und geeignete Maßnahmen (Entstörung) ist«, sowie Huber, K., *Maßnahmegesetz und Rechtsgesetz*, Berlin 1963, 119 und passim. Vgl. auch Forsthoff, E., »Über Maßnahme-Gesetze« [1955], wieder abgedruckt in *Rechtsstaat im Wandel*, Stuttgart 1964, 81–89. Den entscheidenden Punkt hat schon Carl Schmitt hervorgehoben, wenn er schrieb (»Legalität und Legitimität«, op.cit. 217): »Es gibt keine ›Gleichheit vor der Maßnahme‹, wie es eine ›Gleichheit vor dem Gesetz‹ gibt.«

setzen, daß der Autor des Befehls über die Kenntnisse verfügt, die die spontane Ordnung nutzen soll.

Gewiß sind solche Maßnahmegesetze oft für die Organisation und Lenkung des Regierungsapparates erforderlich; aber das bedeutet nicht, daß sie in einer freien Ordnung auch für das Verhalten der Privaten verbindlich sein dürfen. Es ist auch nicht zu bestreiten, daß in gewissen Krisensituationen, etwa im Krieg oder bei Aufständen oder Naturkatastrophen, es manchmal notwendig sein wird, die spontane Ordnung in eine auf einen gemeinsamen konkreten Zweck gerichtete Organisation zu verwandeln. Die Gesellschaft wird dann, ähnlich wie ein tierischer Organismus auf der Flucht, vorübergehend sogar gewisse Funktionen suspendieren, ohne die sie auf die Dauer nicht bestehen könnte. Aber sosehr solche Ausnahmemaßnahmen auch gelegentlich unvermeidlich sein mögen, was mit ihnen grundsätzlich *nicht* erreicht werden kann, ist, eine solche gestörte spontane Ordnung wiederherzustellen. Das ist nur durch die Rückkehr zu den Prinzipien einer solchen Ordnung, das ist die Beschränkung des staatlichen Zwanges auf die Durchsetzung allgemeiner Regeln und den Verzicht auf eine Hinlenkung der wirtschaftlichen Tätigkeit auf bestimmte konkrete Ziele, zu erreichen[42].

Wir kennen das Anfangs- und das Endstadium der Entwicklung, die die schrittweise Überführung der spontanen Ordnung in die grundsätzlich andere Ordnungsform der Organisation bewirkt, unter den Namen der liberalen und der totalitären Gesellschaft[43]. Was nicht allgemein verstanden wird, ist, daß sich dieser Prozeß der Umwandlung im Bereich des Rechts in der Form der fortschreitenden Durchdringung und Verdrängung des Privatrechts durch das öffentliche Recht vollzieht, also eben durch die Verdrängung der Verhaltensre-

---

42 Für die Planwirtschaft von 1948 konnte allerdings gesagt werden (Paulsen, A., *Gerechtigkeit als Wertnorm der Wirtschaftsordnung*, München 1948, 5): »Die beherrschende Wertnorm für die Gestaltung der ökonomischen Seinsordnung ist die *soziale Gerechtigkeit*« und daß im Gegensatz dazu der Liberalismus Gerechtigkeit (ebenda, 8) »in der Freiheit und Gleichheit der Leistungschancen, nicht in der Gleichheit der Leistungsergebnisse« sucht. Wo wären wir aber, wenn die Politik der (ebenda, 38) vertretenen Ansicht gefolgt wäre: »niemand kann bezweifeln, daß [im damaligen Deutschland] die Voraussetzungen für die Funktionsfähigkeit einer Verkehrswirtschaft mit Herstellungs-, Verbrauchs- und Preisfreiheit nicht gegeben sind. Die künftige deutsche Wirtschaftsordnung kann noch nicht bestimmt werden; daß sie eine Ordnung geplanter Wirtschaft bleiben wird, darf als gewiß gelten.«

43 Der Kampf des totalitären gegen das liberale Ideal in der Rechtswissenschaft in den zwanziger und dreißiger Jahren läßt sich am klarsten in den Schriften von Carl Schmitt verfolgen, die, wie einer seiner Anhänger schrieb (Dahm, G., »Die Drei Arten des Rechtswissenschaftlichen Denkens«, *Zeitschrift f. d. ges. Staatswissenschaft*, 95, 1935, 181), »von Anfang an auf ein bestimmtes Ziel gerichtet gewesen [sind]: die Entlarvung und Zerstörung des liberalen Rechtsstaates und die Überwindung des Gesetzgebungs-

geln durch Organisationsregeln. Nur auf diese Weise läßt sich tatsächlich jene Zuteilungsgerechtigkeit anstreben, die unter dem Namen der sozialen Gerechtigkeit zum beherrschenden Gesichtspunkt geworden ist. Gustav Radbruch hat das besonders deutlich beschrieben, als er schon 1930 davon sprach, daß »für eine soziale Rechtsordnung das Privatrecht ... nur ein vorläufig ausgesparter und sich immer verkleinernder Spielraum für die Privatinitiative innerhalb des allumfassenden öffentlichen Rechts« sei[44].

XI

Ich glaube, wir können nicht leugnen, daß als Beschreibung der tatsächlichen Entwicklung hier Carl Schmitts Formel von der Bewegung vom abstrakten Normendenken zum konkreten Ordnungsdenken völlig zutrifft[45]. Nur auf diese Weise kann tatsächlich der liberale Rechtsstaat in einen materiell »gerech-

---

staates«. Es war dann nur folgerichtig, wenn nach der Machtergreifung einer seiner bekanntesten Schüler verkündete (Forsthoff, E., *Der totale Staat*, Hamburg 1933, 33): »Der individualistische Liberalismus darf in Deutschland nicht mehr das Vorrecht der Publizität genießen«, und (ebenda, 18) »die Abwendung von allen Formalisierungen eines das Wesentliche verfehlenden rechtsstaatlichen Denkens, von echten sachlichen Unterscheidungen aus, auf der Basis der Unterscheidung von Freund und Feind, von volksgemäßen und volksfremden, von deutsch und undeutsch« forderte.

[44] Radbruch, G., »Vom individualistischen Recht zum sozialen Recht« [1930], abgedruckt in: *Der Mensch im Recht*, Göttingen 1957, 39; vgl. auch ders., *Rechtsphilosophie*, 224: »Der Sozialismus würde fast völliges Aufgehen des privaten Rechts im öffentlichen Recht bedeuten.« Die Tendenz, zur Erzielung »sozialer« Zwecke das Privatrecht durch das öffentliche Recht zu verdrängen, hat schon 1801 Portalis in seinem berühmten »Discours Préliminaire du premier projet du code civil« beschrieben. Dort sagt er *(Conférence du Code Civil*, Paris 1805, Bd. I, 15): »On ne s'occupe pas des relations privées des hommes entre eux; on ne voit pas que l'objet politique en général; on cherche des confédérés plutôt que des citoyens. Tout devient droit public.« Die letzten vier Worte hat Ripert, G., *Le Déclin du Droit*, Paris 1949, zur Überschrift eines instruktiven Kapitels gewählt, das eine gute Übersicht dieser Entwicklung bietet.

[45] Schmitt, C., *Über die drei Arten des rechtswissenschaftlichen Denkens*, Hamburg 1934, 11ff. Es ist durchaus richtig, wenn Schmitt schon früher (*Die geistesgeschichtliche Lage des heutigen Parlamentarismus*, 1926[2], 53) von den »Vertretern des rechtsstaatlichen Denkens« bemerkte, daß sie »ohne weiteres im Generellen den höheren Wert sehen«. Denn nur die generelle Regel dient der Bildung der umfassenderen spontanen Ordnung, innerhalb deren sich auch die ganze Organisation des Regierungsapparates bewegt, und dient so einer höheren Ordnung, die durch konkrete Befehle von der Art, wie sie zur Organisation des Regierungsapparates erforderlich sind, nur gestört werden kann. Sie allein dient also nur dem echten Gemeinwohl im Sinne einer abstrakten Ordnung, während zumindest ein großer Teil der »Maßnahmen« der Regierungstätigkeit »gezielt« ist und daher Sonderinteressen dient.

ten« totalen Zuteilungsstaat verwandelt werden[46]. Das Erstaunliche und Erschreckende an dieser richtigen Einsicht ist, daß das vorausgesehene Ergebnis der tatsächlichen Entwicklung als anzustrebendes Ziel hingestellt wird, anstatt als das, was es im buchstäblichen Sinn darstellt, die Rückkehr von der offenen Großgesellschaft zur geschlossenen Stammesgesellschaft, oder von der Zivilsation zur Barbarei.

Denn es handelt sich bei dieser Befürwortung des »konkreten Ordnungsdenkens« ja wirklich um nichts anderes als um ein Wiederaufflackern atavistischer, aus der primitiven Stammesgesellschaft ererbter Gefühle, einen Rückfall

---

Mit seinem »konkreten Ordnungsdenken vollendet Carl Schmitt nur, was Rousseau begonnen hat, durch dessen Werk, wie Otto Vossler rühmt (*Rousseaus Freiheitslehre*, Göttingen 1963, 110), »der Bann des abstrakt-normativen Denkens gebrochen, der Weg ... frei für das konkrete, historische, dialektische Denken« gemacht wurde. Den nächsten entscheidenden Schritt tat dann Hegel, der es an Rousseau rühmt, »den Willen als Prinzip des Staates aufgestellt zu haben« (*Grundlinien der Philosophie des Rechts*, Philosophische Bibliothek, Leipzig 1911, 196), und der bezeichnenderweise sagen konnte: die »Richtung, die an der Abstraktion festhält, ist der *Liberalismus*, über den das Konkrete immer siegt und gegen das er überall Bankrott macht«. (*Vorlesungen über die Philosophie der Weltgeschichte*, Ausgabe Lasson, Leipzig 1923², IV, 925.)

Es ist hier kein Raum, ausführlicher auf die Bedeutung der Gegensatzpaare Wille – Meinung, Befehl – Regel und Zweck – Wert einzugehen, durch die unsere Sprache nur unvollkommen erlaubt, die hier grundsätzlich wichtige Unterscheidung zwischen den konkreten und den abstrakten Beziehungen auszudrücken, die einerseits der konkreten, zweckgerichteten Organisation und andererseits der zweckunabhängigen spontanen abstrakten Ordnung entsprechen. Die Scholastiker kannten diesen Gegensatz als den zwischen voluntas und ratio, wobei »ratio« freilich, wie John Locke noch verstand, eine ganz andere Bedeutung hatte als die, die »Vernunft« im 16. und 17. Jahrhundert annahm. Vgl. Locke, J., *Essays on the Law of Nature* [1676], hrsg. von W. von Leyden, Oxford 1954, 110: »Per rationem autem hic non intelligendum puto illam intellectus facultatem quae discursus format et argumenta deducit, sed certa quaedam practica principia e quibus emanent omnium virtutum fontes et quid quod necessarium sit ad mores bene efformandos.« D.h., die Vernunft bedeutete im alten (vorrationalistischen) Naturrecht die Fähigkeit, in Übereinstimmung mit nicht artikulierten Regeln zu handeln, Regeln, die entdeckt werden können, aber die, auch ohne in Worte gekleidet zu sein, in dem Sinne existieren, daß Übereinstimmung mit ihnen auch von den gewöhnlichen Menschen erkannt werden kann und weisen Männern es gelingen mag, sie so auszusprechen, daß es die andern befriedigt.

[46] Schmitt, C., »Was bedeutet der Streit um den ›Rechtsstaat‹«, *Zeitschrift f. d. ges. Staatswissenschaften* 59, 1935, 190: »In Wirklichkeit ist gerade der Rechtsstaat der Gegenbegriff *gegen einen unmittelbar gerechten Staat*; es ist ein Staat, der feste Normierungen zwischen sich und die unmittelbare Gerechtigkeit des Einzelfalles einfügt ... (199). Durch deutliche Beiworte wie ›nationalsozialistischer Rechtsstaat‹ oder ›nationalsozialistischer deutscher Rechtsstaat‹, am klarsten durch die Formel des Reichsjuristenführers Hans Frank, ›der deutsche Rechtsstaat Adolf Hitlers‹, wird der tiefe Bedeutungswandel außer Zweifel gestellt. In *meinem* Aufsatz ›Der Rechtsstaat‹, der in dem von Hans Frank herausgegebenen, soeben veröffentlichten *Nationalsozialistischen Handbuch für Recht und Gesetzgebung* erschienen ist (München 1935), bin ich dieser

in Vorstellungen einer von den konkreten Zielen des Häuptlings[47] beherrschten Anordnung, aus der uns die Entwicklung von allgemeinen, für alle Menschen gleich gültigen Verhaltensregeln langsam herausgeführt hatte. Recht als »konkretes Ordnungsdenken« zu interpretieren, scheint mir darum zur unvermeidlichen Zerstörung jedes allgemeinen Gerechtigkeitsbegriffes zu führen, die unverzeihliche Todsünde des Juristen, der damit Verrat an den Idealen begeht, deren Hütung allein seine Existenz rechtfertigt[48]. Gerade weil konkretes Ord-

---

Umprägung selbst gefolgt.« Vgl. auch desselben Verfassers *Fünf Leitsätze für die Rechtspraxis*, hrsg. vom Presse- und Zeitschriftenamt des Bundes Nationalsozialistischer Deutscher Juristen e.V., Berlin 1933.

[47] Oder vom »Volkswillen ... der durch den Führer rein und unverfälscht hervorgehoben wird.« (Huber, E.R., *Verfassungsrecht des Großdeutschen Reiches*, Hamburg 1939², 209–210.)

[48] Dies führt regelmäßig dazu, daß das Recht aus vermeintlichen Notwendigkeiten abgeleitet wird, die zu beurteilen der Jurist in keiner Weise zuständig ist und unter denen sich meist ganz falsche wirtschaftstheoretische Vorstellungen verbergen. Vgl. z.B. die folgenden Behauptungen, in denen von »unabweisbarem Gebot«, »Verpflichtung« oder »Verantwortung« die Rede ist: Huber, E.R., *Wirtschafts-Verwaltungsrecht*, Bd. I, Tübingen 1953, 673: »Auch in bestimmten anderen Wirtschaftszweigen, z.B. in den Grundstoffindustrien, im Kreditgewerbe, im Verkehrs- und Versicherungswesen, also in den Schlüsselsektoren der Wirtschaft, kann die staatliche Planung und Lenkung unter bestimmten Voraussetzugen ein unabweisbares Gebot sein, so daß die gesetzliche Einführung der Bedürfnisprüfung im volkswirtschaftlichen Interesse insoweit als statthaft angesehen werden muß. Doch muß der planungs- und lenkungswirtschaftliche Bedürfnisvorbehalt auf solche Sondergebiete der Wirtschaft beschränkt bleiben, in denen ein legitimes Erfordernis gesamtwirtschaftlicher Ordnung gegeben ist.« Forsthoff, E., *Lehrbuch des Verwaltungsrechts*, I, München 1961⁸, 3: »Die moderne, durch Technik, Wirtschaft und – als Folgeerscheinung – Vermassung entscheidend bestimmte soziale Wirklichkeit legt dem Staat die Verpflichtung auf, umfassend zu planen, zu lenken, hier hemmend und dort fördernd, das Starke und das Schwache in Ordnung zu vereinigen, Daseinsmöglichkeiten für Millionen zu schaffen, Sozialfunktionen auszuteilen, unter Kontrolle zu halten oder selbst vorzunehmen – kurzum in einer Welt von höchster Verletzlichkeit gestaltend, stabilisierend und ausgleichend zu wirken. Das schließt die Verfügung über individuelle und kollektive Schicksale ein, die der Verwaltung früherer Zeiten wenn nicht überhaupt, so doch in diesem Umfang unbekannt war.« Dies alles (ebenda, 65), »da die allgemeine Notlage [in der gegenwärtigen Wohlstandsgesellschaft!] dem Staat die Verantwortung für eine im Rahmen des Möglichen gerechte Sozialordnung aufbürdet.« – Behauptungen über die »Notwendigkeit« der tatsächlich getroffenen Maßnahmen erscheinen übrigens in fast allen Darstellungen der Rechtsentwicklung der letzten hundert Jahre mit solcher Regelmäßigkeit, daß man sich oft fragt, ob durch irgendein anderes Medium so viel falsche Nationalökonomie gelehrt wurde als durch jene Darstellungen in juristischen Lehrbüchern, die durch Ausdrücke wie »es war notwendig, daß« eingeleitet werden. Es sollte doch zumindest unmöglich sein, daß ein Jurist schreibt (Peters, H., *Wandlungen der Eigentumsordnung und der Eigentumslehre seit dem 19. Jahrhundert*, Zürich 1949, 106): »Es gehört zwar zu den empörendsten Seiten des Privateigentums, daß es beispielsweise dem Eigentümer von Getreide oder Baum-

nungsdenken notwendig Totalitarismus bedeutet, beinhaltet es eine Leugnung jeder allgemeinen Gerechtigkeit und Moral – und beruht letztlich auf einem Allwissenheitsanspruch des Herrschers, der freilich, wenn berechtigt, alle Regeln überflüssig machen würde. Es bedeutet ebensosehr das Ende des Rechtes, wie es überhaupt in einer völlig geplanten Gesellschaft zwar zweckabhängige Organisationsregeln, aber keine zweckunabhängigen Rechtsregeln geben könnte. Carl Schmitt ist da ebenso wie die anderen vom öffentlichen Recht herkommenden Rechtsphilosophen, wie ein Radbruch oder Kelsen, Sozialist in dem Sinne, daß er nicht nur den Regierungsapparat, sondern auch die Gesellschaft als Produkt bewußter Anordnung für voraussehbare konkrete Zwecke und nicht als spontane Ordnung sieht[49].

---

wolle erlaubt, zwecks Hochhaltung der Preise diese Güter als Heizmaterial zu verfeuern«, wenn doch tatsächlich solche Maßnahmen ausschließlich vom Staat oder von vom Staat organisierten Monopolen vorgenommen wurden und es auch in der Natur der Sache niemals im Interesse des einzelnen Privatbesitzers liegen kann, so etwas zu tun.

[49] Bezeichnend ist auch hier die außerordentliche Ähnlichkeit der Schmittschen Theorien mit denen der kommunistischen Theoretiker der 20er Jahre. Mirkin-Getzewitch, B., *Die rechtstheoretischen Grundlagen des Sowjetstaates*, Wien 1929, berichtet z.B. (108–109), daß Archipow, *Das Gesetz im Sowjetstaate*, Moskau 1926 (russisch) »behauptet, daß ›nicht nur im Sowjetstaate, sondern im modernen demokratischen Staat überhaupt der Begriff des Gesetzes im Schwinden begriffen sei und daß der Schwerpunkt sich mehr und mehr von der Erlassung genereller Normen zur Setzung individueller Akte und Instruktionen verschiebe, welche die Tätigkeit der Verwaltung regeln, fördern und koordinieren‹. Dieser Autor ist der Ansicht, daß das Gesetz in Westeuropa tatsächlich vor unseren Augen verschwinde.« Paschukanis, E., *Allgemeine Rechtslehre und Marxismus*, Berlin 1929 (nach der 3. russischen Auflage von 1927, 111–112) schreibt, der »administrativ-technische[n] Leitung durch Unterordnung unter einen allgemeinen Wirtschaftsplan … entspricht die Methode der unmittelbaren, d.h. technisch bestimmten Anweisung in der Gestalt von Programmen, Produktions- und Distributionsplänen. Solche Anweisungen sind konkret und wechseln fortwährend nach Maßgabe der veränderlichen Bedingungen… Der allmähliche Sieg dieser Tendenz bedeutet das allmähliche Absterben der Rechtsform überhaupt.« – Über die dem Faschismus, Nationalsozialismus und Kommunismus gemeinsame Furcht, daß der Staat durch die Bindung ans Recht »unfrei« oder entmachtet würde, die schon seit Ihering als Haupteinwand gegen das Kantsche Rechtsstaatsideal ins Treffen geführt wurde, siehe Hayek, F. A., *The Constitution of Liberty*, London und Chicago 1960, 239 und die in den Anmerkungen 22–27 zu dieser Stelle gegebenen Hinweise. (Deutsche Übersetzung: *Die Verfassung der Freiheit*, Tübingen 1960, Hayek, *Schriften*, B3, d. Hrsg.) Charakteristisch auch Angermann, E., »Die Verbindung des polizeistaatlichen Wohlfahrtsideals mit dem Rechtsstaatsgedanken im deutschen Frühliberalismus«, *Historisches Jahrbuch der Görresgesellschaft*, 74, 1955, 471: »Erst durch die Umwandlung des Rechtsstaatsgedankens, aus einem sachlichen in ein formales Prinzip wurde er lebensfähig, denn jetzt erst konnte der moderne Staat die ihm nun mal in der Wirklichkeit gestellten Wohlfahrtsaufgaben erfüllen.«

XII

Sie sind wahrscheinlich etwas betroffen darüber und sogar geneigt, dagegen zu protestieren, daß eine wissenschaftliche Erörterung zu einem solchen Werturteil führen soll. Hat denn der Sozialwissenschaftler als Wissenschaftler überhaupt das Recht, ein solches Urteil zu fällen? Das bringt mich zu meinem letzten Punkt, über den ich noch ein paar Worte sagen muß.

Gewiß ist es richtig, wie David Hume vor mehr als zweihundert Jahren gezeigt hat[50] und die Werturteilsdebatte unseres Jahrhunderts neuerlich bestätigt hat, daß wir aus *bloßen* Tatsachen des Seins kein Sollen ableiten können. Aber gilt dies auch in aller Strenge für Aussagen über die *Seinsordnung* einer Gesellschaft, die *nur* besteht, *weil* gewisse Normen für das Einzelverhalten gelten und allgemein befolgt werden? Gewiß, diese Normen sind nicht verbindlich für den, der diese Gesellschaftsordnung als Ganzes verneint, etwa den Sozialisten alter Prägung, der glaubte, auf diese spontane Marktordnung völlig verzichten zu können und sie durch eine bewußte, auf ein einheitliches Zielsystem gerichtete Anordnung ersetzen wollte. Aber nachdem wir, einschließlich der meisten Sozialisten, erkannt haben, daß dieses der geschlossenen Stammesgesellschaft angemessene Ideal mit einer offenen Großgesellschaft und allem, was wir Zivilisation nennen, unvereinbar ist, und uns auf Verbesserung der spontanen Ordnung beschränken, sind uns dann nicht jene Normen, denen die letztere ihre Entstehung verdankt, verbindlich gegeben?

Wenn der Gegenstand, mit dem sich unsere Wissenschaft befaßt, nämlich eine sich bildende Ordnung bestimmter Art, das Ergebnis der Befolgung von Normen ist und ohne diese gar nicht bestünde, dann ist es gewiß kein logischer Widerspruch, aus Prämissen, die Sollregeln enthalten, andere Sollregeln abzuleiten. Das *kann* aber zumindest bedeuten, daß, solange wir eine auf spontanen Ordnungskräften beruhende Gesellschaft auch nur in ihren allgemeinen Umrissen erhalten wollen, es uns geboten ist, keine mit den Normen, von denen ihr Bestehen abhängt, im Widerspruch stehende Normen zu befürworten, ja daß, *unter dieser Voraussetzung*, wissenschaftliche Erkenntnis uns zu der Einsicht führen kann, daß wir dies oder jenes sollen oder nicht sollen[51].

---

[50] Hume, D., *A Treatise on Human Nature* [1739], Green, T.H. und Grose, T.H. (eds.), London 1890, 2, 244f.

[51] Ich hoffe, die Kürze, in der ich hier dieses Problem behandeln muß, setzt mich nicht dem Vorwurf aus, daß ich die *Tatsache*, daß die spontane Ordnung der Gesellschaft auf der Befolgung von Normen beruht, mit der *Forderung* verwechsle, daß der Wissenschaftler, der diese Ordnung untersucht, sich an jene Regeln in gewissem Maße gebunden halten solle. Was ich sagen will, ist, daß er, insofern er gewisse Züge dieser Ordnung erhalten will und ihr Fortbestehen in seinen Empfehlungen zur Erreichung gegebener Zwecke voraussetzt, nicht nur keine mit den Regeln, die diese Ordnung voraussetzt, wi-

Das scheint mir insbesondere für ein Urteil über alle jene Versuche zuzutreffen, innerhalb einer Marktgesellschaft eine materielle Verteilungsgerechtigkeit durchzusetzen, und daher für das Bemühen, einzelne Gruppen gegen einen relativen oder absoluten Abstieg zu sichern, der ein notwendiges Ergebnis der Kräfte ist, die die Ordnung erhalten. Wir mögen außerhalb des Marktes durch die Organisation des Staates allen ein gleichförmiges Existenzminimum zusichern, unter das niemand herabzusinken braucht, aber die Sicherung einer bestimmten Position ist ein Privileg, das bestimmten Gruppen nur gewährt werden kann, wenn man anderen Aufstiegschancen unter den gleichen Regeln verweigert, unter denen die, die nun absteigen sollen, ihre gegenwärtige Position erreicht haben[52].

Eine Folgerung, die wir aus diesen Überlegungen ziehen müssen, ist wohl, daß *wenn* man »sozial« im Sinne einer solchen »sozialen« oder »distributiven« Gerechtigkeit und den Rechtsstaat als materiellen Rechtsstaat versteht, der Begriff »sozialer Rechtsstaat« eine contradictio in adjecto ist[53]. Für den Juristen bedeutet das freilich nicht mehr, als daß er eben den Sinn eines der beiden Worte des Grundgesetzes so umdeuten muß, daß ihre Verbindung keinen Widerspruch darstellt. Der Sozialtheoretiker darf sich aber erlauben, darauf hinzuweisen, daß, wenn man die Worte in dem Sinn versteht, in dem sie in der Gemeinsprache verstanden werden, der Gesetzgeber etwas verspricht, was er nicht halten *kann*. Ähnliches scheint mir für alle *jene* Bestrebungen des Wohlfahrtsstaates[54] zu gelten, die nicht bloß alle gegen gemeinsame Gefahren schüt-

---

dersprechende Regeln empfehlen, sondern auch keine solche Regeln vorschlagen darf, die die tatsächliche Achtung der vorausgesetzten Regeln erschüttern würden, weil sie mit den Prinzipien in Widerspruch stehen, die jene Regeln stillschweigend voraussetzen, etwa das Prinzip der universellen Geltung der Gerechtigkeitsregeln.

52 Auch das haben schon die Spätscholastiker klar gesehen. Vgl. Molina, L., *op. cit.*, disp. 365, 2.29; »Omnesque rei publicae partes ius habent conscendendi ad gradum superiorem, si cuiusque sors id tulerit, neque cuiquam certus quidam gradus debetur quin descendere et conscendere possit.«

53 Vgl. Forsthoff, E., *Lehrbuch des Verwaltungsrechts*, I, München 1961[8], 4: »Sozialstaat und Rechtsstaat sind, jeweils konsequenterweise zu Ende gedacht, Staaten von verschiedener, um nicht zu sagen gegensätzlicher politischer und rechtlicher Ausprägung.«

54 In dem anläßlich der hundertsten Wiederkehr der Veröffentlichung von Adam Smiths *Wealth of Nations* 1876 von August Oncken verfaßten Werk *Adam Smith und Immanuel Kant*, Leipzig, 1877, S. 177, findet sich eine Bemerkung, die mir der Wiedergabe wert erscheint, nicht nur weil sie den frühesten mir bekannten Gebrauch des Wortes »Wohlfahrtsstaat« (von Oncken wohl in der Absicht der Namensgebung gesperrt) enthält. Oncken sagt dort über den »aus der Reformation hervorgegangenen absoluten Staat«: »Der Staat hörte damit auf, bloßer Rechtsstaat zu sein; er wurde zum *Wohlfahrtsstaate*, und das in einer dermaßen extremen Ausbildung, daß der Rechtszweck darüber ganz in den Hintergrund trat ... Und wie ferner der Wohlfahrtszweck des Staates den Rechtszweck allmählich verschlang, so zog auch das Berufsbeamtentum nun die gesamte Ausübung des Rechtes im praktischen Leben an sich.«

zen, sondern jeder Gruppe durch Umverteilung jenes Einkommen zusichern wollen, das ihr nach einer nur innerhalb einer Organisation sinnvollen Verteilungsgerechtigkeit zukommt. Auch dies scheint mir mit jenen Grundprinzipien des materiellen Rechtsstaates unvereinbar, die auf eine spontane Ordnung hinzielen.

Das hat übrigens schon Immanuel Kant klar gesehen und in der Sprache seiner Zeit mit wesentlich denselben Argumenten begründet, die ich hier zu skizzieren versuchte. In *seinem* Beitrag zum *Streit der Fakultäten* bemerkt er nämlich: »Wohlfahrt aber hat kein Prinzip, weder für den, der sie empfängt, noch der sie austeilt (der eine setzt sie hierin, der andere darin); weil es dabei auf das *Materiale* des Willens ankommt, welches empirisch und so der Allgemeinheit einer Regel unfähig ist.«[55] Wenn wir, wie es Kantschem Denken entspricht, für das »Materiale« des Willens die konkreten Zwecke setzen[56], die angestrebt werden, im Gegensatz zu den auf abstrakte Ordnung gerichteten und selbst auch abstrakten und zweckunabhängigen Handelnsregeln, so sagt dies genau das, was ich eben zu sagen versuchte.

---

[55] Kant, I., *Der Streit der Fakultäten in drei Abschnitten*, Akademie-Ausgabe, Berlin: Bruno Cassirer, 1922, Zweiter Abschnitt. Der Streit der philosophischen Fakultät mit der juristischen, § 6, 399, FN 1.

[56] Siehe z.B. Kant, I., *Metaphysik der Sitten*, Akademie-Ausgabe Band 6, 389: »Da nun keine freie Handlung möglich ist, ohne daß der Handelnde hierbei zugleich einen Zweck (als Materie des Willens) beabsichtigte.«

6. Die Theorie komplexer Phänomene*,[1]

Muster-Erkennung und Muster-Voraussage[2]

Staunen und unbefriedigte Wünsche haben den Menschen zu wissenschaftlicher Forschung angetrieben. Von beiden war das Staunen unvergleichlich fruchtbarer. Dafür gibt es gute Gründe. Wo wir staunen, stellen wir bereits eine Frage. Aber wie dringend auch der Wunsch ist, durch etwas uns völlig chaotisch Erscheinendes hindurchzufinden, selbst die aufmerksamste und beharrlichste Beobachtung der bloßen Tatsachen kann diese nicht erkennbar machen, solange wir nicht wissen, worauf wir zu achten haben. Genaue Kenntnis der Tatsachen ist gewiß wichtig, aber systematisch können wir erst beobachten, nachdem sich die Fragen gestellt haben. Bevor wir nicht in der Lage sind, bestimmte Fragen zu stellen, können wir unseren Verstand nicht anwenden. Fra-

---

* Als Manuskript fertiggestellt im Dezember 1961. Erstveröffentlichung unter dem Titel »The Theory of Complex Phenomena«, in: Bunge, M. (Hrsg.), *The Critical Approach to Science and Philosophy. Essays in Honor of K. R. Popper*, New York-London 1964.

1 Dieser Aufsatz war dort [in: Bunge, M. (Hrsg.) 1964, d. Hrsg.] in der Form abgedruckt (abgesehen von ein paar stilistischen Verbesserungen des Herausgebers), in der ich das Manuskript im Dezember 1961 fertiggestellt hatte, ohne daß ich Korrekturbogen zu sehen bekam. Nun habe ich die Gelegenheit benutzt, um einige Literaturhinweise einzufügen, die ich bereits in die Korrekturfahnen hinzuzusetzen beabsichtigte«. [Anm. des Verfassers anläßlich des korrigierten und ergänzten Abdrucks in Hayek, *Studies*, 1967, 22–42, d. Hrsg.]

2 Anmerkung des Übersetzers: Die deutschen Bezeichnungen »Muster-Erkennung« und »Muster-Voraussage« stehen hier für die englischen Begriffe »pattern recognition« und »pattern prediction«. Zwar hat F. A. von Hayek selbst an anderer Stelle eine deutsche Übersetzung vermieden und den englischen Begriff »pattern prediction« beibehalten (in: »Der Wettbewerb als Entdeckungsverfahren«, Kiel 1968, 6; Hayek, *Schriften*, A4, 2003, 135). In dem hier abgedruckten Aufsatz wurden von ihm diese Begriffe jedoch ausführlich expliziert. Deshalb dürfte es an dieser Stelle nicht unangebracht sein, deutsche Bezeichnungen einzuführen. Außerdem wurde bereits an anderer Stelle »pattern« durch »Muster« übersetzt; vgl. Hayek, F. A. v., »Bemerkungen über die Entwicklung von Systemen von Verhaltensregeln«, *Freiburger Studien*, 1969, 144, Anm. 1 [Hayek, *Schriften*, A4, 2003, 74, Anm. 1].

gen setzen aber voraus, daß wir bereits eine vorläufige Hypothese oder Theorie über die Geschehnisse gebildet haben[3].

Fragen entstehen erst, nachdem unsere Sinne ein sich wiederholendes Muster bzw. eine sich wiederholende Ordnung in den Geschehnissen wahrgenommen haben. Es ist das Wieder-Erkennen einer bestimmten Regelmäßigkeit (oder eines sich wiederholenden Musters bzw. einer sich wiederholenden Ordnung), eines ähnlichen Zuges in sonst unterschiedlichen Umständen, was uns wundern und »warum« fragen läßt[4]. Sobald wir in mannigfaltig verschiedenen Verhältnissen derartige Regelmäßigkeiten bemerken, veranlaßt uns unser Verstand, das Vorhandensein einer gleichen wirkenden Kraft anzunehmen und neugierig zu werden, sie zu entdecken. Dieser Eigenart unseres Verstandes verdanken wir alles bisher erreichte Verstehen und Beherrschen unserer Umwelt.

Viele solche Regelmäßigkeiten der Natur werden durch unsere Sinne intuitiv erkannt. Muster nehmen wir wahr, ohne unseren Verstand bewußt zu Hilfe nehmen zu müssen, ebensooft wie einzelne Ereignisse. In vielen Fällen sind natürlich diese Muster so sehr ein Teil unserer als selbstverständlich hingenommenen Umwelt, daß durch sie keine Fragen veranlaßt werden. Wo unsere

---

[3] So schon Aristoteles, *Metaphysik*, I, ii, 9, 9826 b (Loeb ed. S. 13); deutsch: *Metaphysik*, Paderborn 1951, 41: »Denn weil sie sich wunderten, haben jetzt und immer schon die Menschen begonnen, nachzudenken ... und nur um zu wissen, trachteten sie nach der Erkenntnis, nicht um zu verdienen«; ferner Smith, A., »The Principles which Lead and Direct Philosophical Inquiries, as Illustrated by the History of Astronomy«, in: *Essays*, London 1869, 340: »Wonder, therefore, and not any expectation of advantage from its discoveries, is the first principle which pretends to lay open the concealed connections that unite the various appearances of nature; and they pursue this study to its own sake, as an original pleasure or good in itself, without regarding its tendency to procure them the means of many other pleasures.« Gibt es wirklich irgendeinen Beweis für die jetzt populäre gegenteilige Ansicht, daß beispielsweise »hunger in the Nile Valley led to the development of geometry« (wie Murphy, G., im *Handbook of Social Psychology*, ed. by Lindzey, G., 1954, Vol. II, 616, uns berichtet)? Die Tatsache, daß die Entdeckung der Geometrie sich als nützlich herausgestellt hat, beweist sicher nicht, daß sie wegen dieser Nützlichkeit entdeckt wurde. Über die Tatsache, daß die Wirtschaftswissenschaften bis zu einem gewissen Grade eine Ausnahme von der allgemeinen Regel gewesen sind und darunter gelitten haben, daß sie mehr von unbefriedigten Bedürfnissen geleitet waren, als von bloßer Neugier, vgl. den Vortrag Hayek, F. A., »The Trend of Economic Thinking«, in: *Economica*, 1933 [abgedruckt in Hayek, *Works*, III, 17–48].

[4] Vgl. Popper, K. R., *The Poverty of Historicism*, London 1957; deutsch: *Das Elend des Historizismus*, 7. Aufl., Tübingen 2003, 108: »Wissenschaft ... kann nicht mit Beobachtungen oder der ›Sammlung von Daten‹ beginnen, wie manche Methodologen meinen. Bevor wir Daten sammeln können, muß unser Interesse an *Daten einer bestimmten Art* geweckt sein: Das *Problem* kommt stets zuerst.« Ebenso in Popper, K. R., *The Logic of Scientific Discovery*, London 1959, 59; deutsch: *Logik der Forschung*, 11. verb. Aufl., Tübingen 2005, 37, Anm. 1: »Beobachtung ist stets *Beobachtung im Licht von Theorien.*«

Sinne uns aber neue Muster wahrnehmen lassen, werden wir überrascht und beginnen zu fragen. Diese Neugier war der Anfang der Wissenschaft.

Wie wunderbar unsere intuitive Fähigkeit zum Erkennen von Mustern auch ist, sie ist dennoch begrenzt[5]. Nur bestimmte Arten regelmäßiger Anordnungen (nicht notwendigerweise der einfachsten) drängen sich unseren Sinnen auf. Viele Muster der Natur können wir erst entdecken, *nachdem* wir sie gedanklich konstruiert haben. Systematische Konstruktion solcher neuer Muster ist die Aufgabe der Mathematik[6]. Die Rolle, die die Geometrie in dieser Hinsicht in bezug auf die sichtbaren Muster spielt, ist nur das bekannteste Beispiel hierfür. Die große Stärke der Mathematik liegt darin, daß sie es uns ermöglicht, abstrakte Muster zu beschreiben, die durch unsere Sinne nicht wahrgenommen werden können, und bei Mustern hohen Abstraktionsgrades jeweils Aussagen zu machen über die gemeinsamen Eigenschaften einer Hierarchie von Mustern oder einer Klasse von Mustern. Durch jede algebraische Gleichung oder jedes Gleichungssystem wird in diesem Sinne eine Klasse von Mustern definiert, und die individuelle Erscheinungsform dieser Art Muster wird dann im einzelnen spezifiziert, indem man für die Variablen bestimmte numerische Werte einsetzt.

Der irrtümliche Glaube, daß sich ein Muster immer von selbst enthüllt, wenn wir nur lange genug beobachten oder wenn natürliche Ereignisse in einer hinreichenden Anzahl von Fällen auftreten, ist wahrscheinlich durch die Fähigkeit unserer Sinne entstanden, gewisse Arten von Mustern spontan zu erkennen. Zwar trifft dies oft zu, es bedeutet jedoch nur, daß in diesen Fällen die theoretische Arbeit von unseren Sinnen bereits vorweg getan worden ist. Wo wir es jedoch mit Mustern zu tun haben, deren Erfassung zu lernen in unserer

---

5 Obwohl in mancher Hinsicht die Fähigkeit unserer Sinne zur Muster-Erkenntnis klar die Fähigkeit unseres Verstandes überschreitet, diese Muster zu spezifizieren. Die Frage nach dem Ausmaß, bis zu dem diese Fähigkeit unserer Sinne das Ergebnis einer anderen Art der (vorsinnlichen) Erfahrung ist, ist ein anderes Problem. Vgl. hierzu und zu der allgemeinen Frage, daß jede Wahrnehmung eine Theorie oder Hypothese impliziert, Hayek, F. A., *The Sensory Order*, London und Chicago 1952, insb. §7.37* [deutsch: *Die sensorische Ordnung*, Hayek, *Schriften,* B5, 2006]. Vgl. auch den bemerkenswerten Gedanken, der von Adam Ferguson ausgedrückt (und wahrscheinlich von George Berkeley entlehnt) wurde in Ferguson, A., *The History of Civil Society*, London 1767, 39; deutsch: *Abhandlung über die Geschichte der bürgerlichen Gesellschaft*, 2. Aufl., Jena 1923, 36: daß, »... die Folgerungen der Gedanken ... manchmal nicht von den Wahrnehmungen der Sinne zu unterscheiden (sind)«, ebenso wie H. von Helmholtz' Theorie der »unbewußten Schlußfolgerungen«, die in den meisten Wahrnehmungen enthalten sind. Zu dem kürzlichen Wiederaufleben dieser Ideen siehe Hanson, N. R., *Patterns of Discovery*, Cambridge University Press 1958, insb. S. 19, und siehe ferner die Auffassungen über die Rolle der »Hypothesen« bei der Wahrnehmung, wie sie in der neueren »cognition theory« von J. S. Bruner, L. Postman u.a. entwickelt wurden.

6 Vgl. Hardy, G. H., *A Mathematician's Apology*, Cambridge University Press 1941, 24: »A mathematician, like a painter or poet, is a maker of patterns.«

Entwicklung keine biologische Notwendigkeit bestand, müssen wir das Muster erst erfinden, ehe wir in den Phänomenen dessen Vorhandensein entdecken können – oder, ehe wir überprüfen können, ob es auf das, was wir beobachten, anwendbar ist. Eine Theorie definiert immer nur eine Art (oder Klasse) von Mustern, und die individuelle Erscheinungsform des zu erwartenden Musters hängt von den individuellen Umständen ab (den »Anfangsbedingungen« und den »Randbedingungen«, die wir zum Zwecke dieses Aufsatzes weiterhin als »Daten« bezeichnen wollen). Inwiefern wir tatsächlich zu einer Voraussage befähigt sind, hängt davon ab, wieviele dieser Daten wir ermitteln können.

Die von der Theorie gelieferte Beschreibung des Musters wird üblicherweise lediglich als Instrument betrachtet, das uns die Voraussage der individuellen Erscheinungsformen eines Musters ermöglicht, das unter speziellen Umständen auftreten kann. Es ist jedoch auch die allgemeine Voraussage eines Musters, d.h. daß unter bestimmten allgemeinen Bedingungen das Muster einer bestimmten Art auftritt, ebenfalls eine echte (und falsifizierbare) Voraussage. Wenn ich jemandem sage, daß er beim Betreten meines Arbeitszimmers einen Teppich mit einem Muster aus Rhomben und Mäandern vorfinden wird, wird es für ihn nicht schwierig sein »zu entscheiden, ob die Voraussage durch das Ergebnis verifiziert oder falsifiziert wurde«[7], auch wenn ich ihm nichts über Anordnung, Größe, Farbe usw. der Elemente gesagt habe, aus denen das Teppichmuster besteht.

Die Unterscheidung zwischen der Voraussage über das Auftreten des Musters einer bestimmten Klasse und der Voraussage über das Auftreten eines individuellen Erscheinungsfalles aus dieser Klasse ist manchmal sogar in den Naturwissenschaften wichtig. Denn sowohl der Mineraloge, der feststellt, daß die Kristalle eines bestimmten Minerals hexagonal sind, als auch der Astronom, der annimmt, daß die Bahn eines Himmelskörpers im Bereich der Schwerkraft eines anderen Himmelskörpers der Form eines Kegelschnittes entspricht, machen echte Voraussagen, die widerlegt werden können. Im allgemeinen aber tendieren die Naturwissenschaften zu der Annahme, daß es prinzipiell immer möglich ist, die Voraussagen bis zu jedem gewünschten Grad zu spezifizieren[8]. Wie dem auch sei, die Unterscheidung zwischen beiden Arten der Voraussage erhält eine viel größere Bedeutung, wenn wir uns von den relativ einfachen Phänomenen, mit denen es die Naturwissenschaften zu tun haben, zu den

---

[7] Dickens, Ch., *David Copperfield*, 1.

[8] Dennoch mag der Zweifel erlaubt sein, daß es tatsächlich möglich ist, beispielsweise das korrekte Muster vorauszusagen, das die Schwingungen eines Flugzeugs in einem bestimmten Zeitpunkt in der stehenden Welle auf der Oberfläche des in meiner Tasse befindlichen Kaffees hervorbringt.

komplexeren biologischen, geistigen und gesellschaftlichen Phänomenen hinwenden, wo solche Spezifizierungen nicht immer möglich sein müssen[9].

Grade der Komplexität

Die Unterscheidung zwischen Einfachheit und Komplexität ruft beträchtliche philosophische Schwierigkeiten hervor, wenn man sie auf die Formulierung theoretischer Aussagen anwendet. Aber es scheint einen ziemlich leichten und adäquaten Weg zu geben, um den Komplexitätsgrad verschiedener Arten von abstrakten Mustern zu messen. Ein unzweideutiges Kriterium scheint die Mindestzahl der Elemente des Musters zu liefern, aus der ein Einzelfall des Musters bestehen muß, um sämtliche charakteristischen Eigenschaften der betreffenden Klasse von Mustern aufzuweisen.

Gelegentlich ist die Frage aufgeworfen worden, ob die biologischen, geistigen und gesellschaftlichen Phänomene wirklich komplexer sind als die physikalischen[10]. Der Grund hierfür scheint meist eine Verwechslung zu sein zwi-

---

[9] Vgl. Scriven, M., »A Possible Distinction between Traditional Scientific Disciplines and the Study of Human Behavior«, *Minnesota Studies in the Philosophy of Science*, I, 1956, 332: »The difference between the scientific study of behavior and that of physical phenomena is thus partly due to the relatively greater complexity of the simplest phenomena we are concerned to account for in a behavioral theory«.

[10] Nagel, E., *The Structure of Science*, New York 1961, 505: »though social phenomena may indeed be complex, it is by no means certain that they are in general more complex than physical and biological phenomena.« Siehe jedoch Neumann, J. v., »The General and Logical Theory of Automata«, *Cerebral Mechanism in Behavior. The Hixon Symposium*, New York 1951, 24: »we are dealing here with parts of logic with which we have practically no experience. The order of complexity is out of all proportion to anything we have ever known«. Es mag nützlich sein, hier einige Erläuterungen über die Größenordnungen zu geben, mit denen es die Biologie und die Neurologie zu tun haben. Während die Gesamtzahl der Elektronen im Universum auf 10^{79} geschätzt worden ist, und die Zahl der Elektronen und Protonen auf 10^{100}, gibt es in Chromosomen mit 1000 locations (Genen) mit je 10 Erbfaktoren insgesamt 10^{1000} mögliche Kombinationen; und die Zahl der möglichen Eiweißkörper wird auf 10^{2700} geschätzt (Bertalanffy, L. v., *Problems of Life*, New York 1952, 103). Herrick, C. J. (*Brains of Rats and Men*, New York 1926) nimmt an, daß »during a few minutes of intense cortical activity the number of interneuronic connections actually made (counting also those that are actuated more than once in different associational patterns) may well be as great as that total number of atoms in the solar system« (d.h. 10^{56}); und Gerard, Ralph W. (*Scientific American*, September 1953, 118) hat geschätzt, daß ein Mensch im Laufe von siebzig Jahren 15×10^{12} Informationseinheiten (›bits‹) speichern kann, was mehr als tausend mal mehr ist als die Zahl der Nervenzellen. Die weiteren Komplikationen, die zusätzlich durch die überlagernden sozialen Beziehungen entstehen, sind natürlich relativ unbedeutend. Aber der springende Punkt besteht darin, daß soziale Phänomene, wenn wir sie

schen dem Komplexitätsgrad, der jeweils für eine spezielle *Art* von Phänomenen charakteristisch ist und jenem Komplexitätsgrad, der für jede Art von Phänomenen durch Kombination einzelner Elemente erreicht werden kann. Natürlich können auf die zuletzt genannte Art physikalische Phänomene jeden Grad von Komplexität erreichen. Betrachten wir jedoch die Frage vom Gesichtspunkt der Mindestzahl bestimmter Variabler, die eine Formel oder ein Modell besitzen muß, um die charakteristischen Muster der Strukturen verschiedener Gebiete zu reproduzieren (oder, um die allgemeinen Gesetze zu zeigen, denen jene Strukturen gehorchen), dann wird, sobald wir von den unbelebten Phänomenen zu den (»höher organisierten«) belebten und gesellschaftlichen vordringen, der zunehmende Komplexitätsgrad ziemlich offensichtlich.

Es ist wirklich überraschend, wie sich in dieser Form, d.h. mit Hilfe der Zahl bestimmter Variablen, alle Gesetze der Physik, besonders die der Mechanik, als sehr einfach herausstellen, wenn wir einmal eine Formelsammlung, in der sie dargestellt werden, durchsehen[11]. Andererseits ist bei biologischen Phänomenen sogar die Beschreibung recht einfacher Komponenten, wie etwa die Rückkoppelungs- (oder kybernetischen) Systeme, in denen eine gewisse Kombination physikalischer Strukturen eine umfassende Struktur mit bestimmten charakteristischen Eigenschaften hervorbringt, sehr viel umständlicher als jede Methode zur Beschreibung der allgemeinen Gesetze der Mechanik. Wenn wir uns fragen, nach welchen Kriterien bestimmte Phänomene als »mechanisch« oder »physikalisch« ausgesondert werden, werden wir wahrscheinlich feststellen, daß diese Gesetze tatsächlich in dem hier definierten Sinne einfach sind. Die nicht-physikalischen Phänomene sind komplexer, weil wir das, was durch relativ einfache Formeln beschrieben werden kann, physikalisch nennen.

Das »Auftauchen« von »neuen« Mustern als Resultat einer Zunahme der Zahl der Elemente, zwischen denen einfache Beziehungen bestehen, bedeutet, daß die größere Struktur als ein Ganzes gewisse allgemeine oder abstrakte Züge besitzt, die unabhängig von den speziellen Werten der individuellen Daten immer wieder erscheinen, solange die allgemeine Struktur (wie sie z.B. durch eine algebraische Gleichung beschrieben wird) erhalten bleibt[12]. Solche »Ganz-

---

auf physikalische Ereignisse »reduzieren« wollten, eine zusätzliche Komplikation erzeugen würden, die die Komplikation der die seelischen Ereignisse determinierenden physiologischen Prozesse überlagert.

[11] Vgl. Weaver, W., »A Quarter Century in the Natural Sciences«, *The Rockefeller Foundation Annual Report*, 1958, Chapter I, »Science and Complexity«, das ich bei der Abfassung dieses Artikels nur in der gekürzten Form kannte, die in *American Scientist*, XXXVI, 1948, erschien; deutsch: »Wissenschaft und Komplexität«, *ORDO* 18, 1967, 163–171.

[12] Lloyd Morgan's Konzeption von »emergence« übernimmt auf dem Wege über Lewes, G. H., (*Problems of Life and Mind*, 1st series, Vol. II, Problem V, Ch. III, Ab-

heiten«, die mit Hilfe gewisser allgemeiner Eigenschaften ihrer Struktur beschrieben werden, konstituieren jeweils das Erkenntnisobjekt für eine Theorie, selbst wenn eine solche Theorie nichts anderes ist als ein besonderes Verfahren, um Aussagen über Beziehungen zwischen den einzelnen Elementen miteinander zu verknüpfen.

Es ist in gewisser Hinsicht irreführend, diese Aufgabe hauptsächlich von dem Standpunkt aus anzugehen, ob solche Strukturen »offene« oder »geschlossene« Systeme sind. Genau gesagt gibt es keine geschlossenen Systeme innerhalb des Universums. Wir können lediglich die Frage stellen, ob in dem betreffenden Fall die Anzahl der Kontaktstellen, durch die das übrige Universum auf das von uns zur Isolierung vorgenommene System einwirkt (und die für die Theorie zu den Daten werden), groß oder klein ist. Diese Daten oder Variablen, welche die besondere Form determinieren, die das durch die Theorie beschriebene Muster unter den gegebenen Umständen annimmt, sind bei komplexen Ganzheiten zahlreicher und viel schwieriger feststellbar und kontrollierbar als bei einfachen Phänomenen.

Was wir jeweils als Ganzheiten isolieren oder wo wir »Trennungslinien« ziehen[13], wird durch die Überlegung bestimmt, ob wir durch die Isolierung solche wiederkehrenden Muster bestimmter zusammenhängender Strukturen erhalten, die wir in unserer Welt tatsächlich antreffen. Vielfach halten wir es nicht für lohnend, komplexe Muster zu konstruieren, obwohl sie vorstellbar sind und sich auch wiederholen mögen. Die Zweckmäßigkeit, ein Muster besonderer Art auszuarbeiten und sich mit ihm zu beschäftigen, hängt davon ab, ob die von ihm beschriebene Struktur Bestand hat oder bloß zufällig ist. Unser vorwiegendes Interesse gilt solchen zusammenhängenden Strukturen, bei denen ein komplexes Muster Eigenschaften hervorbringt, die dazu führen, daß die von dem Muster abgebildete Struktur eine dauerhafte wird.

---

schnitt »Resultants and Emergents«, American ed., Boston 1891, 368) die von John Stuart Mill gemachte Unterscheidung zwischen den »heteropatischen« Gesetzen der Chemie und anderer komplexer Phänomene einerseits und der gewöhnlichen »composition of causes« in der Mechanik usw. andererseits. Siehe dazu Mill, J. St., *System of Logic*, London 1843, Bk. III, Ch. 6, in Vol. I, 431 der ersten Ausgabe (deutsch: *System der deductiven und inductiven Logik*, Leipzig 1872, 3. Buch, Sechstes Kapitel, § 2, 63) und Morgan, C. L., *The Emergence of Novelty*, London 1933, 12.

13 Beck, L. W., »The ›Natural Science Ideal‹ in the Social Sciences«, *The Scientific Monthly*, LXVIII, June 1949, 388.

Muster-Voraussage mit unvollständigen Daten

Die Vielzahl selbst des Minimums unterscheidbarer Elemente, die zur Herstellung eines komplexen Phänomens einer bestimmten Art notwendig sind (und deshalb die Vielzahl des Minimums der Anzahl von Daten, die zur Erklärung notwendig sind), ergibt Probleme, die für die mit derartigen Phänomenen befaßten Disziplinen beherrschend sind und ihnen ein Gepräge verleiht, das sich sehr von dem solcher Disziplinen unterscheidet, die sich mit einfacheren Phänomenen befassen. Die Hauptschwierigkeit der erstgenannten Disziplinen besteht darin, tatsächlich alle Daten festzustellen, die eine individuelle Erscheinungsform des in Frage stehenden Phänomens determinieren, eine Schwierigkeit, die oft rein praktisch, manchmal sogar absolut unüberwindbar ist[14]. Menschen, die hauptsächlich mit einfachen Phänomenen zu tun haben, sind oft geneigt anzunehmen, daß in diesem Fall eine Theorie unnütz sei und wissenschaftliches Vorgehen es verlange, eine Theorie von genügender Einfachheit zu finden, die es uns ermöglicht, Vorhersagen über individuelle Ereignisse aus ihr abzuleiten. Für sie ist die Theorie, nämlich das Wissen über das Muster, nur ein Werkzeug, dessen Nützlichkeit völlig davon abhängt, ob es die Darstellung solcher Umstände, die ein individuelles Ereignis hervorbringen, ermöglicht. Für die Theorien einfacher Phänomene trifft das weitgehend zu[15].

Es gibt jedoch keine Rechtfertigung für die Auffassung, daß es immer möglich sein müsse, solche einfachen Regelmäßigkeiten zu entdecken, und daß die Physik fortgeschrittener sei, weil sie hierbei erfolgreich war, während es andere Wissenschaften bisher nicht waren. Das Gegenteil ist eher zutreffend: Die Physik war erfolgreich, weil sie mit solchen Phänomenen zu tun hat, die in unserem Sinne einfach sind. Aber eine einfache Theorie über Phänomene, die ihrer Natur nach komplex sind (oder – sofern man diesen Ausdruck vorzieht – die mit höher organisierten Phänomenen zu tun hat), ist wahrscheinlich notwendigerweise falsch – jedenfalls ohne eine spezifizierte *ceteris-paribus*-Annahme, nach deren vollständiger Formulierung die Theorie jedoch nicht mehr einfach wäre.

Unser Interesse gilt indessen nicht nur individuellen Ereignissen und nicht nur empirisch testbaren Voraussagen über individuelle Ereignisse. Gleicher-

---

14 Vgl. Hayek, F. A., *The Sensory Order*, §§ 8.66–8.86 [deutsch: *Die sensorische Ordnung*, Hayek, *Schriften*, B5, 2006].

15 Vgl. Nagel, E., »Problems of Concept and Theory Formation in the Social Sciences«, in: *Science, Language and Human Rights* (American Philosophical Association, Eastern Division, Vol. I), University of Pennsylvania Press 1952, 620: »In many cases we are ignorant of the appropriate initial and boundary conditions, and cannot make precise forecasts even though available theory is adequate for that purpose.«

maßen gilt unser Interesse der Wiederkehr abstrakter Muster als solchen; und die Voraussage, daß unter genau umrissenen Umständen das Muster einer bestimmten Art erscheinen wird, ist eine falsifizierbare (und deshalb empirische) Aussage. Die Kenntnis der Bedingungen, unter denen ein bestimmtes Muster erscheint, und die Kenntnis dessen, wovon das Bestehenbleiben dieses Musters abhängt, können große praktische Bedeutung haben. Die Umstände oder Bedingungen, unter denen das von der Theorie beschriebene Muster erscheint, werden durch den Bereich der Werte definiert, die für die Variablen der Formel eingesetzt werden können. Alles, was wir wissen müssen, um eine solche Theorie auf eine Situation anwendbar zu machen, besteht deshalb darin, daß die Daten bestimmte Eigenschaften allgemeiner Art haben (bzw. daß sie zu jenen gehören, die im definierten Bereich der Werte für die Variablen liegen). Darüber hinaus brauchen wir nichts über ihre individuellen Eigenschaften zu wissen, solange wir uns damit begnügen, lediglich die Art des auftretenden Musters und nicht seine individuelle Erscheinungsform abzuleiten.

Eine solche Theorie, die »algebraisch«[16] bleiben muß, weil wir tatsächlich keine speziellen Werte für die Variablen einsetzen können, hört dann auf, ein bloßes Werkzeug zu sein, und wird das endgültige Resultat unserer theoretischen Bemühungen. Natürlich ist, um mit Popper zu sprechen[17], eine solche Theorie von geringem empirischen Gehalt, weil sie uns lediglich erlaubt, bestimmte allgemeine Züge einer Situation vorauszusagen oder zu erklären, die mit sehr vielen individuellen Umständen kompatibel sind. Sie ermöglicht uns vielleicht nur »hypothetische Voraussagen«[18] – wie sie von M. Scriven genannt wurden –, d.h. Voraussagen, die von noch unbekannten zukünftigen Ereignissen abhängen; in jedem Fall wird der Bereich der Phänomene, die mit der Voraussage kompatibel sind, beträchtlich sein und die Möglichkeit zur Falsifikation der Voraussage dementsprechend gering. Aber selbst wenn dies, wie auf vielen Gebieten, das ganze theoretische Wissen ist, das wir für heute oder vielleicht für immer erreichen können, so wird es dennoch den Bereich des möglichen Fortschritts wissenschaftlicher Erkenntnis ausweiten.

Der Fortschritt der Wissenschaft wird sich so in zwei verschiedene Richtungen entwickeln müssen: Während es einerseits gewiß wünschenswert ist, unsere Theorien so falsifizierbar wie möglich zu machen, müssen wir anderer-

---

16 Die nützliche Bezeichnung »algebraische Theorien« (algebraic theories) verdanke ich einer Anregung von J. W. N. Watkins.

17 Popper, K. R., *The Logic of Scientific Discovery*, London 1959, 113; deutsch: *Logik der Forschung*, 11. Aufl. 2005, 91f.

18 Scriven, M., »Explanation and Predicition in Evolutionary Theory«, *Science*, 28. August 1959, 478, und vgl. Popper, K. R., »Prediction and Prophecy in the Social Sciences« (1949), deutsch: »Prognose und Prophetie in den Sozialwissenschaften«, in Popper, K. R., *Vermutungen und Widerlegungen*, Tübingen 1994/97, insb. 487ff.

seits in Gebiete vorstoßen, in denen, wenn wir vordringen, der Grad der Falsifizierbarkeit notwendigerweise abnimmt. Das ist der Preis, den wir für ein Vordringen in das Gebiet der komplexen Phänomene zu zahlen haben.

Das Unvermögen der Statistik zur Behandlung von Muster-Komplexität

Vor einer weiteren Illustration der Verwendbarkeit jener bloßen »explanations of the principle«[19], wie sie durch »algebraische« Theorien geliefert werden, die nur die Grundzüge von Allgemeinheiten höherer Stufe beschreiben, und vor der Betrachtung der wichtigen Schlußfolgerungen, die sich aus der Einsicht in die durch unsere Unterscheidung gelieferten Gesetze des möglichen Wissens ergeben, müssen wir kurz innehalten und die Methode betrachten, von der oft, aber irrtümlich angenommen wird, sie könne uns Zugang zum Verständnis komplexer Phänomene verschaffen: die Statistik. Weil die Statistik die Aufgabe hat, sich mit großen Zahlen zu befassen, meint man oft, daß die Schwierigkeit, die durch die große Zahl von Elementen entsteht, aus denen sich komplexe Strukturen zusammensetzen, durch Rückgriff auf statistische Techniken überwunden werden kann.

Die Statistik überwindet jedoch das Problem der großen Zahlen im wesentlichen dadurch, daß sie die Komplexität eliminiert und die einzelnen von ihr gezählten Elemente absichtlich so behandelt, als ob sie nicht systematisch miteinander verbunden wären. Sie geht dem Problem der Komplexität aus dem Wege, indem sie an die Stelle der Information über die individuellen Elemente eine Information über die Häufigkeit setzt, mit der ihre verschiedenen Merkmale in einzelnen Klassen solcher Elemente auftreten, und sie läßt mit Absicht die Tatsache außer Betracht, daß die relative Stellung der verschiedenen Elemente in einer Struktur bedeutsam sein kann. Mit anderen Worten, die Statistik fußt auf der Annahme, daß eine Information über die numerischen Häufigkeiten der verschiedenen Elemente einer statistischen Masse zur Erklärung der Phänomene genügt und daß keine Information darüber benötigt wird, wie die Elemente miteinander verknüpft sind. Die statistische Methode ist deshalb nur dort nützlich, wo wir die Beziehungen zwischen den individuellen, mit verschiedenen Merkmalen versehenen Elementen entweder bewußt nicht beachten oder nicht kennen, d.h. wo wir überhaupt jede aus ihnen gebildete Struktur nicht beachten oder nicht kennen. Die Statistik ermöglicht es uns in solchen Situationen, Einfachheit wiederzugewinnen und die Aufgabe handlich zu machen, indem ein einzelnes Merkmal an die Stelle der in der statistischen Masse nicht fest-

---

[19] Vgl. Hayek, F. A., »Degrees of Explanation«, *The British Journal for the Philosophy of Science*, VI, No. 23, 1955, wiederabgedruckt in: Hayek, F. A., *Studies* 1967, 3–21.

stellbaren individuellen Merkmale gesetzt wird. Sie ist jedoch aus diesem Grunde irrelevant für die Lösung von Problemen, bei denen es gerade die zwischen den individuellen Elementen mit verschiedenen Merkmalen bestehenden Beziehungen sind, auf die es ankommt.

Die Statistik könnte uns helfen, wo wir Informationen über viele komplexe Strukturen derselben Art haben, d.h. wo die komplexen Phänomene selbst und nicht die Elemente, aus denen sie bestehen, zu Elementen der statistischen Masse gemacht werden könnten. Das mag uns beispielsweise Informationen über die relative Häufigkeit geben, mit der bei komplexen Strukturen, z.B. bei Angehörigen einer Organismen-Art, individuelle Eigenschaften gemeinsam auftreten; aber es setzt voraus, daß wir ein unabhängiges Kriterium haben, um die in Frage stehende Art von Strukturen zu identifizieren. Wo wir eine solche Statistik über die Eigenschaften vieler Einzelfälle, die einer Klasse von Tieren, Sprachen oder ökonomischen Systemen angehören, besitzen, kann dies in der Tat eine wissenschaftlich bedeutende Information[20] sein.

Wie wenig jedoch die Statistik selbst in solchen Fällen zur Erklärung komplexer Phänomene beisteuern kann, wird deutlich, wenn wir uns z.B. vorstellen, Computer wären natürliche Gegenstände, die wir in genügend großer Zahl vorfänden und deren Verhalten wir voraussagen wollten. Es ist klar, daß wir hierbei erst Erfolg hätten, wenn wir das in die Computer eingebaute mathematische Wissen besäßen, d.h. wenn wir die ihre Struktur determinierende Theorie kennen würden. Keine Menge statistischer Informationen über die Korrelation zwischen input und output würde uns unserem Ziel näher bringen. Die Anstrengungen, die gegenwärtig in großem Umfang zur Aufdeckung jener viel komplexeren Strukturen gemacht werden, die wir Organismen nennen, sind jedoch vielfach von der gleichen Art. Der Glaube, es müsse auf diese Weise möglich sein, durch Beobachtungen Regelmäßigkeiten in den Beziehungen zwischen input und output zu entdecken, ohne im Besitz einer angemessenen Theorie zu sein, scheint hier noch zweckloser und naiver, als er es im Beispiel der Computer wäre[21].

Während die Statistik sich erfolgreich mit komplexen Phänomenen beschäftigen kann, wo diese die Elemente der Gruppe sind, über die wir Informationen haben, kann sie uns nichts über die Struktur dieser Elemente selbst sagen. Sie behandelt die Elemente, um einen modischen Ausdruck zu verwenden, als »black boxes«, von denen man annimmt, daß sie alle gleichartig sind, aber sie kann nichts über jene charakteristischen Merkmale sagen, durch die sie identifiziert werden. Niemand würde wahrscheinlich ernsthaft behaupten, daß

---

20 Siehe Hayek, F. A., *The Counter-Revolution of Science*, Glencoe, Ill. 1952, 60–63; [deutsch: *Mißbrauch und Verfall der Vernunft*, Frankfurt a.M. 1959, 80–85]. [Hayek, *Schriften*, B2, 2004, 60–63, d. Hrsg.].

21 Vgl. Taylor, J. G., »Experimental Design: A Cloak for Intellectual Sterility«, *The British Journal of Psychology*, 49, 1958, insb. 107–108.

die Statistik auch nur die verhältnismäßig wenig komplexen Strukturen organischer Moleküle erhellen kann, und nur wenige würden die Meinung vertreten, sie könne uns behilflich sein, um die Funktionsweise von Organismen zu erklären. Wenn es jedoch um die Erklärung der Funktionsweise von sozialen Strukturen geht, ist dieser Glaube weitverbreitet. Natürlich ist er hier im wesentlichen das Ergebnis einer falschen Auffassung darüber, was die Aufgabe einer Theorie sozialer Phänomene ist, aber das ist eine andere Geschichte.

Die Evolutionstheorie als ein Beispiel für Muster-Voraussage

Darwins Theorie der Entwicklung durch natürliche Auslese ist wahrscheinlich die beste Illustration einer Theorie komplexer Phänomene, die von großem Wert ist, obwohl sie lediglich ein allgemeines Muster beschreibt, dessen Einzelheiten wir nie einsetzen können. Es ist bezeichnend, daß diese Theorie für die herrschende Vorstellung über wissenschaftliche Methoden immer ein Stein des Anstoßes war. Sicherlich erfüllt sie nicht die konventionellen Kriterien von »Voraussage und Kontrolle« als den Gütezeichen wissenschaftlicher Methode[22]. Man kann jedoch nicht leugnen, daß sie das erfolgreiche Fundament eines Großteils der modernen Biologie geworden ist.

Ehe wir ihren Charakter untersuchen, müssen wir eine weitverbreitete, ihren Inhalt betreffende Fehlvorstellung ausräumen. Sie wird oft dargestellt, als bestünde sie aus der Behauptung der Abfolge spezieller Arten von Organismen, die sich nach und nach ineinander verwandeln. Das ist jedoch nicht die Theorie der Entwicklung, sondern eine Anwendung der Theorie auf die individuellen Ereignisse, die sich ungefähr während der letzten zwei Milliarden Jahre auf der Erde zutrugen[23]. Die meisten falschen Anwendungen der Evolu-

[22] Vgl. beispielsweise Toulmin, St. E., *Foresight and Understanding*, London 1961, 24: »No scientist has ever used this theory to foretell the coming into existence of creatures of a novel species, still less verified his forecast.«

[23] Selbst bei Professor Popper scheint diese Interpretation impliziert zu sein, wenn er schreibt, daß »die Evolutionshypothese als solche kein universales Naturgesetz ist, sondern lediglich ein singulärer historischer Satz über die Abstammung einer Anzahl irdischer Pflanzen und Tiere« (*Das Elend des Historizismus*, 7. Aufl. Tübingen 2003, 95). Wenn dies heißen soll, das Wesen der Evolutionstheorie beruhe auf der Aussage, daß bestimmte Spezies gemeinsame Vorfahren hatten oder daß die strukturelle Ähnlichkeit immer einen gemeinsamen Stammbaum bedeute (was die Hypothese war, von der die Evolutionstheorie abgeleitet wurde), so ist dies bestimmt nicht der Hauptinhalt der gegenwärtigen Evolutionstheorie. Nebenbei bemerkt gibt es einen Widerspruch zwischen Poppers Behandlung des Begriffs der »Säugetiere« als ein Universale (*Logik der Forschung*, 11. Aufl. 2005, 42) und seiner Ablehnung, daß die Evolutionshypothese ein universales Naturgesetz beschreibe. Derselbe Prozeß könnte auch auf anderen Planeten Säugetiere hervorgebracht haben.

tionstheorie (besonders in der Anthropologie und den anderen Sozialwissenschaften) und ihre verschiedenen Mißbräuche (z.B. in der Ethik) gehen auf diese irrtümliche Interpretation ihres Inhalts zurück.

Die Theorie der Entwicklung durch natürliche Auslese beschreibt eine Art von Prozeß (oder einen Mechanismus), der unabhängig ist von den spezifischen Zuständen, unter denen er auf der Erde stattgefunden hat, und der ebenso anwendbar ist auf einen Ablauf von Ereignissen unter ganz bestimmten Umständen, und der als Ergebnis eine völlig andersartige Sammlung von Organismen hervorbringen könnte. Die Grundkonzeption der Theorie ist überaus einfach, und ihre außergewöhnliche Fruchtbarkeit und der Bereich der Phänomene, auf die sie anwendbar ist, offenbaren sich erst bei ihrer Anwendung auf die konkreten Umstände[24]. Die diese weitreichenden Implikationen enthaltende grundlegende Idee ist, daß ein Mechanismus der Vervielfachung von übertragbaren Varianten und einer wettbewerblichen Auslese jener Varianten, die eine größere Überlebenschance haben, im Laufe der Zeit eine große Vielfalt von Strukturen hervorbringt, die dazu angepaßt sind, sich fortlaufend an die Umwelt und aneinander anzupassen. Die Gültigkeit dieser allgemeinen Idee hängt nicht davon ab, ob die speziellen Anwendungen, die man zunächst gemacht hatte, richtig waren: Wenn es sich beispielsweise herausgestellt hätte, daß Mensch und Affe trotz ihrer strukturellen Ähnlichkeit nicht Abkömmlinge eines verhältnismäßig nahen gemeinsamen Vorfahren wären, sondern das Ergebnis von zwei konvergierenden Entwicklungssträngen, die bei sehr verschiedenartigen Vorfahren beginnen (was beispielsweise für die äußerlich sehr ähnlichen Typen der marsupialen und der placentaren Raubtiere zutrifft), so würde dadurch nicht Darwins allgemeine Evolutionstheorie widerlegt, sondern nur ihre Anwendung auf diesen individuellen Fall.

Die Theorie als solche beschreibt, wie alle Theorien, lediglich eine Reihe von Möglichkeiten. Dabei schließt sie andere denkbare Geschehnisabläufe aus und kann deshalb falsifiziert werden. Ihr empirischer Gehalt besteht in dem, was sie verbietet[25]. Wenn eine Aufeinanderfolge von Ereignissen beobachtet werden sollte, die nicht in ihr Muster eingepaßt werden kann, wenn beispielsweise Pferde plötzlich Junge mit Flügeln gebären würden oder wenn die Amputation einer Hinterpfote bei Hunden aufeinanderfolgender Generationen zur Folge hätte, daß Hunde ohne diese Hinterpfote geboren würden, wäre die Theorie als widerlegt anzusehen[26].

---

[24] Charles Darwin wußte selbst genau, wie er einst auch an Lyell schrieb, daß »all the labour consists in the application of the theory« (zitiert bei Gillispie, C. C., *The Edge of Objectivity*, Princeton 1960, 314).

[25] Popper, K. R., *Logik der Forschung*, 11. Aufl. 2005, 18f.

[26] Vgl. Beckner, M., *The Biological Way of Thought*, New York: Columbia University Press 1954, 241.

Der Bereich dessen, was durch die Theorie erlaubt ist, ist unbestreitbar groß. Jedoch könnte man ebenfalls die Auffassung vertreten, daß lediglich die Begrenztheit unserer Vorstellungskraft es verhindert, uns mehr dessen bewußt zu sein, um wieviel größer der Bereich des Verbotenen ist – wie grenzenlos ist die Mannigfaltigkeit der denkbaren Formen von Organismen, von denen wir dank der Evolutionstheorie wissen, daß sie in der vorhersehbaren Zukunft auf der Erde nicht auftreten werden. Früher mag uns ein gesundes Empfinden gesagt haben, daß wir nicht etwas erwarten sollten, was sich von dem weit unterscheidet, was wir bereits gekannt haben. Aber nur die Evolutionstheorie kann uns genau sagen, welche Arten von Varianten im Rahmen der Möglichkeit liegen und welche nicht. Obwohl wir keine vollständige Liste aller Möglichkeiten zusammenstellen können, so werden wir doch im Prinzip in der Lage sein, jede spezielle Frage zu beantworten.

Für unsere vorliegenden Zwecke können wir die Tatsache außer Betracht lassen, daß die Evolutionstheorie in einer bestimmten Hinsicht noch unvollständig ist, weil wir noch wenig über den Mechanismus der Mutation wissen. Wir wollen jedoch einmal annehmen, wir würden die Umstände genau kennen, unter denen (oder zumindest die Wahrscheinlichkeit kennen, daß unter gegebenen Bedingungen) eine bestimmte Mutation erscheint, und wir würden gleicherweise auch die genauen Vorteile kennen, die eine solche Mutation einem Einzelorganismus von individueller Beschaffenheit in irgendeiner Umwelt verschaffen würde. Dies würde uns weder eine Erklärung ermöglichen, warum die bestehenden Organismusarten die speziellen Strukturen haben, die sie besitzen, noch eine Voraussage, welche neuen Formen aus ihnen erwachsen werden.

Der Grund dafür ist die tatsächliche Unmöglichkeit, die konkreten Umstände festzustellen, die im Laufe von zwei Milliarden Jahren über das Auftreten der heute vorhandenen Formen entschieden haben, oder gar jene Umstände festzustellen, die im Laufe einiger hundert zukünftiger Jahre die Selektion jener Arten determinieren, die überleben werden. Selbst wenn wir versuchten, unser Erklärungsschema auf eine einzige Spezies anzuwenden, die aus einer bekannten Anzahl von Einzelwesen besteht, von denen wir jede einzelne relevante Tatsache feststellen und protokollieren könnten, würde die Zahl so groß, daß wir sie nie handhaben, d.h. in die entsprechenden Leerstellen unserer theoretischen Formeln einsetzen könnten, um dann die so determinierten »Aussagegleichungen« zu lösen[27].

Was wir über die Evolutionstheorie gesagt haben, gilt auch für den größten Teil der übrigen Biologie. Das theoretische Verständnis des Wachstums und der Funktionsweise von Organismen kann nur in den seltensten Fällen in individuelle Voraussagen darüber, was in einem konkreten Fall eintreten wird, um-

[27] Popper, K. R., *Logik der Forschung*, 11. Aufl. 2005, 49.

gesetzt werden, weil wir kaum jemals alle Tatsachen, die zur Bestimmung des Ergebnisses beitragen, feststellen können. Deshalb gilt: »Auf Voraussage und Kontrolle, die man gewöhnlich als wesentliche Kriterien für Wissenschaft ansieht, kann man sich in der Biologie nicht so sehr verlassen«[28]. Sie beschäftigt sich mit musterbildenden Kräften, deren Kenntnis nützlich ist, um Bedingungen zu schaffen, die förderlich sind, Ergebnisse bestimmter Art hervorzurufen, während es nur in verhältnismäßig wenigen Fällen möglich ist, alle relevanten Umstände zu kontrollieren.

Theorien sozialer Strukturen

Es sollte nun nicht schwierig sein, die gleichen Grenzen bei der theoretischen Erklärung geistiger und gesellschaftlicher Phänomene zu erkennen. Eines der wichtigsten der bisher durch theoretische Arbeit auf diesem Gebiet erreichten Ergebnisse scheint mir der Nachweis zu sein, daß hier die konkreten Umstände, von denen die individuellen Ereignisse abhängen, in der Regel so zahlreich sind, daß wir sie praktisch nie alle ermitteln können und daß folglich nicht nur das Ideal »Voraussage und Kontrolle« weitgehend unerreichbar ist, sondern auch die Hoffnung, wir könnten durch Beobachtung regelmäßige Beziehungen zwischen den individuellen Ereignissen entdecken, illusorisch bleibt. Beispielsweise macht es bereits die bloße Einsicht, die uns die Theorie verschafft, daß im Lebenslauf eines Menschen fast jedes Ereignis eine Wirkung auf fast jede seiner künftigen Handlungen haben kann, unmöglich, unser theoretisches Wissen in Voraussagen über individuelle Ereignisse umzuformen. Es gibt keine Rechtfertigung für den dogmatischen Glauben, daß, wenn für diese Gegenstände jeweils eine wissenschaftliche Disziplin konstituiert werden soll, eine solche Umformung möglich sein müsse, und daß lediglich den Wissenschaftlern dieser Disziplinen das, was der Physik geglückt ist, bisher nicht gelungen sei, nämlich die Entdeckung einfacher Relationen zwischen nur wenigen beobachtbaren Phänomenen. Wenn die bisher von uns zustande gebrachten Theorien uns überhaupt etwas sagen, so dies, daß derartige einfache Regelmäßigkeiten nicht zu erwarten sind.

Ich möchte hier nicht die Tatsache erörtern, daß es im Falle eines Verstandes, der die Arbeitsweise eines anderen Verstandes gleichartiger Komplexität zu erklären versucht, außer den bloß »faktischen«, aber nichtsdestoweniger unüberwindbaren Hindernissen noch eine absolute Unmöglichkeit zu geben scheint: weil die Konzeption eines Verstandes, der sich gänzlich selbst erklärt,

[28] Lillie, R. S., »Some Aspects of Theoretical Biology«, *Philosophy of Science*, XV, 2, 1948, 119.

einen logischen Widerspruch enthält. Das habe ich an anderer Stelle untersucht[29]. Hier ist es nicht unerheblich, weil die faktischen Grenzen, die sich aus der Unmöglichkeit der Ermittlung aller relevanten Daten ergeben, so weit innerhalb der logischen Grenzen liegen, daß diese wenig Bedeutung dafür haben, was wir faktisch tun können.

Auf dem Gebiet der sozialen Phänomene scheint die Errichtung eines zusammenhängenden theoretischen Gebäudes nur den Wirtschaftswissenschaften und Sprachwissenschaften[30] gelungen zu sein. Ich werde mich hier bei der Erklärung der allgemeinen These auf die Wirtschaftstheorie beschränken, obwohl das meiste, was ich zu sagen habe, ebenso auf die Sprachtheorie anwendbar erscheint.

Schumpeter beschrieb die Aufgabe der ökonomischen Theorie recht gut, als er sagte, daß »das ökonomische Leben einer nicht-sozialistischen Gesellschaft aus Millionen von Beziehungen oder Strömungen zwischen einzelnen Unternehmen und Haushalten besteht. Wir können bestimmte Lehrsätze darüber aufstellen, aber wir können sie nie alle beobachten«[31]. Hier muß hinzugefügt werden, daß die meisten Phänomene, an denen wir interessiert sind, wie z.B. der Wettbewerb, überhaupt nicht vorkommen könnten, wenn die Zahl der in ihnen enthaltenen einzelnen Elemente nicht ziemlich groß wäre, und daß das sich herausbildende Gesamtmuster durch die bedeutsame Unterschiedlichkeit im Verhalten der verschiedenen individuellen Elemente determiniert ist, so daß das Hindernis, die maßgeblichen Daten zu beschaffen, nicht dadurch überwunden werden kann, daß man sie als Elemente einer statistischen Masse behandelt.

Aus diesem Grunde ist die ökonomische Theorie auf die Beschreibung der Arten von Mustern beschränkt, die auftreten, wenn gewisse allgemeine Bedingungen erfüllt sind, aber aus diesem Wissen kann sie kaum, wenn überhaupt,

---

[29] Siehe Hayek, F. A., *The Sensory Order*, §§ 8.66–8.86 [deutsch: *Die sensorische Ordnung*, Hayek, *Schriften*, B5], ferner Hayek, F. A., *The Counter-Revolution of Science*, Glencoe, I, 22, 1952, 48; deutsch: *Mißbrauch und der Verfall der Vernunft*, 1959, 61–63 (Hayek, *Schriften*, B2, 2004, 46–48), und ferner die folgende Abhandlung: »Rules, Perception and Intelligibility« in: Hayek, F. A., *Studies*, 43–65 [deutsch: »Regeln, Wahrnehmung und Verständlichkeit« in Hayek, *Schriften*, A1, 3–26].

[30] Siehe insbesondere Chomsky, N., *Syntactic Structures*, 's-Gravenhage 1957, der bezeichnenderweise erfolgreich gewesen zu sein scheint, eine solche Theorie aufzubauen, nachdem er ganz offen die Bemühungen um ein induktivistisches »discovery procedure« aufgab und statt dessen nach einem »evaluation procedure« suchte, das es ihm ermöglicht, falsche grammatikalische Theorien, die man eventuell zustande gebracht hat, »by intuition, guess-work, all sorts of partial methodological hints, reliance on past experience, etc.« (S. 56), zu eliminieren.

[31] Schumpeter, J. A., *History of Economic Analysis*, Oxford University Press, 1954, 241; deutsch: *Geschichte der ökonomischen Analyse*, 1. Teilband, Göttingen 1965, 310.

irgendwelche Voraussagen über individuelle Phänomene ableiten. Das wird ganz besonders deutlich, wenn wir solche simultanen Gleichungssysteme betrachten, wie sie seit Léon Walras weit und breit benutzt worden sind, um die allgemeinen Beziehungen zwischen den Preisen und den Mengen aller gekauften und verkauften Güter darzustellen. Sie sind so gefaßt, daß wir die Preise und Mengen aller Güter ausrechnen könnten, *wenn* wir alle Leerstellen auszufüllen vermöchten, d.h. *wenn* wir alle Parameter dieser Gleichungen kennen würden. Aber, was zumindest den Begründern dieser Theorie klar war, »eine numerische Errechnung von Preisen zu erreichen«, ist nicht ihr Zweck, weil die Annahme »absurd« wäre, wir könnten alle Daten ermitteln[32].

Die Voraussage, daß sich ein Muster dieser allgemeinen Art herausbildet, beruht auf gewissen sehr allgemeinen Annahmen über Tatsachen (beispielsweise, daß die meisten Leute sich beruflich betätigen, um ein Einkommen zu erlangen; daß sie ein größeres Einkommen einem kleineren Einkommen vorziehen; daß sie an einem freien Zugang zu den Märkten nicht gehindert werden; usw.; – Annahmen, die den Bereich der Variablen, nicht jedoch ihre konkreten Werte, determinieren); sie ist jedoch nicht von der Kenntnis der spezielleren Umstände abhängig, die uns bekannt sein müßten, um Preise und Mengen bestimmter Güter vorauszusagen. Es ist bisher keinem Wirtschaftswissenschaftler gelungen, auf der Basis seiner wissenschaftlichen Voraussage zukünftiger Preise durch Kauf oder Verkauf von Gütern ein Vermögen zu erwerben (obwohl manchen das vielleicht durch Verkauf solcher Voraussagen gelungen ist).

Dem Physiker scheint es oft rätselhaft, warum sich der Wirtschaftswissenschaftler mit der Aufstellung solcher Gleichungen befaßt, obwohl er doch für die Bestimmung der numerischen Werte der Parameter, die ihn in die Lage versetzen würde, aus ihnen die Werte der individuellen Größen abzuleiten, zugegebenermaßen keine Möglichkeit sieht. Sogar viele Wirtschaftswissenschaftler scheinen nicht zugeben zu wollen, daß solche Gleichungssysteme keinen Schritt zum Zwecke spezieller Voraussagen von individuellen Ereignissen, sondern das Endergebnis ihrer theoretischen Bemühungen darstellen, eine Beschreibung nur des allgemeinen Charakters einer Ordnung, die wir unter spezifizierbaren Bedingungen antreffen, die jedoch nie in eine Voraussage über ihre individuellen Erscheinungsformen umgesetzt werden kann.

Voraussagen eines Musters sind nichtsdestoweniger sowohl überprüfbar als auch nützlich. Weil die Theorie uns sagt, unter welchen allgemeinen Bedingungen sich ein Muster bestimmter Art herausbildet, ermöglicht sie uns, solche Bedingungen herzustellen und zu beobachten, ob ein Muster der vorausgesagten Art auftritt. Und da die Theorie uns sagt, daß etwa gerade dieses Muster in gewissem Sinne eine Produktionsmaximierung garantiert, ermöglicht sie uns

---

32 Pareto, V., *Manuel d'économie politique*, 2nd ed., Paris 1927, 223–224.

ebenfalls die Herstellung der allgemeinen Bedingungen, die eine solche Maximierung sichern, obwohl wir von vielen der individuellen Umstände, die das dann auftretende Muster bestimmen werden, nichts wissen.

Es ist eigentlich nicht überraschend, daß die Erklärung der bloßen Art eines Musters auf dem Gebiet komplexer Phänomene höchst bedeutend sein kann, während sie auf dem Gebiet einfacher Phänomene, z.B. denen der Mechanik, vielleicht nur von geringem Interesse ist. Der Sachverhalt ist der, daß bei der Erforschung komplexer Phänomene die allgemeinen Muster alles sind, was für solche dauerhaften Ganzheiten charakteristisch ist, die den Hauptgegenstand unseres Interesses bilden, denn es gibt eine Anzahl beständiger Strukturen, die lediglich das allgemeine Muster gemeinsam haben und sonst nichts[33].

Die Zweideutigkeit der Behauptungen des Determinismus

Die Einsicht, daß wir manchmal in der Lage sind zu sagen, daß Daten einer bestimmten Klasse (oder bestimmter Klassen) ein Muster einer bestimmten Art hervorbringen werden, aber nicht in der Lage sind, die Eigenschaften der individuellen Elemente festzustellen, die darüber entscheiden, welche individuelle Form das Muster annimmt, hat Folgen von beträchtlicher Bedeutung. Zunächst ergibt sich daraus, daß die Behauptung, wir wüßten, wie etwas determiniert ist, eine zweideutige Aussage ist. Sie kann bedeuten, daß wir lediglich wissen, welche Klasse von Umständen eine bestimmte Art von Phänomenen determinieren, ohne daß wir die individuellen Umstände, die darüber entscheiden, welcher Einzelfall aus der vorausgesagten Klasse von Mustern auftreten wird, einzeln angeben können; oder sie kann bedeuten, daß wir letzteres ebenfalls erklären können. Deshalb können wir mit Fug und Recht behaupten, daß ein bestimmtes Phänomen durch bekannte Naturkräfte determiniert ist, und gleichzeitig zugeben, daß wir nicht exakt wissen, wie es zustande kam. Ferner wird die Behauptung, daß wir das Prinzip, nach dem ein bestimmter Mechanismus arbeitet, erklären können, nicht entkräftet, wenn darauf aufmerksam gemacht wird, daß wir nicht exakt sagen können, was es an einem bestimmten Raum-Zeitpunkt hervorbringen wird. Aus der Tatsache, daß wir wissen, daß ein Phänomen durch gewisse Arten von Umständen determiniert ist, folgt

[33] Ein bezeichnendes Beispiel für das Mißverständnis dieses Punktes (zitiert von Nagel, E., a.a.O., 61) findet sich bei Beard, Ch. A., *The Nature of the Social Sciences*, New York 1934, 239, wo behauptet wird, daß »(if a science of society) ›were a true science, like that of astronomy, it would enable us to predict the essential movements of human affairs for the immediate and the indefinite future, to give pictures of society in the year 2000 or the year 2500 just as astronomers can map the appearances of the heavens at fixed points of time in the future‹«.

nicht, daß wir auch nur in einem einzigen individuellen Fall alle Umstände kennen müssen, die alle seine Eigenschaften determiniert haben.

Gegen die Behauptung, die Wissenschaft könne einen universalen Determinismus nachweisen, mag es sehr wohl zutreffende und philosophisch wichtige Einwände geben; für alle praktischen Zwecke sind jedoch die Grenzen, die durch die Unmöglichkeit entstehen, alle individuellen Daten zu erfassen, die nötig sind, um detaillierte Schlußfolgerungen aus unseren Theorien ziehen zu können, wahrscheinlich viel enger. Selbst wenn die Behauptung eines universalen Determinismus bedeutungsvoll wäre, würde deshalb kaum eine der üblicherweise aus ihm abgeleiteten Schlußfolgerungen resultieren. In der ersten der beiden oben unterschiedenen Bedeutungen können wir beispielsweise sehr ruhig behaupten, jede einzelne Handlung eines Menschen sei das notwendige Ergebnis der ererbten Struktur seines Körpers (besonders seines Nervensystems) und all der äußeren Einflüsse, die auf ihn seit seiner Geburt gewirkt haben. Wir können sogar noch weiter gehen und behaupten, daß, wenn in einem Einzelfall die wichtigsten dieser Faktoren fast die gleichen wie bei den meisten anderen Individuen wären, eine spezielle Klasse von Einflüssen eine bestimmte Art von Wirkungen hervorbringen wird. Aber dies wäre eine empirische Verallgemeinerung, die auf einer *ceteris-paribus*-Annahme fußt, die wir im Einzelfall nicht verifizieren könnten. Die wesentliche Tatsache bestünde trotz der Kenntnis des Prinzips, nach dem der menschliche Verstand arbeitet, weiter, nämlich, daß wir die volle Gesamtheit individueller Fakten nicht angeben können, die es bewirkt haben, daß das Individuum zu einer gewissen Zeit etwas bestimmtes getan hat. Die individuelle Persönlichkeit würde für uns das gleiche einzigartige und unberechenbare Phänomen bleiben, das wir, so mögen wir hoffen, durch empirisch entwickelte Praktiken wie Lob und Tadel so beeinflussen, daß es sich in eine gewünschte Richtung bewegt, dessen individuelle Handlungen wir aber im allgemeinen nicht voraussagen oder kontrollieren können, weil wir die Informationen über alle die konkreten Tatsachen, die es bestimmen, nicht erhalten könnten.

Die Zweideutigkeit des Relativismus

Dieselbe Art Fehlvorstellung liegt den Schlußfolgerungen zugrunde, die von den verschiedenen Arten des »Relativismus« abgeleitet sind. In den meisten Fällen sind diese relativistischen Standpunkte über Fragen der Geschichte, der Kultur oder der Ethik von den verfehlten Interpretationen der Evolutionstheorie abgeleitet, die wir bereits erörtert haben. Die grundlegende Schlußfolgerung jedoch, daß die Gemeinsamkeit unserer Zivilisation und alle menschlichen Werte das Ergebnis eines langen Evolutionsprozesses sind, in dessen Verlauf die Werte, die die Ziele menschlicher Tätigkeit bestimmen, erschienen und sich wandelten, scheint im Lichte unseres gegenwärtigen Wissens unausweichlich. Wir sind wahrscheinlich auch zu der Schlußfolgerung berechtigt, daß unsere gegenwärtigen Werte nur als Elemente einer besonderen kulturellen Überlieferung existieren und nur für eine mehr oder weniger lange Evolutionsphase kennzeichnend sind – gleichgültig, ob diese Phase einige unserer prähominiden Vorfahren einschließt oder sich auf bestimmte Perioden der menschlichen Zivilisation beschränkt. Wir haben ebensowenig Veranlassung, ihnen ewige Existenz zuzuschreiben, wie der menschlichen Rasse selbst. In diesem so verstandenen Sinne ist es möglich, die menschlichen Werte zu Recht als relativ anzusehen und von der Wahrscheinlichkeit ihrer weiteren Evolution zu sprechen.

Von dieser allgemeinen Einsicht ist es jedoch ein weiter Schritt bis zu den Behauptungen der ethischen, kulturellen und historischen Relativisten oder denen der Evolutionsethik. Grob gesagt: Während wir wissen, daß alle diese Werte relativ zu etwas sind, wissen wir noch nicht, im Hinblick worauf sie relativ sind. Vielleicht können wir die allgemeine Klasse der Umstände angeben, die sie zu dem gemacht haben, was sie sind, aber wir kennen nicht die speziellen Bedingungen, denen die von uns vertretenen Werte zuzuschreiben sind, noch wissen wir, welches unsere Werte sein würden, wenn jene Bedingungen andere gewesen wären. Die meisten unzulässigen Schlußfolgerungen sind das Ergebnis der verfehlten Interpretation der Evolutionstheorie im Sinne des empirischen Nachweises eines Trends. Wenn wir erst einmal erkannt haben, daß sie uns lediglich ein Erklärungsschema bietet, das zur Erklärung konkreter Phänomene ausreichen könnte, *wenn* uns die Tatsachen, die im Laufe der Geschichte gewirkt haben, bekannt wären, wird es offenkundig, daß die Behauptungen der verschiedenen Arten des Relativismus (und der Evolutionsethik) unbegründet sind. Obwohl wir sinnvoll sagen können, daß unsere Werte durch eine Klasse von Umständen, die in allgemeinen Begriffen definiert werden können, bestimmt sind, gilt dennoch, daß – solange wir nicht sagen können, welche individuellen Umstände die bestehenden Werte hervorgebracht haben oder welches bei irgendeiner individuellen Kombination anderer Umstände unsere Werte sein würden – sich aus dieser Behauptung keine bedeutsamen Schlußfolgerungen ergeben.

Es verdient eine kurze Randbemerkung, wie grundlegend entgegengesetzt die aus demselben evolutionstheoretischen Ansatz abgeleiteten praktischen Schlußfolgerungen sind, je nachdem, ob angenommen wird, daß wir über die Umstände tatsächlich genug oder nicht genug wissen können, um aus unserer Theorie spezielle Schlußfolgerungen abzuleiten. Während die Annahme einer hinreichenden Kenntnis der konkreten Tatsachen im allgemeinen eine Art intellektueller Hybris hervorruft, die sich der Illusion hingibt, der Verstand könne über alle Werte ein Urteil abgeben, erzeugt die Einsicht in die Unmöglichkeit eines solchen vollständigen Wissens eine demütige und ehrfürchtige Haltung gegenüber jener Erfahrung der Menschheit als einer Gesamtheit, die in die Werte und in die Institutionen der bestehenden Gesellschaft eingegangen ist.

Einige wenige Bemerkungen über die offensichtliche Bedeutsamkeit unserer Schlußfolgerungen für die Beurteilung der verschiedenen Arten des »Reduktionismus« sollten hier noch hinzugefügt werden. In dem erstgenannten Sinn unserer wiederholt gemachten Unterscheidung – im Sinn einer allgemeinen Beschreibung – lassen sich die Behauptungen wahrscheinlich verteidigen, daß biologische oder geistige Phänomene »nichts als« gewisse zusammengesetzte Ganzheiten physikalischer Ereignisse oder gewisse Klassen von Strukturen solcher Ereignisse sind. Aber in dem zweiten Sinn – dem der speziellen Voraussage –, der allein die Berechtigung zu den viel anspruchsvolleren Behauptungen geben würde, die zum Reduktionismus geführt haben, sind sie völlig unberechtigt. Eine vollständige Reduktion könnte nur erreicht werden, wenn wir eine mit biologischen oder psychologischen Begriffen vorgenommene Beschreibung von Ereignissen durch eine mit physikalischen Begriffen vorgenommene Beschreibung ersetzen könnten, die eine erschöpfende Aufzählung all der physikalischen Umstände einschlösse, die eine notwendige und hinreichende Bedingung der in Frage stehenden biologischen und psychologischen Phänomene bilden. Tatsächlich bestehen derartige Versuche immer – und können nur bestehen – aus einer illustrierenden, meist mit »usw.« ergänzten Aufzählung von Klassen von Ereignissen, die das in Frage stehende Phänomen hervorbringen könnten. Solche »usw.-Reduktionen« sind keine Reduktionen, die es uns ermöglichen, ohne die biologischen oder psychologischen Gesamtheiten auszukommen oder sie durch eine Aussage über physikalische Ereignisse zu ersetzen, sondern sie sind bloße Erklärungen des allgemeinen Charakters jener Art von Ordnung oder Muster, deren individuelle Erscheinungsformen wir nur durch unsere konkrete Erfahrung kennen[34].

Die Bedeutung unserer Unwissenheit

Vielleicht ist es nur natürlich, daß die Umstände, die unser Tatsachenwissen begrenzen, und die daraus resultierenden Grenzen für die Anwendbarkeit unseres theoretischen Wissens in dem Überschwang, der durch die erfolgreichen Fortschritte der Wissenschaft erzeugt wurde, ziemlich unbeachtet geblieben sind. Es ist jedoch höchste Zeit, daß wir unsere Unwissenheit ernster nehmen.

---

[34] Vgl. Hayek, F. A., *Counter-Revolution of Science*, 48 ff.; deutsch: *Mißbrauch und Verfall der Vernunft*, 1959, 61 ff. (Hayek, *Schriften*, B2, 2004, 46 ff.) und Craig, W., »Replacement of Auxiliary Expressions«, *The Philosophical Review*, 65, 1956.

So haben Popper und andere dargelegt, »je mehr wir über die Welt erfahren, und je gründlicher unsere Erfahrung ist, um so bewußter, spezifischer und deutlicher wird unser Wissen von dem, was wir nicht wissen, unser Wissen von unserer Unwissenheit«[35]. Wir haben in der Tat auf vielen Gebieten genug gelernt, um zu wissen, daß wir nicht all das wissen können, was wir zu einer vollständigen Erklärung der Phänomene wissen müßten.

Diese Grenzen mögen nicht absolut sein. Obwohl wir über gewisse komplexe Phänomene vielleicht niemals so viel wissen, wie wir über einfache Phänomene wissen können, so können wir vielleicht doch die Grenze teilweise überschreiten, indem wir bewußt eine Technik entwickeln, die nur beschränktere Ziele verfolgt – nicht individuelle Ereignisse zu erklären, sondern lediglich das Auftreten gewisser Muster oder Ordnungen. Ob wir das als bloße Erklärungen des Prinzips, als bloße Muster-Voraussagen oder als Theorien höheren Grades bezeichnen, ist dabei gleichgültig. Wenn wir einmal deutlich erkannt haben, daß das Verständnis des allgemeinen Mechanismus, der Muster einer bestimmten Art hervorbringt, nicht bloß ein Instrument für spezielle Voraussagen, sondern bereits als solches bedeutsam ist, und daß es wichtige Orientierungshilfen für Handlungen (oder manchmal für die Wünschbarkeit der Unterlassung von Handlungen) liefern kann, können wir in der Tat feststellen, daß dieses begrenzte Wissen höchst wertvoll ist.

Wir müssen uns von dem naiven Aberglauben freimachen, die Welt habe so beschaffen zu sein, daß es möglich ist, durch unmittelbare Beobachtungen einfache Regelmäßigkeiten zwischen allen Phänomenen zu entdecken, und daß dies eine notwendige Voraussetzung für die Anwendung wissenschaftlicher Methoden sei. Was wir bis jetzt über die Beschaffenheit von vielen komplexen Strukturen entdeckt haben, sollte genügen, uns zu lehren, daß es keinen Grund für diese Erwartungen gibt und daß unsere Ziele, wenn wir auf diesen Gebie-

---

[35] Popper, K. R., »On the Sources of Knowledge and Ignorance«, *Proceedings of the British Academy*, 46, 1960, 69 (Anmerkung des Übersetzers: Das Originalzitat lautet »the more we learn about the world, and the deeper our learning, the more conscious, specific, and articulate will be our knowledge of what we do not know, our knowledge of our ignorance«). Siehe ferner Weaver, W., »A Scientist Ponders Faith«, *Saturday Review,* 3. Januar 1959: »Is science really gaining in its assault on the totality of the unsolved? As science learns one answer, it is characteristically true that it also learns several new questions. It is as though science were working in a great forest of ignorance, making an ever larger circular clearing within which, not to insist on the pun, things are clear ... But, as that circle becomes larger and larger, the circumference of contact with ignorance also gets longer and longer. Science learns more and more. But there is an ultimate sense in which it does not gain; for the volume of the appreciated but not understood keeps getting larger. We keep, in science, getting a more and more sophisticated view of our ignorance.«

ten vorankommen wollen, etwas anders aussehen müßten, als jene auf den Gebieten einfacher Phänomene.

Ein Nachwort über die Rolle von »Gesetzen« in der Theorie komplexer Phänomene[36]

Vielleicht ist die Ergänzung nützlich, daß die vorhergehenden Überlegungen einige Zweifel über die weitverbreitete Ansicht aufkommen lassen, es sei das Ziel theoretischer Wissenschaften, »Gesetze« aufzustellen – zumindest wenn das Wort »Gesetz« im üblichen Sinne verwendet wird. Die meisten würden wahrscheinlich folgende Definition von »Gesetz« akzeptieren: »Ein wissenschaftliches Gesetz ist die Regel, durch die zwei Phänomene aufgrund des Kausalitätsprinzips miteinander verbunden sind, das heißt als Ursache und Wirkung[37]«. Und von keiner geringeren Autorität als von Max Planck wird berichtet, daß er immer darauf bestanden habe, ein wirklich wissenschaftliches Gesetz müsse in einer einzigen Gleichung ausdrückbar sein[38].

Eine Behauptung, die bloß besagt, daß eine bestimmte Struktur lediglich einen aus der (unbegrenzten) Anzahl von Zuständen annehmen kann, die durch ein System aus zahlreichen simultanen Gleichungen definiert sind, ist dennoch eine völlig einwandfreie wissenschaftliche (theoretische und falsifizierbare) Aussage[39]. Wir können eine solche Aussage immer noch »Gesetz« nennen,

---

[36] Dieser letzte Abschnitt war in der ursprünglich veröffentlichten Fassung [in Bunge, M. (Hrsg.) 1964, d. Hrsg.] nicht enthalten und ist dem Wiederabdruck [in Hayek, *Studies*, 140–42, d. Hrsg.] hinzugefügt worden.

[37] Diese besondere Formulierung, die ich zufällig während der Ausarbeitung dieses Artikels fand, ist entnommen von Kelsen, H., *The Natural Law Doctrine Before the Tribunal of Science* (1949), wiederabgedruckt in: Kelsen, H., *What is Justice?*, University of California Press 1960, 139. (Die englische Formulierung lautet: »a scientific law is the rule by which two phenomena are connected with each other according to the principle of causality, that is to say, as cause and effect«. Anmerkung des Übersetzers). Die Formulierung scheint eine weitverbreitete Ansicht recht gut auszudrücken.

[38] Sir Karl Popper bemerkt hierzu, es scheine äußerst zweifelhaft, ob von irgendeiner *einzelnen* von Maxwells Gleichungen gesagt werden könnte, sie würde etwas von realer Bedeutung aussagen, wenn wir nichts von den anderen wüßten: in der Tat scheint es, daß das wiederholte Auftreten der Symbole in verschiedenen Gleichungen notwendig ist, um sicherzustellen, daß diese Symbole die beabsichtigte Bedeutung haben.

[39] Vgl. Popper, K. R., *Logic of Scientific Discovery*, § 17, 73, deutsch: *Logik der Forschung*, 11. Aufl. 2005, 49: »Durch ein System von Gleichungen werden die auftretenden Variablen in gewisser Weise festgelegt; auch wenn das Gleichungssystem zu einer eindeutigen Lösung nicht hinreicht, dürfen nicht alle möglichen Kombinationen von Werten für die Variablen eingesetzt werden; vielmehr wird eine gewisse Klasse von Wertsystemen als zulässig, eine andere Klasse als unzulässig ausgezeichnet.« Ferner sei auf die

wenn wir es wollen (obwohl manche zu Recht empfinden könnten, daß der Sprache Gewalt angetan würde); jedoch würde die Annahme einer solchen Terminologie uns gegen eine wichtige Unterscheidung wahrscheinlich gleichgültig werden lassen: Denn zu sagen, daß eine solche Aussage wie ein Gesetz im üblichen Sinne eine Beziehung zwischen Ursache und Wirkung beschreibt, wäre höchst irreführend. Es scheint deshalb, daß die Idee des Gesetzes in ihrem üblichen Sinne wenig Anwendungsmöglichkeiten für die Theorie der komplexen Phänomene hat und daß deshalb die Kennzeichnung wissenschaftlicher Theorien als »nomologisch« oder »nomothetisch« (oder mit dem deutschen Ausdruck als »Gesetzeswissenschaften«[40]) nur angemessen ist für 2- oder vielleicht 3-Variablen-Probleme, auf die man die Theorie einfacher Phänomene reduzieren kann, nicht jedoch für eine Theorie von Phänomenen, die erst jenseits eines bestimmten Grades der Komplexität auftreten. Wenn wir bei einem solchen Gleichungssystem, das eine komplexe Struktur beschreibt, annehmen, daß außer einem einzigen Parameter alle übrigen Parameter konstant sind, können wir natürlich die Abhängigkeit der jeweiligen komplexen Struktur von diesem einen Parameter ein »Gesetz« nennen, und die Variation dieses Parameters als »Ursache« und die Veränderung der komplexen Struktur als »Wirkung« bezeichnen. Aber ein solches »Gesetz« hätte nur Gültigkeit unter der Voraussetzung einer individuellen Kombination der Werte aller anderen Parameter und würde sich mit jeder Veränderung des Wertes irgendeines dieser anderen Parameter selbst verändern. Dies wäre ganz offensichtlich keine sehr adäquate Konzeption eines »Gesetzes«, und der einzige allgemeingültige Satz über die Regelmäßigkeiten der in Frage stehenden Struktur ist das gesamte System simultaner Gleichungen, aus denen, wenn die Parameterwerte dauernd variabel sind, eine unbegrenzte Zahl von individuellen Gesetzen abgeleitet werden könnte, die die Abhängigkeit einer Variablen von einer anderen zeigen.

In diesem Sinne haben wir wohl vielleicht eine gut ausgearbeitete und recht nützliche Theorie über irgendeine Art komplexes Phänomen gewonnen und müssen dennoch zugeben, daß wir kein einziges Gesetz im üblichen Sinne des Wortes kennen, dem diese Art von Phänomen gehorcht. Ich glaube, dies trifft in großem Maße für soziale Phänomene zu: Obwohl wir Theorien besitzen über soziale Strukturen, bezweifle ich fast, ob wir die Kenntnis von irgendeinem »Gesetz« haben, dem soziale Phänomene gehorchen. So hat es also den Anschein, daß das Forschen zur Auffindung von Gesetzen kein geeignetes Kennzeichen ist für wissenschaftliches Vorgehen, sondern bloß ein Merkmal

---

Anwendung hingewiesen, die in den der zitierten Stelle folgenden Passagen über »Aussagegleichungen« vorgenommen wird.

[40] In der englischen Fassung ist der deutsche Ausdruck »Gesetzeswissenschaften« verwendet worden (Anmerkung des Übersetzers).

für die Theorie einfacher Phänomene, wie wir sie früher definiert haben; und daß auf dem Gebiet der komplexen Phänomene sowohl die Bezeichnung »Gesetz« als auch die Vorstellungen von Ursache und Wirkung nicht ohne solche Modifikationen anwendbar sind, die ihnen die übliche Bedeutung nehmen.

In gewisser Hinsicht ist die weitverbreitete starke Betonung der »Gesetze«, d.h. der Entdeckung von Regelmäßigkeiten in den Beziehungen zwischen zwei Variablen, vielleicht eine Auswirkung des Induktivismus, weil es wahrscheinlich ist, daß lediglich eine so einfache Kovariation von zwei Größen uns ins Auge fällt, bevor eine ausdrückliche Theorie oder Hypothese aufgestellt worden ist. Im Falle komplexerer Phänomene wird es eher offensichtlich, daß wir zuerst unsere Theorie haben müssen, bevor wir feststellen können, ob sich die Dinge wirklich dieser Theorie gemäß verhalten. Es hätte wahrscheinlich viel Verwirrung erspart, wenn die theoretischen Wissenschaften nicht in dieser Weise identifiziert worden wären mit dem Suchen nach Gesetzen im Sinne einer einfachen Abhängigkeit einer Größe von einer anderen. Das hätte ein solches Mißverständnis verhindert wie beispielsweise jenes, daß die biologische Evolutionstheorie ein bestimmtes »Evolutionsgesetz« aufstelle, etwa ein Gesetz der notwendigen Aufeinanderfolge gewisser Stufen oder Formen. Sie hat natürlich nichts derartiges getan, und alle Versuche, es zu tun, beruhen auf einem Mißverständnis von Darwins großer schöpferischer Leistung. Das Vorurteil, daß man, um wissenschaftlich zu sein, Gesetze formulieren muß, wird sich vielleicht noch als eine der schädlichsten methodologischen Konzeptionen herausstellen. Auf allen Gebieten, wo einfache Gesetze bedeutsam sind, mag die Feststellung »einfachere Sätze sind … höher zu werten«[41] bis zu einem gewissen Grade aus den von Popper dargelegten Gründen nützlich gewesen sein. Aber es scheint mir, daß es immer Bereiche geben wird, in denen gezeigt werden kann, daß alle derartigen Sätze falsch sein müssen, und in denen folglich auch das Vorurteil zugunsten von »Gesetzen« Schaden stiften muß.

---

41 Popper, K. R., *Logik der Forschung*, 11. Aufl. 2005, 122.

Teil III

Die spontane Ordnung des Marktes

7. Die Verwertung des Wissens in der Gesellschaft*

1

Wie lautet das Problem, das wir zu lösen haben, wenn wir versuchen, eine rationale Wirtschaftsordnung zu konstruieren?

Unter bestimmten wohlbekannten Annahmen ist die Antwort recht einfach. *Wenn* wir alle erforderlichen Informationen besitzen, *wenn* wir von einem gegebenen System von Präferenzen ausgehen können und *wenn* wir über eine vollständige Kenntnis der verfügbaren Mittel gebieten, dann ist das Problem, das übrig bleibt, lediglich ein Problem der Logik. Das heißt, die Antwort auf die Frage, welche die beste Verwendung der verfügbaren Mittel ist, ist in unseren Annahmen bereits enthalten. Die Bedingungen, die die optimale Lösung dieses Problems befriedigen, sind vollständig ausgearbeitet worden und können am besten in mathematischer Form dargestellt werden: Kurz formuliert besagen sie, daß die marginalen Substitutionsverhältnisse zwischen zwei Gütern oder Faktoren in allen ihren verschiedenen Verwendungen dieselben sein müssen.

Das ist aber ganz entschieden *nicht* das wirtschaftliche Problem, dem die Gesellschaft gegenübersteht. Der wirtschaftliche Kalkül, den wir entwickelt haben, um dieses logische Problem zu lösen, ist zwar ein wichtiger Schritt auf dem Weg zur Lösung des wirtschaftlichen Problems der Gesellschaft, bietet aber an sich darauf noch keine Antwort. Der Grund dafür ist, daß die »Daten«, von denen der wirtschaftliche Kalkül ausgeht, nie für die ganze Gesellschaft einem Einzelnen »gegeben« sind, der das weitere ausrechnen könnte, und auch nie so gegeben sein können.

Der eigentümliche Charakter des Problems einer rationalen Wirtschaftsordnung ist gerade auch durch die Tatsache bestimmt, daß die Kenntnis der Umstände, von der wir Gebrauch machen müssen, niemals zusammengefaßt oder als Ganzes existiert, sondern immer nur als zerstreute Stücke unvollkommener und häufig widersprechender Kenntnisse, welche all die verschiedenen

* Erstveröffentlichung: »The Use of Knowledge in Society«, *American Economic Review* 35, 4, 1945, 519–530.

Individuen gesondert besitzen. Das Wirtschaftsproblem der Gesellschaft ist daher nicht bloß das Problem, für welche Zwecke man die »gegebenen« Mittel verwenden soll – wenn mit »gegeben« verstanden sein soll, daß sie einem Einzelnen gegeben sind, der das Problem, das durch diese »Daten« gesetzt ist, durch Überlegungen löst. Das Problem ist vielmehr, wie man den besten Gebrauch aller Mittel sichern kann, die irgend einem Mitglied der Gesellschaft bekannt sind und zwar für Zwecke, deren relative Wichtigkeit nur diese Individuen kennen. Oder, um es kurz auszudrücken, es ist das Problem der Verwertung von Wissen, das niemandem in seiner Gesamtheit gegeben ist.

Dieser Charakter des grundlegenden Problems ist, wie ich fürchte, durch viele der jüngsten Verfeinerungen der Wirtschaftstheorie, insbesondere durch viele der Anwendungen der Mathematik, eher verdunkelt als aufgehellt worden. Obwohl das Problem, mit dem ich mich in diesem Aufsatz in erster Linie befassen will, das Problem einer rationalen Organisation der Wirtschaft ist, werde ich immer wieder auf den engen Zusammenhang dieses Problems mit methodologischen Fragen unserer Wissenschaft hinweisen müssen. Viele der Überlegungen, die ich anstellen will, sind sogar Schlußfolgerungen, in denen verschiedene Gedankengänge unerwartet zusammentreffen. So wie ich diese Probleme jetzt sehe, ist das kein Zufall. Es scheint mir, daß viele der bestehenden Meinungsverschiedenheiten in der Wirtschaftstheorie wie auch in der Wirtschaftspolitik ihre gemeinsame Wurzel in einer falschen Auffassung über die Natur des wirtschaftlichen Problems der Gesellschaft haben. Dieses Mißverständnis stammt aus einer fehlerhaften Übertragung von Denkgewohnheiten, die wir in der Behandlung der Erscheinungen der Natur entwickelt haben, auf soziale Phänomene.

2

In der gewöhnlichen Sprache bezeichnen wir mit dem Wort »Planen« den Komplex der aufeinander abgestimmten Entscheidungen über die Verwendung der verfügbaren Mittel. In diesem Sinn ist alle wirtschaftliche Tätigkeit ein Planen und in jeder Gesellschaft, in der viele Menschen zusammenarbeiten, wird dieses Planen, von wem immer geplant wird, in gewissem Maß auf Kenntnisse gegründet sein, die zunächst nicht dem Planenden gegeben sind, sondern irgend jemand anderem und die auf irgend eine Weise dem Planenden erst vermittelt werden müssen. Auf welchen verschiedentlichen Wegen das Wissen, auf das die Menschen ihre Pläne gründen, zu ihnen gelangt, ist das entscheidende Problem für jede Theorie, die den Wirtschaftsprozeß erklären soll. Das Problem, die beste Methode zu finden, durch die die Kenntnisse, die ursprünglich unter alle Menschen verteilt sind, nutzbar gemacht werden können, ist zum mindesten eines der Hauptprobleme in der Wirtschaftspolitik – oder im Entwurf eines zweckmäßigen Wirtschaftssystems.

Die Antwort auf diese Frage ist mit jener anderen Frage, die hier auftritt, eng verknüpft, nämlich mit der Frage, *wer* planen soll. Das ist die Frage, auf die aller Streit über die »Planwirtschaft« hinausläuft. Der Streitpunkt ist nicht, ob geplant werden soll oder nicht; sondern ob die Planung zentral von einer Behörde für das ganze Wirtschaftssystem geschehen soll, oder oder ob sie unter viele Individuen aufgeteilt werden soll. Planen in dem speziellen Sinn, in dem es in den gegenwärtigen Auseinandersetzungen gebraucht wird, bedeutet notwendigerweise zentrale Planung – Leitung des ganzen Wirtschaftssystems nach einem einheitlichen Plan. Konkurrenzwirtschaft andererseits bedeutet dezentralisiertes Planen durch viele getrennte Personen. Das Mittelding zwischen den beiden, über das Viele reden, das ihnen aber meist nicht zusagt, wenn sie es sehen, ist die Übertragung der Planung an organisierte Industrien oder mit anderen Worten, Monopole.

Welches von diesen Systemen erfolgreicher sein wird, hängt hauptsächlich von der Frage ab, unter welchem von ihnen wir eine bessere Ausnützung der vorhandenen Kenntnis erwarten können. Und das wiederum hängt davon ab, was leichter gelingen wird: alle Kenntnisse, die verwendet werden sollen, die aber ursprünglich unter viele verschiedene Individuen verteilt sind, einer einzigen zentralen Behörde zur Verfügung zu stellen, oder den Individuen jenes zusätzliche Wissen zu vermitteln, das sie brauchen, um ihre Pläne denen der anderen anzupassen.

3

Es ist sofort einleuchtend, daß in dieser Beziehung Unterschiede bezüglich verschiedener Arten von Wissen bestehen. Die Antwort auf unsere Frage wird daher in weitem Maß von der relativen Wichtigkeit der verschiedenen Arten von Wissen abhängen: der Kenntnisse, die eher einzelnen Individuen zur Verfügung stehen werden und jener, von denen wir mit größerer Wahrscheinlichkeit erwarten dürfen, daß sie einer Behörde zur Verfügung stehen werden, die aus entsprechend ausgewählten Sachverständigen gebildet ist. Daß heute so allgemein angenommen wird, daß die letztere besser dran sein wird, kommt daher, daß eine Art von Wissen, nämlich die wissenschaftliche Kenntnis, in der Vorstellung der Allgemeinheit einen so hervorragenden Platz einnimmt, daß wir fast vergessen, daß das nicht das einzige relevante Wissen ist. Es mag zugegeben werden, daß, soweit wissenschaftliche Kenntnisse in Betracht kommen, eine Körperschaft von geeignet gewählten Fachleuten am ehesten in der Lage sein wird, über das beste verfügbare Wissen zu gebieten, – obwohl das natürlich nur bedeutet, daß die Schwierigkeit bei dem Problem der Auswahl der Fachleute von Neuem auftritt. Was ich aber sagen will, ist, daß, selbst angenommen, daß dieses Problem richtig gelöst werden kann, dies nur ein Teil des umfassenderen Problems ist.

Es klingt heutzutage fast ketzerisch, wenn man sagt, daß wissenschaftliche Kenntnis nicht die Summe alles Wissens darstellt. Aber eine kurze Überlegung zeigt, daß es zweifellos eine Menge von sehr wichtigen, aber nicht organisierten Kenntnissen gibt, die gewiß nicht wissenschaftlich in dem Sinn von Kenntnis von allgemeinen Gesetzen genannt werden kann, nämlich die Kenntnis der besonderen Umstände von Ort und Zeit. In diesem Sinne hat praktisch jedes Individuum einen Vorteil vor allen anderen, besitzt spezifische Kenntnisse, von denen es vorteilhaften Gebrauch machen könnte, vorausgesetzt, daß die daran hängenden Entscheidungen ihm überlassen oder mit seiner tätigen Mithilfe getroffen werden. Wir brauchen nur daran zu erinnern, wie viel wir in jedem Beruf noch zu lernen haben, nachdem wir unser theoretisches Studium abgeschlossen haben, welch großen Teil unseres Berufslebens wir damit zubringen, uns mit einem speziellen Arbeitsgebiet vertraut zu machen, und was für ein wertvoller Aktivposten in allen Berufen die Kenntnis von Menschen, von örtlichen Bedingungen und besonderen Umständen ist. Von einer Maschine zu wissen, die nicht voll ausgenützt und daher verfügbar ist, oder von einem geschickten Mann, der besser eingesetzt werden kann, oder von verfügbaren Vorräten, die während einer Unterbrechung der Versorgung herangezogen werden können, ist vom sozialen Standpunkt ebenso nützlich wie die Kenntnis besserer technischer Methoden. Und der Frächter, der seinen Unterhalt durch die Ausnützung sonst leerer oder halbausgenützter Fahrten von Frachtdampfern verdient, oder der Grundstücksagent, dessen Kenntnis sich fast ausschließlich auf momentane Gelegenheiten bezieht, oder der Arbitrageur, der aus örtlichen Differenzen der Güterpreise gewinnt, sie alle erfüllen ungemein nützliche Funktionen, die auf der speziellen Kenntnis von Umständen des flüchtigen Moments aufgebaut sind, die andere nicht haben.

Es ist merkwürdig, daß diese Art von Kenntnis heute allgemein mit einer gewissen Verachtung betrachtet wird und daß jemand, der durch solche Kenntnis Vorteile gegenüber einem mit theoretischem oder technischem Wissen ausgestatteten Akteur gewinnt, fast so betrachtet wird, als hätte er unredlich gehandelt. Aus einer besseren Kenntnis von Möglichkeiten der Verbindungen oder des Transports Vorteil zu ziehen, wird manchmal beinahe als unehrenhaft betrachtet, obwohl es ebenso wichtig ist, daß die Gesellschaft die besten Gelegenheiten in dieser Hinsicht ausnützt, als daß die letzten wissenschaftlichen Entdeckungen ausgewertet werden. Dieses Vorurteil hat in beträchtlichem Maß die Stellungnahme zum Handel im Vergleich zur Produktion beeinflußt. Sogar Nationalökonomen, die sich über die groben materialistischen Trugschlüsse der Vergangenheit völlig erhaben fühlen, begehen doch ständig den gleichen Fehler, wenn es sich um Tätigkeiten handelt, die auf die Erwerbung von solchem praktischen Wissen gerichtet sind – anscheinend, weil in ihrem Schema der Dinge alles solche Wissen als »gegeben« angenommen wird. Die allgemeine Ansicht scheint jetzt zu sein, daß all dieses Wissen selbstverständlich jedermann zur Verfügung stehen sollte und der Vorwurf der Vernunftwidrigkeit, der gegen die exixtierende Wirtschaftsordnung erhoben wird, ist häufig gerade auf die Tatsache gegründet, daß dieses Wissen nicht so verfügbar ist. Diese Ansicht übersieht, daß das Problem, auf welche Weise diese Kenntnis so weit wie nur möglich verfügbar gemacht werden kann, gerade das Problem ist, für das wir eine Antwort zu finden haben.

4

Wenn es heute Mode ist, die Wichtigkeit der Kenntnis der besonderen Umstände von Ort und Zeit gering zu schätzen, so hängt das auch eng mit der geringeren Wichtigkeit zusammen, die man der Veränderung als solcher beimißt. Es gibt in der Tat wenig Punkte, hinsichtlich derer die Annahmen, die von den Planwirtschaftlern (gewöhnlich nur implizite) gemacht werden, sich von denen ihrer Gegner sosehr unterscheiden, wie die im Hinblick auf die Bedeutung und die Häufigkeit von Veränderungen, die wesentliche Änderungen im Produktionsplan notwendig machen. Freilich, wenn genaue Wirtschaftspläne für ziemlich lange Perioden im Voraus gemacht werden und dann genau eingehalten werden könnten, so daß keine weiteren wirtschaftlichen Entscheidungen von Wichtigkeit notwendig wären, würde das Entwerfen eines umfassenden Planes, der die ganze wirtschaftliche Tätigkeit lenkt, als eine weit weniger gewaltige Aufgabe erscheinen.

Es ist vielleicht nicht überflüssig, zu betonen, daß wirtschaftliche Probleme immer nur in Folge von Veränderungen auftreten. So lange die Dinge bleiben, wie sie sind, oder zumindest sich nicht anders entwickeln, als man erwartete, treten keine neuen Probleme auf, die eine Entscheidung verlangen, und entsteht keine Notwendigkeit, einen neuen Plan zu machen. Die Meinung, daß Veränderung, oder zumindest tägliche Anpassungen heutzutage weniger wichtig geworden sind, schließt die Behauptung in sich, daß auch wirtschaftliche Probleme weniger wichtig geworden sind. Dieser Glaube an die geringer werdende Wichtigkeit der Veränderung ist aus diesem Grund gewöhnlich bei den gleichen Leuten anzutreffen, die auch argumentieren, daß die Bedeutung von wirtschaftlichen Betrachtungen durch die wachsende Bedeutung von technischem Wissen in den Hintergrund gedrängt worden ist.

Ist es wahr, daß mit dem hochentwickelten Apparat moderner Produktion wirtschaftliche Entscheidungen nur in langen Intervallen notwendig sind, z.B., wenn eine neue Fabrik errichtet oder ein neuer Produktionsprozeß eingeführt werden soll? Ist es wahr, daß, wenn eine Anlage einmal errichtet worden ist, alles übrige mehr oder weniger durch den Charakter der Anlage bestimmt ist und daß wenig Spielraum für eine Anpassung an die ständig wechselnden Umstände des Augenblicks bleibt?

Der ziemlich verbreitete Glaube, daß dies zutrifft, ist, soweit ich feststellen kann, nicht aus der praktischen Erfahrung des Geschäftsmannes heraus geboren. Zumindest in einer Industrie im freien Wettbewerb – und nur eine solche Industrie kann als Prüfstein dienen – erfordert die Aufgabe, Kostensteigerungen zu verhindern, einen ständigen Kampf, der einen großen Teil der Energie des Unternehmers in Anspruch nimmt. Wie leicht kann ein unfähiger Unternehmer die Spanne, auf der die Rentabilität beruht, zum Verschwinden bringen; und daß es möglich ist, mit den gleichen technischen Einrichtungen mit sehr verschiedenen Kosten zu produzieren, gehört zu den Binsenwahrheiten kaufmännischer Erfahrung, ist aber der Forschung des Nationalökonomen anscheinend noch nicht ebenso vertraut. Gerade der Nachdruck, mit dem der Wunsch, ungehindert durch Rücksichten auf die Kosten arbeiten zu können, ständig von den Produzenten und Technikern geäußert wird, ist ein beredtes Zeugnis für das Ausmaß, in welchem diese Faktoren ihre tägliche Arbeit beeinflussen.

Ein Grund, warum die Nationalökonomen immer mehr geneigt sind, die konstanten kleinen Veränderungen zu vergessen, welche das ganze wirtschaftliche Bild ausmachen, ist wahrscheinlich ihre wachsende Beschäftigung mit statistischen Größen, die eine weit größere Stabilität zeigen, als die Bewegungen im Kleinen. Die verhältnismäßige Stabilität solcher Massenerscheinungen kann jedoch nicht, wie die Statistiker gelegentlich zu tun geneigt sind, durch das Gesetz der großen Zahl oder die gegenseitige Kompensation zufälliger Veränderungen erklärt werden. Die Zahl der Elemente, mit denen wir zu tun haben, ist nicht groß genug, als daß solche zufällige Kräfte Stabilität erzeugen könnten. Der ununterbrochene Fluß von Gütern und Leistungen wird durch ständige bewußte Anpassungen erhalten, durch neue Verfügungen, die täglich im Lichte von Umständen gemacht werden, die den Tag zuvor noch nicht bekannt waren, dadurch, daß B einspringt, wenn A nicht liefert. Sogar die große und hoch mechanisierte Anlage kann zum großen Teil nur deshalb in kontinuierlichem Betrieb bleiben, weil sie alle Arten von unvorgesehenen Erfordernissen aus ihrer Umgebung befriedigen kann: Ziegeln für das Dach, Papierwaren für ihre Formulare und all die tausend Dinge, mit denen sie sich nicht selbst versorgen kann und von denen man bei der Führung der Fabrik vorausetzt, daß sie leicht am Markt erhältlich sind.

Dies ist vielleicht auch der Punkt, an dem ich kurz erwähnen soll, daß die Kenntnisse, mit denen ich hier befaßt bin, von einer Art sind, welche ihrer Natur nach nicht in die Statistik eingehen und daher auch nicht in statistischer Form einer zentralen Behörde vermittelt werden können. Die Statistiken, welche eine solche zentrale Stelle benützen müßte, könnten nur in der Weise aufgestellt werden, daß gerade von den kleineren Unterschieden zwischen den Dingen abstrahiert würde, indem sie als Vermögenswerte der gleichen Art Posten zusammenwerfen würde, die im Hinblick auf Lagerungsort, Qualität und andere Einzelheiten sich in einer Weise unterscheiden, die für die spezielle Entscheidung sehr bedeutend sein kann. Daraus folgt, daß zentrale Planung, die sich auf statistische Information stützt, ihrer Natur nach diese Umstände von Zeit und Ort nicht berücksichtigen kann und daß der zentrale Wirtschaftsplaner insofern eine andere Methode wird finden müssen, auf die die Entscheidungen, die von jenen besonderen Umständen abhängen, dem »Mann vor Ort« überlassen bleiben können.

5

Wenn wir darüber einig sind, daß das wirtschaftliche Problem der Gesellschaft hauptsächlich ein Problem der raschen Anpassung an die Veränderungen in den besonderen Umständen von Zeit und Ort ist, so scheint daraus zu folgen, daß die Entscheidungen schließlich den Leuten überlassen werden müssen, die mit diesen Umständen vertraut sind, die unmittelbar von den relevanten Veränderungen und von den sofort verfügbaren Mitteln wissen, die die Anpassung erfordert. Wir können nicht erwarten, daß diese Probleme dadurch gelöst werden können, daß zuerst all diese Kenntnis einer zentralen Behörde mitgeteilt wird, die, nachdem sie *alles* Wissen zusammengefaßt hat, ihre Anordnungen trifft. Sie müssen durch irgend eine Form der Dezentralisation gelöst werden. Aber das beantwortet nur einen Teil unseres Problems. Wir brauchen Dezentralisation, weil wir nur so erreichen können, daß die Kenntnis der besonderen Umstände von Zeit und Ort sofort ausgenützt wird. Aber der »Mann vor Ort« kann nicht allein auf der Grundlage seiner beschränkten aber detaillierten Kenntnis der Tatsachen seiner unmittelbaren Umgebung entscheiden. Es bleibt noch das Problem, ihm jene weitere Information zu vermitteln, die er braucht, um seine Entscheidungen an die Veränderungsmuster der Gesamtwirtschaft anzupassen.

Wieviel Kenntnis muß er besitzen, um das erfolgreich tun zu können? Welche von den Vorgängen, die sich jenseits des Horizonts seiner unmittelbaren Beobachtung zutragen, sind für seine Entscheidungen von Belang und wieviel muß er von ihnen wissen?

Es gibt schwerlich irgend etwas, das irgendwo in der Welt geschieht, das auf die Entscheidung, die er machen soll, nicht Einfluß haben *könnte*. Aber er braucht nicht von diesen Vorgängen als solchen zu wissen und auch nicht *alle* ihre Wirkungen zu erkennen. Für ihn ist es gleichgültig, *warum* in einem bestimmten Augenblick mehr Schrauben von einer gewissen Größe gebraucht werden als von einer anderen, *warum* Papiersäcke leichter zu bekommen sind als Stoffsäcke, oder *warum* qualifizierte Arbeit oder bestimmte Maschinenwerkzeuge im Augenblick schwerer erhältlich sind. Was für ihn von Bedeutung ist, ist allein, *um wie viel schwieriger oder leichter* ihre Beschaffung im Vergleich zu anderen, ebenfalls in seinem Verantwortungsbereich liegenden Dingen, geworden ist, oder um wie viel dringender oder weniger dringend die anderen Dinge, die er produziert oder verwendet, nachgefragt werden. Es geht für ihn immer nur um die relative Wichtigkeit der verschiedenen Dinge, mit denen er zu tun hat, und die Ursachen für die Verschiebungen in der relativen Gewichtung haben, abgesehen von ihrem Einfluß auf die Dinge seiner konkreten Umwelt hinaus, für ihn keinerlei Bedeutung.

In diesem Zusammenhang hilft uns der ökonomische Kalkül, in dem engeren Sinn, in dem ich diesen Ausdruck gebrauche, zumindest im Wege der Analogie zu sehen, wie dieses Problem durch das Preissystem gelöst werden kann und tatsächlich gelöst wird. Auch der Wirtschaftsdiktator, der alle Daten für ein kleines in sich geschlossenes Wirtschaftssystem besäße, würde nicht – jedesmal, wenn er eine kleine Änderung in der Verwendung seiner Mittel vorzunehmen hat – bewußt all die Mittel-Zweck-Beziehungen erneut durchdenken, die möglicherweise betroffen sein könnten. Es ist der große Beitrag der Entscheidungslogik, daß sie überzeugend bewiesen hat, daß auch ein solcher einheitlicher Geist dieses Problem nur lösen könnte, indem er Äquivalenzverhältnisse konstruiert und ständig benützt (oder »Werte« oder »marginale Substitutionsverhältnisse«), das heißt, indem er jeder Art von knappen Mitteln einen numerischen Index zuordnet, der nicht aus einer Eigenschaft abgeleitet ist, die das einzelne Ding besitzt, sondern der seine Bedeutung in Hinblick auf den ganzen Komplex von Mittel-Zweck-Verhältnissen widergibt oder in dem diese sich ausdrückt. Bei jeder kleinen Veränderung wird er nur diese quantitativen Indices (oder »Werte«) zu betrachten haben, in denen alle relevanten Informationen enthalten sind; und indem er diese Größen aneinander anpaßt, kann er seine Dispositionen in geeigneter Weise neu ordnen, ohne die ganze Rechenaufgabe von neuem lösen zu müssen oder sie bei jedem Schritt in ihrer ganzen Verzweigung überblicken zu müssen.

Im wesentlichen ist es also so, daß in einem System, in dem die Kenntnis der relevanten Fakten unter viele Menschen verteilt ist, die Preise imstande sind, die gesonderten Tätigkeiten der verschiedenen Menschen in derselben Weise zu koordinieren, wie die subjektiven Werte dem Individuum helfen, die verschiedenen Teile seines Planes zu koordinieren. Es lohnt sich, für einen Augenblick ein ganz einfaches und banales Beispiel der Wirkungsweise des Preissystems zu betrachten, um deutlich zu sehen, was es eigentlich leistet. Nehmen wir an, daß sich irgendwo in der Welt eine neue Verwendungsmöglichkeit für irgend ein Rohmaterial, sagen wir, Zinn, ergeben hat, oder daß eine der Bezugsquellen für Zinn ausgeschaltet worden ist. Es ist für unseren Zweck belanglos – und es ist sehr bezeichnend, daß es belanglos ist – welche der beiden Ursachen das Zinn knapper gemacht hat. Alles, was die Verbraucher von Zinn zu wissen brauchen, ist, daß ein Teil des Zinns, das sie früher verbrauchten, jetzt anderswo nutzbringender verwendet wird und daß sie in folgedessen mit dem Zinn wirtschaftlicher umgehen müssen. Die große Mehrheit von ihnen braucht gar nicht einmal zu wissen, wo der dringendere Bedarf aufgetreten ist, oder welchen anderen Bedarfs wegen sie mit dem Angebot besser haushalten müssen. Wenn nur einige von ihnen unmittelbar von der neuen Nachfrage Kenntnis haben und ihre Produktion danach umlenken, und wenn die Menschen, die von der neuen Lücke, die dadurch entstanden ist, sie ihrerseits aus anderen Quellen zu füllen wissen, wird die Wirkung sich rasch durch das ganze Wirtschaftssystem ausbreiten und nicht nur alle Verwendungen von Zinn beeinflussen, sondern auch jene ihrer Ersatzmaterialien und den Ersatz vom Ersatz, die Versorgung mit allen Dingen, in deren Erzeugung Zinn verwendet wird, und deren Ersatz und so fort; und all dies, ohne daß die große Mehrheit derer, die bei diesen Ersetzungen mitwirken, irgend etwas über die eigentliche Ursache dieser Veränderungen wissen. Das ganze funktioniert als *ein* Markt, nicht weil irgend eines seiner Mitglieder das ganze Feld überblickt, sondern weil der begrenzte Gesichtskreis des Einzelnen den der anderen genügend überschneidet, so daß durch viele Zwischenglieder die relevante Information allen übermittelt wird. Die bloße Tatsache, daß es für jedes Gut *einen* Preis gibt – oder eigentlich daß die örtlichen Preise untereinander in einem Zusammenhang stehen, der durch die Kosten des Transportes etc. bestimmt ist – bringt die Lösung zustande, zu der (was gerade denkbar, aber nicht praktisch möglich ist) ein Einzelner gekommen wäre, der all die Informationen besessen hätte, die in Wirklichkeit unter alle an dem Prozeß beteiligten Menschen verteilt sind.

6

Wir müssen das Preissystem als einen solchen Mechanismus zur Vermittlung von Informationen ansehen, wenn wir seine wirkliche Funktion verstehen wollen – eine Funktion, die es natürlich immer weniger vollkommen erfüllt, je starrer die Preise werden. (Aber auch wenn die notierten Preise ganz starr geworden sind, so wirken die Kräfte, die sich durch Preisänderungen ausdrücken würden, noch in einem beträchtlichen Ausmaß durch Änderungen in den anderen Bedingungen des Vertrages.) Das bedeutungsvollste an diesem System ist die Wirtschaftlichkeit, mit der es das Wissen ausnützt, d.h., wie wenig die einzelnen Teilnehmer zu wissen brauchen, um die richtige Handlungen vornehmen zu können. In abgekürzter Form, durch eine Art von Symbol wird nur die wesentlichste Information weitergegeben und zwar nur an die, welche es angeht. Es ist nicht nur ein Gleichnis, wenn man das Preissystem als eine Art von Maschinerie zur Registrierung von Veränderungen bezeichnet, oder als ein System von Fernvermittlung, das die einzelnen Produzenten instand setzt, nur mit Hilfe der Beobachtungen einiger Zeiger, so wie etwa ein Techniker die Zeiger von ein paar Zifferblättern beobachtet, ihre Tätigkeit an Änderungen anzupassen, von denen sie nie mehr zu wissen brauchen, als sich in der Preisbewegung widerspiegelt.

Natürlich sind diese Anpassungen wohl niemals »vollkommen« in dem Sinn, in dem sie sich der Volkswirtschaftler in seiner Gleichgewichtsanalyse vorstellt. Aber ich fürchte, daß unsere theoretische Gewohnheit, das Problem mit der Annahme eines mehr oder weniger vollkommenen Wissens seitens fast jedermanns, anzugehen, uns für die wirkliche Funktion des Preismechanismus mehr oder weniger blind gemacht und dazu geführt hat, bei der Beurteilung seiner Wirkung irreführende Schemata anzuwenden. Das Wunder ist, daß in einem Fall wie dem der Knappheit eines Rohmaterials, ohne daß eine Anordnung ausgegeben wird, ohne daß mehr als vielleicht eine handvoll Menschen die Ursachen kennen, zehntausende von Menschen, deren Identität durch monatelange Untersuchungen nicht festgestellt werden könnte, dazu geführt werden, das Material oder seine Produkte sparsamer zu verwenden, das heißt, sich in der angemessenen Richtung bewegen. Das ist wunders genug, selbst wenn in einer sich ständig ändernden Welt nicht alle so vollkommen übereinstimmen werden, daß ihre Gewinnsätze immer auf demselben konstanten oder »normalen« Niveau bleiben werden.

Ich habe absichtlich das Wort »Wunder« gebraucht, um den Leser aus der Gleichgültigkeit herauszureißen, mit der wir oft das Wirken dieses Mechanismus als etwas Selbstverständliches hinnehmen. Ich bin überzeugt, wenn er das Ergebnis eines von Menschen bewußt gemachten Planes wäre und die Leute, die sich durch Preisveränderungen in ihren Handlungen leiten lassen, erfassen würden, daß die Wirkung ihrer Entscheidungen weit über ihre unmittelbar gesetzten Ziele hinaus geht, daß dieser Mechanismus als einer der größten Triumphe des menschlichen Geistes ausgerufen werden würde. Sein zweifaches Mißgeschick ist aber, daß er nicht das Produkt menschlicher Erfindung ist und daß die Menschen, die sich durch ihn leiten lassen, gewöhnlich nicht wissen, warum sie zu dem geführt werden, was sie tun. Aber all die, die »bewußte Lenkung« verlangen – und nicht glauben können, daß etwas, was sich ohne Plan entwickelt hat (und sogar ohne daß wir es verstanden haben), Probleme lösen kann, die wir nicht imstande sind, bewußt zu lösen – sollten folgendes bedenken: Das Problem ist ja gerade das, wie man den Bereich der zweckmäßigen Ausnützung der Produktivkräfte über die Reichweite der Kontrolle des einzelnen menschlichen Geistes ausdehnen kann; und daher, wie man die bewußte Kontrolle vermeiden und Antriebe schaffen kann, die die Individuen veranlassen, die wünschenswerten Dinge zu tun, ohne daß jemand ihnen ihr Tun vorschreiben muß.

Das Problem, das sich hier zeigt, ist keineswegs ein spezifisch volkswirtschaftliches, sondern es tritt im Zusammenhang mit fast allen echten Sozialerscheinungen auf, wie der Sprache und unserem ganzen kulturellen Erbe und es bildet in der Tat das zentrale theoretische Problem aller Sozialwissenschaften. Alfred Whitehead sagt in anderem Zusammenhang: »Es ist eine weit verbreitete, aber völlig irrige Auffassung, die sich in allen Anleitungen findet und durch hervorragende Leute in Reden wiederholt wird, daß wir die Denkgewöhnung bei allem, was wir tun, pflegen müssen. Das genaue Gegenteil ist der Fall. Die Zivilisation schreitet vorwärts, indem sie die Zahl der wichtigen Operationen, die wir ohne zu denken ausführen können, erhöht.«[1] Das ist auf sozialem Gebiet von größter Bedeutung. Wir gebrauchen ständig Formeln, Symbole und Regeln, deren Bedeutung wir nicht verstehen und durch deren Verwendung wir Wissen in Anspruch nehmen, das wir persönlich nicht besitzen. Wir haben diese Verhaltensweisen und Institutionen entwickelt, indem wir uns auf Gewohnheiten und Institutionen gestützt haben, die in ihrer je eigenen Sphäre sich als erfolgreich erwiesen haben und die insofern zur Grundlage der Zivilisation geworden sind, die wir aufgebaut haben.

Das Preissystem ist einfach eines jener Gebilde, auf die der Mensch zufällig und ohne sie zu verstehen, stößt, und die er dann zu seinem Vorteil zu gebrauchen versteht (ohne allerdings noch den bestmöglichen Nutzen daraus zu ziehen). Nicht nur hat es Arbeitsteilung ermöglicht, es erleichterte auch die koordinierte Nutzung von Ressourcen, die ebenfalls auf der Verwendung geteilten Wissens basiert. Die Leute, die diese Aussage gerne verlachen, verdrehen das Argument, wenn sie behaupten, es besage, daß durch eine Art Wunder just jenes System spontan gewachsen sei, das der modernen Zivilisation am besten angepaßt sei. Es ist genau umgekehrt: Der Mensch war imstande, die Arbeitsteilung, auf der unsere Zivilisation beruht, zu entwickeln, weil er zufällig auf eine Methode stieß, die sie möglich machte. Hätte er das nicht getan, dann hätte er wahrscheinlich dennoch eine Zivilisation entwickelt, eine von ganz anderer Art, etwa einen »Staat« wie den der Termiten oder irgend eine andere, völlig unvorstellbare Art. Alles was wir sagen können, ist, daß es noch niemandem gelungen ist, ein anderes System zu entwerfen, in dem bestimmte Züge des existierenden beibehalten werden können, welche sogar denen, die es am heftigsten angreifen, wert sind – wie zum Beispiel das Ausmaß, in dem der Einzelne

---

1 Whitehead, A. N., *Einführung in die Mathematik*, Bern: A. Francke 1948 (Österreichische Lizenzausgabe), 51f.

seinen Zielvorstellungen entsprechend wählen und infolgedessen frei seine eigenen Kenntnisse und Fähigkeiten verwerten kann.

7

Es ist sehr zu begrüßen, daß der Streit über die Unentbehrlichkeit des Preissystems für eine rationale Wirtschaftsrechnung in einer komplizierten Gesellschaft nun nicht mehr zwischen Lagern geführt wird, die nach ihren politischen Ansichten gespalten sind. Als vor fünfundzwanzig Jahren von L. v. Mises die These zum ersten Mal aufgestellt wurde, daß wir eine Gesellschaftsordnung, die auf einer so ausgedehnten Arbeitsteilung wie der unseren aufgebaut ist, ohne das Preissystem nicht aufrecht erhalten könnten, wurde sie mit Hohngelächter aufgenommen. Heute sind die Widerstände, die manche Leute noch immer gegen diese Annahme empfinden, nicht mehr hauptsächlich politischer Natur und das schafft eine viel geeignetere Atmosphäre für eine vernünftige Diskussion. Wenn wir bei Leon Trotzky die Feststellung finden, daß »Wirtschaftsrechnung ohne Marktrelationen undenkbar ist«; wenn Professor Oscar Lange Professor Mises ein Denkmal in den Marmorhallen der künftigen Zentral-Planungsbehörde verspricht; und wenn Professor Abba P. Lerner Adam Smith neu entdeckt und betont, daß der wesentliche Nutzen des Preissystems darin besteht, daß es das Individuum dazu führt, in der Verfolgung des eigenen Interesses das zu tun, was im allgemeinen Interesse liegt, so können die Differenzen in der Tat nicht mehr politischem Vorurteil zugeschrieben werden. Die verbleibenden Gegensätze scheinen offenbar rein intellektuellen und insbesondere verschiedenen methodologischen Einstellungen zuzuschreiben zu sein.

Eine Behauptung, die kürzlich von Professor Joseph Schumpeter in seinem Werk *Kapitalismus, Sozialismus und Demokratie* gemacht wurde, bietet eine gute Illustration für einen der methodologischen Unterschiede, welchen ich im Sinn habe. Der Autor ist ein hervorragender Vertreter jener Gruppe von Ökonomen, die die wirtschaftlichen Erscheinungen im Lichte gewisser positivistischer Theorien betrachten. Für ihn erscheinen demgemäß diese Phänomene als objektiv gegebene Quantitäten von Gütern, die direkt aufeinander wirken, fast, wie es scheint, ohne irgend eine menschliche Vermittlung. Nur aus dieser Grundeinstellung kann ich mir den folgenden (für mich überraschenden) Ausspruch erklären. Professor Schumpeter argumentiert, daß für den Theoretiker die Möglichkeit einer rationalen Wirtschaftsrechnung bei Fehlen von Märkten für die Produktionsfaktoren »aus dem elementaren Satz« folgt, »daß Käufer, indem sie die Konsumgüter bewerten (nachfragen)« *ipso facto* auch die Produktionsmittel bewerten, die in die Produktion dieser Güter eingehen.[2]

---

[2] Schumpeter, J. A., *Capitalism, Socialism and Democracy*, New York: Harper a.

Wörtlich genommen ist diese Behauptung einfach unrichtig. Die Konsumenten tun nichts von der Art. Was Professor Schumpeters »ipso facto« offenbar meint, ist, daß die Bewertung der Produktionsfaktoren in der Bewertung der Konsumgüter enthalten ist oder aus ihr notwendig folgt. Aber auch das ist nicht ganz richtig. 'Implizite enthalten sein' ist eine logische Beziehung, die sinnvoll nur in bezug auf Aussagen behauptet werden kann, die gleichzeitig einem und demselben Geist gegenwärtig sind. Aber es ist klar, daß der Wert der Produktionsfaktoren nicht nur von der Bewertung der Konsumgüter abhängt, sondern auch von dem Stand der Versorgung mit den verschiedenen Produktionsgütern. Nur von einem Geist, dem alle diese Fakten gleichzeitig bekannt wären, würde die Antwort notwendig aus den ihm gegebenen Fakten folgen. Das praktische Problem aber entsteht gerade dadurch, daß diese Fakten niemals einem Einzelnen so gegeben sind, und daß es infolgedessen notwendig ist, daß in der Lösung des Problems Kenntnisse verwendet werden, die in Wirklichkeit unter viele Menschen verteilt sind.

Das Problem ist daher in keiner Weise gelöst, wenn wir zeigen können, daß alle Fakten, *wenn* sie einem Einzelnen bekannt wären (so wie wir hypothetisch annehmen, daß sie dem beobachtenden Nationalökonomen gegeben sind), die Lösung eindeutig bestimmen würden; statt dessen müssen wir zeigen, wie eine Lösung durch das Zusammenwirken von Menschen hervorgebracht wird, von denen jeder nur Teilkenntnisse besitzt. Anzunehmen, daß alle Kenntnisse einem Einzelnen gegeben sind, in derselben Weise, in der wir annehmen, daß sie uns als den erklärenden Nationalökonomen gegeben sind, heißt das Problem schon in den Annahmen auszuschalten und das zu vernachlässigen, was in der realen Welt wichtig und bedeutsam ist.

Daß ein Volkswirtschaftler vom Rang Professor Schumpeters auf diese Weise in die Falle gegangen ist, welche die Doppeldeutigkeit des Wortes »Datum«

Bros. 1942, 175. Professor Schumpeter ist, glaube ich, auch der ursprüngliche Verfasser der Legende, daß Pareto und Barone das Problem der sozialistischen Wirtschaftsrechnung »gelöst« hätten. Was sie und viele andere getan haben, war bloß, daß sie die Bedingungen festgestellt haben, die eine rationale Verteilung der Mittel zu erfüllen hätte, und daß sie darauf hingewiesen haben, daß diese im wesentlichen die gleichen wären, wie die Gleichgewichtsbedingungen eines freien Marktes. Das ist etwas ganz anderes, als zu zeigen, wie die Verteilung der Mittel, die diese Bedingungen erfüllen würde, in der Praxis gefunden werden kann. Pareto selbst (dem Barone praktisch alles schuldet, was er zu sagen hat), weit davon entfernt, den Anspruch zu machen, daß er das praktische Problem gelöst hat, leugnet in Wirklichkeit ausdrücklich die Möglichkeit, es ohne die Hilfe des Marktes zu lösen. Siehe sein *Manuel d'économie pure*, 2. Aufl., 1927, 233–34. Die entsprechende Stelle ist in Übersetzung zitiert am Beginn meines Aufsatzes Hayek, F. A., »Socialist Calculation: The Competitive ›Solution‹« in *Economica* VIII, No. 26 (Neue Serie, 1940), 125 (deutsch: »Sozialistische Wirtschaftsrechnung III: Wiedereinführung des Wettbewerbs,« in: Hayek, *Schriften*, A 7, 2004, 121–146, d. Hrsg.).

dem Unbedachten stellt, kann nicht als bloßer Irrtum erklärt werden. Es läßt eher vermuten, daß etwas grundlegend falsch an einem Weg ist, der grundsätzlich einen wesentlichen Teil des Phänomens mißachtet, mit dem wir es zu tun haben: die unvermeidbare Unvollkommenheit menschlicher Kenntnis und die daraus folgende Notwendigkeit eines Prozesses, durch den die Kenntnis ständig vermittelt und erworben wird. Jede Methode, so wie die eines Großteils der mathematischen Wirtschaftslehre mit ihren Simultangleichungen, welche ihrem Wesen nach von der Annahme ausgeht, daß die menschlichen Kenntnisse mit den objektiven Fakten der Situation übereinstimmen, vernachläßigt systematisch gerade das, was zu erklären unsere Hauptaufgabe sein muß. Ich bin weit davon entfernt zu leugnen, daß in unserem System die Gleichgewichtsanalyse eine nützliche Funktion auszuüben hat. Aber wenn sie dazu führt, daß sie einige unserer führenden Denker dazu verleitet, zu glauben, daß die Situation, welche sie beschreibt, direkte Bedeutung für die Lösung praktischer Probleme hat, ist es an der Zeit, daß wir uns daran erinnern, daß sie sich mit dem sozialen Prozeß überhaupt nicht befaßt und daß sie nicht mehr ist als eine nützliche Vorstufe zum Studium des Hauptproblems.

8. Die marktliche Ordnung oder Katallaxie

> Das Urteil der Menschen darüber, was angemessen ist, ändert sich leicht, und ... einer der Faktoren, die seine Änderung bewirken, ist die von den Menschen immer wieder neu gemachte Entdeckung, daß das, was in einer bestimmten Frage als ganz gerecht und billig galt, unwirtschaftlich geworden oder vielleicht schon immer gewesen ist.
>
> Edwin Cannan*

Die Natur der marktlichen Ordnung

In Kapitel 2** besprachen wir den allgemeinen Charakter aller spontanen Ordnungen. Nunmehr ist ausführlicher auf die besonderen Eigenheiten der marktlichen Ordnung und auf die Natur der Vorteile, die wir ihr verdanken, einzugehen. Diese Ordnung dient unseren Zwecken nicht nur – wie jede andere Ordnung auch – dadurch, daß sie uns in unserem Handeln leitet und eine gewisse Übereinstimmung zwischen den Erwartungen der einzelnen herbeiführt, sondern auch – in einem Sinn, den wir jetzt präzisieren müssen – dadurch, daß sie für jeden einzelnen die Aussichten oder Chancen erhöht, über mehr von den verschiedenen Gütern (d.h. Sachgütern und Leistungen) verfügen zu können, als wir das auf irgendeine andere Weise sichern könnten. Wir werden freilich sehen, daß diese Art der Koordination individueller Handlungen ein hohes Maß an Übereinstimmung von Erwartungen und eine wirksame Nutzung des Wissens und der Fertigkeiten der einzelnen Mitglieder nur um den Preis einer ständigen Enttäuschung mancher Erwartungen sichert.

Zum richtigen Verständnis des Charakters dieser Ordnung ist es wesentlich, daß wir uns von den irreführenden Assoziationen frei machen, die ihre übliche Bezeichnung als »Wirtschaft« mit sich bringt. Eine Wirtschaft im strengen Wortsinn, in dem ein Haushalt, ein bäuerlicher Betrieb oder ein Unternehmen Wirtschaft genannt werden können, besteht aus einem Komplex von Tätigkeiten, durch die eine gegebene Menge von Mitteln nach einem einheitlichen Plan auf die konkurrierenden Ziele nach deren relativer Wichtigkeit aufgeteilt wird. Die marktliche Ordnung dient keiner derartigen einzelnen Zielordnung. Das, was für gewöhnlich als gesellschaftliche oder Volkswirtschaft bezeichnet wird, ist in diesem Sinn nicht eine einzige Wirtschaft, sondern ein Netzwerk vieler miteinander verknüpfter Wirtschaften.[1] Ihre Ordnung hat mit der Ordnung einer eigentlichen Wirtschaft, wie wir sehen werden, einige formale Merkmale gemein, aber nicht ihr wichtigstes: Ihre Tätigkeiten sind nicht durch eine einzige Zielfolge oder -hierarchie bestimmt. Der Glaube, daß die wirtschaftlichen Tätigkeiten der einzelnen Mitglieder der Gesellschaft Teil einer Wirtschaft im strengen Sinn dieses Wortes sind oder sein sollten und daß das, was für gewöhnlich als die Wirtschaft eines Landes oder einer Gesellschaft bezeichnet wird, nach denselben Kriterien geordnet und beurteilt werden sollte wie eine eigentliche Wirtschaft, ist eine Hauptquelle der Irrtümer auf diesem Gebiet. Aber wann immer wir von der Wirtschaft eines Landes oder der Welt sprechen, gebrauchen wir eine Bezeichnung, die den Gedanken nahelegt, daß diese Systeme nach sozialistischen Vorstellungen betrieben werden und auf einen einzigen Plan ausgerichtet sein sollten, um einem einheitlichen Zielesystem zu dienen.

Während eine eigentliche Wirtschaft eine Organisation in dem technischen Sinn ist, in dem wir dieses Wort definiert haben, also die überlegte Gestaltung der Verwendung der einer einzelnen Entscheidungsinstanz bekannten Mittel, ist der Kosmos des Marktes nicht von einer solchen einzigen Zielfolge beherrscht und könnte es auch nicht sein; er dient der Vielfalt gesonderter und inkommensurabler Ziele aller seiner einzelnen Mitglieder.

Die durch die Mehrdeutigkeit des Wortes Wirtschaft erzeugte Verwirrung ist so schlimm, daß es für unsere gegenwärtigen Zwecke notwendig ist, seinen Gebrauch strikt auf die ursprüngliche Bedeutung zu beschränken, in der es einen Komplex vorsätzlich aufeinander abgestimmter Handlungen bezeichnet, die einer einzigen Zielfolge dienen, und für die Bezeichnung des Systems zahlreicher miteinander verbundener Wirtschaften, welche die marktliche Ordnung bilden, ein anderes Wort zu finden. Da der Name »Katallaktik« schon vor langer Zeit für jene Wissenschaft vorgeschlagen wurde, die sich mit der marktlichen Ordnung befaßt,[2] und in neuerer Zeit wieder in Gebrauch kam,[3] ist es vielleicht nicht unpassend, eine entsprechende Bezeichnung für die marktliche Ordnung selbst zu finden. Der Ausdruck »Katallaktik« leitet sich vom griechischen Verbum *katallattein* (oder *katallassein*) her, das bezeichnenderweise nicht nur »tauschen« bedeutet, sondern auch »in die Gemeinschaft aufnehmen« und »aus einem Feind einen Freund machen«.[4] Daraus wurde das Adjektiv »katallaktisch« abgeleitet, um in der Beschreibung der Art von Erscheinungen, mit denen sich die Wissenschaft der Katallaktik beschäftigt, »ökonomisch« zu ersetzen. Die alten Griechen kannten diese Bezeichnung nicht, ebensowenig ein entsprechendes Hauptwort; hätten sie eines gebildet, so wäre es wahrscheinlich *katallaxia* gewesen. Daraus kann man das Wort *Katallaxie* bilden, das wir zur Bezeichnung jener Ordnung gebrauchen werden, die durch wechselseitige Anpassung vieler einzelner Wirtschaften in einem Markt entsteht. Eine Katallaxie ist also die besondere Art spontaner Ordnung, die vom Markt erzeugt wird, wenn sich die Leute an die Regeln des Eigentums-, Haftungs- und Vertragsrechts halten.

Eine freie Gesellschaft ist eine pluralistische Gesellschaft ohne gemeinsame Hierarchie konkreter Ziele

Der Großen Gesellschaft und ihrer marktlichen Ordnung wird oft ein Vorwurf daraus gemacht, daß ihr eine einvernehmliche Rangordnung von Zielen fehlt. Das aber ist gerade ihr großer Vorzug, der individuelle Freiheit und alle ihre Werte erst möglich macht. Die Große Gesellschaft entstand aus der Entdeckung, daß Menschen in Frieden und zu ihrem wechselseitigen Vorteil zusammenleben können, ohne sich über die konkreten Ziele, die sie gesondert verfolgen, einig sein zu müssen – aus der Entdeckung, daß man, indem man verpflichtende konkrete Ziele durch abstrakte Verhaltensregeln ersetzte, die Friedensordnung über die kleinen Gruppen, die jeweils dieselben Ziele verfolgen, hinaus auszudehnen vermochte; denn dadurch wurde jeder einzelne in die Lage versetzt, vom Können und Wissen anderer profitieren zu können, die er nicht einmal kennen mußte und deren Ziele von den seinen völlig verschieden sein konnten.[5]

Der entscheidende Schritt, der ungeachtet des Fehlens konkreter gemeinsamer Ziele solch friedliche Zusammenarbeit ermöglichte, war die Einführung des Gütertausches oder Handels. Es war die schlichte Erkenntnis, daß verschiedene Personen für die gleichen Dinge verschiedene Verwendungen hatten und daß es oft beiden zum Vorteil ausschlug, wenn der eine dafür, daß er dem anderen etwas gab, was der brauchte, etwas erwerben konnte, was der andere hatte. Dazu war es lediglich nötig, sich an Regeln zu halten, die festlegten, was jedem gehörte und wie solches Eigentum sich durch Zustimmung übertragen ließ.[6] Es war nicht erforderlich, daß sich die Beteiligten über die Zwecke einig waren, denen diese Transaktionen dienten. Im Gegenteil, es ist typisch für solche Tauschakte, daß sie verschiedenen und voneinander unabhängigen Zwecken jedes an der Transaktion Beteiligten dienen, also den Beteiligten als Mittel für unterschiedliche Zwecke dienen. Die Beteiligten werden sogar um so eher vom Tausch profitieren, je stärker ihre Bedürfnisse differieren. Während innerhalb einer Organisation die einzelnen Mitglieder einander insoweit unterstützen, als sie alle dieselben Zwecke zu verfolgen gehalten sind, werden sie in einer Katallaxie dazu veranlaßt, für die Bedürfnisse anderer zu sorgen, ohne daß diese ihnen am Herzen liegen oder sie auch nur von ihnen wissen müssen.

In der Großen Gesellschaft tragen wir alle tatsächlich nicht nur zur Befriedigung von Bedürfnissen bei, die wir nicht kennen, sondern mitunter sogar zur Erreichung von Zielen, die wir mißbilligen würden, wenn wir davon wüßten. Das können wir nicht ändern, weil wir nicht wissen, für welche Zwecke die Güter oder Leistungen, die wir anderen liefern, von diesen gebraucht werden. Daß wir an der Verwirklichung der Ziele anderer Leute mitwirken, ohne diese zu teilen oder sie auch nur zu kennen, und allein deshalb, damit wir unsere eigenen Ziele erreichen, ist der Grund für die Stärke der Großen Gesellschaft. Solange Zusammenarbeit gemeinsame Ziele voraussetzt, sind Leute mit unterschiedlichen Zielen notwendigerweise Feinde, die vielleicht miteinander um dieselben Mittel kämpfen; erst die Einführung des Tauschhandels ermöglichte es den verschiedenen einzelnen, einander nützlich zu sein, ohne sich über die letztendlichen Ziele einig zu sein.

Als diese Wirkung des Tausches – daß Menschen, ohne dies zu beabsichtigen, einander von Vorteil sind – erstmals klar erkannt wurde,[7] betonte man zu sehr die daraus resultierende Arbeitsteilung und die Tatsache, daß es ihre »eigennützigen« Ziele waren, die die einzelnen einander Dienste erweisen ließen. Das ist eine viel zu enge Sicht der Dinge. Arbeitsteilung gibt es in ausgedehntem Maß auch innerhalb von Organisationen; und die Vorteile der spontanen Ordnung hängen nicht davon ab, daß Leute »eigennützig« im gewöhnlichen Wortsinn sind. Das Wichtige an der Katallaxie ist, daß sie unterschiedliches Wissen und unterschiedliche Zwecke miteinander in Einklang bringt, die, ob die einzelnen nun eigennützig sind oder nicht, von Person zu Person ganz verschieden sind. Die Katallaxie ist als Gesamtordnung jeder vorsätzlichen Organisation so sehr überlegen, weil in ihr Menschen, während sie ihre eigenen Interessen verfolgen, seien diese nun völlig egoistisch oder höchst altruistisch, die Ziele vieler anderer fördern, die sie größtenteils nie kennen werden: In der Großen Gesellschaft haben die einzelnen Mitglieder Vorteile von den Anstrengungen der anderen, nicht nur trotz, sondern oft sogar wegen der Unterschiedlichkeit ihrer jeweiligen Ziele.[8]

Viele Leute empfinden es als anstößig, daß die Große Gesellschaft keine gemeinsamen konkreten Zwecke verfolgt oder, wie wir sagen könnten, daß sie nur mittelbezogen, nicht aber zweckbezogen ist. Es stimmt durchaus, daß der hauptsächliche gemeinsame Zweck aller ihrer Mitglieder der rein instrumentale ist, die Bildung einer abstrakten Ordnung zu sichern, die keine eigenen Zwecke hat, sondern für alle die Aussichten erhöht, ihre jeweiligen Einzelzwecke zu erreichen. In diesem Umstand läßt die herrschende Moraltradition, die sich zum guten Teil aus der zweckbezogenen Stammesgesellschaft herleitet, die Leute oft einen moralischen Mangel der Großen Gesellschaft sehen, den es zu beheben gilt. Aber es war gerade die Beschränkung des Zwanges auf die Durchsetzung der negativen Regeln gerechten Verhaltens, welche die Integration von Personen und Gruppen mit unterschiedlichen Zielen in eine friedliche Ordnung ermöglichte; und es ist das Fehlen vorgeschriebener gemeinsamer Ziele, das eine Gesellschaft freier Menschen zu all dem befähigt, was wir an ihr zu schätzen gelernt haben.

Die Vorstellung, eine gemeinsame Skala bestimmter Werte sei eine gute Sache, die nötigenfalls durchgesetzt werden müße, ist zwar in der Geschichte des Menschengeschlechts tief verwurzelt, doch erfolgt ihre Verteidigung heutzutage vor allem unter Rückgriff auf den irrigen Glauben, daß solch eine gemeinsame Zielskala für die Integration der Tätigkeiten der einzelnen in eine Ordnung notwendig und eine unerläßliche Voraussetzung für Frieden sei. Dieser Irrtum ist aber gerade das größte Hindernis für die Erreichung eben jener Ziele. Eine Große Gesellschaft hat nichts zu tun mit »Solidarität« im eigentlichen Sinn der Geeintheit in der Verfolgung bekannter gemeinsamer Ziele, ja sie ist damit überhaupt unvereinbar.[9] Wenn wir alle gelegentlich das Gefühl haben, es sei eine gute Sache, mit unseren Mitmenschen ein gemeinsames Ziel zu haben, und ein Gefühl der Erhebung genießen, wenn wir als Mitglieder einer Gruppe handeln können, die auf gemeinsame Ziele hinarbeitet, so ist das ein Instinkt, den wir von der Stammesgesellschaft ererbt haben und der uns zweifellos noch oft gute Dienste leistet, wann immer es wichtig ist, daß wir in einer kleinen Gruppe in einem plötzlichen Notfall gemeinsam handeln. Er zeigt sich in auffallender Weise, wenn mitunter selbst der Ausbruch eines Krieges als Befriedigung eines Verlangens nach einem verbindenden Ziel empfunden wird; und am deutlichsten erscheint er in neuerer Zeit in den zwei größten Bedrohungen einer freien Zivilisation: im Nationalismus und im Sozialismus.[10]

Der größte Teil des Wissens, auf das wir uns bei der Verfolgung unserer Ziele stützen, ist das unbeabsichtigte Nebenprodukt davon, daß andere die Welt in anderen Richtungen als wir selbst erkunden, weil sie anderen Zielen nachjagen; es wäre uns nie verfügbar geworden, wenn nur diejenigen Ziele verfolgt würden, die wir für erstrebenswert hielten. Würde es zur Bedingung der Mitgliedschaft in einer Gesellschaft gemacht, daß jemand die konkreten Ziele, auf die die anderen Mitglieder hinarbeiten, billigt und bewußt unterstützt, so würde der Hauptfaktor ausgeschaltet, der für den Fortschritt solch einer Gesellschaft sorgt. Dort, wo Einigkeit über konkrete Ziele notwendige Voraussetzung von Ordnung und Frieden ist und eine abweichende Meinung eine Gefahr für die Ordnung der Gesellschaft, wo Billigung und Tadel von den konkreten Zielen abhängen, denen bestimmte Handlungen dienen, wären die Kräfte des geistigen Fortschritts stark eingeengt. So sehr die Übereinstimmung über Ziele, wenn sie vorhanden ist, den Gang des Lebens in vieler Hinsicht erleichtern kann, ist doch die Möglichkeit zum Widerspruch oder zumindest das Fehlen eines Zwanges, sich über bestimmte Ziele einig sein zu müssen, die Grundlage jener Art von Zivilisation, die entstanden ist, seit die Griechen das selbständige Denken des einzelnen als die wirksamste Methode zur Förderung des menschlichen Geistes entwickelten.[11]

Obwohl sie keine Einzelwirtschaft ist, wird die Große Gesellschaft dennoch hauptsächlich durch das zusammengehalten, was gemeinhin wirtschaftliche Beziehungen heißt

Die falsche Vorstellung, daß die marktliche Ordnung eine Wirtschaft in der strikten Bedeutung des Wortes sei, geht üblicherweise Hand in Hand mit der Weigerung, anzuerkennen, daß die Große Gesellschaft durch das, was man im weiten Sinne wirtschaftliche Beziehungen nennt, zusammengehalten wird. Diese beiden Ansichten werden häufig von denselben Personen vertreten, weil es sicherlich richtig ist, daß jene vorsätzlichen Organisationen, die zu Recht Wirtschaften heißen, auf einer Übereinkunft über gemeinsame Ziele beruhen, die selbst zumeist nicht ökonomischer Natur sind; dagegen ist es der große Vorteil der spontanen Ordnung des Marktes, daß sie lediglich mittelbezogen ist und daher eine Übereinkunft über Ziele unnötig, einen Ausgleich divergierender Zwecke hingegen möglich macht. Das, was man für gewöhnlich wirtschaftliche Beziehungen nennt, sind freilich Beziehungen, die von der Tatsache bestimmt werden, daß die Verwendung aller Mittel vom Streben nach diesen vielen verschiedenen Zielen betroffen ist. In diesem weiten Sinn des Wortes »ökonomisch« sind die Beziehungen oder ist der Zusammenhang zwischen den Teilen der Großen Gesellschaft rein ökonomischer Natur.[12]

Die Behauptung, daß in diesem weiten Sinn die einzigen Bande, die das Ganze einer Großen Gesellschaft zusammenhalten, rein »ökonomisch« (genauer: »katallaktisch«) sind, weckt heftigen emotionalen Widerstand. Aber die Tatsache ist kaum zu leugnen, so wenig wie die Tatsache, daß es in einer Gesellschaft von den Dimensionen und der Komplexität eines modernen Landes oder der Welt kaum anders sein kann. Noch akzeptieren die meisten Leute nur widerwillig, daß es der verachtete »cash-nexus« sein soll, der die Große Gesellschaft zusammenhält und daß das hehre Ideal einer geeinten Menschheit letztlich davon abhängen soll, daß die Beziehungen zwischen deren Teilen vom Streben nach besserer Befriedigung ihrer materiellen Bedürfnisse geleitet werden.

Es stimmt natürlich, daß innerhalb des Gesamtgefüges der Großen Gesellschaft zahlreiche Netzwerke anderer Beziehungen bestehen, die in keiner Weise ökonomisch sind. Das ändert aber nichts daran, daß es die marktliche Ordnung ist, die den friedlichen Ausgleich divergierender Zwecke möglich macht – und zwar durch einen Prozeß, der allen zum Vorteil gereicht. Die wechselseitige Abhängigkeit aller von allen, die heute jedermann im Munde führt und die aus der ganzen Menschheit »eine Welt« machen soll, ist nicht nur die Wirkung der marktlichen Ordnung, sondern hätte auf gar keinem anderen Weg erreicht werden können. Das, was heute das Leben jedes Europäers oder Amerikaners mit dem verbindet, was in Australien, Japan oder Zaire geschieht, sind Fernwirkungen, die vom Netzwerk der Marktbeziehungen weitergetragen werden. Das zeigt sich deutlich, wenn wir überlegen, wie wenig beispielsweise alle die technischen Möglichkeiten in Verkehr und Kommunikation bedeuten würden, wenn die Produktionsbedingungen in all den verschiedenen Teilen der Welt die gleichen wären.

Die Vorteile aus dem Wissen anderer, einschließlich aller Fortschritte der Wissenschaft, erreichen uns über Kanäle, die der Marktmechanismus schafft und ausrichtet. Selbst das Ausmaß, in dem wir an den ästhetischen oder moralischen Bestrebungen von Menschen in anderen Weltgegenden teilnehmen können, verdanken wir wirtschaftlichen Zusammenhängen. Es ist richtig, daß diese Abhängigkeit jedes Menschen vom Handeln so vieler anderer im großen und ganzen nicht eine physische, sondern eine, wie wir sagen, ökonomische Tatsache ist. Daher ist es ein durch die irreführenden Termini ausgelöstes Mißverständnis, wenn die Ökonomen mitunter des »Pan-Ökonomismus« geziehen werden, einer Tendenz, alles vom ökonomischen Standpunkt aus zu sehen oder, schlimmer, »ökonomische Zwecke« allen anderen überordnen zu wollen.[13] In Wahrheit ist die Katallaktik die Wissenschaft, welche die einzige Gesamtordnung behandelt, die beinahe die ganze Menschheit umfaßt, und der Ökonom kann deshalb mit Recht darauf bestehen, daß die Förderung dieser Ordnung als das Kriterium anerkannt werden solle, nach dem alle Einzelinstitutionen zu beurteilen seien.

Es ist jedoch ein Mißverständnis, wenn das als Bemühen hingestellt wird, »ökonomische Ziele« vor allen anderen gelten zu lassen. Letztlich gibt es keine ökonomischen Ziele. Die wirtschaftlichen Bemühungen der einzelnen ebenso wie die Leistungen, die die marktliche Ordnung für sie erbringt, bestehen in der Verwendung von Mitteln für konkurrierende letzte Zwecke, die stets nichtökonomische sind. Sinn aller wirtschaftlichen Tätigkeit ist der Ausgleich zwischen den konkurrierenden Zielen durch eine Entscheidung darüber, für welches von ihnen die begrenzten Mittel verwendet werden sollen. Die marktliche Ordnung gleicht die Ansprüche, die aufgrund der verschiedenen nichtökonomischen Ziele entstehen, durch den einzigen bekannten Prozeß aus, der allen Vorteile bringt – ohne jedoch sicherzustellen, daß die wichtigeren vor den weniger wichtiger kommen, aus dem einfachen Grund, weil es in solch einem System keine einheitliche Reihung von Bedürfnissen geben kann. Dabei pflegt sie lediglich einen Zustand herbeizuführen, in dem kein Bedürfnis so befriedigt wird, daß von der Verwendung für andere Bedürfnisse eine größere Menge von Mitteln abgezogen wird, als zu seiner Befriedigung erforderlich ist. Der Markt ist das einzige bekannte Verfahren, mit dem das ohne irgendeine Übereinkunft über die relative Wichtigkeit der verschiedenen letzten Ziele erreicht werden kann – allein anhand eines Gegenseitigkeitsprinzips, durch das die Möglichkeiten jedes einzelnen wahrscheinlich größer sind, als sie es andernfalls wären.

Ziel der Politik in einer Gesellschaft freier Menschen kann nicht ein Höchstmaß im voraus bekannter Ergebnisse, sondern nur eine abstrakte Ordnung sein

Die irrige Deutung der Katallaxie als Wirtschaft im engen Sinn dieses Wortes führt häufig zu Versuchen, die Vorteile, die wir von ihr haben, danach zu bewerten, in welchem Ausmaß sie einer gegebenen Zielordnung genügen. Doch wenn die Dringlichkeit der unterschiedlichen Nachfragen nach den gebotenen Preisen beurteilt wird, so geraten wir, wie die Kritiker der marktlichen Ordnung noch mehr als ihre Verfechter unzählige Male betont haben, mit diesem Ansatz in einen Teufelskreis: Die relative Stärke der Nachfrage nach den verschiedenen Gütern und Leistungen, an die der Markt deren Produktion anpaßt, wird selbst wieder von der Einkommensverteilung bestimmt, die ihrerseits durch den Marktmechanismus bestimmt wird. Daraus haben viele Autoren geschlossen, daß diese Skala relativer Nachfragen nicht als gemeinsame Wertskala akzeptiert werden kann, ohne daß man im Kreis argumentiert, und daß deshalb eine andere Zielskala postuliert werden muß, wenn wir die Wirksamkeit dieser marktlichen Ordnung beurteilen wollen.

Der Glaube, es könne keine rationale Politik ohne eine gemeinsame Skala konkreter Ziele geben, beruht jedoch auf einer Deutung der Katallaxie als eigentliche Wirtschaft und ist aus diesem Grund irreführend. Politik braucht nicht vom Streben nach bestimmten Ergebnissen geleitet zu sein, sondern kann darauf gerichtet sein, eine abstrakte Gesamtordnung von der Art zu sichern, daß sie den Mitgliedern die beste Chance bietet, ihre jeweiligen und weitgehend unbekannten Einzelziele zu erreichen. Ziel der Politik in solch einer Gesellschaft müßte es sein, für jedes beliebige, unbekannte Mitglied der Gesellschaft die Chancen, seine, ebenfalls unbekannten Ziele aussichtsreich zu verfolgen, in gleichem Maße zu erhöhen, und die Anwendung von Zwang (abgesehen von der Besteuerung) auf die Durchsetzung derjenigen Regeln zu beschränken, die bei genereller Anwendung in diesem Sinne jedermanns Chancen zu verbessern versprechen.

Eine Politik, die sich der spontanen Ordnungskräfte bedient, kann daher nicht auf ein bekanntes Höchstmaß bestimmter Ergebnisse abzielen, sondern muß darauf gerichtet sein, für jeden zufällig ausgewählten einzelnen die Aussichten zu verbessern, daß die Gesamtwirkung aller von dieser Ordnung erforderten Veränderungen seine Chancen zur Erreichung seiner Ziele erhöht. Wie wir sahen,[14] ist das Gemeinwohl in diesem Sinne nicht ein bestimmter Zustand, sondern besteht in einer abstrakten Ordnung, die in einer freien Gesellschaft das Ausmaß, in dem sich die verschiedenen Einzelbedürfnisse befriedigen lassen werden, im Unbestimmten beläßt. Das Ziel wird eine Ordnung sein müssen, die jedermanns Chancen so weit wie möglich erhöht – nicht in jedem Augenblick, sondern nur »insgesamt« und langfristig.

Weil die Ergebnisse jeder Wirtschaftspolitik davon abhängen müssen, wie der Marktprozeß von Unbekannten, die sich von ihrem eigenen Wissen und ihren eigenen Zielen leiten lassen, genutzt wird, muß es das Ziel solch einer Politik sein, ein Vielzweckinstrument zu bieten, das in keinem bestimmten Augenblick dasjenige sein muß, das am besten an die jeweiligen Umstände angepaßt ist, das aber angesichts der großen Vielfalt voraussichtlich eintretender Umstände das beste ist. Hätten wir diese Einzelumstände im voraus gekannt, so hätten wir uns wahrscheinlich besser rüsten können, um damit umzugehen; da wir sie aber nicht im vorhinein kennen, müssen wir uns mit einem weniger spezialisierten Instrument begnügen, das uns erlaubt, sogar mit sehr wenig wahrscheinlichen Ereignissen fertig zu werden.

Das Spiel der Katallaxie

Um zu verstehen, wie das Funktionieren des Marktsystems nicht nur zur Schaffung einer Ordnung führt, sondern auch zu einem großen Anstieg des Ertrages, den die Menschen aus ihren Anstrengungen ziehen, denkt man es sich am besten, wie schon im letzten Kapitel angedeutet, als ein Spiel, das wir jetzt das Spiel der Katallaxie nennen können. Es ist ein wohlstandschaffendes Spiel (und nicht das, was die Spieltheorie als Nullsummenspiel bezeichnet), das heißt, eines, das eine Vergrößerung des Güterstromes und eine Verbesserung der Aussichten aller Teilnehmer auf Befriedigung ihrer Bedürfnisse bewirkt, das aber den Charakter eines Spieles in dem Sinn bewahrt, in dem der *Oxford English Dictionary* die Bezeichnung [*game*] definiert: »ein Wettbewerb, der nach Regeln gespielt und durch größere Geschicklichkeit, Stärke oder Glück entschieden wird«. Daß sich das Ergebnis dieses Spiels aufgrund eben seines Charakters für jeden notwendigerweise durch eine Mischung aus Können und glücklichem Zufall bestimmt, wird einer der Hauptpunkte sein, die wir jetzt deutlich machen müssen.

Die Hauptursache für den wohlstandschaffenden Charakter des Spiels liegt darin, daß für jeden Spieler die Erträge seiner Anstrengungen Anzeiger sind, die es ihm ermöglichen, zur Befriedigung von Bedürfnissen beizutragen, von denen er nichts weiß, und zwar indem er sich Bedingungen zunutzemacht, von denen er auch nur indirekt dadurch erfährt, daß sie in den Preisen der verwendeten Produktionsfaktoren zum Ausdruck kommen. Es handelt sich somit um ein wohlstandserzeugendes Spiel, weil es jedem Spieler Informationen liefert, die es ihm ermöglichen, für Bedürfnisse zu sorgen, von denen er unmittelbar keine Kenntnis hätte, und zwar durch den Einsatz von Mitteln, von deren Vorhandensein er ohne es nichts wüßte, ein Spiel, das die Befriedigung einer größeren Skala von Bedürfnissen bewirkt, als es ansonsten möglich wäre. Der Fabrikant erzeugt Schuhe nicht deshalb, weil er weiß, daß Herr Schulze sie braucht. Er erzeugt sie, weil er weiß, daß Dutzende von Händlern eine bestimmte Zahl zu verschiedenen Preisen kaufen werden, weil sie (oder vielmehr die Einzelhändler, die sie beliefern) wissen, daß Tausende von Schulzes, die der Erzeuger nicht kennt, sie kaufen wollen. Ähnlich wird ein Fabrikant Produktionsmittel für zusätzliche Produktion durch andere frei machen, wenn er in der Produktion seines eigenen Erzeugnisses etwa Magnesium durch Aluminium substituiert, nicht deshalb, weil er alle Veränderungen in Angebot und Nachfrage kennt, die im Endeffekt Aluminium weniger knapp und Magnesium knapper werden ließen, sondern weil er die eine schlichte Tatsache erfährt, daß der Preis, zu dem ihm Aluminium angeboten wird, relativ zum Preis von Magnesium gefallen ist. Ja, wahrscheinlich ist das wichtigste Beispiel dafür, daß das Preissystem es ermöglicht, Bedürfniskonflikte, die andernfalls ignoriert worden wären, zu berücksichtigen, die Erfassung von Kosten – der für das Interesse der Gemeinschaft insgesamt wichtigste Aspekt, das heißt das, was am ehesten vielen anderen Personen zugute kommt, und das, wobei sich die Privatwirtschaft besonders auszeichnet, Staatsunternehmen hingegen notorisch versagen.

So wird in der marktlichen Ordnung jeder durch den sichtbaren Gewinn für sich angehalten, Bedürfnissen zu dienen, die für ihn unsichtbar sind, und zu diesem Zweck ihm unbekannte Einzelumstände zu nutzen, die ihn in die Lage versetzen, diese Bedürfnisse zu geringstmöglichen Kosten zu befriedigen – gemessen an anderen Dingen, die sich statt dessen produzieren ließen. Und dort, wo erst einige wenige über eine wichtige neue Tatsache Bescheid wissen, werden die vielgescholtenen Spekulanten dafür sorgen, daß sich die diesbezügliche Information durch entsprechende Preisveränderungen rasch verbreitet. Das wird natürlich die wichtige Wirkung haben, daß alle Veränderungen, sobald sie jemandem aus der betroffenen Branche bekannt werden, laufend berücksichtigt werden, was nicht heißt, daß die Anpassung an neue Tatsachen je vollkommen sein wird.

Die jeweiligen Preise dienen, dies ist besonders zu beachten, in diesem Prozeß als Indikator dafür, was unter den gegebenen Umständen getan werden sollte, und sie haben nicht unbedingt etwas mit dem zu tun, was in der Vergangenheit getan wurde, um das gegenwärtige Angebot an einem bestimmten Gut auf den Markt zu bringen. Aus demselben Grund, nämlich weil die Preise, die die Ausrichtung der verschiedenen Anstrengungen lenken, Ereignisse anzeigen, die der Produzent nicht kennt, wird der Ertrag seiner Anstrengungen oft von dem, was er erwartete, abweichen, und das muß auch so sein, wenn sie die Produktion richtig leiten sollen. Die Entlohnungen, die der Markt bestimmt, stehen sozusagen nicht in einem funktionalen Zusammenhang mit dem, was Menschen getan *haben*, sondern nur mit dem, was sie tun *sollten*. Sie sind Anreize, die in der Regel Menschen zum Erfolg führen, aber eine tragfähige Ordnung nur so schaffen werden, daß sie die von ihnen geweckten Erwartungen oft enttäuschen, wenn sich die entscheidenden Umstände unerwartet geändert haben. Es ist eine der Hauptaufgaben des Wettbewerbs, zu zeigen, welche Pläne falsch sind. Die Tatsache, daß die volle Nutzung der begrenzten Information, die die Preise vermitteln, üblicherweise belohnt wird und daß es deshalb lohnt, ihnen die größte Aufmerksamkeit zu schenken, ist ebenso wichtig wie die, daß im Fall unvorhergesehener Änderungen die Erwartungen enttäuscht werden. Das Element Glück ist aus dem Marktgeschehen ebensowenig wegzudenken wie das Element Können.

Es besteht keine Notwendigkeit, spezifische Verteilungen (von Einkommen oder Vermögen) moralisch zu rechtfertigen, die nicht vorsätzlich herbeigeführt wurden, sondern das Ergebnis eines Spieles sind, das gespielt wird, weil es die Chancen aller verbessert. In solch einem Spiel »behandelt« niemand Leute unterschiedlich, und es ist mit der gleichen Würde aller völlig vereinbar, daß das Ergebnis des Spiels für verschiedene Leute ein ganz verschiedenes ist. Es wäre ebensosehr ein Glücksspiel, was die Ergebnisse von irgend jemandes Anstrengungen wert wären, wenn sie von einer Planungsbehörde gelenkt wären, nur würde dann nicht sein Wissen, sondern das der Behörde genutzt, um über Erfolg oder Fehlschlag seiner Anstrengungen zu entscheiden.

Die Summe der in den Preisen angezeigten oder in sie eingegangenen Information ist ganz und gar das Ergebnis des Wettbewerbs, oder zumindest der Offenheit des Marktes für jeden, der einschlägige Informationen über irgendeine Angebots- oder Nachfragequelle für das fragliche Gut besitzt. Der Wettbewerb funktioniert als Entdeckungsverfahren nicht nur, indem er jedem, der die Gelegenheit hat, besondere Umstände zu nützen, die Möglichkeit eröffnet, das gewinnbringend zu tun, sondern auch, indem er den anderen Beteiligten die Information vermittelt, daß es solch eine Gelegenheit gibt. Durch diese Vermittlung von Information in verschlüsselter Form stellen die Wettbewerbsanstrengungen im Marktspiel die Nutzung weit verstreuten Wissens sicher.

Noch wichtiger vielleicht als die Information über Bedürfnisse, die gedeckt werden können und für deren Deckung ein attraktiver Preis geboten wird, ist die Information über die Möglichkeit, das mit einem geringeren Aufwand an auch anderswo benötigten Produktionsmitteln zu besorgen als gegenwärtig. Und von ausschlaggebender Wichtigkeit ist nicht nur, vielleicht nicht einmal hauptsächlich, die Tatsache, daß Preise das Wissen verbreiten, daß es technische Möglichkeiten gibt, um eine Ware effizienter zu produzieren; es ist vielmehr vor allem der Umstand, daß sie ein Indikator dafür sind, welches der verfügbaren technischen Verfahren unter den gegebenen Umständen das wirtschaftlichste ist, und für die Veränderungen in den relativen Knappheiten der einzelnen Rohstoffe und anderer Faktoren, die die relativen Vorteile der verschiedenen Verfahren verändern. Fast jedes Produkt kann durch sehr viele verschiedene Mengenkombinationen der einzelnen Produktionsfaktoren erzeugt werden, und welche davon am wenigsten kostspielig sein werden, das heißt, die geringste Einbuße an anderen Gütern, die aus ihnen erzeugt werden könnten, bedeuten, ist aus den relativen Preisen dieser Faktoren ersichtlich.[15]

Indem sie also trachten, ihre Produkte so billig wie möglich zu erzeugen, werden die Produzenten in gewissem Sinne das Gesamtprodukt der Katallaxie größtmöglich werden lassen. Die Preise, zu denen man die verschiedenen Faktoren auf dem Markt kaufen kann, werden jedem einzelnen anzeigen, welche Mengen von je zwei von ihnen gleichviel kosten, weil sie anderswo den gleichen Grenzertrag erbringen würden; und dadurch wird jeder angehalten, die relativen Mengen jedes von ihm benötigten Faktorenpaares so anzupassen, daß die entsprechenden Mengen ebenso die gleichen Grenzbeiträge zu seinem Produkt erbringen (»Grenzsubstitute« für einander sind), wie sie ihn den gleichen Geldbetrag kosten. Wenn das allgemein geschieht und die Grenzraten der Substitution zwischen je zwei Faktoren in all deren Verwendungen gleich geworden sind, hat der Markt jene Grenzlinie katallaktischer Möglichkeiten erreicht, auf der die größtmögliche Menge der einzelnen Güterkombinationen erzeugt wird, die unter den Umständen erzeugt werden kann.

Für den Fall von nur zwei Gütern läßt sich dieser Horizont katallaktischer Möglichkeiten durch ein einfaches Diagramm veranschaulichen, das in der Wirtschaftstheorie als Transformationskurve bekannt ist: Wenn die Mengen der zwei Güter entlang zwei rechtwinkligen Koordinaten gemessen werden, wird jede Gerade durch den Ursprung den Ort aller möglichen Gesamtmengen von zwei Produkten in einem gegebenen Mengenverhältnis angeben, etwa $a+2b$, $2a+4b$, $3a+6b$, usw., usw., und für jedes gegebene Faktorenangebot wird es ein absolutes Maximum geben, das erreicht werden kann, wenn diese zwei Faktoren ökonomisch auf die zwei Verwendungen aufgeteilt werden. Die konvexe Verbindungslinie jener Punkte, die für die Maxima der einzelnen Kombinationen der zwei Güter stehen, ist die »Transformationskurve«, die jeweils den Horizont katallaktischer Möglichkeiten für diese zwei Güter darstellt. Wichtig an diesem Bereich potentieller Maxima ist, daß er nicht einfach eine technische

Tatsache ist, sondern vom jeweiligen knappen oder reichlichen Vorhandensein der einzelnen Faktoren bestimmt wird und daß der Horizont katallaktischer Möglichkeiten nur erreicht wird, wenn man die Grenzraten der Substitution zwischen den einzelnen Faktoren in allen ihren Verwendungen gleich groß werden läßt – was natürlich in einer Katallaxie, die viele Güter erzeugt, nur dann gelingen kann, wenn alle Produzenten die relativen Mengen der einzelnen von ihnen verwendeten Faktoren nach deren einheitlichen Marktpreisen festlegen.

Der Horizont katallaktischer Möglichkeiten (der für ein System, welches *n* Güter erzeugt, durch eine *n*-dimensionale Oberfläche dargestellt würde) würde den Bereich dessen angeben, was heutzutage gewöhnlich als Pareto-Optima bezeichnet wird, das heißt, alle jene Kombinationen verschiedener produzierbarer Güter, für die es unmöglich ist, die Produktion so umzugestalten, daß ein Verbraucher mehr von etwas bekommt, ohne daß infolgedessen ein anderer weniger von etwas bekommt (was immer möglich ist, wenn das Produkt einem Punkt innerhalb des Horizonts entspricht).

Gibt es keine anerkannte Rangordnung der verschiedenen Bedürfnisse, so gibt es keine Möglichkeit, zu entscheiden, welche von den diesem Horizont entsprechenden Güterkombinationen größer als irgendeine andere ist. Dennoch ist jede einzelne dieser Kombinationen ein »Maximum« in einem bestimmten, eingeschränkten Sinn, der aber der einzige Sinn ist, in dem wir für eine Gesellschaft, die nicht eine vereinbarte Zielhierarchie hat, überhaupt von einem Maximum sprechen können: Sie entspricht der größten Menge der spezifischen Güterkombinationen, die sich mit den bekannten Verfahren erzeugen lassen (ein Sinn, in dem die größte Menge nur eines einzigen Gutes, das erzeugt werden könnte, wenn sonst nichts erzeugt würde, eines der im Möglichkeitenhorizont enthaltenen Maxima wäre!). Die tatsächlich erzeugte Kombination wird durch die relative Intensität der Nachfrage nach den einzelnen Gütern bestimmt – die ihrerseits von der Einkommensverteilung abhängt, das heißt, von den Preisen, die für die Beiträge der einzelnen Produktionsfaktoren gezahlt wurden, und diese dienen ihrerseits lediglich dazu, (oder sind notwendig, um) sicherzustellen, daß man sich dem Horizont katallaktischer Möglichkeiten annähert.

Das alles läuft somit darauf hinaus, daß der Anteil jedes Produktionsfaktors am Gesamtprodukt bestimmt wird von den instrumentalen Notwendigkeiten des einzigen bekannten Prozesses, mit dem wir eine stetige Annäherung an jenen Horizont sicherstellen können, und daß so der materielle Gegenwert jedes gegebenen individuellen Anteils so groß wie überhaupt möglich wird. Mit anderen Worten: Während der Anteil jedes Spielers im Spiel der Katallaxie teilweise vom Können, teilweise vom Glück abhängt, wird der Inhalt des Anteils, der ihm in solch gemischtem Glück- und Geschicklichkeitsspiel zuteil wird, ein echtes Maximum sein.

Es wäre natürlich unsinnig, mehr vom Wirken eines Systems zu verlangen, in dem die einzelnen Akteure nicht für eine gemeinsame Zielhierarchie arbeiten, sondern miteinander nur kooperieren, weil sie dadurch in der jeweiligen Verfolgung ihrer eigenen Ziele einander wechselseitig helfen können. Es ist gar nichts anderes möglich in einer Ordnung, in der die Teilnehmer in dem Sinn frei sind, daß sie ihr eigenes Wissen für ihre eigenen Zwecke verwenden dürfen. Solange das Spiel gespielt wird, in dem allein dieses Wissen genutzt werden kann und alle diese Ziele berücksichtigt werden können, wäre es inkonsequent und ungerecht, einen Teil des Güterstromes für eine Gruppe von Spielern abzuzweigen, die ihn nach Meinung irgendeiner höheren Instanz verdienen. Andererseits wäre es in einer zentral gelenkten Wirtschaft unmöglich, Leute nach dem Wert zu entlohnen, den ihre freiwilligen Leistungen für ihre Mitmenschen haben, weil ohne einen effektiven Markt der einzelne weder wüßte noch entscheiden dürfte, wo er sich anstrengen soll. Die Verantwortung für den Gebrauch seiner Gaben und die Nützlichkeit der Ergebnisse läge zur Gänze bei der lenkenden Instanz.

Man kann Menschen nur dann nach ihrem eigenen Wissen und für ihre eigenen Zwecke handeln lassen, wenn die Entlohnung, die sie erzielen, teilweise von Umständen abhängt, die sie weder beeinflussen noch vorhersehen können. Und wenn es ihnen gestattet sein soll, sich in ihrem Handeln von ihren eigenen Moralvorstellungen leiten zu lassen, so kann nicht gleichzeitig moralisch gefordert sein, daß die Gesamtwirkung ihrer einzelnen Handlungen auf die anderen Menschen irgendeinem Ideal austeilender Gerechtigkeit entsprechen soll. In diesem Sinn ist Freiheit untrennbar von Entgelten, die oft keinen Zusammenhang mit Verdienst und Würdigkeit haben und daher als ungerecht empfunden werden.

Für die Beurteilung von Anpassungen an geänderte Umstände sind Vergleiche zwischen der neuen und der bisherigen Position irrelevant

Während im Fall des bilateralen Naturaltausches die wechselseitigen Vorteile für beide Partner leicht ersichtlich sind, mag die Sache unter den Bedingungen multilateralen oder mehrstufigen Tausches, die in der modernen Gesellschaft die Regel sind, zunächst anders scheinen. Hier wird normalerweise eine Person Leistungen für eine Gruppe von Personen erbringen, selbst aber von einer anderen Gruppe Leistungen erhalten. Und da jede Entscheidung gewöhnlich um die Frage gehen wird, von wem gekauft und an wen verkauft werden soll – und obwohl auch in diesem Falle gilt, daß beide Partner von der neuen Transaktion einen Vorteil haben werden –, müssen wir auch die Wirkungen auf diejenigen beachten, mit denen die an der neuen Transaktion Beteiligten nicht wieder zu handeln beschlossen haben, weil ihre neuen Partner ihnen günstigere Bedingungen bieten. Die Auswirkungen solcher Entscheidungen auf Dritte werden besonders deutlich verspürt, wenn diese inzwischen damit rechnen, mit denjenigen Geschäfte machen zu können, mit denen sie das in der Vergangenheit getan haben, und nun ihre Erwartungen enttäuscht und ihre Einkommen geschmälert finden. Müssen wir nicht in diesem Fall den Verlust derjenigen, von denen Angebot oder Nachfrage sich abgewendet hat, dem Gewinn derjenigen gegenüberstellen, die sich die neuen Möglichkeiten zunutze gemacht haben?

Wie wir im letzten Kapitel sahen, sind derartige unverdiente Verschlechterungen der materiellen Positionen ganzer Gruppen der Grund für einen Haupteinwand gegen die marktliche Ordnung. Doch solche Verschlechterungen der relativen und oft sogar der absoluten Position mancher Leute bleiben eine unumgängliche und ständig wiederkehrende Erscheinung, solange in den einzelnen Transaktionen die Beteiligten nur ihren eigenen Vorteil und nicht die Auswirkungen ihrer Entscheidungen auf andere im Auge haben. Soll das heißen, daß etwas ignoriert wurde, das bei der Bildung einer wünschenswerten Ordnung berücksichtigt werden sollte?

Der frühere Zustand ist aber gänzlich irrelevant für das, was nach Veränderung der äußeren Umstände angemessen ist. In der Vergangenheit war die Position derjenigen, die jetzt erzwungenermaßen einen Abstieg erleben, durch den gleichen Vorgang bestimmt wie der, der nunmehr andere begünstigt. Der Markt berücksichtigt in seinem Tun nur die Bedingungen, von denen man weiß, daß sie gegenwärtig gelten (oder erwartet, daß sie zukünftig herrschen); er paßt relative Werte an sie an, ohne Rücksicht auf die Vergangenheit. Diejenigen, deren Leistungen in der Vergangenheit wertvoller waren, wurden damals entsprechend für sie bezahlt. Die neue Position ist nicht eine Verbesserung gegenüber dem früheren Zustand in dem Sinne, daß sie eine bessere Anpassung an die gleichen Umstände wäre; sie stellt dieselbe Art von Anpassung an neue Umstände dar, wie es die frühere Position im Hinblick auf die damals gegebenen Umstände war.

Im Zusammenhang einer Ordnung, deren Vorteil darin besteht, daß sie die Verwendung von Produktivmitteln ständig an unvorhergesehene und den meisten Leuten unbekannte Bedingungen anpaßt, gilt immer: Was vorbei ist, ist für immer vorbei[16] – frühere Zustände sagen uns nichts darüber, was nunmehr das Richtige ist. Auch wenn in gewissem Ausmaß die Preise der Vergangenheit der hauptsächliche Anhaltspunkt für die Bildung von Erwartungen über zukünftige Preise sind, werden sie das nur dort sein, wo ein Zustand großteils unverändert geblieben ist, nicht dort, wo es zu ausgedehnten Veränderungen gekommen ist.

Jedes Mal, wenn jemand günstigere Möglichkeiten der Bedürfnisbefriedigung ausfindig macht, wird das somit ein Nachteil für diejenigen sein, auf deren Leistungen er sonst zurückgegriffen hätte. Doch in dieser Hinsicht sind die Auswirkungen neuer und günstigerer Tauschmöglichkeiten, die sich für bestimmte Personen ergeben, für eine Gesellschaft insgesamt ebenso vorteilhaft wie die Entdeckung neuer oder bislang unbekannter materieller Produktivmittel. Nunmehr werden die an der neuen Tauschtransaktion Beteiligten ihre Bedürfnisse durch Ausgabe eines kleineren Teiles ihrer Mittel befriedigen können, und das, was sie dadurch sparen, kann dazu verwendet werden, zusätzliche Leistungen für andere anzubieten. Natürlich werden diejenigen, die infolgedessen ihre bisherigen Kunden verlieren, einen Verlust erleiden, den zu verhindern in ihrem Interesse wäre. Aber wie alle anderen auch werden sie die ganze Zeit über profitiert haben von den indirekten Wirkungen tausender ähnlicher Veränderungen anderswo, die Mittel für eine bessere Versorgung des Marktes freistellen. Und obwohl kurzfristig der ungünstige Effekt für sie die Summe der indirekten vorteilhaften Effekte überwiegen mag, wird langfristig die Summe aller dieser Einzeleffekte, auch wenn sie immer irgend jemandem schaden werden, die Chancen für alle wahrscheinlich verbessern. Dieses Ergebnis wird aber nur eintreten, wenn die unmittelbaren und in der Regel leichter erkennbaren Effekte systematisch ignoriert werden und die Politik von der Wahrscheinlichkeit bestimmt ist, daß von der Nutzung jeder derartigen Möglichkeit langfristig alle profitieren werden.

Der bekannte und konzentrierte Schaden für diejenigen, die ihre gewohnte Einkommensquelle teilweise oder zur Gänze einbüßen, darf, anders ausgedrückt, nicht gegen die weitgestreuten (und vom Standpunkt der Politik üblicherweise unbekannten und daher nicht ins Gewicht fallenden) Vorteile für viele aufgerechnet werden. Wie wir sehen werden, hat die Politik generell die Tendenz, einigen wenigen starken und daher auffälligen Effekten den Vorzug vor den zahlreichen kleinen und daher vernachlässigten zu geben, und deshalb Gruppen, denen der Verlust der von ihnen erreichten Positionen droht, besondere Privilegien zu gewähren. Doch wenn wir bedenken, daß die meisten Vorteile, die wir gegenwärtig dem Markt verdanken, die Ergebnisse ständiger Anpassungen sind, von denen wir nichts wissen, und aufgrund deren sich nur einige, aber nicht alle Folgen unserer bewußten Entscheidungen vorhersehen lassen, sollte es klar sein, daß wir die besten Ergebnisse erzielen werden, wenn wir uns an eine Regel halten, die bei konsequenter Anwendung voraussichtlich jedermanns Chancen erhöhen wird. Obwohl der Anteil jedes einzelnen sich nicht vorhersagen läßt, weil er nur zum Teil von seinem Können und seinen Gelegenheiten, Faktenwissen zu erwerben, abhängen wird, und zum anderen Teil vom Zufall, ist dies die Bedingung, die allein es in jedermanns Interesse sein läßt, sich so zu verhalten, daß er das Gesamtprodukt, von dem er einen unvorhersagbaren Anteil erhalten wird, so groß wie möglich macht. Von der resultierenden Verteilung kann man nicht sagen, daß sie materiell gerecht sei, sondern nur, daß sie das Ergebnis eines Prozesses ist, der bekanntermaßen die Chancen aller verbessert, und nicht die Folge angeordneter Einzelmaßnahmen, die den einen oder anderen nach Prinzipien begünstigen, nach denen man nicht allgemein handeln könnte.

Regeln gerechten Verhaltens schützen nur materielle Verfügungsbereiche, nicht aber Marktwerte

Der Wert, den irgend jemandes Produkte oder Leistungen auf dem Markt haben werden, und infolgedessen sein Anteil am Gesamtprodukt werden immer auch von Entscheidungen abhängen, die andere Personen im Lichte der wechselnden ihnen bekannten Möglichkeiten treffen. Ein bestimmter Preis oder ein bestimmter Anteil am Gesamtausstoß kann jemandem also nur dadurch gesichert werden, daß man bestimmte andere Personen verpflichtet, zu einem festgelegten Preis von ihm zu kaufen. Das ist offensichtlich unvereinbar mit dem Grundsatz, daß Zwang sich auf die Durchsetzung gleichermaßen auf alle anwendbarer, einheitlicher Regeln gerechten Verhaltens beschränken soll. Zweckungebundene Regeln gerechten Verhaltens können nicht festsetzen, was einer tun muß (abgesehen von der Erfüllung freiwillig eingegangener Verpflichtungen), sondern nur, was er nicht tun darf. Sie geben lediglich die Grundsätze an, die die geschützte Sphäre jedes einzelnen bestimmen, in die keiner eindringen darf.

Mit anderen Worten: Regeln gerechten Verhaltens können uns nur festlegen lassen, welche bestimmten Dinge bestimmten Personen gehören, nicht aber, was diese Dinge wert sein oder welchen Nutzen sie ihren Besitzern stiften werden. Die Regeln dienen als Informationsgrundlage für die Entscheidung einzelner und helfen somit, Unsicherheit zu verringern; sie können aber nicht festlegen, wie der einzelne diese Information verwendet, und daher auch nicht *jegliche* Unsicherheit beseitigen. Sie sagen dem einzelnen nur, welche bestimmten Dinge er verläßlich verwenden können wird, aber nicht, welche Ergebnisse seine Verwendung haben wird, soweit diese vom Tausch des Produkts seiner Anstrengungen mit anderen abhängen.

Es ist offensichtlich irreführend, wenn man das so ausdrückt, daß man sagt, die Regeln gerechten Verhaltens teilten bestimmte Dinge bestimmten Personen zu. Sie geben die Bedingungen an, unter denen jemand bestimmte Dinge erwerben oder abgeben kann, legen selbst aber nicht endgültig die konkreten Bedingungen fest, die er für sich vorfinden wird. Sein Verfügungsbereich wird jeweils davon abhängen, wie erfolgreich er diese Bedingungen genutzt hat und welche spezifischen Möglichkeiten er zufällig hatte. In einem gewissen Sinne ist es sogar richtig, daß solch ein System demjenigen gibt, »der da hat«. Aber das ist eher ein Vorteil als ein Mangel, denn diese Eigenschaft läßt es für jeden der Mühe wert sein, seine Anstrengungen nicht nur auf unmittelbare Ergebnisse zu richten, sondern auch auf die Steigerung seiner zukünftigen Fähigkeit, Leistungen für andere zu erbringen. Die Möglichkeit des Erwerbs zum Zweck der Verbesserung der Fähigkeit zu zukünftigem Erwerb setzt einen anhaltenden Gesamtprozeß in Gang, in dem wir nicht in jedem Augenblick wieder von vorne anfangen müssen, sondern mit einer Ausstattung beginnen können, die das Ergebnis früherer Anstrengungen ist, um auf diese Weise das Einkommen aus den Mitteln, über die wir bestimmen können, größtmöglich zu machen.

Die Übereinstimmung von Erwartungen wird durch die Enttäuschung mancher Erwartungen bewirkt

Die abstrakte Verhaltensregel kann (und sollte – um die Bildung einer spontanen Ordnung zu sichern –) somit nur die Erwartung, über bestimmte Sachgüter und Leistungen verfügen zu können, schützen, nicht aber die Erwartungen betreffend deren Marktwert, das heißt, das Verhältnis, zu dem sie gegen andere Dinge getauscht werden können. Das ist ein zentral wichtiger Punkt, der häufig mißverstanden wird. Daraus folgen verschiedene bedeutsame Tatsachen. Erstens kann das Recht, obwohl sein Ziel die Erhöhung der Sicherheit ist, nur gewisse Ursachen von Unsicherheit beseitigen, ja, es wäre sogar von Nachteil, wenn es versuchte, jegliche Unsicherheit zu beseitigen: Es kann Erwartungen nur schützen, indem es Übergriffe auf das Eigentum eines Menschen verbietet (einschließlich der Ansprüche auf solche zukünftige Leistungen anderer, die diese freiwillig zugesagt haben), nicht aber, indem es verlangt, daß andere bestimmte Handlungen ausführen. Es kann daher niemandem zusichern, daß die Güter und Leistungen, die er anzubieten hat, einen bestimmten Wert haben werden, sondern nur, daß er für sie den Preis erzielen darf, den er erzielen kann.

Der Grund dafür, daß das Gesetz nur einige, aber nicht alle Erwartungen schützen kann oder nur einige, aber nicht alle Ursachen von Unsicherheit beseitigen kann, ist der, daß Regeln gerechten Verhaltens nur den Bereich statthafter Handlungen abgrenzen können – und zwar so, daß die Absichten verschiedener Personen nicht in Konflikt geraten –, aber nicht positiv festlegen können, welche Handlungen diese Personen setzen müssen. Durch Beschränkung des Bereiches der Handlungen, die jeder einzelne ausführen darf, eröffnet das Recht allen die Möglichkeit zu wirksamer Zusammenarbeit mit anderen, sichert ihnen diese aber nicht. Verhaltensregeln, die gleichermaßen die Freiheit aller eingrenzen, um somit allen die gleiche Freiheit zu sichern, können lediglich Übereinkünfte ermöglichen, um das zu erlangen, was derzeit anderen gehört, und dadurch die Anstrengungen aller darauf lenken, die Übereinkunft mit anderen zu suchen. Sie können aber nicht den Erfolg dieser Anstrengungen sichern oder die Bedingungen festlegen, unter denen solche Übereinkünfte getroffen werden können.

Die Übereinstimmung von Erwartungen, die es ermöglicht, daß alle Beteiligten das erreichen, wonach sie streben, kommt in Wirklichkeit in einem Lernprozeß durch Ausprobieren zustande, in dem ständig die eine oder andere Erwartung enttäuscht werden muß. Der Anpassungsvorgang erfolgt so wie die Anpassungen jedes selbstorganisierenden Systems durch das, was die Kybernetik uns als negative Rückkopplung zu bezeichnen gelehrt hat: durch Reaktionen auf die Differenzen zwischen den erwarteten und den tatsächlichen Ergebnissen von Handlungen, die zu einer Verringerung dieser Differenzen führen. Das bewirkt eine erhöhte Übereinstimmung von Erwartungen der einzelnen Personen, solange die jeweiligen Preise Anhaltspunkte dafür liefern, was die zukünftigen Preise sein werden, das heißt: solange in einem einigermaßen gleichbleibenden Rahmen bekannter Tatsachen sich immer nur einige derselben verändern, und solange der Preismechanismus als Medium der Wissensvermittlung dient, mit dem Effekt, daß die Tatsachen, die einigen bekannt werden, vermittels der Auswirkungen ihrer Handlungen auf die Preise die Entscheidung anderer beinflussen.

Es mag zunächst paradox scheinen, daß es im Interesse der Erzielung größtmöglicher Sicherheit notwendig sein sollte, einen so wichtigen Gegenstand von Erwartungen wie die Bedingungen, zu denen Dinge gekauft und verkauft werden können, im Unsicheren zu belassen. Das Paradoxon löst sich aber auf, wenn wir bedenken, daß wir nur darauf abzielen können, die besten Voraussetzungen für die Beurteilung von etwas zu schaffen, das notwendigerweise ungewiß ist, sowie für die Sicherstellung einer ständigen Anpassung an etwas, das bislang nicht bekannt war: Wir können nur nach der besten Nutzung eines Teilwissens streben, das sich ständig ändert und das hauptsächlich durch Preisveränderungen mitgeteilt wird, aber nicht nach der besten Nutzung eines gegebenen und gleichbleibenden Wissensvorrats. Das Beste, das wir in einer solchen Situation erreichen können, ist nicht Sicherheit, sondern die Beseitigung vermeidbarer Unsicherheit – und die kann nicht dadurch erreicht werden, daß man die Ausbreitung der Wirkungen unvorhergesehener Veränderungen verhindert, sondern nur durch Erleichterung der Anpassung an solche Veränderungen.

Oft wird behauptet, es sei ungerecht, die Last solch unvorhersehbarer Veränderungen Leuten aufzubürden, die diese nicht vorhersehen konnten, und wenn derartige Risiken unvermeidbar seien, sollte man sie gemeinsam übernehmen und die Verluste gleichmäßig von allen tragen lassen. Jedoch läßt sich schwer ermitteln, ob eine bestimmte Veränderung für alle unvorhersehbar war. Das ganze System beruht darauf, daß allen Anreize geliefert werden, ihr Können einzusetzen, um bestimmte Umstände herauszufinden, damit sie bevorstehende Veränderungen so genau wie möglich vorhersagen. Dieser Anreiz würde wegfallen, wenn eine Entscheidung nicht mit einem Verlustrisiko verbunden wäre oder wenn eine Behörde zu entscheiden hätte, ob ein bestimmter Prognosefehler entschuldbar sei oder nicht.[17]

Abstrakte Regeln gerechten Verhaltens können nur Chancen festlegen, nicht bestimmte Ergebnisse

Regeln gerechten Verhaltens, die gleichermaßen für alle Mitglieder einer Gesellschaft gelten, können nur auf einige, nicht auf alle Bedingungen Bezug nehmen, unter denen diese handeln. Infolgedessen können sie jedem einzelnen nur Chancen und nicht die Sicherheit eines bestimmten Ergebnisses sichern. Selbst in einem Spiel mit gleichen Chancen für alle Spieler wird es Gewinner und Verlierer geben. Dadurch daß dem einzelnen einige Elemente der Situation, in der er handeln müssen wird, zugesichert werden, verbessern sich seine Aussichten, doch bleiben notwendigerweise viele Faktoren im Unbestimmten, von denen sein Erfolg abhängt. Das Ziel des Gesetzgebers, der Regeln für eine unbekannte Zahl zukünftiger Fälle schafft, kann daher nur sein, die Chancen unbekannter Personen zu erhöhen, deren Möglichkeiten hauptsächlich von ihrem eigenen Wissen und Können ebenso wie von den spezifischen Bedingungen abhängen werden, in die der Zufall sie hineinstellt. Die Bemühungen des Gesetzgebers können somit nur auf Erhöhung der Chancen für alle gerichtet sein, nicht in dem Sinn, daß er wüßte, wie die verstreuten Wirkungen seiner Entscheidung die verschiedenen Einzelpersonen betreffen, sondern nur in dem Sinn, daß er darauf abzielen kann, die Möglichkeiten zu vergrößern, die sich irgendwelchen unbekannten Personen eröffnen werden.

Daraus folgt: Jeder einzelne wird einen rechtmäßigen Anspruch nicht auf Chancengleichheit ganz allgemein haben, sondern nur darauf, daß die Prinzipien, die alle Zwangsmaßnahmen des Staates bestimmen, jedermanns Chancen in voraussichtlich gleicher Weise erhöhen, und darauf, daß diese Regeln in jedem einzelnen Fall angewendet werden, gleichgültig ob die Auswirkung auf bestimmte Personen wünschenswert erscheint oder nicht. Solange die Positionen der einzelnen überhaupt von ihrem Können und den spezifischen Umständen, in die sie geraten, abhängen sollen, kann niemand sicherstellen, daß sie alle die gleichen Chancen haben werden.

In solch einem Spiel, in dem die Ergebnisse für die einzelnen teils vom Glück, teils von ihrem Können abhängen, ist es offensichtlich sinnlos, das Ergebnis als gerecht oder ungerecht zu bezeichnen. Die Situation ist ziemlich ähnlich wie beim Wettbewerb um einen Preis, in dem wir die Bedingungen so zu stellen versuchen, daß wir sagen können, wer die beste Leistung erbringt, aber nicht entscheiden können werden, ob die beste tatsächlich erbrachte Leistung ein Beweis größerer Verdienste ist. Wir werden nicht verhindern können, daß Zufälle mitspielen, und können infolgedessen nicht sicher sein, daß die Ergebnisse den Fähigkeiten der Konkurrenten oder ihren besonderen Qualitäten, die wir gern fördern wollen, entsprechen werden. Wir wollen zwar nicht, daß irgend jemand schummelt, aber wir können nicht verhindern, daß jemand scheitert. Obwohl wir den Wettbewerb dazu gebrauchen, herauszufinden, wer die beste Leistung erbringt, wird das Ergebnis nur zeigen, wer bei einer bestimmten Gelegenheit am besten abgeschnitten hat, aber nicht, daß der Sieg generell den Besten zufällt. Nur zu oft werden wir finden: »Nicht den Schnellen gehört im Wettlauf der Sieg, nicht den Tapferen der Sieg im Kampf, auch nicht den Gebildeten die Nahrung, auch nicht den Klugen der Reichtum, auch nicht den Könnern der Beifall, sondern jeden treffen Zufall und Zeit.«[18] Gerade weil wir nicht wissen, wie sich die Anwendung der Regeln auf bestimmte Personen auswirkt, wird in einer spontanen Ordnung freier Menschen Gerechtigkeit möglich.[19]

Konsequente Gerechtigkeit wird sogar oft verlangen, daß wir so handeln, als ob wir über Umstände nicht Bescheid wüßten, die wir in Wirklichkeit kennen. Sowohl Freiheit als auch Gerechtigkeit sind Werte, die nur unter Menschen von beschränktem Wissen gelten können und in einer Gesellschaft allwissender Menschen keinen Sinn hätten. Wollen wir die Macht, die wir über das Gefüge der marktlichen Ordnung haben, konsequent gebrauchen, so müssen wir die konkreten vorhersehbaren Auswirkungen einer richterlichen Entscheidung systematisch ausblenden. So wie der Richter nur gerecht sein kann, wenn er sich an die Grundsätze des Rechts hält und alle Umstände außer acht läßt, auf die dessen abstrakte Regeln nicht Bezug nehmen (wiewohl diese für die moralische Beurteilung der Handlung höchst bedeutsam sein mögen), müssen die Regeln der Gerechtigkeit die Umstände begrenzen, die in jedem Einzelfall berücksichtigt werden dürfen. Wenn gilt: Alles verstehen, heißt alles verzeihen, so ist das genau das, was der Richter nicht versuchen darf, denn alles weiß er nie. Die Notwendigkeit, zur Erhaltung einer spontanen Ordnung abstrakte Regeln heranzuziehen, ist eine Folge dieses Unwissens und dieser Unsicherheit; und die Durchsetzung von Verhaltensregeln wird ihren Zweck nur erreichen, wenn wir uns konsequent an sie halten und sie nicht nur als Ersatz für Wissen ansehen, über das wir im Einzelfall nicht verfügen. Daher wird nicht der Effekt ihrer Anwendung auf den Einzelfall, sondern werden nur die Effekte ihrer generellen Anwendung zur Verbesserung von jedermanns Chancen führen und deshalb als gerecht hingenommen werden.[20] Insbesondere muß jede Beschäftigung mit kurzfristigen Effekten das Übergewicht der sichtbaren und vorhersagbaren Effekte über die unsichtbaren und entfernten stärken; doch dürfen Regeln, die allen in gleichem Maße nützen sollen, nicht zulassen, daß Effekte, von denen der Richter zufällig Kenntnis erlangt hat, schwerer wiegen als solche, die er nicht kennen kann.

In einer spontanen Ordnung sind unverdiente Enttäuschungen nicht zu vermeiden. Sie müssen Groll entstehen lassen und ein Gefühl, ungerecht behandelt worden zu sein, obwohl niemand ungerecht gehandelt hat. Die Betroffenen werden üblicherweise, völlig in gutem Glauben und im Namen der Gerechtigkeit, Wiedergutmachungsmaßnahmen fordern. Soll Zwang jedoch auf die Durchsetzung einheitlicher Regeln gerechten Verhaltens beschränkt sein, so ist es von entscheidender Wichtigkeit, daß der Staat nicht die Macht hat, solchen Forderungen nachzugeben. Die Verschlechterung ihrer relativen Position, über die sich einige beklagen, ist die Folge davon, daß sie sich den gleichen Chancen ausgesetzt haben, denen nunmehr nicht nur manche andere die Verbesserung ihrer Position verdanken, sondern denen sie selbst ihre frühere Position verdankten. Nur weil unzählige andere ständig Enttäuschungen ihrer berechtigten Erwartungen hinnehmen, hat jeder ein so hohes Einkommen, wie er es hat; und deshalb ist es nur recht und billig, daß er die ungünstige Wendung der Ereignisse akzeptiert, wenn sich diese gegen ihn richten. Das gilt um nichts weniger, wenn nicht ein einzelner, sondern die Angehörigen einer großen Gruppe dieses Gefühl des Grolls teilen und einander darin bestärken und infolgedessen die Veränderung zum »sozialen Problem« wird.

Spezifische Befehle (»Eingriffe«) in einer Katallaxie schaffen Unordnung und können nie gerecht sein

Eine Regel gerechten Verhaltens dient der wechselseitigen Abstimmung der unterschiedlichen Zwecke vieler einzelner. Ein Befehl dient der Erzielung bestimmter Ergebnisse. Anders als eine Regel gerechten Verhaltens schränkt er nicht nur den Entscheidungsbereich des einzelnen ein (oder verlangt, daß dieser vorsätzlich geweckte Erwartungen erfüllt), sondern befiehlt ihm, in einer bestimmten, von anderen nicht geforderten Weise zu handeln.

Der Ausdruck »Eingriff« (oder »Intervention«) wird richtigerweise nur für solche spezifischen Anordnungen gebraucht, die im Unterschied zu den Regeln gerechten Verhaltens nicht lediglich der Bildung einer spontanen Ordnung dienen, sondern auf spezifische Ergebnisse abzielen. Nur in diesem Sinn wurde der Ausdruck von den klassischen Ökonomen gebraucht. Sie hätten ihn nicht auf die Erzeugung oder Verbesserung jener generischen Regeln angewendet, die für das Funktionieren der marktlichen Ordnung erforderlich sind und die sie in ihrer Analyse ausdrücklich unterstellten.

Selbst in der Alltagssprache impliziert »Eingriff«, daß man es mit einem Prozeß zu tun hat, der nach gewissen Prinzipien von allein abläuft, weil seine Teile gewissen Regeln gehorchen. Wir würden nicht von Eingriff sprechen, wenn wir ein Uhrwerk schmierten oder sonstwie für die Bedingungen sorgten, die ein in Gang befindlicher Mechanismus für sein einwandfreies Funktionieren benötigt. Erst wenn wir die Position irgendeines Einzelteiles in einer Weise verändern, die nicht dem allgemeinen Funktionsprinzip entspricht, wie das Verstellen der Zeiger einer Uhr, kann man zutreffend davon sprechen, daß wir eingegriffen haben. Zweck eines Eingriffs ist somit immer die Herbeiführung eines bestimmten Ergebnisses, das anders ist als das, zu dem es gekommen wäre, wenn der Mechanismus ohne Hilfe seinen vorgegebenen Prinzipien hätte folgen dürfen.[21] Werden die Regeln, nach denen solch ein Prozeß abläuft, im vorhinein festgelegt, so werden die spezifischen Ergebnisse, die er jeweils zeitigt, von den augenblicklichen Wunschvorstellungen von Menschen unabhängig sein.

Die spezifischen Ergebnisse, die man durch Veränderung einer bestimmten Handlung des Systems herbeiführt, werden mit seiner Gesamtordnung immer unvereinbar sein: Wären sie das nicht, so hätten sie auch durch eine Änderung der Regeln, nach denen das System fortan arbeiten soll, erreicht werden können. Wird das Wort richtig gebraucht, so ist ein Eingriff definitionsgemäß ein vereinzelter Zwangsakt,[22] unternommen zum Zweck der Erzielung eines spezifischen Ergebnisses und ohne Verpflichtung, in allen Fällen, in denen gewisse, durch eine Regel definierte Umstände die gleichen sind, das Gleiche zu tun. Es ist daher immer ein ungerechter Akt, in dem auf jemanden Zwang ausgeübt wird (üblicherweise im Interesse eines Dritten), und zwar unter Umständen, in denen auf einen anderen kein Zwang ausgeübt würde, und für Zwecke, die nicht seine eigenen sind.

Es ist außerdem ein Akt, der immer die Gesamtordnung stört und jene wechselseitige Anpassung aller ihrer Teile verhindert, auf der die spontane Ordnung beruht. Das tut er, indem er die Personen, an die sich die spezifischen Befehle richten, daran hindert, ihre Handlungen an ihnen bekannte Umstände anzupassen, und sie gewissen spezifischen Zielen dienstbar macht, denen andere nicht dienen müssen und die um den Preis irgendwelcher anderer unvorhersagbarer Effekte erreicht werden. Jeder einzelne Eingriff schafft somit ein Privileg in dem Sinne, daß er den einen auf Kosten der anderen Vorteile verschafft, in einer Weise, die durch Prinzipien von allgemeiner Anwendbarkeit nicht zu rechtfertigen ist. Was die Bildung einer spontanen Ordnung in dieser Hinsicht verlangt, ist das, was auch die Beschränkung allen Zwanges auf die Durchsetzung von Regeln gerechten Verhaltens verlangt: nämlich Zwang nur dort zu gebrauchen, wo er von einheitlichen, auf alle gleichermaßen anwendbaren Regeln gefordert ist.

Ziel des Rechts sollte sein, die Chancen aller gleichermaßen zu verbessern

Da Regeln gerechten Verhaltens nur auf die Chancen für den Erfolg menschlicher Anstrengungen einwirken können, sollte das Ziel ihrer Veränderung oder Weiterentwicklung darin bestehen, die Chancen jedes zufällig ausgewählten einzelnen weitestmöglich zu verbessern. Da sich langfristig nicht vorhersagen läßt, wann und wo die spezifische Konstellation von Umständen eintreten wird, auf die eine Regel Bezug nimmt, muß auch unbekannt sein, wer aus solch einer abstrakten Regel Vorteile ziehen wird und wie große Vorteile verschiedene Personen erzielen werden. Derartige generelle Regeln, die für eine unbegrenzte Zeit gelten sollen, können also allein darauf abzielen, die *Chancen* unbekannter Personen zu verbessern.

Wir sprechen in diesem Zusammenhang lieber von Chancen als von Wahrscheinlichkeiten, weil der zweite Ausdruck an numerische Größen denken läßt, die aber nicht bekannt sein werden. Das Recht kann nichts weiter tun, als die Anzahl vorteilhafter Möglichkeiten, die sich für einen beliebigen Unbekannten voraussichtlich ergeben, zu erhöhen und somit eine steigende Wahrscheinlichkeit zu schaffen, daß einer mit vorteilhaften Möglichkeiten rechnen kann. Aber obwohl das Ziel die Verbesserung der Aussichten für jedermann sein sollte, wird normalerweise nicht bekannt sein, wessen Aussichten durch eine spezifische rechtliche Maßnahme verbessert werden und um wieviel.

Man beachte, daß der Begriff der Chance hier in zweierlei Weise ins Spiel kommt. Zum einen läßt sich die relative Position einer beliebigen Person nur als ein Bereich von Möglichkeiten beschreiben, der sich, wäre er genau bekannt, als Wahrscheinlichkeitsverteilung darstellen ließe. Zum andern stellt sich die Frage nach der Wahrscheinlichkeit, mit der irgendein Mitglied der Gesellschaft irgendeine der so beschriebenen Positionen einnimmt. Der sich daraus ergebende Begriff der Chancen eines Mitglieds der Gesellschaft, über einen bestimmten Möglichkeitenbereich zu verfügen, ist also komplex und läßt sich schwerlich mit mathematischer Genauigkeit angeben. Nützlich wäre das aber auch nur, wenn die numerischen Größen bekannt wären, was sie natürlich nicht sind.[23]

Offensichtlich wird das Bestreben, unterschiedslos die Chancen eines jeden zu erhöhen, nicht dazu führen, daß die Chancen aller gleich groß werden. Nicht nur werden die Chancen immer von zukünftigen Ereignissen abhängen, über die das Gesetz keine Macht hat, sondern auch von der Ausgangsposition des einzelnen in dem Augenblick, in dem die in Frage stehenden Regeln eingeführt werden. In einem fortlaufenden Prozeß wird diese Ausgangsposition für jeden immer ein Ergebnis vorhergegangener Phasen und daher ebensosehr eine ungeplante Tatsache und zufallsabhängig sein wie die zukünftige Entwicklung. Und da ein Teil der Anstrengungen der meisten Leute normalerweise auf die Verbesserung ihrer Chancen für die Zukunft gerichtet ist und nicht auf die Befriedigung gegenwärtiger Bedürfnisse, und das um so mehr, je mehr sie für diese bereits mit Erfolg vorgesorgt haben, wird die Ausgangsposition für jeden immer ebensosehr das Ergebnis einer Reihe vorausgegangener Zufälle sein wie seiner Anstrengungen und seiner Voraussicht. Weil der einzelne frei entscheiden kann, ob er den Ertrag seiner laufenden Anstrengungen für den laufenden Konsum oder für die Verbesserung seiner zukünftigen Möglichkeiten verwenden will, sieht es daher so aus, als ob die von ihm bereits erreichte Position seine Chancen auf Erreichung einer noch besseren erhöht oder als ob gilt: »Wer da hat, dem wird gegeben«. Die Möglichkeit der Aufteilung der Verwendung der eigenen Mittel über die Zeit pflegt daher immer auch die Kluft zwischen dem Ertragswert der gegenwärtigen Anstrengungen einer Person und den Vorteilen, die sie gegenwärtig erhält, zu vergrößern.

Soweit wir uns darauf verlassen, daß die Institution der Familie den einzelnen auf das Leben vorbereitet, wird die Kette von Ereignissen, die jedermanns Aussichten betreffen, notwendigerweise sogar über die Spanne seines individuellen Lebens hinausreichen. Es ist daher unvermeidlich, daß im fortlaufenden Prozeß der Katallaxie die Ausgangspunkte und infolgedessen auch die Aussichten der einzelnen verschieden sein werden.

Das soll nicht heißen, daß nicht mit Recht auf die Korrektur von Positionen gedrängt werden kann, die durch vorausgegangene ungerechte Maßnahmen oder Institutionen bestimmt worden sind. Aber außer wenn solch eine Ungerechtigkeit eindeutig und neueren Datums ist, wird sie sich im allgemeinen nicht leicht beheben lassen. Insgesamt sollte man lieber die gegebene Position als zufallsbedingt hinnehmen und einfach fortan Maßnahmen unterlassen, die eine Begünstigung bestimmter Personen oder Gruppen bezwecken. Obwohl es sinnvoll scheinen mag, Gesetze so abzufassen, daß sie der Tendenz nach eher die Möglichkeiten derjenigen verbessern, deren Chancen relativ gering sind, läßt sich das selten durch allgemeine Regeln erreichen. Es gibt zweifellos Fälle, in denen die bisherige Rechtsentwicklung eine gewisse Voreingenommenheit zugunsten oder zum Nachteil bestimmter Gruppen aufwies; und entsprechende Bestimmungen gilt es sicherlich zu korrigieren. Aber insgesamt scheint es, als ob das, was – entgegen einem weitverbreiteten Glauben – während der letzten zweihundert Jahre am meisten zur Verbesserung nicht nur der absoluten, sondern auch der relativen Position der Mitglieder der untersten Einkommensschichten beigetragen hat, das allgemeine Wachstum des Wohlstands war, das die Einkommen der untersten Schichten tendenziell stärker erhöht hat als die relativ höheren. Das ist natürlich eine Folge des Umstandes, daß, sobald Malthus' böser Geist gebannt ist, das Wachstum des Volkseinkommens Arbeit tendenziell knapper macht als Kapital. Aber nichts, was wir tun könnten – abgesehen von der Einführung absoluter Gleichheit aller Einkommen –, vermag etwas daran zu ändern, daß ein gewisser Prozentsatz der Bevölkerung sich immer am unteren Ende der Stufenleiter finden muß; und aus Gründen der Logik muß die Chance jeder zufällig ausgewählten Person, zu den untersten zehn Prozent zu gehören, immer ein Zehntel sein![24]

Die Gute Gesellschaft ist eine Gesellschaft, in der die Chancen jedes zufällig Ausgewählten größtmöglich sind

Der Schluß, zu dem unsere Betrachtungen führen, lautet also: Als die wünschenswerteste Gesellschaftsordnung sollten wir diejenige erachten, die wir wählen würden, wenn wir wüßten, daß unsere Ausgangsposition in ihr rein durch Zufall bestimmt wäre (wie etwa die Tatsache, daß wir in eine bestimmte Familie hineingeboren werden). Da die Anziehungskraft, die solch eine Zufallsbestimmung für einen konkreten Erwachsenen besäße, wahrscheinlich von den spezifischen Fertigkeiten, Fähigkeiten und Neigungen abhinge, die er bereits erworben hat, ließe sich das besser so formulieren: Die beste Gesellschaft wäre die, in die wir unsere Kinder vorzugsweise gäben, wenn wir wüßten, daß ihre Position darin durch das Los bestimmt würde. Wahrscheinlich würden in diesem Fall sehr wenige Leute eine streng egalitäre Ordnung wählen. Aber während einer etwa die Art von Leben, das in der Vergangenheit der Landadel führte, für die reizvollste Lebensweise halten mag und eine Gesellschaft, in der es solch eine Klasse gibt, wählen würde, wenn er sicher wüßte, daß er oder seine Kinder dieser Klasse angehören würden, würde er sich wahrscheinlich anders entscheiden, wenn er wüßte, daß diese Position durch das Los bestimmt würde und es infolgedessen viel wahrscheinlicher wäre, daß er Landarbeiter würde. Dann würde er sehr wahrscheinlich genau jenen Typus von Industriegesellschaft wählen, der zwar nicht so schmackhafte Rosinen für einige wenige hätte, aber bessere Aussichten für die große Mehrheit böte.[25]

Anmerkungen

258:*. Cannan, E., *The History of Local Rates in England*, London, 2. Auflage, 1912, S. 173. Der Ausdruck »unwirtschaftlich« ist darin in dem weiten Sinn gebraucht, in dem er sich auf die Erfordernisse der marktlichen Ordnung bezieht, ein Sinn, in dem er etwas irreführend ist und besser vermieden wird.

258:**. Bezieht sich auf Kapitel 2 in F. A. Hayek, *Recht, Gesetz und Freiheit, Schriften* B4.

259:1. Menger, C., *Untersuchungen über die Methode der Socialwissenschaften, und der Politischen Oekonomie insbesondere* (1883), in Menger, C., *Gesammelte Werke*, hrsg. v. Hayek, F. A., 2. Auflage, Tübingen 1969, S. 86 f.: »Das Volk, als solches, ist kein grosses bedürfendes, arbeitendes, wirthschaftendes und concurrirendes Subject, und was man eine »Volkswirthschaft« nennt ist somit auch nicht die Wirthschaft eines Volkes im eigentlichen Verstande des Wortes. Die »Volkswirthschaft« ist keine den Singularwirthschaften im Volke, zu welchen auch die Finanzwirthschaft gehört, analoge Erscheinung, keine grosse Singularwirthschaft, eben so wenig aber auch ein den Singularwirthschaften im Volke Entgegengesetztes oder neben denselben Bestehendes. Sie ist in ihrer allgemeinsten Erscheinungsform eine eigenthümliche, an anderer Stelle von uns näher charakterisirte Complication von Singularwirthschaften.« Vgl. dazu auch Anhang I desselben Werkes.

259:2. Whately, R., *Introductory Lectures on Political Economy*, London 1855, S. 4.

259:3. Besonders von Mises, L. von, *Human Action*, New Haven 1959, passim.

259:4. Liddell, H. G. und Scott, R. A., A Greek-English Dictionary, London Neuauflage 1940): *katallagden, katallage, katallagma, katallaktikos, katallasso (-tto), katallakterios* und *katallaxis*.

260:5. In den von uns gebrauchten griechischen Ausdrücken ist eine eigentliche Wirtschaft also eine Taxis und Teleokratie, während die Katallaxie ein Kosmos und eine Nomokratie ist.

260:6. Eben diese Regeln bezeichneten Hume und Smith ausdrücklich als »Regeln der Gerechtigkeit«, und sie meinte Smith, als er in der *Theorie der ethischen* Gefühle, II.ii.3 (hrsg. v. Eckstein, W., Hamburg 1926, Band I, S. 129) die Gerechtigkeit bezeichnete als den »Hauptpfeiler, der das ganze Gebäude stützt. Wenn dieser Pfeiler entfernt wird, dann muß der gewaltige, der ungeheuere Bau der menschlichen Gesellschaft, jener Bau, den aufzuführen und zu erhalten in dieser Welt, wenn ich so sagen darf, die besondere Lieblingssorge der Natur gewesen zu sein scheint, in einem Augenblick zusammenstürzen und in Atome zerfallen«.

261:7. Zu Beginn des achtzehnten Jahrhunderts, als Bernard Mandeville mit seiner *Bienenfabel* die einflußreichste Darstellung dieses Sachverhalts gab. Die Erkenntnis scheint aber weiter verbreitet gewesen zu sein und findet sich z. B. in der frühen Whig-Literatur, etwa in Gordon, Th., »Cato's Letter« Nr. 63, vom 27. Januar 1721 (Nachdruck in *The English Libertarian Heritage*, hrsg. v. Jacobson, D. L., Indianapolis 1965, S. 138–139): »Jedermanns ehrliche Arbeit und nützliche Talente werden, indem sie für die Allgemeinheit eingesetzt werden, für ihn selbst eingesetzt; und indem er sich selbst dient, wird er der Allgemeinheit dienen; öffentliches und privates Interesse werden einander wechselseitig sichern; alle werden gerne einen Teil geben, um das Ganze zu sichern – und werden mutig zu seiner Verteidigung bereit sein.« In klassischen Werken (in beiden Fällen wahrscheinlich unter dem Einfluß von Mandeville) fand es sich dann erstmals bei Montesquieu, *Der Geist der Gesetze*, Buch III, Kapitel 7: »... und schließlich ergibt sich, daß jeder zum Gemeinwohl beiträgt, auch wenn er glaubt, nur seine Sonderinteressen zu verfolgen«, sowie in Hume, D., *Ein Traktat über die menschliche Natur*, hrsg.v. Lipps, Th., Hamburg 1906, Band II, S. 269: »Auf diese Weise lerne ich jemandem einen Dienst erweisen, ohne tatsächliche freundliche Gesinnung für ihn«, und ebenda, S. 278: » dem allgemeinen Wohl günstig, so gewiß dies von den Erfindern nicht beabsichtigt wurde«; vgl. auch *Politische und ökonomischeEssays* (hrsg. v. Bermbach, U., Hamburg 1988, Band I, S. 8): »eine republikanische und freie Regierung wäre offensichtlich eine Absurdität, wenn die besonderen Überprüfungen und Kontrollen durch die Verfassung in der Realität keinen Einfluß hätten und es nicht auch im Interesse schlechter Menschen liegen würde, dem Gemeinwohl zu dienen«. Später findet es sich bei Tucker, J., *Elements of Commerce*, London 1756, bei Smith, A., *Theorie ethischer Gefühle*, IV.i, wo er von den Menschen sagt, »[v]on einer unsichtbaren Hand werden sie ... geführt, ... und so fördern sie, ohne es zu beabsichtigen, ja ohne es zu wissen, das Interesse der Gesellschaft« [zitiert nach Eckstein, W., Hrsg., Hamburg 1926, Neudruck 1978, S. 316f.] und natürlich in seiner berühmtesten Formulierung in Smiths *Reichtum der Völker*, IV.ii.9: »... und wenn er diese Erwerbstätigkeit so ausrichtet, daß die größte Wertschöpfung erfolgt, denkt er nur an seinen eigenen Vorteil, und dabei wird er, wie in vielen anderen Fällen auch, von einer unsichtbaren Hand geleitet, einem Zweck zu dienen, der nicht in seiner Absicht lag. Für die Gesellschaft ist es gar nicht immer von Schaden, daß dieser nicht in seiner Absicht lag. Indem er sein eigenes Interesse verfolgt, fördert er häufig das der Gesellschaft wirksamer, als wenn er sich tatsächlich vornimmt, es zu fördern.« Vgl. auch Burke, E., *Thoughts and Details of Scarcity*, 1795, in *Works*, Band VI, S. 9: »Der gütige und weise Beweger aller Dinge, der die Menschen, ob sie wollen oder nicht, nötigt, bei der Verfolgung ihrer eigenen selbstsüchtigen Interessen, das allgemeine Wohl mit ihrem eigenen persönlichen Erfolg zu verbinden«.

261:8. Vgl. Smith, A., *Reichtum der Völker*, I.ii.2: »Nicht vom Wohlwollen des Metzgers, Brauers oder Bäckers erwarten wir unsere Mahlzeit, sondern von deren Bedachtnahme auf ihr eigenes Interesse.«

262:9. Im Beharren auf sozialer »Solidarität« tritt der konstruktivistische Ansatz in der Soziologie eines Auguste Comte, Emile Durkheim und Léon Duguit am deutlichsten zutage.

262:10. Diese beiden galten bezeichnenderweise John Stuart Mill als die einzigen, dem modernen Menschen noch gebliebenen »erhabenen« Gefühle.

263:11. Zur Bedeutung der Entwicklung der Kritik durch die alten Griechen siehe insbesondere Popper, K. R., *Die offene Gesellschaft und ihre Feinde* (1945), 8. Aufl. Tübingen 2003, passim.

263:12. Vgl. schon Destutt de Tracy, A. L. C., *A Treatise on Political Economy*, Georgetown 1817, S. 6ff.: »die Gesellschaft ist einzig und allein eine fortlaufende Reihe von Tauschakten. ... *Der Tauschverkehr in seiner Gesamtheit ist die Gesellschaft.*« Bevor die Bezeichnung »Gesellschaft« allgemein üblich wurde, gebrauchte man oft »Ökonomie«, wo wir heute von »Gesellschaft« sprechen würden. Vgl. beispielsweise Wilkins, J., *Essay toward a Real Character and a Philosophical Language*, London 1668, zitiert von Robbins, H. R., *A Short History of Linguistics*, London 1967, S. 114–115, der »ökonomisch« als gleichbedeutend mit »interpersonell« zu verwenden scheint. Zu jener Zeit scheint »Ökonomie« auch allgemein im Sinne dessen, was wir hier eine spontane Ordnung nennen, gebraucht worden zu sein, was häufig wiederkehrende Wendungen wie die »Ökonomie der Schöpfung« und dergleichen mehr zeigen.

264:13. Die hauptsächlichen Einwände gegen den »Allokations«-Ansatz oder den »Ökonomismus« eines guten Teiles der gegenwärtigen Wirtschaftstheorie kommen aus ganz verschiedenen Ecken, einerseits von J. M. Buchanan, zuletzt in dem Beitrag »Is Economics the Science of Choice?« zu Streissler, E. u. a., Hrsg., *Roads to Freedom. Essays in honour of Friedrich A. von Hayek*, London 1969, und andererseits Myrdal, G., besonders in *Das politische Element in der nationalökonomischen Doktrinbildung*, Jena 1932, und *Jenseits des Wohlfahrtsstaates*, Frankfurt/M. 1961. Vgl. auch Peter, H., *Freiheit der Wirtschaft*, Köln 1953; Weisser, G., »Die Überwindung des Ökonomismus in der Wirtschaftswissenschaft« in *Grundfragen der Wirtschaftsordnung*, Berlin 1954; und Albert, H., *Ökonomische Theorie und Politische Ideologie*, Göttingen 1954.

Was oft ungenau, wenn vielleicht auch bequem, als »ökonomische Ziele« bezeichnet wird, sind die allgemeinsten und noch undifferenzierten Mittel wie Geld oder die allgemeine Kaufkraft, die im gewöhnlichen Vorgang des Broterwerbs die unmittelbaren Ziele sind, weil der jeweilige Zweck, für den sie verwendet werden sollen, noch nicht bekannt ist. Zu der Tatsache, daß es streng genommen keine ökonomischen Ziele gibt, und zu der klarsten Darstellung der Ökonomie als Entscheidungstheorie siehe Robbins, L. C., The *Nature and Significance of Economic Science*, London 1930 und später.

266:14. Siehe auch Kapitel 7 in F. A. Hayek, *Recht, Gesetz und Freiheit* (*Schriften* B4).

269:15. Ein Punkt, der gar nicht oft genug betont werden kann, da er so häufig mißverstanden wird, besonders von Sozialisten, ist der, daß technisches Wissen uns nur sagt, welche Verfahren zur Wahl stehen, aber nicht, welches das wirtschaftlichste oder effizienteste ist. Entgegen einem weitverbreiteten Glauben gibt es so etwas wie ein rein technisches Optimum nicht – ein Gedanke, der für gewöhnlich von der falschen Vorstellung hergeleitet wird, daß es nur einen einzigen einheitlichen Faktor, nämlich Energie, gebe, der wirklich knapp sei. Aus diesem Grund mag das, was in den USA die effizienteste Produktionstechnik für etwas ist, beispielsweise in Indien in höchstem Maße unökonomisch sein.

272:16. Jevons, W. S., *The Theory of Political Economy*, London 1871, S. 159.

277:17. Ein guter Teil des Wissens der einzelnen, das für die Durchführung bestimmter Anpassungen so nützlich sein kann, ist nicht abrufbereites Wissen, das sie – zur Verwendung durch eine zentrale Planungsbehörde bei Bedarf – möglicherweise im vorhinein aufzeichnen und speichern könnten; sie werden im voraus wenig darüber wissen, welchen Vorteil sie etwa daraus ziehen könnten, daß Magnesium viel billiger geworden ist als Aluminium oder Nylon als Hanf oder die eine Art Kunststoff als eine andere; was sie besitzen, ist eine Fähigkeit, herauszufinden, was in einer gegebenen Situation gefordert ist, und das ergibt sich oft aus der Kenntnis bestimmter Umstände, von denen sie im voraus nicht ahnen, daß sie nützlich werden könnten.

278:18. *Das Buch Kohelet*, 9, 11.

278:19. Ich vermute, an dieses Unwissen dachte Cicero, als er behauptete, weder die Natur noch der Wille, sondern intellektuelle Beschränktheit sei die Mutter der Gerechtigkeit. Siehe *De Re Publica*, 3, 13: »iustitiae non natura nec voluntas sed imbecillitas mater est.« Zumindest scheint er das zu meinen, wenn er an vielen anderen Stellen von »humani generis imbecillitas« spricht.

278:20. Vgl. den in F. A. Hayek, *Schriften* B4, Kapitel 7, Anmerkung 12, benannten Passus von David Hume.

280:21. Die von Röpke, W., *Die Gesellschaftskrise der Gegenwart*, 5. Aufl., Erlenbach-Zürich 1948, S. 259, eingeführte Unterscheidung zwischen »marktkonformen« und »nicht-marktkonformen« Eingriffen in den Markt (oder, wie andere deutsche Autoren es ausdrückten, systemgerechten oder nicht systemgerechten Eingriffen) zielt auf die gleiche Unterscheidung ab; ich würde freilich »marktkonforme« Maßnahmen nicht als »Eingriffe« bezeichnen.

280:22. Vgl. Mises, L. von, *Kritik des Interventionismus*, Jena 1929, S. 5 ff: »Nicht unter den Begriff des Eingriffes fallen Handlungen der Obrigkeit, die mit den Mitteln des Marktes arbeiten, d.h. solche, die Nachfrage oder Angebot durch Veränderungen der Marktfaktoren zu beeinflussen suchen. ... *Der Eingriff ist ein von einer gesellschaftlichen Gewalt ausgehender isolierter Befehl, der die Eigentümer der Produktionsmittel und die Unternehmer zwingt, die Produktionsmittel anders zu verwenden, als sie es sonst tun würden.*«

281:23. Die Chancen einer nach dem Zufallsprinzip ausgewählten Person, ein bestimmtes Einkommen zu erzielen, würden dann von einem Gaußschen Hügel dargestellt, d.h. einer dreidimensionalen Oberfläche, deren eine Koordinate die Wahrscheinlichkeit angibt, daß diese Person einer Klasse mit einer bestimmten, nach den Medianwerten geordneten Wahrscheinlichkeitsverteilung der Erwartungen eines gewissen Einkommens angehört, während die zweite Koordinate die Verteilung der Wahrscheinlichkeiten der bestimmten Einkommen für diese Klasse angibt. Sie würde z. B. zeigen, daß jemand, dessen Position ihm eine bessere *Chance* gab, ein bestimmtes Einkommen zu erzielen, als einer gewissen anderen Person, in Wirklichkeit viel weniger verdiente als diese.

283:24. Die Chancen aller werden am stärksten erhöht, wenn wir nach Grundsätzen handeln, die zu einem Anstieg des allgemeinen Einkommensniveaus führen, ohne daß wir uns um die dadurch bewirkten Verschiebungen bestimmter Personen oder Gruppen aus einer Position auf der Skala zu einer anderen kümmern. (Die Verschiebungen werden im Verlaufe solch eines Prozesses notwendigerweise eintreten und müssen eintreten, wenn es zu einem Anstieg des Durchschnittsniveaus kommen soll.) Das läßt sich durch die verfügbaren Statistiken der Veränderungen in der Einkommensverteilung in Perioden raschen wirtschaftlichen Fortschritts nicht leicht veranschaulichen. Aber in dem Land, für das einigermaßen zulängliche Information dieser Art verfügbar ist, in den USA, dürfte einer, der 1940 der Gruppe angehörte, deren persönliches Einkommen höher als das von 50 Prozent der Bevölkerung, aber geringer als das von 40 Prozent der Bevölkerung war, selbst wenn sein Einkommen bis 1960 auf das der 30–40 Prozent-Gruppe gesunken wäre, immer noch ein größeres absolutes Einkommen genossen haben, als er es im Jahre 1940 hatte.

283:25. Es mag für den Leser eine Hilfe sein, wenn ich die im Text aufgestellte allgemeine Behauptung durch eine Darstellung der persönlichen Erfahrung, die mich in dieser Weise an das Problem herangehen ließ, veranschauliche. Daß eine Person in gesicherter Stellung unweigerlich eine andere Haltung einnimmt als die, die man für die Erwägung dieses Problems einnehmen sollte, wurde mir als Einwohner von London im Sommer 1940 anschaulich vor Augen geführt, als es für durchaus wahrscheinlich galt, daß ich und alle Mittel, mit denen ich zum Unterhalt meiner Familie beitragen konnte, durch feindliche Bombenangriffe bald zerstört werden würden. Um diese Zeit, als wir alle auf viel Schlimmeres gefaßt waren, als es dann schließlich eintrat, erhielt ich Angebote aus verschiedenen neutralen Ländern, meine damals kleinen Kinder in eine unbekannte Familie zu geben, bei der sie vermutlich bleiben würden, falls ich den Krieg nicht überlebte. Ich hatte also die relativen Annehmlichkeiten von so verschiedenen Gesellschaftsordnungen wie denen der USA, Argentiniens und Schwedens zu bedenken, und zwar unter der Annahme, daß die Umstände, in denen meine Kinder in dem betreffenden Land aufwachsen würden, mehr oder weniger durch Zufall bestimmt sein würden. Das brachte mich zu der Erkenntnis (wie abstrakte Spekulation das wohl nie vermocht hätte), daß dort, wo es um meine Kinder ging, rationale Präferenzen von etwas anderen Überlegungen geleitet sein sollten als denen, die eine ähnliche Entscheidung für mich selbst bestimmt haben würden, der ich bereits eine etablierte Stellung hatte und (vielleicht fälschlich) glaubte, daß das in einem europäischen Land mehr zählen würde als in den USA. Während also die mich selbst betreffende Entscheidung durch Abwägung der relativen Chancen eines Mannes Anfang Vierzig mit ausgebildeten Fähigkeiten und Präferenzen, einem gewissen Ruf und mit Bindungen an Schichten mit bestimmten Neigungen beeinflußt gewesen wäre, hätte die Entscheidung für meine Kinder unter Berücksichtigung der spezifischen Umgebung fallen müssen, in welche der Zufall sie in einem dieser Länder voraussichtlich hineinstellen würde. Im Interesse meiner Kinder, die ihre Persönlichkeiten erst noch entwickeln mußten, hatte ich damals das Gefühl, daß ich mich für sie zugunsten der USA entscheiden sollte, gerade weil dort jene strengen sozialen Unterschiede nicht vorhanden waren, die für mich in der Alten Welt von Vorteil sein würden. (Vielleicht sollte ich hinzufügen, daß ich von der stillschweigenden Annahme ausging, meine Kinder würden dort bei einer weißen und nicht bei einer farbigen Familie untergebracht werden.)

9. Der Wettbewerb als Entdeckungsverfahren*

I

Es wäre nicht leicht, die Nationalökonomen gegen den Vorwurf zu verteidigen, daß sie seit vierzig oder fünfzig Jahren den Wettbewerb meist unter Voraussetzungen untersucht haben, die, wenn sie in der Wirklichkeit zuträfen, diesen Wettbewerb völlig uninteressant und nutzlos machen würden. Wenn irgend jemand tatsächlich all das wüßte, was die ökonomische Theorie als »Daten« bezeichnet, so wäre Wettbewerb gewiß eine höchst verschwenderische Methode zur Herbeiführung einer Anpassung an diese Tatsachen. Es ist deshalb auch nicht überraschend, daß manche Autoren die Folgerung gezogen haben, daß wir entweder auf den Markt völlig verzichten können oder daß seine Ergebnisse höchstens als ein erster Schritt zu betrachten sind, um ein Sozialprodukt hervorzubringen, das wir dann in jeder uns genehmen Weise manipulieren, korrigieren oder umverteilen können. Andere, die scheinbar ihre Vorstellung vom Wettbewerb ausschließlich aus modernen Lehrbüchern bezogen haben, haben den Schluß gezogen, daß es diesen Wettbewerb überhaupt nicht gibt.

Demgegenüber ist es nützlich, sich ins Gedächtnis zu rufen, daß *überall* dort, wo wir uns des Wettbewerbs bedienen, dies nur damit gerechtfertigt werden kann, daß wir die wesentlichen Umstände *nicht* kennen, die das Handeln der im Wettbewerb Stehenden bestimmen. Im Sport oder bei Prüfungen, bei dem Vergeben von Regierungsaufträgen oder der Verleihung von Preisen für Gedichte und nicht zuletzt in der Wissenschaft, wäre es offensichtlich sinnlos, einen Wettbewerb zu veranstalten, wenn wir im voraus wüßten, wer der Sieger sein wird. Daher möchte ich, wie ich im Titel dieses Vortrags zum Ausdruck gebracht habe, den Wettbewerb einmal systematisch als ein Verfahren zur Entdeckung von Tatsachen betrachten, die ohne sein Bestehen entweder unbekannt bleiben oder doch zumindest nicht genutzt werden würden.**

---

* Vortrag, in verschiedenen Fassungen gehalten, erstmals unter dem Titel »Competition as a Discovery Procedure« vor der Philadelphia Society in Chicago (ohne die Abschnitte II, III und VII der deutschen Druckfassung), 29. März 1968, nochmals auf Deutsch unter dem Titel »Der Wettbewerb als Entdeckungsverfahren« im Institut für Weltwirtschaft an der Universität Kiel (ohne Abschnitt VI der deutschen Druckfassung), 5. Juli 1968.

** In der englischen Druckfassung hat Hayek hierzu folgende zusätzliche Fußnote angebracht: »Seit ich dieses schrieb, wurde meine Aufmerksamkeit auf einen Aufsatz von Leopold von Wiese gelenkt mit dem Titel »Die Konkurrenz, vorwiegend in soziologisch-systematischer Betrachtung«, *Verhandlungen des 6. Deutschen Soziologentages*, 1929, in dem er auf S. 27 die ›experimentelle‹ Natur des Wettbewerbs diskutiert.« – d. Hrsg.

Daß es sich beim Wettbewerb immer um ein solches Entdeckungsverfahren handelt, mag zunächst so selbstverständlich erscheinen, daß es kaum Hervorhebung verdient. Aus der ausdrücklichen Feststellung ergeben sich jedoch sofort Folgerungen, die keineswegs so selbstverständlich sind. Die erste ist, daß Wettbewerb *nur* deshalb und insoweit wichtig ist, als seine Ergebnisse unvoraussagbar und im ganzen verschieden von jenen sind, die irgend jemand bewußt hätte anstreben können sowie auch, daß sich seine wohltätige Wirkung darin zeigen muß, daß er gewisse Absichten vereitelt und gewisse Erwartungen enttäuscht.

Die zweite Folgerung, die eng mit der ersten zusammenhängt, ist methodologischer Art. Sie ist besonders interessant, weil sie auf den Hauptgrund hinweist, aus dem in den letzten zwanzig oder dreißig Jahren die Mikrotheorie, jene Analyse der Feinstruktur der Wirtschaft, die uns allein die Rolle des Wettbewerbs verstehen lehren kann, so sehr an Ansehen verloren hat, ja infolgedessen anscheinend auch von vielen vorgeblichen Wirtschaftstheoretikern gar nicht mehr verstanden wird. Ich möchte darum hier zu Beginn ein paar Worte über jene methodologische Eigenart jeder Theorie des Wettbewerbs sagen, die die aus ihr gezogenen Schlußfolgerungen allen jenen verdächtig erscheinen läßt, die gewohnheitsmäßig aufgrund eines übermäßig vereinfachten Kriteriums entscheiden, was sie als wissenschaftlich anzuerkennen bereit sind.

Es ist nämlich eine notwendige Folge des Grundes, aus dem allein wir uns des Wettbewerbs bedienen, daß die Gültigkeit der Theorie des Wettbewerbs *für jene Fälle, in denen sie interessant ist*, nie empirisch nachgeprüft werden kann. Es ist natürlich möglich, die Theorie an vorgestellten Denkmodellen nachzuprüfen; und es wäre prinzipiell auch vorstellbar, daß wir sie experimentell in künstlich geschaffenen Situationen nachprüften, in denen alle die Tatsachen, die der Wettbewerb entdecken soll, dem Beobachter im vorhinein bekannt wären. Aber in einer solchen Situation wäre das Ergebnis des Experiments kaum interessant und seine Veranstaltung wahrscheinlich nicht die Kosten wert. Wo wir aber die Tatsachen, die wir mit Hilfe des Wettbewerbs entdecken wollen, nicht schon vorher kennen, können wir auch nicht feststellen, wie wirksam er zur Entdeckung aller relevanten Umstände führt, die hätten entdeckt werden können. Was sich empirisch nachprüfen läßt, ist nicht mehr, als daß Gesellschaften, die sich zu solchem Zweck des Wettbewerbs bedienen, dieses Ergebnis in höherem Maße verwirklichen als andere – eine Frage, die mir die Geschichte der Zivilisation nachdrücklich zu bejahen scheint.

Die Besonderheit, daß die Leistung des Wettbewerbs gerade in jenen Fällen nicht empirisch nachgeprüft werden kann, in denen er allein interessant ist, hat er übrigens mit den Entdeckungsverfahren der Wissenschaft gemein. Auch die Vorteile der etablierten wissenschaftlichen Verfahren können selbst nicht wieder wissenschaftlich bewiesen werden, sondern sind nur deshalb anerkannt, weil sie tatsächlich bessere Ergebnisse gebracht haben als alternative Verfahren[1].

Der Unterschied zwischen dem wirtschaftlichen Wettbewerb und dem erfolgreichen Verfahren der Wissenschaft ist, daß der erste eine Methode zur Entdeckung besonderer vorübergehender Umstände darstellt, während sich die Wissenschaft etwas zu entdecken bemüht, das manchmal »allgemeine Tatsachen« genannt wird, d.h. Regelmäßigkeiten in den Ereignissen, und an den einzigartigen, besonderen Tatsachen nur insofern interessiert ist, als sie ihre Theorien zu widerlegen oder zu bestätigen tendieren. Weil es sich hier um allgemeine und permanente Züge unserer Welt handelt, haben die Entdeckungen der Wissenschaft reichlich Zeit, ihren Wert zu erweisen, während der Nutzen der besonderen Umstände, die der wirtschaftliche Wettbewerb entdeckt, in weitem Maße vergänglich ist. Die Theorie der wissenschaftlichen Methode könnte aber ebenso leicht damit diskreditiert werden, daß man darauf hinweist, daß sie nicht zu prüfbaren Voraussagen darüber führt, was die Wissenschaft entdecken wird, als die Theorie des Marktes mit dem Hinweis diskreditiert wurde, daß sie nicht zu Voraussagen der besonderen Ergebnisse des Marktprozesses führt. Das kann diese Theorie aber der Natur der Sache nach in allen jenen Fällen nicht, in denen es sinnvoll ist, sich des Wettbewerbs zu bedienen. Wie wir sehen werden, ist die Voraussagekraft dieser Theorie notwendig auf eine Voraussage der Art der Struktur oder der abstrakten Ordnung beschränkt, die sich bilden wird, erstreckt sich aber nicht auf eine Voraussage besonderer Ereignisse[2].

II

Obwohl mich dies noch weiter von meinem Hauptthema abführt, möchte ich ein paar Worte über die Folgen anfügen, die die durch die Anwendung falscher methodologischer Kriterien der Wissenschaftlichkeit bedingte Enttäuschung über die Mikrotheorie gehabt hat. Sie war wahrscheinlich vor allem dafür verantwortlich, daß sich ein großer Teil der Ökonomen von ihr abgewandt und der sogenannten Makrotheorie zugewandt hat, die scheinbar den Kriterien der

---

[1] Vgl. die interessanten Ausführungen über diese Probleme in Polanyi, M., *The Logic of Liberty*, Chicago (Ill.), University of Chicago Press 1951, in denen der Verfasser vom Studium der Methoden der wissenschaftlichen Forschung zu dem des wirtschaftlichen Wettbewerbs geführt wird. Vgl. auch Popper, K.R., *Logik der Forschung*, 2. Aufl. Tübingen: Mohr Siebeck 1966 (10. Aufl. 1994), 16.

[2] Vgl. Hayek, F. A., »The Theory of Complex Phenomena«, in: Bunge, M. (ed.): *The Critical Approach in Science and Philosophy*, London und New York 1964. (Deutsche Übersetzung: *Die Theorie komplexer Phänomene*, Tübingen 1972, Abdruck in: Hayek, *Schriften*, A 1, d. Hrsg.)

Wissenschaftlichkeit besser entspricht, weil sie auf die Voraussage konkreter Ereignisse hinzielt. Mir scheint sie jedoch in Wirklichkeit viel weniger wissenschaftlich zu sein, ja auf den Namen einer theoretischen Wissenschaft im strengen Sinn gar keinen Anspruch machen zu können.

Der Grund für diese Ansicht ist die Überzeugung, daß die Grobstruktur der Wirtschaft keine Regelmäßigkeiten zeigen kann, die nicht Ergebnisse der Feinstruktur sind, und daß jene Aggregate oder Durchschnittswerte, die statistisch allein erfaßbar sind, uns über die Vorgänge in der Feinstruktur keine Information geben. Die Vorstellung, daß wir unsere Theorien so formulieren müssen, daß sie sich *unmittelbar* auf die beobachteten statistischen oder sonstigen meßbaren Größen anwenden lassen, erscheint mir ein methodischer Irrtum zu sein, der, wenn die Naturwissenschaften sich von ihm hätten leiten lassen, ihren Fortschritt sehr gehemmt hätte. Alles, was wir von Theorien fordern können, ist, daß sich aus ihnen unter Einfügung der entsprechenden Daten Folgerungen ableiten lassen, die an der Wirklichkeit kontrolliert werden können. Daß in unserem Bereich diese konkreten Daten so vielfältig und komplex sind, daß wir sie nie alle erfassen können, ist eine unabänderliche Tatsache, aber nicht ein Mangel der Theorie. Sie hat zur Folge, daß wir aus unseren Theorien nur sehr allgemeine Aussagen, »pattern predictions«, wie ich sie anderswo genannt habe[3], aber keine spezifischen Voraussagen von Einzelereignissen ableiten können. Dies rechtfertigt aber gewiß nicht, darauf zu bestehen, daß wir zwischen den unmittelbar beobachtbaren Größen eindeutige Beziehungen ableiten müssen oder daß das die einzige Methode zur Erzielung wissenschaftlicher Erkenntnisse ist – besonders dann nicht, wenn wir wissen, daß wir in jenem undeutlichen Abbild der Wirklichkeit, das wir Statistik nennen, in Aggregaten und Durchschnittswerten unvermeidlich sehr viele Dinge zusammenfassen, deren kausale Bedeutung sehr verschieden ist. Die Theorie den Informationen anzupassen, die wir haben, so daß die beobachteten Größen direkt in der Theorie erscheinen, ist ein falsches wissenschaftstheoretisches Prinzip.

Statistische Größen wie Volkseinkommen, Investitionen, Preisniveaus oder Produktionsvolumen sind Größen, die in dem Prozeß ihrer Bestimmung selbst keine Rolle spielen. Wir können wohl hinsichtlich ihres beobachteten Verhaltens gewisse Regelmäßigkeiten (»empirische Gesetze« in dem spezifischen Sinne, in dem Carl Menger sie den theoretischen Gesetzen gegenüberstellte) feststellen, die häufig zutreffen, manchmal aber nicht. Aber die Bedingungen, unter denen sie zutreffen, könnten wir mit den Mitteln der Makrotheorie nie formulieren.

Das soll nicht heißen, daß ich die sogenannte Makrotheorie als völlig nutzlos betrachte. Da wir nun einmal über viele wichtige Umstände nur statistische

---

[3] Vgl. Hayek, F. A., »The Theory of Complex Phenomena«, a.a.O., 251.

Informationen zur Verfügung haben, aber nicht die Daten über die Veränderung der Feinstruktur, wird sie uns oft Annäherungswerte oder wahrscheinlich Voraussagen bieten, die wir auf keine andere Weise erreichen können. Es mag oft nützlich sein, aufgrund der Annahme zu argumentieren, daß zum Beispiel eine Steigerung der Gesamtnachfrage in der Regel zu einer größeren Steigerung der Investitionen führen wird, obwohl wir wissen, daß unter bestimmten Umständen das Gegenteil der Fall sein wird. Als Faustregeln zur Bildung von Voraussagen bei unzureichender Information haben diese Sätze der Makrotheorie gewiß ihren Wert. Aber sie scheinen mir nicht nur nicht in höherem Maße den Charakter wissenschaftlicher Theorien zu haben als die Mikrotheorie, sondern ihn im strengen Sinn überhaupt nicht zu besitzen.

Ich muß gestehen, daß ich in dieser Hinsicht heute noch mehr mit den Ansichten des jungen Schumpeter sympathisiere als mit denen des älteren, der in so hohem Maße für den Aufstieg der Makrotheorie verantwortlich ist. Vor genau sechzig Jahren schrieb Schumpeter in seinem brillanten Erstlingswerk[4], wenige Seiten nachdem er den Begriff »methodologischer Individualismus« zur Bezeichnung der Methode der ökonomischen Theorie eingeführt hatte: »Wenn man das Gebäude unserer Theorie unbeeinflußt von Vorurteilen und von außen kommenden Forderungen aufbaut, so begegnet man diesen Begriffen [nämlich »Volkseinkommen«, »Volksvermögen«, »Sozialkapital«] überhaupt nicht. Wir werden uns daher mit ihnen nicht weiter beschäftigen; wollten wir das aber tun, so würde sich zeigen, welche Fülle von Unklarheiten und Schwierigkeiten ihnen anhaftet, wie sie in engem Zusammenhange mit vielen schiefen Auffassungen stehen, ohne auch nur zu *einem* wirklich wertvollen Satze zu führen.«

III

Um nun, nachdem ich mir dieses Anliegen vom Herzen geredet habe, zu meinem eigentlichen Gegenstand zurückzufinden, möchte ich mit der Betrachtung beginnen, daß sich die Markttheorie oft den Zugang zu einem wirklichen Verständnis des Wettbewerbs damit verbaut, daß sie von der Annahme einer »gegebenen« Menge knapper Güter ausgeht. Aber welche Güter knapp oder welche Dinge Güter sind, oder wie knapp oder wertvoll sie sind, ist gerade einer der Umstände, die der Wettbewerb entdecken soll: es sind jeweils die vorläufigen Ergebnisse des Marktprozesses, die den einzelnen sagen, wonach zu suchen es sich lohnt. Die Nutzung des weit verstreuten Wissens in einer Gesellschaft mit fortgeschrittener Arbeitsteilung kann nicht darauf beruhen, daß die einzel-

---

[4] Schumpeter, J., *Das Wesen und der Hauptinhalt der theoretischen Nationalökonomie*, Leipzig: Duncker & Humblot, 1908, 97.

nen alle die konkreten Verwendungen kennen, die von den Dingen ihrer Umgebung gemacht werden können. Ihre Aufmerksamkeit wird von den Preisen gelenkt, die der Markt für die verschiedenen Güter und Dienste bietet. Das bedeutet unter anderem, daß die besondere und in mancher Hinsicht immer einzigartige Kombination von Kenntnissen und Geschicklichkeiten jedes einzelnen nicht nur – und nicht einmal in erster Linie – Kenntnisse sein werden, die die Betreffenden vollständig aufzeichnen oder einer Behörde mitteilen könnten. Das Wissen, von dem ich spreche, besteht vielmehr in hohem Maße in der Fähigkeit, besondere Umstände aufzufinden, eine Fähigkeit, die die einzelnen nur wirksam nutzen können, wenn ihnen der Markt sagt, welche Art von Gegenständen und Leistungen verlangt werden und wie dringlich.

Diese Andeutung muß hier genügen, um verständlich zu machen, von welcher Art von Wissen ich spreche, wenn ich den Wettbewerb ein Entdeckungsverfahren nenne. Es wäre viel hinzuzufügen, wenn ich versuchen wollte, diese Skizze so konkret zu gestalten, daß die Bedeutung dieses Prozesses klar hervortritt. Was ich gesagt habe, sollte aber ausreichen, um die Absurdität des gebräuchlichen Vorgehens aufzuzeigen, das von einer Situation ausgeht, in der alle wesentlichen Umstände als bekannt vorausgesetzt sind – einem *Zustand*, den die Theorie merkwürdigerweise vollkommenen Wettbewerb nennt, in dem aber für die *Tätigkeit*, die wir Wettbewerb nennen, keine Gelegenheit mehr besteht, und von der vielmehr vorausgesetzt wird, daß sie ihre Funktion bereits erfüllt hat. Ich muß mich jedoch nun einer anderen Frage zuwenden, über die noch mehr Verwirrung besteht, nämlich der Bedeutung der Behauptung, daß der Markt die Pläne der einzelnen spontan an die so entdeckten Tatsachen *anpaßt*, oder der Frage des Zwecks, für die die so gefundene Information genutzt wird.

Die Verwirrung, die hier herrscht, ist vor allem der falschen Vorstellung zuzuschreiben, daß die Ordnung, die der Markt herbeiführt, als eine *Wirtschaft* im strengen Sinn des Wortes angesehen werden kann und daß die Ergebnisse daher nach den Kriterien beurteilt werden müssen, die in Wirklichkeit nur für eine solche Einzelwirtschaft angemessen sind. Diese Kriterien, die für eine echte Wirtschaft gelten, in der alle Bemühungen im Dienst einer einheitlichen Zielordnung stehen, sind aber zum Teil völlig irrelevant für jene komplexe Struktur, die sich aus vielen Einzelwirtschaften zusammensetzt und die wir unglücklicherweise mit demselben Wort »Wirtschaft« bezeichnen. Eine Wirtschaft im strengen Sinn des Wortes ist eine Organisation oder Anordnung, in der jemand planmäßig Mittel im Dienste einer einheitlichen Zielhierarchie verwendet. Die spontane Ordnung, die der Markt herbeiführt, ist etwas ganz anderes. Aber der Umstand, daß sie sich in vieler Beziehung nicht so verhält wie eine eigentliche Wirtschaft, insbesondere, daß sie *nicht* allgemein dafür sorgt, daß, was von den meisten Menschen als die wichtigeren Ziele angesehen wird, immer vor den weniger wichtigen befriedigt wird, ist eine der Hauptursachen, derenthalben sich die Menschen gegen sie auflehnen. Ja es kann wohl gesagt werden, daß der ganze Sozialismus auf nichts anderes hinzielt als darauf, daß die Katallaxie, wie ich, um den Ausdruck Wirtschaft zu vermeiden, die Marktordnung gerne nenne, in eine echte Wirtschaft verwandelt werden soll, in der eine einheitliche Wertskala darüber entscheidet, welche Bedürfnisse befriedigt werden sollen und welche nicht.

Dieser verbreitete Wunsch wirft aber zwei Probleme auf. Erstens können in die Entscheidungen über die Führung einer echten Wirtschaft, wie in die Führung jeder Organisation, nur die Kenntnisse der Organisation oder Leiter eingehen. Zweitens müssen alle Mitglieder einer solchen echten, als bewußt geleitete Organisation aufgefaßten Wirtschaft in allen ihren Handlungen jener einheitlichen Zielhierarchie dienen. Dem stehen die beiden Vorteile der spontanen Marktordnung oder Katallaxie gegenüber: sie kann das Wissen aller Teilnehmer nutzen, und die Ziele, denen sie dient, sind die besonderen Ziele aller ihrer Teilnehmer in aller ihrer Vielfältigkeit und Gegensätzlichkeit.

Aus der Tatsache, daß die Katallaxie keinem einheitlichen Zielsystem dient, erbeben sich all die bekannten Schwierigkeiten, die nicht nur die Sozialisten, sondern alle Ökonomen beunruhigen, die sich bemühen, die Leistung der Marktordnung zu bewerten: denn wenn die Marktordnung nicht einer bestimmten Rangordnung von Zielen dient, ja wenn von ihr, wie von jeder spontan gebildeten Ordnung, legitimerweise gar nicht gesagt werden kann, daß sie bestimmte Zwecke *hat*, dann ist es auch nicht möglich, den Wert ihrer Ergebnisse als eine Summe der einzelnen Produkte darzustellen. Was meinen wir aber dann, wenn wir behaupten, daß die Marktordnung in irgendeinem Sinn ein Maximum oder Optimum hervorbringe?

Den Ausgangspunkt für eine Antwort muß die Einsicht bilden, daß, obwohl die spontane Ordnung nicht für irgendeinen bestimmten Einzelzweck geschaffen wurde und in diesem Sinne nicht gesagt werden kann, daß sie einem bestimmten, konkreten Zweck dient, sie nichtsdestoweniger der Erzielung einer Vielheit von individuellen Zwecken zuträglich sein kann, die in ihrer Gesamtheit niemand kennt. Rationales und erfolgreiches Handeln ist für den einzelnen nur in einer Welt möglich, die einigermaßen geordnet ist; und es ist offenbar sinnvoll, sich zu bemühen, Bedingungen zu schaffen, in denen die Aussichten, seine Ziele wirksam zu verfolgen, für jeden beliebigen, willkürlich herausgegriffenen einzelnen so gut wie möglich sind – selbst wenn wir nicht voraussagen können, welche besonderen Individuen dadurch begünstigt werden und welche nicht. Wie wir gesehen haben, sind die Ergebnisse eines Entdeckungsverfahrens notwendig unvoraussagbar, und alles, was wir von der Benützung eines zweckmäßigen Entdeckungsverfahrens erwarten dürfen, ist, daß es die Chancen für unbekannte Personen vergrößern wird, aber nicht irgendwelche bestimmte Ergebnisse für bestimmte Personen. Das einzige gemeinsame Ziel, das wir in der Wahl dieser Technik der Ordnung sozialen Geschehens verfolgen können, ist die abstrakte Struktur oder Ordnung, die sich als Folge bilden wird.

IV

Wir sind gewohnt, die Ordnung, die der Wettbewerb herbeiführt, als ein Gleichgewicht zu bezeichnen – ein nicht sehr glücklicher Ausdruck, denn ein wirkliches Gleichgewicht setzt voraus, daß die relevanten Tatsachen schon entdeckt sind und der Prozeß des Wettbewerbs daher zum Stillstand gekommen ist. Der Begriff der Ordnung, den ich, zumindest in wirtschaftspolitischen Diskussionen, dem des Gleichgewichts vorziehe, hat den Vorteil, daß wir sinnvoll davon sprechen können, daß eine Ordnung in geringerem oder größerem Grade verwirklicht werden kann und daß sich eine Ordnung auch durch Veränderungen hindurch erhalten kann. Während ein Gleichgewicht nie wirklich besteht, ist es doch berechtigt zu behaupten, daß die Art von Ordnung, von der das »Gleichgewicht« der Theorie eine Art Idealtyp darstellt, in hohem Maße verwirklicht wird.

Diese Ordnung manifestiert sich in erster Linie darin, daß die Erwartungen von bestimmten Transaktionen mit anderen Menschen, auf die die Pläne aller Wirtschaftenden aufgebaut sind, in hohem Maße erfüllt werden. Diese wechselseitige Anpassung der individuellen Pläne wird dabei durch einen Vorgang zustande gebracht, den wir, seitdem die Naturwissenschaften auch begonnen haben, sich mit spontanen Ordnungen oder »selbst-organisierenden Systemen« zu befassen, gelernt haben, als negative Rückkoppelung zu bezeichnen. Ja, wie jetzt auch informierte Biologen erkennen, hat, »lange bevor Claude Bernard, Clark Maxwell, Walter B. Cannon oder Norbert Wiener die Kybernetik entwickelten, Adam Smith die Idee ebenso klar in seinem Volkswohlstand gesehen. Die ›unsichtbare Hand‹, die die Preise reguliert, drückt offenbar diese Vorstellung aus. Was Smith sagt, ist im wesentlichen, daß auf einem freien Markt die Preise durch negative Rückkoppelung bestimmt werden.«[5]

Wir werden später sehen, daß die Tatsache, daß gerade durch die Enttäuschung von Erwartungen ein hohes Maß der Übereinstimmung der Erwartungen herbeibeführt wird, von grundlegender Bedeutung für das Verständnis des Funktionierens der Marktordnung ist. Die Leistungen des Marktes erschöpfen sich aber nicht darin, daß er eine wechselseitige Anpassung der individuellen Pläne herbeiführt. Er bewirkt es auch, daß alles, was erzeugt wird, von denen

---

[5] Hardin, G., *Nature and Man's Fate*. New York und London 1959, Mentor Ed., 1961, 54.

erzeugt wird, die diese Dinge billiger (oder zumindest ebenso billig) erzeugen können wie irgend jemand, der sie tatsächlich nicht produziert, und daß die Güter zu Preisen verkauft werden, die niedriger sind als jene, zu denen sie irgend jemand anbieten könnte, der das Gut nicht anbietet. Das schließt natürlich nicht aus, daß manche große Gewinne über ihre Kosten hinaus erzielen können, sofern diese Kosten beträchtlich niedriger sind als die des nächstbesten potentiellen Produzenten des Gutes. Es bedeutet aber, daß von jener Kombination von verschiedenen Gütern, die tatsächlich produziert wird, so viel produziert wird, wie wir mit irgendeiner uns bekannten Methode herstellen können. Das ist natürlich nicht so viel, wie wir produzieren können, wenn tatsächlich all das Wissen, das irgend jemand besitzt oder erwerben kann, einer Zentralstelle zur Verfügung stünde und von ihr in einen Computer gefüttert werden könnte. Die Kosten des Entdeckungsverfahrens, das wir gebrauchen, sind beträchtlich. Aber wir tun den Leistungen des Marktes Unrecht, wenn wir sie gewissermaßen »von oben herunter« beurteilen, nämlich durch den Vergleich mit einem idealen Standard, den wir in keiner bekannten Weise erreichen können. Wenn wir sie, wie das allein zulässig erscheint, »von unten herauf« beurteilen, d.h. im Vergleich mit dem, was wir mittels irgendeiner anderen uns zur Verfügung stehenden Methode erreichen können, insbesondere im Vergleich mit dem, was produziert würde, wenn Wettbewerb verhindert würde – z.B. wenn nur jene ein Gut erzeugen dürften, denen eine Behörde das Recht dazu erteilt –, so muß die Leistung des Marktes sehr beträchtlich erscheinen. Wir brauchen uns auch nur zu erinnern, wie schwierig es ist, in einer Wirtschaft mit effektivem Wettbewerb Möglichkeiten zu entdecken, die Konsumenten mit besseren oder billigeren Waren zu versorgen, als dies schon geschieht. Wo wir zunächst solche ungenützten Möglichkeiten zu entdecken glauben, finden wir meist, daß sie unausgenützt geblieben sind, weil dies entweder die Macht irgendeiner Behörde oder eine höchst unerwünschte private Machtausübung verhindert.

Wir dürfen selbstverständlich auch nicht vergessen, daß der Markt nicht mehr herbeiführen kann als eine Annäherung an irgendeinen Punkt jener n-dimensionalen Oberfläche, durch die die reine Theorie den Horizont der Möglichkeiten beschreibt, der bei der Erzeugung jeder beliebigen Kombination der Güter und Leistungen denkbarerweise erreicht werden könnte; daß der Markt aber die besondere Kombination der verschiedenen Güter und ihre Verteilung unter den einzelnen im wesentlichen durch unvorhersehbare Umstände und in diesem Sinn vom Zufall entscheiden läßt. Die Situation ist, wie schon Adam Smith gesehen hat[6], so ähnlich, als ob wir übereingekommen wären, ein Spiel

---

[6] Vgl. Smith, A., *Theorie der ethischen Gefühle.* Übers. von Eckstein, W., Leipzig 1926, II, 396, 467.

zu spielen, das zum Teil auf Geschicklichkeit und zum Teil auf Glück beruht und dessen Regeln dazu führen, daß um den Preis, daß der Anteil jedes einzelnen in gewissem Maße dem Zufall überlassen wird, das reale Äquivalent dieses teilweise vom Zufall abhängigen Anteils jedes einzelnen so groß wie möglich wird. In moderner Sprache können wir sagen, daß wir ein Nicht-Null-Summen-Spiel spielen, dessen Regeln darauf abzielen, die Dividende (im eigentlichen Sinn des zu Teilenden) zu vergrößern, das aber den Anteil der einzelnen zum Teil dem Zufall überläßt. Ein Verstand, dem alle Tatsachen bekannt wären, könnte natürlich jeden ihm wünschenswert erscheinenden Punkt auf jener n-dimensionalen Oberfläche wählen und das Produkt von dieser von ihm gewählten Zusammensetzung auch nach Belieben verteilen. Aber der einzige Punkt an (oder wenigstens einigermaßen nahe an) jenem Horizont von Möglichkeiten, den wir mit einem uns bekannten Verfahren erreichen können, ist jener, den wir erreichen, wenn wir seine Bestimmung dem Markt überlassen. Das sogenannte »Maximum«, das wir auf diese Weise erreichen können, kann natürlich nicht als eine Summe bestimmter Mengen von Gütern definiert werden, sondern nur durch die Chance, die es unbekannten Personen bietet, für einen zum Teil durch Zufall bestimmten Anteil ein möglichst großes Äquivalent zu erhalten. Daß dieses Ergebnis nicht aufgrund einer einheitlichen Wertskala der erzielten konkreten Ergebnisse beurteilt werden kann, ist einer der Hauptgründe, weshalb es mir so irreführend erscheint, die Ergebnisse der Marktordnung oder Katallaxie so zu betrachten, als ob wir es mit einer Wirtschaft im eigentlichen Sinn zu tun hätten.

V

Die Folgen dieser irrigen Interpretation der Marktordnung als einer Wirtschaft, deren Aufgabe es ist, die verschiedenen Bedürfnisse nach einer gegebenen Rangordnung zu befriedigen, zeigen sich in den Bemühungen der Politik, die Preise und Einkommen im Dienste einer sogenannten »sozialen Gerechtigkeit« zu korrigieren. Ungeachtet der verschiedenen Bedeutungen, die die Sozialphilosophen diesem Begriff zu geben versuchten, hat er in der Praxis doch fast nur eins bedeutet: nämlich den Schutz von einigen Gruppen von Menschen gegen die Notwendigkeit eines Abstiegs von der absoluten oder relativen materiellen Lage, die sie bisher eingenommen hatten. Dies ist jedoch ein Prinzip, das nicht allgemein durchgeführt werden kann, ohne die Grundlagen der Marktordnung zu zerstören. Nicht nur das fortschreitende Wachstum, sondern in gewissen Umständen sogar die Erhaltung des erreichten Niveaus der durchschnittlichen Einkommen hängt davon ab, daß sich Anpassungsprozesse vollziehen, die eine Veränderung nicht nur der relativen, sondern auch der absoluten Anteile der einzelnen Individuen und Gruppen erfordern, obwohl diese in keiner Weise für die Notwendigkeit dieser Änderung verantwortlich sind.

Es ist nützlich, hier daran zu erinnern, daß *alle* wirtschaftlichen Entscheidungen durch unvorhergesehene Veränderungen notwendig gemacht werden und daß die Rechtfertigung der Benützung des Preismechanismus allein darin besteht, daß er den einzelnen zeigt, daß das, was sie bisher getan haben oder tun können, aus Gründen, mit denen sie nichts zu tun haben, mehr oder weniger wichtig geworden ist. Die Anpassung der ganzen Ordnung menschlichen Handelns an die sich verändernden Umstände beruht darauf, daß sich die Entlohnung der verschiedenen Leistungen ändert, ohne auf die Verdienste oder Mängel der Betroffenen Rücksicht zu nehmen.

In diesem Zusammenhang wird oft der Ausdruck »Anreize« (incentives) in einer Weise gebraucht, die leicht zu Mißverständnissen Anlaß gibt, nämlich als ob sie hauptsächlich den Zweck hätten, die einzelnen zu veranlassen, sich genügend anzustrengen. Die wichtigste Funktion der Preise ist aber, daß sie uns sagen, *nicht wieviel*, sondern *was* wir leisten sollen. In einer sich ständig ändernden Welt erfordert schon die bloße Erhaltung eines gegebenen Wohlstandsniveaus ständige Änderungen in der Richtung der Bemühungen vieler einzelner; und diese werden nur dann erfolgen, wenn sich die verhältnismäßige Entlohnung dieser Tätigkeiten ändert. Unter relativ stationären Bedingungen werden aber diese Anpassungen, die notwendig sind, um den Einkommensstrom auch nur auf seiner bisherigen Höhe zu erhalten, auch keinen Überschuß produzieren, der dazu verwendet werden könnte, jene zu entschädigen, die von den Preisänderungen benachteiligt werden. Nur in einer schnell wachsenden Wirtschaft können wir hoffen, ein absolutes Absinken der materiellen Lage einzelner Gruppen zu verhindern.

Bei der heute üblichen Behandlung dieser Probleme wird oft übersehen, daß auch die relative Stabilität der verschiedenen Aggregate, die die Makroökonomie als Daten behandelt, das Ergebnis mikroökonomischer Prozesse sind, in denen die Änderungen der relativen Preise eine entscheidende Rolle spielen. Es ist ein Ergebnis des Marktmechanismus, daß ein anderer veranlaßt wird, die Lücke zu füllen, die entsteht, wenn einer nicht die Erwartungen erfüllt, auf die Dritte ihre Pläne gegründet haben. In diesem Sinn sind all die kollektiven Angebots- und Nachfragekurven, mit denen wir so gerne arbeiten, nicht wirklich Daten, sondern Ergebnisse des ständig vor sich gehenden Wettbewerbsprozesses. Statistische Informationen können uns darum auch nie sagen, was für Änderungen der Preise oder Einkommen notwendig sein werden, um die notwendige Anpassung an eine unvermeidlich eingetretene Änderung der Daten herbeizuführen.

Der entscheidende Punkt ist jedoch, daß es in einer demokratischen Gesellschaft vollkommen unmöglich wäre, durch Befehle, die nicht als gerecht empfunden werden könnten, jene Änderungen hervorzubringen, die zweifellos notwendig sind, aber deren Notwendigkeit im besonderen Falle nie strikt bewiesen werden könnte. Eine bewußte Lenkung müßte in einem solchen System immer auf Preise hinzielen, die als gerecht empfunden werden, und das kann in der Praxis nur die Erhaltung der bestehenden Einkommens- und Preisstruktur bedeuten. Ein Wirtschaftssystem, in dem jeder erhielte, was er nach der Ansicht der anderen verdient, wäre unvermeidlich ein höchst ineffizientes System – ganz abgesehen davon, daß es auch ein unerträglich tyrannisches System wäre. Aus dem gleichen Grund ist auch zu befürchten, daß jede »Einkommenspolitik« mehr dahin tendieren wird, jene Änderungen in der Preis- und Einkommensstruktur zu verhindern, die die Anpassung an unvorhergesehene Änderungen der Bedingungen erfordert, als sie zu erleichtern.

Es ist eines der Paradoxa unserer Zeit, daß in dieser Hinsicht wahrscheinlich die kommunistischen Länder weniger mit Vorstellungen einer »sozialen Gerechtigkeit« belastet und daher eher bereit sind, jene, gegen die sich die Entwicklung wendet, leiden zu lassen, als dies in den »kapitalistischen« und demokratischen Ländern der Fall ist. Zumindest in gewissen Ländern des Westens ist die Lage gerade deshalb so hoffnungslos, weil die die Politik beherrschende Ideologie jene Änderungen unmöglich macht, die notwendig wären, um die Lage der Arbeiterklasse so schnell zu verbessern, wie es notwendig wäre, um jene Ideologie zum Verschwinden zu bringen.

VI

Wenn selbst in hochentwickelten Wirtschaften der Wettbewerb vor allem als ein Entdeckungsverfahren wichtig ist, in dem Kundschafter auf der ständigen Suche nach unausgenützten Gelegenheiten sind, die, wenn sie entdeckt wurden, dann auch von anderen genützt werden können, so gilt das natürlich in noch höherem Grade von den unterentwickelten Gesellschaften. Ich habe mit Absicht zuerst die Probleme der Erhaltung einer Ordnung in Gesellschaften betrachtet, in denen die meisten Produktionskräfte und Techniken allgemein bekannt sind, aber eine ständige Anpassung der Tätigkeiten an unvermeidliche kleinere Änderungen erfordert, um auch nur das einmal erreichte Niveau zu erhalten. Auf die Rolle, die der Wettbewerb im Fortschritt des verfügbaren technischen Wissens spielt, will ich hier nicht eingehen. Aber ich möchte doch besonders betonen, wieviel größer seine Wichtigkeit überall dort sein muß, wo es die Hauptaufgabe ist, in einer Gesellschaft, in der bisher der Wettbewerb gering war, die noch unbekannten Möglichkeiten zu entdecken. Es mag nicht völlig absurd, wenn auch größtenteils falsch sein zu erwarten, daß wir die Entwicklung der Struktur einer schon hoch entwickelten Gesellschaft voraussagen und lenken können; aber es scheint mir phantastisch, zu glauben, daß wir im voraus die künftige Struktur einer Gesellschaft bestimmen können, in der das Hauptproblem noch ist herauszufinden, was für materielle und menschliche Produktivkräfte vorhanden sind, oder daß wir in einem solchen Lande in der Lage sein sollen vorauszusagen, was die besonderen Folgen einer bestimmten Maßnahme sein werden.

Abgesehen von dem Umstand, daß in einem solchen Lande soviel mehr erst zu entdecken ist, scheint es mir aber noch einen anderen zu geben, der hier die größtmögliche Freiheit des Wettbewerbs noch viel wichtiger macht als in höher entwickelten Ländern. Es ist dies der Umstand, daß die Änderungen in Gewohnheiten und Gebräuchen, die notwendig sind, nur eintreten werden, wenn jene, die bereit und fähig sind, mit neuen Verfahren zu experimentieren, es für die andern notwendig machen können, sie nachzuahmen, und erstere ihnen dabei den Weg weisen können; während, wenn die Mehrzahl in der Lage ist, die wenigen zu verhindern, Experimente zu machen, das erforderliche Entdeckungsverfahren unterbunden werden wird. Die Tatsache, daß der Wettbewerb nicht nur zeigt, wie die Dinge besser gemacht werden können, sondern alle, deren Einkommen vom Markt abhängt, zwingt, die Verbesserungen nachzuahmen, ist natürlich einer der Hauptgründe für die Abneigung gegen den Wettbewerb. Er stellt eine Art unpersönlichen Zwanges dar, der viele Individuen dazu veranlassen wird, ihr Verhalten in einer Weise zu ändern, die durch keinerlei Anweisungen oder Befehle erreicht werden könnte. Zentrale Lenkung im Dienst einer »sozialen Gerechtigkeit« mag ein Luxus sein, den sich reiche Länder leisten können, aber gewiß keine Methode, durch die arme Länder jene Anpassung an sich schnell ändernde Umstände erzielen können, von denen Wachstum abhängt.

Vielleicht ist es in diesem Zusammenhang auch der Erwähnung wert, daß die Möglichkeiten des Wachstums um so größer sein werden, je mehr von den vorhandenen Möglichkeiten eines Landes noch unausgenützt sind, und daß dies oft bedeuten wird, daß eine hohe Wachstumsrate mehr ein Zeichen für die schlechte Politik der Vergangenheit als für eine gute Politik in der Gegenwart ist; sowie auch, daß im allgemeinen in einem schon hochentwickelten Land kein so schnelles Wachstum zu erwarten ist wie in einem Lande, in dem eine volle Nutzung der Ressourcen lange durch gesetzliche und institutionelle Hindernisse unmöglich gemacht worden ist.

Nach allem, was ich von der Welt gesehen habe, scheint mir der Anteil der Menschen, die bereit sind, neue Möglichkeiten auszuprobieren, die ihnen eine Verbesserung ihrer Lage versprechen, sofern sie daran nicht von ihren Mitmenschen verhindert werden, überall ziemlich derselbe zu sein. Der viel beklagte Mangel an Unternehmungsgeist in manchen jungen Ländern scheint mir nicht eine unabänderliche Eigenschaft der einzelnen, sondern die Folge von Beschränkungen zu sein, die die herrschenden Anschauungen ihnen auferlegen. Gerade darum muß es aber fatale Wirkungen haben, wenn in solchen Ländern der kollektive Wille der Mehrheit die Bemühungen der einzelnen lenken soll, anstatt daß sich die öffentliche Gewalt darauf beschränkt, den einzelnen gegen den Druck der Gesellschaft zu schützen – was nur die Institution des Privateigentums und all die mit ihm verbundenen freiheitlichen Einrichtungen des Rechtsstaates zustande bringen können.

VII

Aber wenn im Bereich der Unternehmen im großen und ganzen der Wettbewerb ein ziemlich widerstandsfähiges Gewächs ist, das in der unerwartetsten Weise wieder auftaucht, wenn man es zu unterdrücken versucht, ist in der ganzen westlichen Welt sein Wirken in Hinblick auf den einen allgegenwärtigen Produktionsfaktor, nämlich die menschliche Arbeit, in mehr oder weniger hohem Grade unwirksam gemacht worden. Es ist eine allgemein bekannte Tatsache, daß die schwierigsten, ja scheinbar unlösbaren Probleme der Wirtschaftspolitik unserer Zeit, die die Nationalökonomen mehr als alle anderen beschäftigt haben, ein Ergebnis der sogenannten Starrheit der Löhne sind. Dies bedeutet im wesentlichen, daß sowohl die Lohnstruktur als auch das Lohnniveau in zunehmendem Maße von den Marktverhältnissen unabhängig geworden sind. Die meisten Nationalökonomen betrachten diesen Umstand als eine unwiderrufliche Entwicklung, die wir nicht ändern können und der wir unsere Politik anpassen müssen. Es ist kaum eine Übertreibung zu sagen, daß sich seit dreißig Jahren insbesondere die Erörterungen der Währungspolitik fast ausschließlich mit den Problemen befassen, wie man die dadurch geschaffenen Schwierigkeiten umgehen kann. Mir scheint schon lange, als ob es sich dabei um eine bloße Behandlung der Symptome handelte, durch die wir die grundlegenden Schwierigkeiten vielleicht für den Augenblick verdecken können, was aber nicht nur den Zeitpunkt bloß hinausschiebt, an dem wir uns doch an das Hauptproblem werden machen müssen, sondern auch dessen schließliche Lösung immer schwieriger macht. Denn das Hinnehmen dieser Starrheiten als unabänderliche Tatsachen hat nicht nur die Folge, diese Starrheiten zu vergrößern, sondern verleiht auch den anti-sozialen und destruktiven Praktiken, die sie verursachen, eine Aura der Legitimität. Ich muß gestehen, daß ich selbst als Folge alles Interesse an den laufenden Diskussionen der Probleme der Währungspolitik, die einmal eines meiner Hauptarbeitsgebiete war, verloren habe, weil mir dieses Ausweichen vor dem Zentralproblem in ganz unverantwortlicher Weise die Last auf die Schultern unserer Nachfolger zu schieben scheint. In gewissem Sinn ernten wir hier freilich nur, was der Begründer dieser Mode gesät hat, denn wir sind natürlich schon in jenem »long run«, in dem er wußte, daß er tot sein würde.

Es war ein großes Mißgeschick für die Welt, daß diese Theorien aus der ganz ungewöhnlichen, ja vielleicht sogar einzigartigen Situation Großbritanniens in den zwanziger Jahren unseres Jahrhunderts entstanden sind, einer Lage, in der es offenbar schien, daß die Arbeitslosigkeit die Folge eines überhöhten Reallohn*niveaus* war und das Problem der Flexibilität der Lohnstruktur daher von geringerer Bedeutung schien. Als Ergebnis der Rückkehr Großbritanniens zur Goldwährung nach Jahren der Kriegsinflation auf der Parität von 1914 konnte mit einem gewissen Recht behauptet werden, daß dort alle Reallöhne im Verhältnis zum Rest der Welt zu hoch waren, um das notwendige Ausfuhrvolumen zu erreichen. Ich bin nicht überzeugt, daß dies selbst damals wirklich zutraf. Gewiß hatte aber schon damals Großbritannien die älteste, eingewurzelteste und umfassendste Gewerkschaftsbewegung, der es gelungen war, mit ihrer Lohnpolitik eine Lohnstruktur zu erhalten, die viel mehr durch Überlegungen der »Gerechtigkeit« als der wirtschaftlichen Angemessenheit bestimmt war – was nicht viel anderes bedeutete, als daß die alten eingebürgerten Verhältnisse zwischen den Löhnen erhalten wurden und eine solche Änderung der relativen Löhne der verschiedenen Gruppen, wie sie die geänderten Verhältnisse erforderten, praktisch unmöglich geworden war. Zweifellos wäre in der damaligen Lage Vollbeschäftigung nur dadurch zu erreichen gewesen, daß manche Reallöhne, vielleicht die von zahlreichen Gruppen von Arbeitern, von dem Stand herabgedrückt worden wären, den sie als Ergebnis der Deflation erreicht hatten. Es ist aber nicht sicher, daß dies notwendig eine Senkung des durchschnittlichen Reallohnniveaus bedeutet haben müßte. Es kann sein, daß die Anpassung der Struktur der ganzen Wirtschaft, die die Lohnänderungen herbeigeführt hätten, dies unnötig gemacht hätte. Die damals schon übliche Betonung des durchschnittlichen Reallohn*niveaus* aller Arbeiter eines Landes hat jedoch verhindert, daß diese Möglichkeit auch nur ernstlich ins Auge gefaßt wurde.

Es ist vielleicht zweckmäßig, das Problem in allgemeinerer Form zu betrachten. Es scheint mir kein Zweifel daran möglich, daß die Produktivität der Arbeit eines Landes, und daher auch das Lohnniveau, zu dem Vollbeschäftigung möglich ist, von der Verteilung der Arbeiterschaft zwischen den verschiedenen Wirtschaftszweigen abhängt und daß letztere wieder von der Lohnstruktur bestimmt wird. Wenn diese Lohnstruktur aber mehr oder weniger starr geworden ist, so wird dies die Anpassung der Wirtschaft an geänderte Umstände verhindern oder verlangsamen. In einem Lande, in dem die Verhältnisse zwischen den verschiedenen Löhnen durch lange Zeit starr gehalten wurden, ist daher anzunehmen, daß das Reallohnniveau, zu dem Vollbeschäftigung erzielt werden kann, beträchtlich niedriger sein wird, als es bei flexiblen Löhnen wäre.

Es will mir scheinen, als ob, insbesondere ohne jenen raschen technischen

Fortschritt, an den wir heute gewöhnt sind, eine völlig starre Lohnstruktur die Anpassung an Änderungen der anderen Umstände verhindern würde, insbesondere auch die Anpassung an jene, die erfolgen müssen, um das Einkommensniveau auch nur konstant zu erhalten, und daß sie so zu einem langsamen Absinken jenes Reallohnniveaus führen müßte, bei dem Vollbeschäftigung erzielt werden kann. Ich kenne leider keine empirischen Untersuchungen über den Zusammenhang zwischen Flexibilität der Löhne und Wachstum. Ich würde erwarten, daß die Ergebnisse solcher Untersuchungen eine hohe positive Korrelation zwischen diesen beiden Größen zeigen würden: nicht sosehr, weil Wachstum zu Änderungen der relativen Löhne führt, sondern vor allem, weil solche Änderungen die notwendige Voraussetzung für jene Anpassung an geänderte Umstände sind, die das Wachstum verlangt.

Der Hauptpunkt scheint mir aber zu sein, daß, wenn es richtig ist, daß das Reallohnniveau, zu dem Vollbeschäftigung möglich ist, von der Lohnstruktur abhängt, und infolgedessen, wenn bei Veränderung der Verhältnisse die Relation zwischen den verschiedenen Löhnen unverändert bleibt, das Reallohnniveau, bei dem Vollbeschäftigung eintritt, entweder ständig sinken oder doch nicht so schnell steigen wird, wie sonst möglich wäre; dies heißt, daß eine Manipulierung des Reallohnniveaus durch die Währungspolitik keinen Ausweg aus den Schwierigkeiten bietet, die durch die Starrheit der Lohn*struktur* verursacht werden. Ebensowenig kann hier irgendeine praktische mögliche »Einkommenspolitik« einen Ausweg bieten. Es ergibt sich vielmehr, daß gerade jene Starrheit der Lohnstruktur, die die Lohnpolitik der Gewerkschaften im vermeintlichen Interesse ihrer Mitglieder (oder einer »sozialen Gerechtigkeit«) herbeigeführt hat, eines der größten Hindernisse für den Anstieg der Realeinkommen der Arbeiterschaft als ganzer geworden ist; oder, mit anderen Worten, daß, wenn verhindert wird, daß einzelne Reallöhne absolut oder zumindest relativ absinken, das Reallohnniveau der Arbeiterschaft als ganzer nicht so schnell ansteigen wird, wie es möglich wäre.

Das klassische Ideal, das John Stuart Mill in seiner Autobiographie als »full employment at high wages to the whole labouring population« beschrieben hat, kann nur durch eine wirtschaftliche Nutzung der Arbeit erzielt werden, die ihrerseits frei bewegliche relative Löhne voraussetzt. An dessen Stelle hat jener große Mann, dessen Name wohl als der des Totengräbers der britischen Wirtschaft in die Geschichte eingehen wird, als Methode zur Erzielung der Vollbeschäftigung bei Anerkennung der Starrheit der Geldlohnstruktur die Herabsetzung des Reallohnniveaus durch Geldentwertung populär gemacht. Die Erfahrungen der letzten Jahre scheinen mir aber deutlich zu zeigen, daß diese Methode nur einen zeitweiligen Ausweg bietet. Der Zeitpunkt, an dem wir das Übel an der Wurzel fassen müssen, scheint mir nicht weiter hinauszuschieben zu sein. Wir können unsere Augen nicht mehr viel länger gegenüber der Tatsache verschließen, daß das Interesse der Arbeiterschaft im ganzen verlangt, daß die Macht einzelner Gewerkschaften beseitigt wird, die relative Position ihrer Mitglieder gegenüber anderen Arbeitern zu erhalten. Die wichtigste Aufgabe scheint jetzt zu sein, die Arbeiterschaft als ganze zu überzeugen, daß eine solche Beseitigung des Schutzes der relativen Position einzelner Gruppen die Aussichten auf eine schnelle Steigerung der Reallöhne der Arbeiterschaft im ganzen nicht nur nicht bedroht, sondern sogar erhöht.

Dabei will ich gewiß nicht bestreiten, daß es in absehbarer Zeit politisch unmöglich bleiben wird, einen wirklich freien Arbeitsmarkt wiederherzustellen. Ein solcher Versuch würde wohl zu solchen Konflikten führen, daß er nicht ernstlich ins Auge gefaßt werden kann – oder doch zumindest nicht, solange nicht die Arbeitgeber kollektiv den Arbeitnehmern die Erhaltung ihres durchschnittlichen Realeinkommens garantieren. Gerade eine solche Garantie scheint mir aber der einzige Weg zu sein, den Markt wieder in die Funktion einzusetzen, die relativen Löhne der verschiedenen Gruppen zu bestimmen. Es scheint mir, als ob wir nur so hoffen dürften, die einzelnen Gruppen von Arbeitern zu bewegen, auf die Sicherheit ihrer besonderen Lohnsätze zu verzichten, die das Haupthindernis einer flexiblen Lohnstruktur geworden ist. Eine solche kollektive Vereinbarung zwischen der gesamten Arbeitgeberschaft und der gesamten Arbeitnehmerschaft scheint mir als Übergangsmaßnahme deshalb ernstlicher Erwägung wert, weil das Ergebnis der Arbeiterschaft wohl zeigen würde, wie sehr sie von einem wirklich funktionierenden Arbeitsmarkt gewinnen könnte und damit Aussicht bestände, später auf den schwerfälligen und komplizierten Apparat verzichten zu können, der zunächst geschaffen werden müßte.

Was mir vorschwebt, ist ein Generalvertrag, durch den die Gesamtheit der Arbeitgeber der Gesamtheit der Arbeitnehmer, zunächst auf ein Jahr, die bisherige Reallohnsumme zusätzlich eines Anteils an dem Anwachsen der Gewinne zusichert, aber jeder einzelnen Gruppe oder jedem einzelnen Arbeiter laufend nur einen gewissen Anteil, sagen wir fünf Sechstel, seines bisherigen Lohnes auszahlt und den Rest (zusammen mit dem vereinbarten Anteil an der Steigerung der Gewinnsumme aller Unternehmen) in zwei weiteren Monatsraten, zu Jahresende und nach Bilanzabschluß, unter den Beschäftigten der verschiedenen Wirtschaftszweige und Firmen im Verhältnis zu der Veränderung der Gewinne verteilt, die sich unter Zugrundelegung der ausgezahlten fünf Sechstel der Löhne ergibt. Ich habe fünf Sechstel zur laufenden Auszahlung vorgeschlagen, weil dies die Auszahlung einer Weihnachtsremuneration in der durchschnittlichen Höhe eines Monatseinkommens aufgrund der vorläufigen Schätzung der Gewinne, und einer zweiten Urlaubsremuneration von ungefähr der gleichen Höhe möglich machen würde, wenn die Bilanzen für das Kalenderjahr vorliegen. Für das nächste Jahr würden dann wieder zwar die durchschnittlichen Löhne des ersten Jahres garantiert, aber bis zum Jahresende jeder Gruppe nur fünf Sechstel des im Vorjahre ausgezahlten Gesamtbetrages gezahlt und am Jahresende für jede Gruppe aufgrund der in der betreffenden Industrie oder dem betreffenden Unternehmen gemachten Gewinne ergänzt usw.

Der Wirkung nach würde ein solches Verfahren ziemlich auf dasselbe hinauslaufen wie eine Wiederherstellung des freien Arbeitsmarktes, nur daß die Arbeiterschaft wüßte, daß sich ihre durchschnittlichen Reallöhne nicht verringern, sondern nur steigen können. Ich würde erwarten, daß eine solche indirekte Wiedereinsetzung des Marktmechanismus zur Bestimmung der Verteilung der Arbeiter zwischen Industrien und Unternehmen eine beträchtliche Beschleunigung des Anstieges des durchschnittlichen Reallohnniveaus, verbunden mit einer schrittweisen Senkung der Reallöhne einzelner Gruppen, mit sich bringen würde.

Sie werden mir glauben, daß ich so einen merkwürdigen Vorschlag nicht leichthin in die Welt setze. Aber irgendeine Maßnahme von der Art scheint mir heute der einzige noch mögliche Ausweg aus dem fortschreitenden Prozeß der Erstarrung der Lohnstruktur, die mir nicht nur die Hauptursache der zunehmenden wirtschaftlichen Schwierigkeiten von Ländern wie Großbritannien zu sein scheint, sondern die auf dem Umweg über ein Herumdoktern an den Symptomen durch »Einkommenspolitiken« und dergleichen solche Länder immer tiefer in eine geplante und damit noch starrere Wirtschaftsstruktur hineintreibt. Die Arbeiterschaft scheint mir von einer solchen Lösung nur gewinnen zu können, aber es ist mir natürlich klar, daß die Gewerkschaftsfunktionäre durch sie einen großen Teil ihrer Macht verlieren und sie deshalb wohl völlig ablehnen würden.

Teil IV

Die Wissensanmaßung des Konstruktivismus

10. Die Irrtümer des Konstruktivismus und die Grundlagen legitimer Kritik gesellschaftlicher Gebilde*

Nachdem in den verschiedenen Antrittsvorlesungen, die ich im Laufe meines Lebens zu halten hatte, ich mich bisher immer als Ausländer vorstellen mußte, darf ich mir diesmal vielleicht erlauben, damit zu beginnen, daß ich mich als Einheimischer ausweise. Sind es doch fast 370 Jahre, seit ein gemeinsamer Vorfahre von meiner Frau und mir hier als fürsterzbischöflicher Hofkanzleischreiber einen Wappenbrief erhielt, um später als Pfleger von Hüttenstein die Ihnen wohl allen bekannte Brunnwinkelmühle bei St. Gilgen zu errichten. Die Reherzheimer von Prün, wie sie sich nach dieser nannten, haben sich noch durch 160 Jahre im Salzkammergut herumgetrieben, bis schließlich eine Nachkommin ins Ausland, nämlich nach Wien, heiratete, um dort die Großmutter unseres letzten gemeinsamen Vorfahren zu werden[1]. Auch nach fast vierzig Jahren im wirklichen Ausland – und obwohl ich seit 1938 nicht mehr österreichischer Staatsbürger bin – dürfen wir uns darum wohl in dem so vertrauten Salzburger Land als zu Hause betrachten.

Von einem neuen Mitglied einer wissenschaftlichen Gemeinde erwartet man aber mit Recht, daß er sich vorstellt, indem er von seiner Arbeit und nicht von seinen Liebhabereien erzählt. Meist wird er das am besten tun, indem er die allgemeinen Gesichtspunkte, die ihn leiten, an einer Einzeluntersuchung illustriert, die ihn gerade beschäftigt. Nur in seltenen Phasen eines Gelehrtenlebens

---

* Vortrag, gehalten bei Antritt einer Gastprofessur an der Paris-Lodron Universität Salzburg, Salzburg, 27. Januar 1970.

1 Als Angebinde für die Salzburger Genealogen sei hier die erwähnte Geschlechterfolge vermerkt: 1. Thoman von Reherzheimer, wird 1607/8 Hofschreiber zu Hallein, 1611 Pfleger zu Hüttenstein, stirbt 1624 als Landrichter zu Tittmoning, verm. mit Anna Margarethe Pexenfelderin. 2. Johan Reherzheimer von Prün, gest. als Stadtrichter von Eferding 1670, verm. mit Maria Elisabeth Klaner. 3. Johann Baptist Reherzheimer am Brunn, gest. 1700 als Salzfertiger und Marktrichter zu Hallstatt, verm. mit Maria Regina (Gastgeb) von Gasthaimb. 4. Johann Christoph Andreas Ferdinand Reherzheimer von Prün, geb. Hallstatt 1680, Marktrichter und Salzfertiger daselbst, gest. ebdt. 1746, verm. mit Maria Elisabeth Franziska Khner aus Freistadt, O. Ö. 5. Maria Barbara Reherzheimer von Prün, geb. Hallstatt 1747, verm. Wien 1773 mit Franz Patuzzi, gest. ebdt. 1781.

darf er hoffen, über diese allgemeinen Gesichtspunkte selbst etwas Neues zu sagen. Ich will dies heute wagen, obwohl mir das Risiko eines Versuches sehr bewußt ist, in einem kurzen Vortrag zu vermitteln, was es bedeutet, wenn man nach vielen Jahren die Probleme, die einen beschäftigt haben, im Lichte einer einigenden Idee sehen lernt – oder vielleicht noch mehr: die verschiedenen Irrtümer, die man bekämpft hat, als Folgen desselben falschen Ausgangspunktes erkennt.

Der zunächst wohl etwas fremd klingende Ausdruck, den ich im Titel dieses Vortrages gebraucht habe, soll eine solche meist kaum bewußt eingenommene Stellung bezeichnen, die nicht nur im ganzen Bereich der Sozialwissenschaften anzutreffen, sondern häufig die Wurzel von falschen Erklärungen und falschen Behauptungen über die zu erwartenden Folgen politischen Handelns geworden ist.

1

Ich habe mich genötigt gesehen, das Wort Konstruktivismus als spezifische Bezeichnung einer Einstellung einzuführen, die bisher gelegentlich ungenau durch das vieldeutige und daher irreführende Wort Rationalismus bezeichnet worden ist[2]. Der Grundgedanke dieses Konstruktivismus läßt sich am einfachsten in der zunächst unverfänglich klingenden Formel ausdrücken, daß der Mensch die Einrichtungen der Gesellschaft und der Kultur selbst gemacht hat und sie daher auch nach seinem Belieben ändern kann. Es ist fast fünfzig Jahre her, seit ich diese Formel in einer Vorlesung zum erstenmal hörte und sie großen Eindruck auf mich machte[3].

---

[2] In der Literatur wird öfter erwähnt, daß der Ausdruck »constructivist« mit Vorliebe von William E. Gladstone gebraucht wurde, aber es ist mir nicht gelungen, eine seiner Äußerungen zu finden, in denen er vorkommt. Ich selbst habe die Unterscheidung zwischen konstruktivistischem und evolutionärem Rationalismus in einem im Jahre 1964 in Tokio gehaltenen Vortrag über »Kinds of Rationalism« [Wiederabdruck in Hayek, *Studies*, 1967, 82–98; deutsche Übersetzung »Arten des Rationalismus«, in: Hayek, *Freiburger Studien*, 1969, 75–89, Hayek, *Schriften*, A1, d. Hrsg.] eingehender ausgeführt. Wie die meisten Vorstudien für das größere Werk, in dem ich die in dem gegenwärtigen Vortrag besprochenen Probleme eingehender zu behandeln hoffe [gemeint ist vermutlich Hayeks Werk *Law, Legislation and Liberty*, deutsche Neuübersetzung: *Recht, Gesetz und Freiheit*, Hayek, *Schriften*, B4, d. Hrsg.] ist auch jener in den beiden Aufsatzbänden [Hayek, *Studies*, 1967 und Hayek, *Freiburger Studien*, 1969, d. Hrsg.] wieder abgedruckt.

[3] In einer Vorlesung von Wesley Clair Mitchell an der Columbia University in New York im Jahre 1923. Wenn mir damals schon diese Äußerung zweifelhaft erschien, so verdanke ich dies gewiß der Darstellung der Bedeutung »nicht reflektierten Verhaltens« in Carl Mengers *Untersuchungen über die Methoden der Socialwissenschaften und der*

Zunächst scheint der geläufige Ausdruck, daß der Mensch seine Kultur und seine Einrichtungen »geschaffen« hat, sehr harmlos und recht selbstverständlich. Aber schon wenn er, wie das oft getan wird, dahin ausgedehnt wird, daß der Mensch in der Lage war, dies zu tun, weil er mit Vernunft begabt war, wird die Sache bedenklich. Denn diese Vernunft war wohl nicht vor der Kultur da, sondern ist mit ihr gewachsen. Wir brauchen nur an die Sprache zu denken, von der heute wohl niemand mehr glaubt, daß ein vernünftiges Wesen sie »erfunden« hat, um klar darüber zu werden, daß Vernunft und Kultur sich in ständiger Wechselwirkung entwickelt haben. Aber was uns heute bei der Sprache selbstverständlich ist – und selbst da noch nicht lange – ist uns keineswegs ebenso selbstverständlich bei der Moral, dem Recht, den handwerklichen Fertigkeiten und vielen Institutionen der Gesellschaft. Wir sind noch allzuleicht versucht anzunehmen, daß diese Erscheinungen, die doch offenbar ein Ergebnis menschlichen Handelns sind, auch bewußt von einem menschlichen Geist entworfen, oder für den Zweck, dem sie dienen, geschaffen worden – also »zweckrationale« Schöpfungen sind[4]; oder zumindest daß sie, nur soweit sie so einem Entwurf entsprechen, rational gerechtfertigt werden können.

Bezeichnenderweise ist dies ein Fehler, in der wir im allgemeinen nur verfallen, wenn es sich um die Erscheinungen unserer eigenen Kultur handelt. Wenn der Ethnologe oder Sozialanthropologe andere Kulturen zu verstehen versucht, zweifelt er nicht daran, daß dort die Individuen oft nicht wissen, warum sie bestimmte Regeln befolgen oder was davon abhängt. Aber daß dasselbe auch für unsere Kultur zutrifft und auch wir, um es vulgär auszudrücken, meist nicht wissen, wovon wir fett werden, sind die modernen Sozialtheoretiker selten bereit zuzugeben – oder betrachten dies als einen bedauerlichen Mißstand, der möglichst bald beseitigt werden sollte.

2

Ich kann in einem kurzen Vortrag nicht auf die interessante Geistesgeschichte dieser Probleme eingehen, die mich in den letzten Jahren mehrfach beschäftigt haben[5]. Ich will nur kurz erwähnen, daß sich natürlich schon die alten Grie-

---

politischen Ökonomie insbesondere, Leipzig 1883, deren soziologischer Gehalt mir auch heute noch beträchtlich wichtiger erscheint als ihr methodologischer.

[4] Vgl. Weber, Max, *Wirtschaft und Gesellschaft*, Tübingen, 1921 und später, Kap. I, § 2, der uns freilich bei der Behandlung dessen, was er »wertrational« nennt, im Stiche läßt, weil für ihn die Werte bald nur zu Zielen des rationalen Handelns werden anstatt als jene das Handeln beherrschenden Regeln behandelt zu werden, die uns hier vor allem interessieren.

[5] Siehe besonders Hayek, F. A., »The Results of Human Action but Not of Human

chen mit ihnen befaßten, aber gerade die Dichotomie zwischen »natürlichen« und »künstlichen« Bildungen, die sie zu ihrer Beschreibung einführten und die dann durch zweitausend Jahre die Diskussion beherrschte, das größte Hindernis für weiteren Fortschritt wurde. Denn als ausschließliche Alternative aufgefaßt ist diese Unterscheidung nicht nur zweideutig, sondern falsch: wie schließlich die schottischen Sozialphilosophen des 18. Jahrhunderts erkannten (und die Spätscholastiker schon zum Teil gesehen hatten), ist ein großer Teil der sozialen Bildungen zwar das Ergebnis menschlichen Handelns, aber nicht menschlichen Entwurfes, und konnte darum, je nach der Interpretation der überlieferten Ausdrücke, entweder als »natürlich« oder als »künstlich« bezeichnet werden.

Die im 16. Jahrhundert beginnende Einsicht in diesen Sachverhalt ist aber im 17. Jahrhundert durch den Aufstieg einer neuen mächtigen Philosophie wieder verdrängt worden: durch den Rationalismus von René Descartes und seiner Nachfolger, von denen sich alle modernen Formen des Konstruktivismus herleiten. Von ihm hat ihn dann jenes unvernünftige »Zeitalter der Vernunft«, das ganz von kartesischem Geist beherrscht war, übernommen. Sein größter Vertreter, Voltaire, hat ihm in dem berühmten Ausspruch Ausdruck gegeben: »Wenn ihr gute Gesetze haben wollt, verbrennt die, die ihr habt und macht euch neue[6].« Nur langsam konnte dagegen der große Kritiker dieses Rationalismus, David Hume, die Grundlagen einer echten Theorie der Genesis sozialer Gebilde ausarbeiten, die dann seine Landsleute Adam Smith und Adam Ferguson zu einer geschlossenen Theorie der Erscheinungen entwickeln, die zwar das Ergebnis menschlichen Handelns, aber nicht menschlichen Entwurfes sind.

Was Descartes zunächst gelehrt hat, war, daß wir nur das glauben sollen, was wir beweisen können. Angewandt auf den Bereich der Moral und der Werte überhaupt hieß dies, daß wir nur das als bindend anerkennen sollen, was wir als rationale Zweckschöpfung erkennen können[7]. Wie weit er selbst sich aus

---

Design« [in Hayek, *Studies*, 1967, 96–105, deutsche Übersetzung: »Die Ergebnisse menschlichen Handelns, aber nicht menschlichen Entwurfs«, Hayek, *Schriften*, A4, d. Hrsg.] und Hayek, F. A., »The Legal and Political Philosophy of David Hume« [in Hayek, *Studies*, 1967, 106–121, deutsche Übersetzung: »Die Rechts- und Staatsphilosophie David Humes«, Hayek, *Schriften*, A2, d. Hrsg.] sowie Hayek, F. A., »Dr. Bernard Mandeville«, in: *Proceedings of the British Academy*, [52, 1966, 125–141, deutsche Übersetzung »Dr. Bernard Mandeville«, Hayek, *Schriften*, A2, d. Hrsg.].

[6] Voltaire, *Dictionaire Philosophique*, s. v. *Loi. Œuvres completes de Voltaire*, ed. Hachette, t. XVIII, 432.

[7] Descartes hat sich selbst in seinen Äußerungen über politische und moralische Probleme sehr zurückgehalten und die Konsequenzen seiner philosophischen Prinzipien nur selten gezogen wie in der berühmten Stelle zu Beginn des zweiten Teiles des *Discours de la Méthode*, (1637, Teil II, § 2–1), in der er schreibt: »je crois que, si Sparte a été

der Affäre zog, indem er den unergründlichen Willen Gottes als den Schöpfer dieser Zweckmäßigkeit betrachtete, will ich dahingestellt sein lassen. Bei seinen Nachfolgern wurde es jedenfalls ein menschlicher Wille, den sie als den Schöpfer aller gesellschaftlichen Bildungen betrachteten und aus dessen Absichten sie ihre Rechtfertigung ableiten mußten. Die Gesellschaft erscheint ihnen als eine Konstruktion der Menschen für einen angestrebten Zweck – bei niemandem ist dies deutlicher als bei Descartes' gelehrigem Schüler Jean Jacques Rousseau[8]. Der Glaube an die notwendige Unbeschränktheit der höchsten Autorität, insbesondere der Volksvertretung, und daher der Glaube, daß die Demokratie notwendig unbeschränkte Macht der Mehrheit bedeutet, ist eine der Folgen dieses Konstruktivismus.

3

Sie werden aber wahrscheinlich am besten verstehen, was ich mit »Konstruktivismus« meine, wenn ich einen charakteristischen Ausspruch eines bekannten Soziologen zitiere, der mir vor einigen Monaten in einer populärwissenschaftlichen Zeitschrift begegnet ist. »Das wichtigste Ziel, das sich die Soziologie gesetzt hat«, hieß es dort, »die kommende Entwicklung vorauszusagen und die Zukunft zu gestalten oder, wenn man es so ausdrücken will, die Zukunft der Menschheit zu erschaffen[9].« Wenn eine Wissenschaft so etwas beansprucht, so impliziert das offenbar die Behauptung, daß die menschliche Kultur und auch das, was wir bisher erreicht haben, als eine reine Zweckkonstruktion aufgebaut werden könnte.

---

autrefois très florissante, ce n'a pas été à cause de la bonté de chacune des ses lois en particulier, vu que plusieurs étaient fort étranges, et même contraire a bonnes meurs; mais à cause que, n'ayant été inventées que par un seul, elles tendaient toutes à même fin.« Die Konsequenzen der kartesischen Philosophie für die Moral sind schön herausgearbeitet in Alfred Espinas, *Descartes et la Morale*, 2 Bde., Paris, 1925.

[8] Vgl. Dérathe, Robert, *Le rationalism de J.-J. Rousseau*, Paris, 1948.

[9] Segerstedt, Torgny T., »Wandel der Gesellschaft«, in: *Bild der Wissenschaft* VI/5, Mai 1969, 441. Vgl. auch *Gesellschaftliche Herrschaft als soziologisches Konzept*, Neuwied und Berlin, 1967. Frühere Beispiele der immer wiederkehrenden Idee der Menschheit oder Vernunft, die sich selbst bestimmt, insbesondere von Leonard Trelawny Hobhouse und Karl Mannheim, habe ich bei einer anderen Gelegenheit gegeben (siehe mein Buch Hayek, F. A., *Mißbrauch und Verfall der Vernunft*, Frankfurt a. M., 1959, 121 f. [Hayek, *Schriften*, B 2, d. Hrsg.]), aber ich hatte nicht erwartet, der ausdrücklichen Behauptung eines Vertreters dieser Auffassung zu begegnen, der, wie der Psychologe Burrhus F. Skinner, »Freedom and the Control of Men«, in: *The American Scholar*, XXVI/1, 1955/56, 49, meint: »Man is able, and now as never before, to lift himself up by his own bootstraps.« Der Leser wird bemerken, daß dieselbe Idee auch in der weiter unten zitierten Äußerung des Psychiaters George B. Chisholm auftaucht.

Das muß vorläufig genügen, um zu zeigen, daß es sich bei diesen konstruktivistischen Interpretationen sozialer Gebilde keineswegs bloß um harmlose philosophische Spekulationen, sondern um tatsächliche Behauptungen handelt, aus denen folgenschwere Konsequenzen für die Erklärung gesellschaftlichen Geschehens wie auch für die unserem politischen Handeln offenstehenden Möglichkeiten gezogen wurden. Die tatsächlich falsche Behauptung, aus denen dieser Konstruktivismus seine weitreichenden Folgerungen und Forderungen ableitet, scheint mir die zu sein, daß die komplexe Ordnung unserer modernen Gesellschaft ausschließlich dem Umstand zu verdanken ist, daß sich die Menschen in ihrem Handeln von ihrer Einsicht in die Zusammenhänge von Ursache und Wirkung leiten lassen – oder daß sie auch nur bestehen könnte, wenn sie das ausschließlich täten. Was ich zeigen möchte ist, daß die Menschen in ihrem Handeln stets nicht nur von ihrer Einsicht in Kausalzusammenhänge zwischen bekannten, konkreten Mitteln und bestimmten, angestrebten Zielen, sondern stets auch von Verhaltensregeln geleitet werden, deren sie sich selten bewußt sind, die sie gewiß nicht absichtlich geschaffen haben und deren Funktion und Bedeutung zu entdecken eine schwierige und nur unvollkommen gelöste Aufgabe der Wissenschaft ist. Anders ausgedrückt, daß der Erfolg unseres zweckrationalen Handelns der Herrschaft von Werten in unserer Gesellschaft zu verdanken ist, die von den bewußt verfolgten Zielen sorgfältig unterschieden werden müssen.

Ich kann hier nur ganz kurz erwähnen, daß natürlich auch der Erfolg des Einzelnen in Erreichung seiner unmittelbaren Ziele nicht nur von seiner bewußten Einsicht in ursächliche Zusammenhänge, sondern in hohem Maße auch von der Fähigkeit abhängt, sein Handeln nach Regeln ablaufen zu lassen, die er nicht in Worten ausdrücken kann, die aber, wenn wir sie beschreiben wollen, nur als Regeln ausgedrückt werden könnten. Alle unsere Geschicklichkeiten, von der Beherrschung der Sprache bis zum handwerklichen oder sportlichen Geschick – alle die Dinge, die wir können, ohne zu wissen, wie wir sie zustande bringen, gehören hierher[10]. Ich erwähne sie nur, weil das Verhalten nach Regeln, die wir nicht ausdrücklich kennen und die nicht der Verstand entworfen hat, sondern die sich durchsetzten, weil die erfolgreichen imitiert wurden, hier vielleicht leichter zu sehen ist als auf dem Gebiete, das mir für meine heutigen Zwecke wichtig ist, den Regeln, die nicht so sehr dem Einzelnen nützen, der sie befolgt, sondern die, wenn sie allgemein befolgt werden, alle Mitglieder der Gruppe wirksamer machen und ihnen die Möglichkeit bieten, in einer gesell-

---

[10] Dieses Thema habe ich ausführlicher behandelt in meinem Aufsatz »Rules, Perception and Intelligibility« in: *Proceedings of the British Academy*, 48, 1962 [321–344, Wiederabdruck in: Hayek, *Studies*, 1967, 43–65, deutsche Übersetzung »Regeln, Wahrnehmung und Verständlichkeit« in: Hayek, *Schriften*, A 1, d. Hrsg.].

schaftlichen Ordnung zu handeln. Auch diese sind zum großen Teil nicht als verstandene Mittel zur Erreichung bestimmter angestrebter Zwecke, sondern durch einen Selektionsprozeß entstanden, in dem die Gruppen, die eine wirksamere Ordnung bildeten, andere verdrängten (oder von den anderen imitiert wurden), oft ohne daß sie wußten, welchem Umstand sie ihre Überlegenheit verdankten. Hierher gehören die Regeln des Rechts, der Moral, der Sitte usw., kurz die Werte, die in der Gesellschaft herrschen. Der Ausdruck »Wert«, den ich mangels eines besseren ständig werde gebrauchen müssen, ist allerdings ein wenig irreführend, weil wir uns darunter leicht positive Ziele des individuellen Handelns vorstellen, während auf den erwähnten Gebieten es sich zum größten Teil um Regeln handelt, die uns nicht positiv sagen, was wir tun sollen, sondern nur, was wir nicht tun dürfen.

Es sind diese nicht rational begründeten Tabus der Gesellschaft, über die die Konstruktivisten vor allem ihren Spott vergossen haben und die sie aus einer rational konstruierten Gesellschaftsordnung verbannt wissen wollen. Respekt vor Eigentum und das Halten von Verträgen gehören zu diesen Tabus, die es ihnen gelungen ist, weitgehend zu zerstören, so daß manche zweifeln, daß sie sich wieder herstellen lassen[11].

Für alle Lebewesen ist es aber oft wichtiger zu wissen, was sie nicht tun dürfen, um Gefahren zu vermeiden, als zu wissen, was sie tun müssen, um bestimmte Zwecke zu erreichen. Und das erstere Wissen ist meist nicht ein Wissen von Folgen, die das verbotene Verhalten hervorrufen würde, sondern nur ein Wissen, daß unter bestimmten Bedingungen gewisse Verhaltensweisen zu vermeiden sind. Unser positives Wissen von Ursache und Wirkung hilft uns eben nur in jenen Bereichen, über die wir genug wissen; und es ist wichtig, daß wir diesen Bereich nicht verlassen, wenn jenes Wissen uns zuverlässig führen soll. Das bewirken Regeln, die, ohne Rücksicht auf die Folgen, in bestimmten Umständen Handlungen gewisser Art allgemein verbieten[12].

Daß der Mensch in diesem Sinn nicht nur ein zielstrebiges, sondern auch ein »rule-following animal« ist, ist in der neueren Literatur mehrfach hervorgehoben worden[13]. Um zu verstehen, was damit gemeint ist, müssen wir uns aber ganz klar darüber sein, was in diesem Zusammenhang unter »Regel« verstan-

---

[11] Vgl. z.B. Myrdal, Gunnar, *Beyond the Welfare State*, London, 1960, 17: »The important property and contract taboos, so basic for a stable liberal society, were forcibly weakened when big alterations were allowed to occur in the real value of currencies«, und ibid., 19: »Social taboos can never be established by decision founded upon reflection and discussion.«

[12] Ausführlicher behandelt in meinem Vortrag Hayek, F.A., »Rechtsordnung und Handelnsordnung« in: Streissler, Erich (Hrsg.), *Zur Einheit der Rechts- und Staatswissenschaften*, Karlsruhe, 1967 [Abdruck in: Hayek, *Schriften*, A4, S. 35–73, d. Hrsg.].

[13] Peters, Richard S., *The Concept of Motivation*, London, 1958, 5.

den wird. Die meist negativen Verhaltensregeln, die die Bildung einer gesellschaftlichen Ordnung möglich machen, sind nämlich von drei verschiedenen Arten, von denen der Konstruktivist nur die letzte gelten lassen möchte:

1. Solche, die bloß tatsächlich befolgt werden, aber noch nie in Worte gefaßt wurden; wenn wir vom »Rechtsgefühl« oder vom »Sprachgefühl« sprechen, handelt es sich um solche Regeln, die wir anwenden können, aber nicht kennen;
2. Solche, die zwar in Worten ausgedrückt wurden, aber damit doch nur aussprechen, was schon vorher allgemein im Handeln befolgt wurde;
3. Solche, die absichtlich eingeführt wurden und daher notwendig als Sätze der Sprache existieren.

4

Wie sind aber nun jene Regeln entstanden, die jeder lebte, die aber nicht allen und manchmal niemandem bekannt sind? Lange vor Darwin haben hier die Sozial- und insbesondere die Sprachtheoretiker die Antwort gegeben, daß sich in dem Prozeß kultureller Übermittlung, durch den Verhaltensweisen weitergegeben werden, ein Auswahlprozeß vollzieht, in dem sich jene Verhaltensweisen durchsetzen, die zur Bildung einer wirksameren Ordnung der ganzen Gruppe führen, weil solche Gruppen sich gegenüber anderen durchsetzen[14].

Was besonders der Betonung bedarf, weil es häufig mißverstanden wird, ist, daß keineswegs jede Regelmäßigkeit des Einzelverhaltens zu einer Ordnung des Ganzen führt und daher auch Verhalten der Einzelnen nach Regeln noch nicht Ordnung ist, sondern nur ganz bestimmte Regeln des Einzelverhaltens zu einer Ordnung des Ganzen führen. Ordnung ist hier also ein von der Regelmäßigkeit des Einzelverhaltens zu unterscheidender tatsächlicher Zustand, der dadurch charakterisiert ist, daß die Einzelnen auf Grund dessen, was sie wissen, Erwartungen über das Verhalten der andern bilden können, die sich darin als richtig erweisen, daß eine erfolgreiche wechselseitige Abstimmung der Handlungen der Einzelnen möglich wird. Wenn jeder, der einen andern sieht, ihn umbrächte oder davonliefe, wäre das gewiß auch eine Regelmäßigkeit des Einzelverhaltens, aber nicht eine Regelmäßigkeit, die zu einer Gruppenbildung führt. Und gewisse Kombinationen von solchen Einzelregeln werden offenbar zu einer überlegenen Ordnung mancher Gruppen führen, die ihnen helfen werden, sich auf Kosten anderer auszubreiten.

Das setzt keineswegs voraus, daß die Mitglieder der Gruppe wissen, wel-

---

[14] Über die Bedeutung dieser sozialwissenschaftlichen »Darwinianer vor Darwin« für die biologische Entwicklungstheorie siehe meine oben in Anmerkung 5 genannten Aufsätze.

chen Verhaltensregeln die Gruppe ihre Überlegenheit verdankt, sondern nur, daß sie nur jene als Mitglieder anerkennen, die die traditionell gewordenen Verhaltensregeln befolgen. In solchen Regeln wird sich stets eine Menge von Erfahrung niedergeschlagen haben, die die jeweils lebenden Mitglieder nicht kennen, deren Ergebnis ihnen aber nichtsdestoweniger hilft, ihre Zwecke wirksam zu verfolgen. Dieses »Wissen« von der Welt, das von Generation zu Generation weitergegeben wird, wird also zum großen Teil nicht aus Wissen über Ursache und Wirkung bestehen, sondern aus Verhaltensregeln, die der Umgebung angepaßt sind, ohne über diese etwas auszusagen. Sie erhalten sich, ähnlich wie wissenschaftliche Theorien, durch Bewährung, aber im Gegensatz zu diesen durch eine Bewährung, von der niemand etwas zu wissen braucht, sondern die sich in der Widerstandsfähigkeit und Ausbreitung der Ordnung der Gesellschaft zeigt, deren Bildung sie herbeiführen. Das ist der wahre Gehalt des vielverspotteten Schlagwortes von der Weisheit unserer Vorfahren, die in den überlieferten Einrichtungen aufgespeichert ist, einer Idee, die im konservativen Denken eine so große Rolle spielt, aber dem Konstruktivisten als leere Phrase erscheint, mit der er nichts anzufangen weiß.

5

Ich kann hier nur auf einen der interessanten Zusammenhänge dieser Art weiter eingehen, der gleichzeitig auch erklären mag, warum gerade der Nationalökonom dazu getrieben wird, sich mit diesen Problemen zu befassen: den Zusammenhang zwischen den Regeln des Rechts und der sich spontan bildenden Marktordnung der Wirtschaft[15]. Diese Ordnung bildet sich natürlich nicht durch ein Wunder oder eine »natürliche Harmonie der Interessen«, sondern weil im Laufe der Jahrtausende die Menschen Verhaltensregeln entwickelt haben, die zur Bildung einer solchen Ordnung der unabhängigen Tätigkeiten der Einzelnen führen. Das Interessante daran ist dabei, daß die Menschen diese Regeln entwickelt haben, ohne ihre Funktion wirklich zu verstehen. Die Rechtsphilosophen haben sogar die Frage nach dem »Zweck« des Rechts meist als unlösbar aufgegeben, weil sie sich unter »Zweck« konkrete, voraussehbare Ergebnisse vorstellten, in deren Dienst die Rechtsregeln geschaffen wurden. Tatsächlich handelt es sich aber bei diesem »Zweck« des Rechts nur um Herbeiführung einer abstrakten Ordnung – eines Systems von abstrakten Beziehungen –, deren besondere Gestaltung von einer Unzahl besonderer Umstän-

---

[15] Siehe darüber ausführlicher meinen in Anmerkung 12 erwähnten Vortrag über »Rechtsordnung und Handelnsordnung« [Abdruck in: Hayek, *Schriften*, A4, S. 35–73, d. Hrsg.].

de abhängt, die in ihrer Gesamtheit niemand kennt. Jene Regeln des gerechten Verhaltens haben also einen »Sinn« oder eine »Funktion«, die ihnen niemand gegeben hat und die die sozialwissenschaftliche Theorie erst entdecken mußte[16].

Es war die große Leistung der ökonomischen Theorie, daß sie, zweihundert Jahre vor der Kybernetik, den Charakter solcher selbst-regulierender Systeme erkannte, in denen gewisse Regelmäßigkeiten (oder besser Beschränkungen) des Verhaltens der Elemente zu einer ständigen Anpassung der umfassenden Ordnung an besondere Umstände führen, die unmittelbar nur auf die einzelnen Elemente wirken. Daß eine solche Ordnung, die zur Nutzung von viel mehr Wissen führt als irgend jemand besitzt, nie »erfunden« werden konnte, folgt daraus, daß die Folgen nicht vorausgesehen werden konnten. Niemand sah voraus, daß die Sicherung von Eigentum und Vertrag zur Arbeitsteilung und Marktwirtschaft, oder daß die Ausdehnung der zunächst nur für Stammesangehörige geltenden Regeln auf den Fremden schließlich zur Bildung einer Weltwirtschaft führen würde. Alles, was der Mensch hier tun konnte, war, an einer ihm jeweils als im Gang befindlichen gegebenen Ordnung der Tätigkeiten herumzubessern, indem er durch Modifikation einzelner der geltenden Regeln Konflikte beseitigte. Was er bewußt schaffen konnte, hat er und konnte er immer nur innerhalb eines Systems von Regeln schaffen, die er nicht erfunden hatte, und in dem Bemühen, dadurch die bestehende Ordnung zu verbessern – wobei er die einzelnen zu verbessernden Regeln immer nur an die Wirkungen aller anderen geltenden Regeln anpassen konnte. Soweit er die bestehende Ordnung verbessern wollte, hatte er so nie freie Hand, willkürlich irgendeine beliebige Regel niederzulegen, sondern immer eine Aufgabe zu lösen, die ihm zwar durch die Unvollkommenheit der bestehenden Ordnung gestellt wurde, aber durch die Unvollkommenheit einer Ordnung, die als Ganzes zu schaffen er völlig unfähig gewesen wäre. Was er vorfand, waren Konflikte zwischen gegebenen Werten, deren Bedeutung er nicht verstand, aber von deren Gestaltung der Erfolg der meisten seiner Bestrebungen abhängig war und die er daher besser aufeinander abstimmen mußte, aber nicht als Ganzes neu schaffen konnte.

---

16 Vergleiche dazu Popper, Karl R., *»The Open Society and Its Enemies«*, Princeton, 1963[4], I, 64: »Nearly all misunderstandings [of the statement that norms are man-made] can be traced back to one fundamental misconception, namely, to the belief that ›convention‹ implies arbitrariness«, sowie schon Hume, David, »A Treatise on Human Nature«, in *Works*, ed. T.H. Green and T.H. Grose (London, 1890), II, 258: »Though the rules of justice be *artificial*, they are not *arbitrary*. Nor is the expression improper to call them *Laws of Nature*; if by natural we understand what is common to any species, or even if we confine it to mean what is inseparable from the species.«

6

Das Merkwürdige an der modernen Entwicklung ist, daß unbestreitbar größeres Verständnis dieser Dinge zu neuen Irrtümern geführt hat. Wir glauben, wie mir scheint mit Recht, daß wir die allgemeinen Prinzipien verstehen gelernt haben, die solche komplexe Ordnungen bestimmen wir die der Organismen, der menschlichen Gesellschaft oder vielleicht sogar die des menschlichen Geistes. Die Erfahrung auf den Gebieten, auf denen die moderne Wissenschaft ihre ersten großen Triumphe gefeiert hat, führt zu der Erwartung, daß solche Einsicht rasch auch zur Möglichkeit der Beherrschung der Phänomene und einer bewußten Bestimmung ihrer Ergebnisse führen wird. Im Bereich jener komplexen Phänomene des Lebens, des Geistes und der Gesellschaft, in das die Wissenschaft nun vorstößt, tritt jedoch eine neue Schwierigkeit auf[17]. So sehr nämlich auch die Theorien und ihre Hilfsmittel bei der Interpretation und Verarbeitung des verfügbaren Wissens über tatsächliche Umstände helfen, bieten sie uns doch keine neuen Mitteln, jene große Vielheit von Einzeltatsachen festzustellen, die in die Bildung komplexer Zusammenhänge eingehen und die wir zu ihrer vollständigen Erklärung kennen müßten.

Es ist wahrscheinlich richtig, daß, wenn wir alle die besonderen Umstände kennten, die im Verlaufe der Erdgeschichte bestanden haben, wir mit Hilfe der modernen Genetik bald imstande wären zu erklären, warum die verschiedenen Arten von Lebewesen gerade die Form angenommen haben, die sie besitzen. Aber es ist absurd zu glauben, daß wir alle diese besonderen Tatsachen je feststellen können werden. Ebenso ist es richtig, daß, wenn jemand all die besonderen Umstände kennte, die in einem gegebenen Zeitpunkt allen Menschen auf dieser Erde bekannt sind, er in der Lage sein sollte, bewußt eine bessere Ordnung der gesamten Produktion herbeizuführen, als dies der Markt tut. Aber die Wissenschaft hilft uns nun einmal nur zu besserem theoretischen Verständnis, aber nicht zur Feststellung einer Vielheit von besonderen Umständen von Zeit und Ort, so wie die, die in die Ordnung einer großen Gesellschaft eingehen.

Es ist die Illusion, daß der Fortschritt der Theorie uns überall zunehmend in die Lage versetzen muß, eine vollständige Zurückführung oder Reduktion komplexer Zusammenhänge auf feststellbare besondere Einzelumstände vorzunehmen, die oft zu neuen Irrtümern der Wissenschaft führt. Insbesondere jene Irrtümer der Wissenschaft, die ich nun betrachten muß, weil sie zu einer

---

[17] Vgl. meinen Aufsatz Hayek, Friedrich A., »The Theory of Complex Phenomena«, in: Bunge, Mario (Hrsg.), *The Critical Approach to Science and Philosophy. Essays in Honor of Karl R. Popper*, New York und London, 1964 [Abdruck in: Hayek, *Studies*, 1967, 22–47, deutsche Übersetzung »Die Theorie komplexer Phänomene«, Hayek, *Schriften*, A1, d. Hrsg.].

Zerstörung von unentbehrlichen Werten führten, denen wir unsere gesellschaftliche Ordnung und unsere Kultur verdanken, sind zum großen Teil einer Anmaßung von tatsächlichem Wissen zuzuschreiben, das wir nicht besitzen und zu dem uns auch die Fortschritte der wissenschaftlichen Theorie keinen Weg bieten. Gerade dort, wo, wie in der modernen Wirtschaftsordnung, das Verständnis des Prinzips, nachdem sie sich bildet, uns zeigt, daß sie auf einer Nutzung von Wissen beruht, das niemand als Ganzes besitzt, und die nur zustande kommt, weil die Einzelnen in ihrem Verhalten an gewisse allgemeine Regeln gebunden sind, sollten wir uns nicht der Illusion hingeben, daß wir sie durch eine Ordnung ersetzen können, die eine Konzentration all dieses Tatsachenwissens in einem Zentralgehirn voraussetzt.

Daß aber trotz allem Fortschritt unseres Wissens der Mensch in seinem Handeln von Umständen abhängig bleiben soll, von denen er nichts weiß, und von Ordnungskräften, die er nicht bestimmen kann, ist gerade das, was er als so unerträglich empfindet und was von den Konstruktivisten dem Umstand zugeschrieben wird, daß wir uns noch immer von nicht rational begründeten oder beweisbaren Werten leiten lassen. Wir hätten es nicht mehr nötig, meinen sie, uns einem System anzuvertrauen, das nicht im voraus bestimmte Resultate bringt, sondern bestenfalls neue Möglichkeiten für die Bemühungen der Einzelnen schafft, das aber gleichzeitig für sie zu einem Glücksspiel wird, für dessen Ausgang niemand die Verantwortung trägt. Die anthropomorphistische Konstruktion einer Menschheit, die bewußt gesetzte Ziele verfolgt, führt so zu der Forderung nach Beseitigung aller jener gewachsenen Werte, die nicht sichtbar konkreten Zielen dienen, sondern nur die Voraussetzung der Bildung einer abstrakten Ordnung sind, innerhalb derer die Einzelnen mit größerem Erfolg ihre verschiedenen und oft divergenten Ziele verfolgen können. Hier führt der wissenschaftliche Irrtum zu einer Diskreditierung von Werten, von deren Bestehen unsere Kultur abhängt.

7

Dieser Prozeß der Zerstörung von unentbehrlichen Werten durch wissenschaftlichen Irrtum begann im vorigen Jahrhundert eine große Rolle zu spielen und ist besonders mit den verschiedenen philosophischen Anschauungen verbunden, die sich selbst gern als »positivistisch« bezeichnen, weil sie nur die Einsicht in die Zusammenhänge von Ursache und Wirkung als nützliches Wissen anerkennen wollen. Schon ihr Name drückt die Bevorzugung des bewußt Geschaffenen gegenüber allem nicht rational Entworfenen aus. Bereits bei dem Begründer des Positivismus, Auguste Comte, finden wir den Grundgedanken klar ausgedrückt, wenn er von der unbezweifelbaren Überlegenheit einer bewiesenen über eine geoffenbarte Moral spricht[18]. Er zeigt damit, daß es für ihn eine Wahl nur zwischen der bewußten Schaffung durch eine menschliche oder der durch eine übermenschliche Intelligenz gibt und daß er die Möglichkeit einer Entstehung durch einen echten Entwicklungsprozeß gar nicht in Betracht zieht. Die wichtigsten Formen, die dieser Konstruktivismus dann im Laufe des 19. Jahrhunderts angenommen hat, sind der Utilitarismus, die Behandlung von Normen durch den erkenntnistheoretischen Positivismus im allgemeinen und durch den Rechtspositivismus im besonderen und schließlich, wie mir scheinen will, der ganze Sozialismus.

Beim Utilitarismus ist dieser Charakter ganz deutlich in seiner ursprünglichen, partikularistischen Form, die jetzt häufig als »act-utilitarianism« vom »rule-utilitarianism« unterschieden wird und allein der ursprünglichen Idee treu bleibt, daß jede einzelne Entscheidung auf ihren erkennbaren sozialen Nutzen gegründet sein muß; während der generische Utilitarismus, wie öfter gezeigt wurde, nicht konsequent durchführbar ist[19]. Neben diesem Versuch einer konstruktivistischen Erklärung finden wir im philosophischen Positivismus aber auch die Tendenz, alle Werte als nicht Tatsachen betreffend und daher »metaphysisch« abzutun oder als reine Gefühlssache und daher rational unbegründbar oder sinnlos hinzustellen. Die naiveste Form ist wohl der in den letzten dreißig Jahren populär gewordene »Emotivismus[20]«, der mit der Feststellung, daß moralisches oder unmoralisches, gerechtes oder ungerechtes Handeln gewisse Gefühle auslöst, schon etwas erklärt zu haben glaubt – als ob die Frage, warum gerade die eine Gruppe von Handlungen diese und eine andere jene Gefühle hervorruft, nicht ein wichtiges Problem aufwürfe.

Besonders deutlich zu sehen ist das konstruktivistische Element beim Rechtspositivismus in seiner ursprünglichen Form, wie wir ihn bei Thomas Hobbes und John Austin finden, die jede Rechtsregel auf einen bewußten Gesetzgebungsakt zurückführen wollen, was natürlich, wie jeder Rechtshistoriker weiß, tatsächlich falsch ist. Aber auch in seiner modernsten Form, auf die ich noch kurz zu sprechen kommen werde, vermeidet er diese falsche Annahme nur dadurch, daß er den bewußten Rechtsschöpfungsakt auf die Verleihung von Geltung an Regeln beschränkt, über deren inhaltliche Herkunft er gar nichts aussagt, womit er zu einer ganz uninteressanten Tautologie wird, die uns

---

18 Comte, Auguste, *Système de la Politique Positive*, Paris, 1854, I, 356: »La supériorité nécessaire de la moral démontrée, sur la moral revelée!«

19 Bezüglich der Ergebnisse der neueren Diskussion über den Utilitarismus siehe vor allem Lyons, David, *Forms and Limits of Utilitarianism*, Oxford, 1965; Hodgson, D.H., *Consequences of Utilitarianism*, Oxford, 1967 und das Sammelbändchen Bayles, Michael D. (Hrsg.), *Contemporary Utilitarianism*, New York, 1968.

20 Siehe besonders Ayer, Alfred J., *Language, Truth and Logic*, London, 1936.

überhaupt nichts mehr darüber sagt, wie der Inhalt der Rechtsregeln festzustellen ist, denen die damit betrauten Organe Geltung verleihen sollen.

Beim Sozialismus schließlich ist seine Verwurzelung im konstruktivistischen Denken nicht nur in seiner ursprünglichen Form ganz deutlich, die durch Vergesellschaftung der Produktionsmittel eine Planwirtschaft möglich machen sollte, in der die spontane Ordnung des Marktes durch eine zweckrationale Organisation ersetzt wurde[21]. Sie liegt ebenso seiner modernen Form zugrunde, die den Markt in den Dienst einer sogenannten »sozialen Gerechtigkeit« stellen und dazu ebenso das Handeln der Menschen nicht durch Regeln gerechten Verhaltens für den Einzelnen, sondern nach der Einschätzung bewußt herbeigeführter Ergebnisse bestimmen will.

8

In unserem Jahrhundert hat sich dann der Konstruktivismus vor allem über die Psychiatrie und Psychologie auf die ethischen Anschauungen ausgewirkt. Ich kann in der mir zur Verfügung stehenden Zeit nur zwei von den vielen Beispielen anführen, die ich von dieser Zerstörung von Werten durch wissenschaftlichen Irrtum geben könnte. Beim ersten, das ich von einem Psychiater nehme, muß ich mit ein paar Worten erklären, um wen es sich handelt, damit Sie nicht glauben, daß ich, um dick aufzutragen, mir irgendeinen Außenseiter ausgesucht habe. Das internationale Ansehen, dessen sich der Verfasser der zu zitierenden Sätze erfreut, mögen Sie daraus ersehen, daß es sich um die Persönlichkeit handelt, die mit dem Aufbau der Weltgesundheitsorganisation betraut wurde, dann durch fünf Jahre als deren erster Generalsekretär wirkte und schließlich zum ersten Präsidenten der World Federation of Mental Health gewählt wurde. Gerade bevor er diese internationale Karriere begann, schrieb der

[21] Diese Einsicht wird jetzt gewöhnlich und mit Recht der großen Diskussion zugeschrieben, die zu Anfang der zwanziger Jahre durch die Arbeiten von Ludwig von Mises entfacht wurde. Darüber sollte aber nicht ganz vergessen werden, wieviel davon doch schon früher von einzelnen Nationalökonomen richtig gesehen wurde. Als ein vergessenes Beispiel sei hier nur eine Äußerung von Erwin Nasse in einem Aufsatz »Über die Verhütung der Produktionskrisen durch staatliche Fürsorge«, *Jahrbuch für Gesetzgebung, Verwaltung und Volkswirtschaft*, N.F., Bd. III, 1879, 164, angeführt: »Eine planmäßige Leitung der Produktion *ohne* Freiheit des Bedarfs und Berufswahl würde nicht geradezu undenkbar, aber mit einer Zerstörung alles dessen, was das Leben lebenswert macht, verbunden sein. Eine planmäßige Leitung der gesamten wirtschaftlichen Tätigkeit *mit* Freiheit der Bedarfs- und Berufswahl zu vereinigen ist ein Problem, das nur mit der Quadratur des Kreises verglichen werden kann. Denn, sowie man jedem gestattet, die Richtung und Art seiner wirtschaftlichen Tätigkeit und Konsumtion frei zu bestimmen, verliert man die Leitung der Gesamtwirtschaft aus der Hand.«

Kanadier Brock Chisholm: »Die Neu-Interpretation und schließliche Ausmerzung der Begriffe Recht und Unrecht sind endlich das Ziel praktisch aller effektiven Psychotherapie geworden ... Der Vorschlag, daß wir aufhören sollen, unsere Kinder Moral und Recht und Unrecht zu lehren, und statt dessen ihre ursprüngliche geistige Integrität schützen sollen, wird wahrscheinlich Protest hervorrufen ... Es wird behauptet, daß die Beseitigung von Recht und Unrecht unzivilisierte Menschen, Unmoral, Gesetzlosigkeit und soziales Chaos hervorbringen würde. Tatsächlich sind aber schon die meisten Psychiater und Psychologen und viele andere angesehene Menschen diesen Ketten entronnen und fähig geworden, frei zu beobachten und zu denken ... Wenn die Menschheit von der lähmenden Last von Gut und Böse befreit werden soll, so müssen die Psychiater die erste Initiative ergreifen. Diese Herausforderung müssen wir annehmen ... Zusammen mit den anderen Wissenschaften vom Menschen muß die Psychiatrie bestimmen, was die unmittelbare Zukunft der Menschheit sein soll. Niemand anderer kann dies, und es ist daher in erster Linie eine Verantwortung der Psychiater[22]«.

---

[22] Chisholm, George Brock, »The Re-establishment of Peacetime Society«, *The William Alanson White Memorial Lectures*, Second Series, Psychiatry IX, No. 3, Feb. 1946 (mit einer lobenden Einleitung von Abe Fortas), 9 und 11. Da ich für die mündliche Wiedergabe nicht nur übersetzen, sondern auch stark kürzen mußte, sei hier der englische Originaltext etwas ausführlicher wiedergegeben: »The re-interpretation and eventually eradication of the concept of right and wrong which has been the basis of child training, the substitution of intelligent and rational thinking for faith in the certainties of the old people, these are the belated objectives of practically all effective psychotherapy ... The suggestion that we should stop teaching children moralities and rights and wrongs and instead protect their original intellectual integrity has of course to be met by an outcry of heretic or iconoclast, such as was raised against Galileo for finding another planet, and against the truths of evolution, and against Christ's re-interpretation of the Hebrew Gods, and against any attempt to change the mistaken old ways and ideas. The pretense is made, as it has been made in relation to the finding of any extension of truth, that to do away with right and wrong would produce uncivilized people, immorality, lawlessness and social chaos. The fact is that most psychiatrists and psychologists and many other respectable people have escaped from these moral chains and are able to observe and think freely ... If the race is to be freed from its crippling burden of good and evil it must be psychiatrists who take the original responsibility. This is a challlenge which must be met ... With the other human sciences, psychiatry must now decide what is to be the immediate future of the human race. No one else can. And this is the prime responsibility of psychiatry.« Vgl. auch die beiden Bücher Chisholms, G. B., *Prescription for Survival*, New York, 1957 und *Can People Learn to Learn?*, New York, 1958 sowie seinen Aufsatz »The Issues Concerning Man's Biological Future«, in: *The Great Issues of Conscience in Modern Medicine*, Hanover, N.H., 1960, wo er (61) argumentiert: »We haven't even got a government department that I know of that is set up to concern itself with the ›survival of the human race‹. And if there is any question about which we have no government department, it obviously is not very important.«

Daß die Moralregeln nicht unmittelbar der Befriedigung der Wünsche des Einzelnen dienen, der sie befolgen soll, sondern als Bedingung für das Entstehen einer gesellschaftlichen Ordnung erforderlich sind, in der dann jedem mehr Möglichkeiten offen stehen, und daß sie sogar oft der Zähmung von Instinkten dienen, die der Mensch noch aus dem Leben in den kleinen Gruppen ererbt hat, in denen er den Großteil seiner Entwicklung durchmachte, kommt Chisholm offenbar nicht in den Sinn. Es mag schon sein, daß der unverbesserliche Barbare sich in diesen Beschränkungen nicht wohlfühlt. Aber ist der Psychiater wirklich zuständig, uns eine neue Moral zu geben?

Chisholm gibt dann noch der Hoffnung Ausdruck, daß es zwei bis drei Millionen geschulter Psychiater mit entsprechender salesmanship bald gelingen würde, die Menschen von den »perversen« Begriffen Recht und Unrecht zu befreien. Es sieht fast so aus, als ob sie damit schon einigen Erfolg gehabt hätten.

Mein zweites Beispiel aus der Gegenwart entnehme ich der Rechtsphilosophie. Hier brauche ich die Quelle des Ausspruches, der mir in dieselbe Kategorie zu gehören scheint, nicht lange zu erklären. Er stammt von niemand geringerem als dem Haupt der österreichischen Schule der Rechtstheorie, meinem ehemaligen Wiener Lehrer Hans Kelsen. Er versichert uns: »Gerechtigkeit ist ein irrationales Ideal« und fährt fort: »Vom Standpunkt rationaler Erkenntnis gibt es nur menschliche Interessen und daher Interessenkonflikte. Für deren Lösung stehen nur zwei Wege zur Verfügung: entweder das eine Interesse auf Kosten des anderen zu befriedigen oder einen Kompromiß zwischen beiden herbeizuführen[23]«.

Es wäre möglich, zahllose ähnliche Äußerungen aus den letzten hundertfünfzig Jahren anzuführen. Schon der russische Revolutionär Alexander Herzen konnte schreiben: »You want a book of rules, while I think that when one reaches a certain age, one ought to be ashamed of having to use one« und »the truly free man creates his own morality« (Alexander Herzen, *»From the Other Shore«*, Berlin, Isaiah (Hrsg.), London, 1956, 28 und 141); dies unterscheidet sich wenig von der Ansicht eines zeitgenössischen logischen Positivisten wie Hans Reichenbach, der in *The Rise of Scientific Philosophy*, University of California Press, 1949, 141, argumentiert, daß »the power of reason must be sought not in rules that reason dictates to our imagination, but in the ability to free ourselves from any kind of rules to which we have been conditioned through experience and tradition.« Dagegen scheint mir die Äußerung von John Maynard Keynes, *Two Memoirs*, London, 1949, 97, die ich bei früheren Gelegenheiten in diesem Zusammenhang als charakteristisch zitierte, an allgemeiner Bedeutung verloren zu haben, seit Michael Holroyd in *Lytton Strachey. A Critical Biography*, 2 Bände, London, 1967 und 1968, gezeigt hat, daß die meisten Mitglieder der Gruppe, von der Keynes sprach, einschließlich seiner selbst, homosexuell waren, was wahrscheinlich ihre Ablehnung der herrschenden Moral zureichend erklärt.

[23] Kelsen, Hans, *»Was ist Gerechtigkeit«?*, Wien, 1953, fast wörtlich gleichlautend auch schon in *»General Theory of Law and State«*, Harvard University Press, 1949, 13. Die Eliminierung des Gerechtigkeitsbegriffes aus dem Recht war natürlich nicht eine

Recht ist hier also für Kelsen eine bewußte Zweckkonstruktion, die bestimmten bekannten Interessen dient. Das wäre vielleicht richtig, wenn die Regeln des gerechten Verhaltens in ihrer Gesamtheit je neu erschaffen werden müßten. Ich will Kelsen sogar zugeben, daß wir nie positiv beweisen können, was gerecht ist. Aber das schließt nicht aus, daß wir sagen können, wann eine Regel ungerecht ist, und daß wir durch beharrliche Anwendung eines solchen negativen Kriteriums auf die überkommenen Regeln uns der Gerechtigkeit fortschreitend annähern können. Freilich gilt das nur für die Regeln des gerechten Verhaltens der Einzelnen und nicht für das, woran Kelsen, wie alle Sozialisten, in erster Linie denkt, an bewußt von der Autorität herbeigeführte Ergebnisse, also jene »soziale« Gerechtigkeit, für die es allerdings weder positive noch negative Kriterien objektiver Art gibt.

Das Freiheitsideal des 19. Jahrhunderts gründete sich auf die Überzeugung, daß es solche »objektive« allgemeine Regeln des gerechten Verhaltens gäbe, und die falsche Behauptung, daß Gerechtigkeit immer nur eine Interessenfrage sei, hat viel dazu beigetragen, die Grundlagen einer solchen freien Gesellschaft zu zerstören und den Glauben zu erwecken, daß wir gar keine andere Wahl haben, als dem Einzelnen zuzuweisen, was die jeweiligen Machthaber für richtig halten.

9

Ich habe mir nur mehr wenig Zeit für das gelassen, was ich im Titel dieses Vortrages als zweiten Teil meines Themas ankündigte. Es würde aber einen ganz falschen Eindruck hinterlassen, wenn ich mich dadurch verhindern ließe, die Folgerungen klar herauszustellen, die sich aus dem Gesagten für die Prinzipien einer legitimen Kritik gesellschaftlicher Bildungen ergeben. Da die Grundlagen dafür schon gelegt sind, kann ich das auch mit wenigen Worten tun. Ich will Sie aber gleich warnen, daß nun die Konservativen unter Ihnen, die bisher

---

Entdeckung Kelsens, sondern ist ihm gemeinsam mit dem ganzen Rechtspositivismus, insbesondere den deutschen Rechtstheoretikern um die Jahrhundertwende, von denen Alfred von Martin, *Mensch und Gesellschaft Heute*, Frankfurt a. M., 1965, 261, richtig sagt: »In wilhelminischer Zeit machen schließlich, wie Graf Harry Kessler in seinen Erinnerungen berichtet, berühmte deutsche Rechtslehrer etwas wie einen Sport daraus, bei jeder Gelegenheit zu betonen, daß Gerechtigkeit natürlich nicht das Geringste mit Recht zu tun habe. Die Frucht war die Lehre von der entscheidenden rechtlichen Potenz ›der Entscheidung‹, der Dezisionismus Carl Schmitts, des Kronjuristen der braunen Diktatur.«

Eine gute Darstellung der Zersetzung des deutschen Liberalismus durch den Rechtspositivismus gibt Hallowell, John H., *The Decline of Liberalism as an Ideology with Particular Reference to German Politico-Legal Thought*, University of California Press, 1943.

frohlocken durften, wahrscheinlich eine Enttäuschung erleben werden. Denn aus jenen Überlegungen ergibt sich keineswegs, daß wir das Alte, Überkommene unbesehen hinnehmen dürfen, ja nicht einmal, daß es irgendwelche Werte oder Moralprinzipien gibt, die die Wissenschaft nicht gelegentlich in Frage stellen darf. Der Sozialwissenschaftler, der das Funktionieren unserer Gesellschaft verstehen und die Möglichkeit von Verbesserungen erforschen will, muß das Recht beanspruchen, jeden einzelnen Wert kritisch auf seine Funktion zu untersuchen und zu beurteilen. Was aus dem bisher Gesagten folgt, ist nur, daß wir nie gleichzeitig alle Werte unserer Gesellschaft anzweifeln können, daß ein »absolutes In-Frage-Stellen aller Werte« nur zur Zerstörung unserer Kultur – und, bei den heutigen Bevölkerungszahlen, zum extremsten wirtschaftlichen Elend und zur Not führen würde. Ein wirklicher Verzicht auf alle Werte ist natürlich unmöglich – er würde die Menschen handlungsunfähig machen. Ein Verzicht auf die überlieferten und gelernten Werte, die sich der Mensch im Entwicklungsprozeß der Kultur erarbeitet hat, könnte nur ein Zurückfallen auf jene instinktiven Werte bedeuten, die der Mensch in Hunderttausenden von Jahren als Anpassung an die kleinen Gruppen der Stammesgesellschaft erworben hat und die ihm wohl zum großen Teil angeboren sind. Aber gerade diese sind vielfach unvereinbar mit dem Grundprinzip einer offenen Gesellschaft, zu dem sich unsere jungen Revolutionäre auch bekennen, nämlich der Anwendung der gleichen Regeln auf das Verhältnis zu allen andern Menschen. Die Möglichkeit einer solchen Großgesellschaft beruht gewiß nicht auf Instinkten, sondern auf der Herrschaft erlernter Regeln, einer Disziplin der Vernunft[24], die die instinktiven Impulse im Zaum hält und deren Verhaltensregeln im Zuge eines interpersonellen geistigen Prozesses entstanden sind, in dem die einzelnen Werte fortschreitend aneinander angepaßt wurden.

Dieser Prozeß der Entwicklung eines durch kulturelle Überlieferung weitergegebenen Wertsystems muß dabei immer auf einer immanenten Kritik der einzelnen Werte im Hinblick auf ihre Verträglichkeit oder Vereinbarkeit mit allen übrigen Werten der Gesellschaft beruhen, die für diesen Zweck als gegeben und unbezweifelt angesehen werden müssen. Das einzige Maß, an dem wir die gegebenen Werte unserer Gesellschaft messen können, sind die anderen Werte dieser selben Gesellschaft, bzw. die tatsächliche, aber immer unvollkommene Ordnung des Handelns, die die Befolgung jener Normen herbeiführt. Weil un-

---

[24] Ich gebrauche hier das Wort »Vernunft« in jenem älteren, heute fast vergessenen Sinn, den noch John Locke in einer Äußerung, die ich schön öfter zitiert habe, voll anerkannte, als er in seiner Jugendarbeit über das Naturrecht *Essays on the Laws of Nature*, Wolfgang von Leyden (Hrsg.), Oxford, 1954, 110 bemerkte, daß er nicht glaube, daß in diesem Zusammenhang »mit Vernunft die Fähigkeit gemeint sei, Schlußketten zu bilden oder Beweise abzuleiten, sondern jene Grundsätze des Handelns, denen alle Tugenden und alles, was zu einer richtigen Bildung der Moral erforderlich ist, entspringen«.

ser bestehendes Moral- und Wertsystem uns auf die auftauchenden Fragen nicht immer eindeutige Antworten gibt, sondern sich oft als innerlich widerspruchsvoll erweist, sind wir zu seiner ständigen Entwicklung gezwungen. Es ist uns dabei oft auferlegt, manche moralischen Werte zu opfern, aber immer nur anderen moralischen Werten, die wir höher stellen. Diese Wahl, der wir uns nicht entziehen können, führt zu einem experimentellen Prozeß, in dem wir gewiß viele Fehler machen werden und in dessen Verlauf vielleicht manchmal ganze Gruppen oder Nationen absteigen werden, weil sie die falschen Werte gewählt haben. Es ist in dieser gegenseitigen Abstimmung der gegebenen Werte, in der sich unsere Vernunft zu bewähren und ihre wichtigste, aber unpopulärste Aufgabe zu erfüllen hat, nämlich innere Widersprüche in unserem Denken und Fühlen aufzuweisen und zu beseitigen.

Die Vorstellung vom Menschen, der sich dank seiner Vernunft über die Werte seiner Kultur erhebt, um sie wie von einer höheren Warte von außen zu beurteilen, ist eine Illusion. Denn diese Vernunft ist selbst ein Teil jener Kultur und wir können stets nur einen Teil gegen den andern ausspielen. Wir können die Wertgrundlagen unserer Zivilisation nie von Grund auf neu aufbauen, sondern immer nur von innen heraus entwickeln. Auch das führt zu ununterbrochener Bewegung, ja vielleicht im Lauf der Zeit sogar zu einer Änderung des Ganzen. Aber eine völlige Neukonstruktion ist in keiner Etappe des Prozesses möglich, weil wir stets das Material verwenden müssen, das uns zur Verfügung steht und das selbst das Produkt eines Entwicklungsprozesses ist.

10

Ich hoffe, es ist klar genug zum Ausdruck gekommen, daß es nicht, wie es vielleicht manchmal scheinen mag, der Fortschritt der Wissenschaft ist, der unsere Kultur bedroht, sondern wissenschaftlicher Irrtum, und zwar meist eine Anmaßung von Wissen, das uns tatsächlich nicht zur Verfügung steht. Daraus folgt eine Verantwortung der Wissenschaft, den Schaden, den sie angerichtet hat, wieder gutzumachen. Fortschreitendes Wissen führt zu der Einsicht, daß alle jene Ziele, die wir beim heutigen Stand des Wissens bewußt anstreben können, nur in den Bereich des Möglichen getreten sind dank der Herrschaft von Werten, die wir nicht gemacht haben und deren Funktion wir immer noch nur unvollkommen verstehen. Solange z.B. solche Fragen noch umstritten sind wie die, ob ohne Sondereigentum an den Produktionsmitteln eine Wettbewerbsordnung möglich ist, verstehen wir offenbar die grundlegenden Prinzipien der bestehenden Ordnung nur ganz unzureichend.

Wenn die Wissenschaft sich der Verantwortung so wenig bewußt ist, die sie durch ihre Unverständnis der Rolle der Werte bei der Erhaltung einer gesellschaftlichen Ordnung auf sich geladen hat, so ist dies vor allem der Vorstellung zuzuschreiben, daß die Wissenschaft als Wissenschaft über die Gültigkeit von Werten nichts zu sagen hat. Aber die an sich richtige Einsicht, daß aus der Kenntnis von bloßen Kausalzusammenhängen keine Schlüsse über die Verbindlichkeit von Werten gezogen werden können, hat zu der falschen Vorstellung geführt, daß Wissenschaft mit Werten nichts zu tun hat. Sofern uns unsere wissenschaftliche Erkenntnis zeigt, daß eine bestehende tatsächliche Ordnung der Gesellschaft nur existiert, weil in ihr bestimmte Werte gelten, wird die Sache aber etwas anderes. Über ein solches System kann man nicht einmal Aussagen über die Wirkung bestimmter Ereignisse machen ohne zu postulieren, daß in ihm gewisse Normen allgemein befolgt werden[25]. Aus Prämissen, die Werte enthalten, mögen sich so sehr wohl Schlußfolgerungen über die Vereinbarkeit oder Unvereinbarkeit der verschiedenen vorausgesetzten Werte ergeben. Es ist daher unrichtig, wenn aus der These von der Wertfreiheit der Wissenschaft die Folgerung gezogen wird, daß innerhalb eines gegebenen Systems einzelne Wertprobleme nicht rational entschieden werden können: denn wenn wir es mit einer im Gang befindlichen Ordnung zu tun haben, in der die meisten bestimmenden Werte unbezweifelt sind, wird es vielfach nur bestimmte Antworten auf solche Einzelfragen geben, die mit dem Rest des Systems vereinbar sind[26].

---

[25] Vgl. in diesem Zusammenhang die Ausführungen in Hart, Herbert L. A., *The Concept of Law*, Oxford, 1961, 188: »Our concern is with social arrangements for continued existence, not with those of a suicide club. We wish to know whether, among these social arrangements, there are some which may illuminatingly be ranked as natural laws discoverable by reason, and what their relation is to human law and morality. To raise this or any other question concerning *how* men should live together, we must assume that their aim, generally speaking, is to live. From this point the argument is a simple one. Reflection on some very obvious generalizations – indeed truisms – concerning human nature and the world in which men live, show that as long as they hold good, there are certain rules of conduct which any social organization must contain if it is to be viable.« Ähnliche Überlegungen eines Anthropologen finden sich in Nadel, Siegfried F., *Anthropology and Modern Life*, Australian National University, Canberra 1953, 16–22.

[26] Es geht mir in dieser Hinsicht ein wenig so, wie es Luigi Einaudi schön in seiner Einleitung zu Costantino Bresciani-Turroni, *Einführung in die Wirtschaftspolitik*, Bern, 1948, 13, beschrieben hat: »Ich war auch lange Zeit hindurch der Ansicht, daß es nicht die Aufgabe des Ökonomen sein könne, dem Gesetzgeber Zwecke vorzuschreiben, sondern als geduldiger Sklave immer wieder darauf hinzuweisen, daß die angewandten Mittel immer hinlänglich und angemessen sein müssen, gleichgültig, welches das vom Politiker angestrebte Ziel ist. Heute regen sich in mir Zweifel, und vielleicht werde ich eines Tages zu dem Schluß kommen, daß der Ökonom sein Amt als Kritiker der Mittel mit jenem der Zwecksetzung verbinden müsse und daß die Untersuchung der einzelnen Zwecke ebenso in den Bereich der Wissenschaft gehöre wie die Erforschung der Mittel, auf die sich die Wissenschaftler gegenwärtig beschränken. Doch muß ich zugeben, daß das Erforschen der Entsprechung von Mitteln und Zwecken und der logischen Verein-

Das merkwürdige Schauspiel, daß oft gerade jene Wissenschaftler, die so sehr betonen, daß die Wissenschaft wertfrei ist, diese Wissenschaft dazu verwenden, die bestehenden Werte als Ausdruck irrationaler Gefühle oder materieller Einzelinteressen zu diskreditieren – so daß man manchmal geradezu den Eindruck hat, das einzige wissenschaftlich respektable Werturteil sei, daß unsere Werte nichts wert sind –, ist daher ein Ergebnis mangelhafter Einsicht in die Zusammenhänge zwischen geltenden Werten und tatsächlicher Ordnung[27]. Was wir allein tun können und tun müssen ist, die Werte, die in Frage gestellt werden, an anderen Werten zu messen, von denen wir annehmen können, daß sie die Zuhörer oder Leser mit uns teilen. Gegenwärtig scheint mir das Ideal der Wertfreiheit nicht nur oft einfach eine Ausflucht von Traumichnichtsen geworden zu sein, die nirgends anstoßen wollen und so ihre Vorurteile verbergen können, sondern noch häufiger ein Versuch, vor sich selbst zu verbergen, daß rationale Einsicht in die Voraussetzungen der uns gegebenen Möglichkeiten mit anderen Zielen in Konflikt steht, die man auch gerne als möglich ansehen möchte. Es scheint mir eine der vornehmsten Aufgaben der Wissenschaft zu sein, gerade diese Wertkonflikte klar herauszustellen und zu zeigen, was tatsächlich von der Geltung von Werten abhängt, die nicht als bewußt verfolgte Ziele von Einzelnen oder Gruppen erscheinen, sondern die die Grundlage einer tatsächlichen Ordnung bilden, die wir alle in unseren individuellen Bemühungen voraussetzen.

---

barung der Zielsetzungen weitaus schwieriger und gewiß von gleich hohem moralischen Wert ist als alle Überlegungen über die Annehmbarkeit und Würdigung der einzelnen Ziele.«

[27] Eine schöne Illustration des Gesagten bieten offenbar die mir noch nicht zugänglichen Vorträge von Gunnar Myrdal über *Objectivity in Social Research*, in denen nach einem im *Times Literary Supplement* vom 19. Februar 1970 gegebenen Zitat »wissenschaftliche Objektivität« definiert wird als die Befreiung des Studenten von »(1) the powerful heritage of earlier writings in his field of inquiry, ordinarily containing normative and teleological notions inherited from past generations and founded upon the metaphysical moral philosophies of natural law and utilitarianism from which all our social and economic theories have branched off; (2) the influence of the entire cultural, social, economic, and political milieu of the society where he lives, works and earns his living and his status; and (3) the influence stemming from his own personality, as molded not only by traditions and environment but also by his individual history, constitution and inclinations.«

11. Wissenschaft und Sozialismus*

Es sind jetzt bald vierzig Jahre, seit ein Sozialismus, der sich das schmückende Wörtchen »national« vorgehängt hatte, die freie Beweglichkeit in Europa unterbrochen und damit der ersten Serie von Vorträgen, die ich im Eucken-Kreise halten durfte, ein Ende gesetzt hatte. Wenig mehr als zehn Jahre später starb Walter Eucken auf einem Vortragsbesuch in London, zu dem ich ihn noch hatte einladen dürfen, der sich aber so verzögerte, daß ich schon nach Chicago übersiedelt war, als der Vortrag stattfand. Bald darauf schufen seine treuen Schüler – darunter vor allem Frau Eucken – das Walter Eucken Institut, mit dem ich seit seinen Anfängen eng verbunden bin.

Seine Arbeit stand von Anfang an in der Tradition Walter Euckens und war wissenschaftlichen Problemen gewidmet, die von der größten praktischen Bedeutung waren, die aber gerade darum von den Theoretikern der Zeit aus einer gewissen Furcht, in die Politik hineingezogen zu werden oder gar das Prinzip der Wertfreiheit der Wissenschaft zu verletzen, ein wenig vernachlässigt wurden. Aber was immer man von den angestrebten Zielen des Sozialismus halten mag – ob sie mit den von ihm empfohlenen Mitteln oder überhaupt erreicht werden können, ist eine eminent wissenschaftliche Frage und wahrscheinlich sogar die wichtigste, auf die man von der Wirtschaftswissenschaft eine Antwort erwarten sollte. Sie ist schließlich die zentrale Frage, von deren Beantwortung die Entscheidung aller anderen Probleme, denen sich das Walter Eucken Institut im Rahmen seines Aufgabengebietes gewidmet hat, abhängt.

Es ist ein wissenschaftliches Problem, obwohl oder sogar weil ihm moralische Gegensätze zugrunde liegen; denn die verschiedenen Maßnahmen, die verschiedene oder sogar dieselben Menschen für gut halten, sind miteinander oder mit dem, was sie anstreben, oft nicht vereinbar. Und wie wir zwischen den verschiedenen Moralregeln, die in einer Gesellschaft vertreten sind, wählen sollen, muß mindestens zum Teil von den Folgen abhängen, die die Befolgung der einen oder der anderen Moralregel nach sich zieht. Die menschlichen Werte ste-

---

* Festvortrag »Wissenschaft und Sozialismus« anläßlich des 25jährigen Bestehens des Walter Eucken Instituts in der Aula der Albert-Ludwigs-Universität Freiburg i. Br., 6. Februar 1979.

hen auch nicht außerhalb des Erklärbaren. Mehr noch, sie dienen vielfach weiteren Zwecken, aber soweit sie biologisch verwurzelt sind, oft einem Zweck, der der Spezies in einem früheren Zustand nützlich war, aber es nicht mehr ist. Daher ist die Frage, ob die in uns biologisch verwurzelten Werte immer noch unseren heutigen Aufgaben dienen, eine Frage, zu der sich die nationalökonomische Wissenschaft zumindest äußern muß. Wenn ein Gefüge sich erhalten hat, weil es bestimmte Ergebnisse zeitigt, so tut man der Sprache keine Gewalt an, wenn man diese Ergebnisse als Zwecke dieses Gefüges ansieht. Tatsächlich sind wahrscheinlich alle »Zwecke« das Ergebnis eines solchen Entwicklungsprozesses, in dem komplexe Strukturen entstanden, weil die Eigenschaften, die sie befähigen, sich in Strukturen zusammenzuschließen, in denen sie bessere Fortpflanzungschancen hatten, jene verdrängten, die das nicht konnten.

Wir können uns unsere Ethik gewiß nicht nach Belieben machen, aber sie ist uns auch nicht zeitlos und unabänderlich gegeben. Sie ist das Ergebnis eines langen Entwicklungsprozesses der Zivilisation, in dessen Verlauf sie sich sehr langsam, aber in manchen Punkten entscheidend geändert hat. Was entschied, war, daß die in ihnen entwickelten Regeln manchen Gruppen, die sich an sie hielten, zur Vorherrschaft und zum Erfolg verholfen haben. Aber diese kulturell entwickelten Traditionen der Moral standen und stehen bis heute in Konflikt mit vielen der angeborenen und in unserer biologischen Struktur verankerten Regeln, ja ich muß sogar sagen, dienen oft dazu, diese »natürlichen« Gefühle zu unterdrücken, um auf diesem Weg die neuen Strukturen möglich zu machen. Wir müssen uns mit der bedauerlichen Tatsache vertraut machen, daß, wenn der Mensch immer seinen angeborenen »natürlichen« Instinkten gefolgt wäre, die wir meist immer noch als gut ansehen, es ihm nie gelungen wäre, das aufzubauen, was wir heute Zivilisation nennen, und daß er insbesondere auch seine Zahl nicht so ungeheuer hätte vermehren können, wie es geschehen ist.

Der Mensch hat seine biologischen Anlagen, einschließlich seiner angeborenen Verhaltensregeln, in einer Lebensform erworben, die von der, in der wir heute leben, völlig verschieden war. Die Erhaltung und Vermehrung seiner Art erforderte in den Hunderten von Jahrtausenden, in denen er seine biologische und emotionelle Konstitution entwickelte, ein Verhalten, das ganz anders war als das Verhalten, das die Entstehung und Erhaltung der Großgesellschaft möglich gemacht hat. Die Entwicklung der Moral in der Wirtschaft hat sich dabei in ständigem Kampf mit einer älteren Moral und der auf sie gestützten Macht des Staates (und der organisierten Religion) vollzogen. Es war ein gemeinsamer Kampf von neuer Moral und Wirtschaft, denn es war die Wirtschaft, die die fortschreitende Ausdehnung der Gesellschaft von der obrigkeitlich beherrschten zu einer sich selbst regulierenden umfassenden Ordnung möglich machte und dazu führte, daß der Befehl zunehmend durch die Regel und das Prinzip der persönlichen Freiheit ersetzt wurde.

Die Wirtschaftsgeschichte ist in hohem Maß eine Geschichte der Überwindung von Hindernissen, die der Staat im Dienste der ererbten Gefühle, der ererbten Moral und Religion der wirtschaftlichen Entwicklung in den Weg legte. Und der Kampf mit den Vorstellungen der Mehrheit, den die Kulturentwicklung geführt hat, begann gewiß lange vor der Bildung organisierter Staatswesen mit der Mißachtung von traditionellen Gruppengebräuchen und Stammesgewohnheiten. Zweifellos waren Dinge wie der Tausch mit den Nichtangehörigen der Gruppe, die Anerkennung des persönlichen Sondereigentums – besonders an Grund und Boden –, die Verbindlichkeit von Verträgen, der Wettbewerb mit dem des gleichen Handwerks Beflissenen, die Veränderlichkeit von ursprünglich konventionellen Preisen, die Verpflichtung des Einhaltens von Versprechen durchaus Verstöße gegen die herrschende Moral der kleinen Gruppe. Die Sozialisten bezeichnen charakteristischerweise auch heute noch gerne das Gemeineigentum als gut, weil es in einem Urzustand der Gesellschaft bestand. In Wirklichkeit war das Sondereigentum natürlich die Grundlage für die Entwicklung einer arbeitsteiligen Gesellschaft.

Ich wünschte ich hätte Zeit, ein wenig auf diese Entwicklungsstufen der Moral einzugehen, die die Entwicklung der Wirtschaft möglich machten. Das würde aber einen eigenen Vortrag erfordern. Ich möchte nur ein oder zwei Beispiele geben:

Der athenische Töpfer hätte wohl dem sichtbaren Mangel seines Nachbarn unmittelbarer helfen können, wenn er seine Krüge ihm übergeben hätte, oder vielleicht noch mehr, wenn er statt mehr Krüge zu machen, mehr Zeit seinen Ölbäumen gewidmet hätte und den gefüllten Krug seinem Nachbarn gegeben hätte. Tatsächlich exportierte er seine Krüge nach dem Schwarzen Meer, um damit Getreide einzutauschen und trug damit weit mehr dazu bei, die Not und den Hunger der athenischen Bevölkerung zu mildern, ohne natürlich je diese Absicht gehabt zu haben. So kam es zu Wohlstand und Wachstum der athenischen Bevölkerung. Es war jedoch gewiß nicht Altruismus, sondern reines Gewinnstreben, das ihn dazu veranlaßte. Aber indem er einfach dem Gewinn folgte, tat er mehr, um den Nachbarn vor Hunger zu schützen, als wenn er sich noch so sehr den Kopf zerbrochen hätte, wie er das tun könnte.

Wenn es hier möglich wäre, würde ich gerne die Geschichte weiterverfolgen und an der Entwicklung des Rufes jenes wirklichen Helden die Entwicklung zur Marktwirtschaft illustrieren, der heute noch meist von der Geschichte als ein Ungeheuer dargestellt wird, nämlich des Geldverleihers, der mit Jahrtausenden der Schmach einen der größten Beiträge zur Entwicklung unseres gegenwärtigen Wohlstandes geleistet hat.

Die Ursache für den grundlegenden Wandel in der Moral, der noch nicht genügend verstanden wird, ist, daß die Verflechtung der Menschheit in eine Großgesellschaft für den einzelnen einen Übergang von Verpflichtungen gegenüber wenigen bekannten Mitgliedern der eigenen Gruppe zu Leistungen an ihm unbekannte Personen bedeutete und daß dieser Übergang nur langsam im Weg der Ersetzung von verbindenden gemeinsamen Zwecken der kleinen Gruppe durch abstrakte, für alle Mitglieder der Großgemeinschaft geltende verbindliche Regeln erreicht werden konnte. Das bedeutete nicht nur eine fortschreitende Veränderung des Charakters der moralischen Verpflichtungen, sondern vielfach sogar eine Unterdrückung der eingefleischten moralischen Impulse durch neue, die dem Individuum nun nicht mehr angeboren waren, sondern die es erst lernen mußte. Ich kann Ihnen nur die Hauptbeispiele anführen, an denen deutlich wird, wie die angeborenen Instinkte unterdrückt und durch gelernte Regeln ersetzt werden mußten.

Das erste, relativ einfache Beispiel ist das Streben nach Solidarität, das Hochgefühl, das wir auch heute noch empfinden, wenn wir mit den Menschen, die uns umgeben, die gleichen Ziele verfolgen. Das war die eine bestimmende Kraft, die die kleine Gruppe von Jägern und Sammlern zusammenhielt. Aber natürlich entstand die Großgesellschaft – wie ich später ausführen werde – nicht dadurch, daß wir bekannte und mit unseren Nachbarn gemeinsame Ziele verfolgten, sondern indem wir uns von ganz anderen Signalen leiten ließen. Das wird noch klarer, wenn ich mich dem zweiten Beispiel zuwende – und ich rate Ihnen, sich darauf vorzubereiten, etwas schockiert zu sein – denn eng zusammen hängt damit der vielleicht weniger klare und etwas delikate Begriff des Altruismus; und irgendwie anzudeuten, daß Altruismus nicht mehr der Inbegriff alles Guten ist, ist sehr gefährlich. Aber das Wort wird ständig so sehr mißbraucht, daß ich, bevor ich weiterfahre, zuerst versuchen muß, es etwas genauer zu betrachten.

Die Forderung, daß wir den bekannten Bedürfnissen bekannter anderer Menschen vor eigenen Wünschen den Vorzug geben sollen, bezieht sich zunächst nur auf die bekannten Bedürfnisse des bekannten anderen. Und wenn der Mensch nicht gelernt hätte, diesen natürlichen Altruismus zu unterdrücken und dem Bedarf von Menschen, von deren Existenz er vielleicht nicht einmal wußte, vor den sichtbaren Bedürfnissen seines Nachbarn den Vorzug zu geben, wäre die Ausbildung einer überlokalen Marktwirtschaft unmöglich gewesen. Die Tatsache, daß wir für Menschen vorsorgen können, die wir gar nicht kennen, wird aufgrund der Nichtbefolgung der altruistischen Pflichten erkauft, die forderten, daß wir das gesehene Leid zuerst lindern müssen, bevor wir in irgendeiner anderen Form Menschen versorgen. Der einzelne hätte aber heute vielfach gar keine Möglichkeit, Tausenden von Menschen, von deren Existenz er oft nicht einmal weiß, anders zu dienen, als indem er sich tatsächlich vom Gewinn leiten läßt. Und das ist natürlich allgemeine Übung geworden, nicht weil die Menschen rational erkannten, daß sie auf diese Weise mehr Leid stillen konnten, als wenn sie sich von den sichtbaren Bedürfnissen ihrer Mitmenschen leiten ließen, sondern weil die Gemeinschaften, in denen sich bis dahin für schlecht angesehene Praktiken einbürgerten, infolgedessen mehr prosperierten als die Gemeinschaften, die sich an die traditionellen Praktiken hielten.

Was uns zum Menschen gemacht hat, war, daß wir jene angeborenen animalischen Gefühle, die die kleine Gruppe zusammenhielten und die wir immer, im Gegensatz zu anderen, noch gerne die »menschlichen« nennen, durch abstrakte Verhaltensregeln ersetzten, die uns von der Verpflichtung befreiten, zunächst für den Nachbarn zu sorgen, bevor wir der Welt Leistungen anboten. Unser gegenwärtiger Wohlstand und die Zahl der Menschenleben, die wir heute erhalten können, wurden durch eine langsame, schrittweise Änderung jener Moral ermöglicht, die unsere Gefühle immer noch beherrscht, die wir aber in der Praxis nicht befolgen und die uns dadurch, daß wir sie nicht befolgen, in die Lage versetzt hat, Hunderttausende von anderen Menschen zu ernähren.

Aber diese neue Moral ist nicht in unserer biologischen Erbmasse verankert, sondern ist eine kulturbestimmte Tradition, die wir lernen müssen und gegen die sich unsere Gefühle immer noch auflehnen. Der Übergang von der kleinen Horde – oder selbst der etwas größeren Stammesgesellschaft – zur offenen Großgesellschaft erforderte einen Übergang von der gewollten Anordnung, ausgerichtet auf gemeinsame Ziele, zur Bildung einer Ordnung durch Anpassung an Unbekanntes. Das verlangte vor allem eine Ersetzung der sichtbaren gemeinsamen und verpflichtenden Zwecke, die in der kleinen und übersehbaren Gruppe dominiert hatten, durch zweckunabhängige Regeln für das Verhalten der einzelnen. Es bedeutete weiter eine schrittweise Ersetzung des Konkreten und Wahrgenommenen durch abstrakte Prinzipien, bzw. eine Ersetzung der positiven Erfordernisse durch negative Verbote; und das ist nichts weniger als eine fortschreitende Linderung der herrschenden Moral, der Verhaltensregeln für den einzelnen. Erst diese neuen Verhaltensregeln machten die Ausdehnung der auf eine gemeinsame Ordnung gegründeten Großgesellschaft über die kleine Gruppe oder vielleicht den kleinen Stamm hinaus möglich. Ausdehnung dieser gemeinsamen Ordnung bedeuteten dabei sowohl, daß die wachsende Gesellschaft immer mehr der bestehenden Gruppen umfaßte, als auch, daß alle diese Gruppen, die ihr angehörten, die Zahl ihrer Mitglieder vermehren konnten.

Ich möchte wiederholen: Wir dürfen uns dabei nicht der Illusion hingeben, daß es irgendeine verstandesmäßige Einsicht war, die die Menschen lehrte, die aus der primitiven Gruppe ererbten Instinkte zu zügeln. Der Mensch war dazu nicht intelligent genug und ist meist auch heute noch nicht intelligent genug, um zu verstehen, was mit ihm geschehen ist. Aber erst und nur dadurch, daß der Markt mit seinen vom Wettbewerb erzeugten Preisen sich ständig verändernde Signale setzte, wurde es für die einzelnen möglich, sich an eine sich ständig verändernde Umwelt anzupassen, die sie nicht direkt kannten. So entstand eine sich selbst regulierende Ordnung von einer Komplexität, die niemand überblicken konnte oder bewußt hätte schaffen können.

Das Verständnis der Preise als Signale, die dem einzelnen sagen, was er tun muß, um sich in diese Ordnung einfügen und darauf zählen zu können, in der Regel sowohl für das, was er herstellt, einen Abnehmer zu finden, als auch das zu erhalten, was er erwartete, wurde lange durch eine falsche Erklärung von Wert und Preis verhindert, die in der irrigen, primitiven Vorstellung befangen war, daß alle Erklärung von Erscheinungen auf einer Feststellung vorangegangener Ursachen der Ereignisse beruhen müsse. Man glaubte deshalb, daß Werte und Preise davon bestimmt wären, was die Menschen vorher getan hatten, anstatt einzusehen, daß der wirkliche Zusammenhang der war, daß für die Erhaltung dieser Ordnung Preise nicht gezahlt wurden, weil Menschen etwas getan hatten, sondern die Preise angeboten wurden, um die Menschen zu veranlassen, etwas zu tun. Es sind diese Preise, die die Menschen in die Lage versetzen, sich an Ereignisse anzupassen, von denen sie nichts wissen können und die daher oft mit ihren Verdiensten oder Bedürfnissen nichts zu tun haben. Dies ist das Verständnis der Preise als Signale, das leider Gottes lange Zeit durch die Arbeitswerttheorie verdunkelt wurde. Männer wie John Stuart Mill und Karl Marx konnten darum den Markt nie verstehen, da sie glaubten, daß die Preise ein Ergebnis vorher erfolgter Ereignisse seien; erst seit wir verstehen, daß die Funktion der Preise die ist, den Menschen zu sagen, was sie tun sollen, beginnen wir, das Funktionieren der Marktwirtschaft zu verstehen.

Ich kann hier auf die Erklärung des Spiels der Tauschgesellschaft, die ich persönlich gerne die Katallaxie nenne, nicht näher eingehen und will hier nur noch sagen, daß wir Signale, deren Bestimmungsgründe wir nicht kennen – und das sind die Preise – natürlich auch nicht verbessern können. Wir können vielleicht manchmal Umstände, die leider von den Signalen nicht berücksichtigt wurden, in den Markt einführen und dann abwarten, ob nach Berücksichtigung dieser vernachlässigten Umstände der Markt andere Signale gibt. Aber die Idee, daß wir ein Signal verbessern können, von dem wir nicht wissen, was es bedeutet, ist eine Absurdität.

Wir haben auf diesem Gebiet gewiß noch viel zu lernen, insbesondere im Hinblick auf die gerade angeschnittene Frage, wie weit es möglich ist, nicht durch Kontrolle von Preisen, sondern durch Auftreten auf dem Markt als Anbieter oder Nachfrager Rücksichtnahme auf vernachlässigte Umstände in die Preiskalkulation hineinzubringen. Das sind aber Spezialprobleme, die ich übergehen muß. Wichtig ist mir, damit unterstrichen zu haben, daß in einer Wirtschaft, die auf einer weitreichenden, beinahe weltweiten Arbeitsteilung beruht, die soziale Aufgabe des einzelnen nicht mehr sein kann, bestimmten, ihm vorgeschriebenen Zwecken zu dienen, sondern darin liegen muß, sich in der von ihm vorgefundenen und nur noch im Detail veränderbaren Situation mit dem geringsten Entzug von Mitteln, die andere verwenden könnten, zur Verwendung anderer einen so hoch wie möglich geschätzten Beitrag zu leisten. Die Maßeinheit ist dabei die in der gegebenen Situation bestehende Substituierbarkeit der verschiedenen Güter – eine objektive Tatsache, über die uns nur die Preise informieren können. Es ist unrichtig, dagegen – wie es häufig geschieht – den Einwand zu erheben, dieses Maß sei dadurch verfälscht, daß die relativen Preise der verschiedenen Produkte und damit auch die Recheneinheit von der ungleichen Kaufkraft der Konsumenten bestimmt seien. Dies ist deshalb falsch, weil in jedem Moment die praktische Aufgabe immer die einer schrittweisen Veränderung einer gegebenen Situation ist, und wir dafür in jedem Augenblick jene Ersatzmöglichkeiten – Substitutionsverhältnisse wie die Nationalökonomen sagen – in Betracht ziehen müssen, die durch die bestehende Zuweisung der Produktivkräfte (in der schrecklichen Sprache der Nationalökonomen, die »Allokation der Ressourcen«) bestimmt sind. Wir können die Ordnung, die sich so bildet, nicht durch bewußte Anordnung nachbilden, weil sie ja eben von der Berücksichtigung von Umständen abhängt, die wir nicht kennen. Denn noch immer kennt niemand alle die fiktiven »Daten«, mit denen der ökonomische Theoretiker so gerne spielt – auch die Statistiker nicht! Nichtsdestoweniger sind es diese niemandem gegebenen »Daten«, die die Richtung der individuellen Bemühungen in einer Marktwirtschaft bestimmen und nur deshalb bestimmen können, weil jeder einzelne sein Wissen für seine Zwecke verwenden darf und durch seine Teilnahme an der Marktwirtschaft seine Kenntnisse in den großen Computer hineinfüttert, der die anderen informiert.

Wenn die Geschichte der wirtschaftlichen Entwicklung im wesentlichen eine Geschichte der Überwindung der staatlichen Versuche ist, alte moralische Regeln noch durchzusetzen, so ist die Geschichte des Aufstiegs des Sozialismus die Geschichte des Wiederauflebens der primitiven Gefühle – Gefühle, die dem Menschen physiologisch angeboren sind und deren Zähmung die Entwicklung der Kultur zu verdanken ist. Dieses Wiederaufleben atavistischer Empfindungen im 19. Jahrhundert wurde durch zwei zusammenwirkende Kräfte verursacht. Zu Anfang des vorigen Jahrhunderts war – zumindest in den westlichen Industrieländern – das, was ich lobend die kommerzielle Moral nennen möchte, für die große Mehrheit der Bevölkerung zur zweiten Natur geworden. Es mag Sie zunächst vielleicht verwundern, daß bis vor etwa hundert Jahren ein viel größerer Teil der Bevölkerung dieser Länder mit dem Markt vertraut und in seinen Regeln geschult war, als es heute der Fall ist. Solange aber der Kleinbetrieb in Landwirtschaft, Handel und Gewerbe vorherrschte, war der überwiegende Teil der erwerbstätigen Bevölkerung, d. h. nicht nur der selbständige Bauer, Gewerbe- oder Handelstreibende, sondern Kind und Kegel, Knecht und Geselle, Gehilfe und Diener mit Kauf und Verkauf und seinen Gelegenheiten und Gefahren vertraut. Das hat sich mit der Entwicklung der großen Organisationen vollkommen geändert. Wenn vielleicht auch noch zunächst die Kinder derer, die selbst noch in der Wirtschaft tätig waren, die alten Traditionen lernten, so anerkannte die nächste Generation, d.h. die Kinder derer, die nur als Glieder großer Organisationen, in Wirtschaft oder Staat, tätig waren, diese Regeln nicht mehr als selbstverständlich und universell gültig. Sie hatten ihre Tätigkeit nicht mehr täglich dem Markt anzupassen, sondern glaubten sich berechtigt zu einer Entlohnung aus Quellen, die sie nicht mehr kannten. Es war ein historischer Zufall, daß diese Großorganisation zuerst in der Industrie auftauchte und die Industriearbeiter daher die erste Gruppe waren, die dem Markt fremd und feindlich gegenüber stand. Seither haben die großen Bürobetriebe der Wirtschaft und vor allem des Staates viel mehr völlig marktfremde Personen erfaßt, die keine Gelegenheit mehr haben, die alte Tradition der kommerziellen Moral zu lernen, sondern »Organization Men« sind, die nicht mehr wissen, was der Markt bedeutet. Der Industriearbeiter kennt nicht mehr, was der Schustergeselle täglich erlernte: die Suche nach den Kunden, die Konkurrenz, das Bemühen um Kostenersparnis, die Zahlungstermine und die Anpassung der Arbeit an die Mittel, die gerade vorhanden sind.

Jene Industriearbeiter sowie die schnell anwachsende Zahl Angestellter, die nicht mehr mit dem Markt vertraut waren und die kommerzielle Moral nicht mehr als Selbstverständlichkeit von Jugend an gelernt hatten, erhielten, gerade als ihr Einfluß auf die öffentliche Meinung wichtig wurde, Unterstützung von einer philosophischen Tradition, die zur selben Zeit an Einfluß gewann. Diese Zweifler an der Moral der Großgesellschaft nahmen mit Freude die sich verbreitende Lehre des cartesianischen Rationalismus auf, daß man nichts für wahr halten solle, dessen Richtigkeit nicht strikt bewiesen werden könne. Und auf die Frage – wenn sie überhaupt einmal gestellt wurde –, warum man denn den oft dem natürlichen Empfinden widersprechenden Moralregeln, die die moderne Wirtschaft entwickelt hatte, folgen solle, hatten deren Verteidiger kaum eine Antwort. Es war ja natürlich kein rational ausgedachtes System von Regeln, das die Marktwirtschaft möglich gemacht hatte, ja ihre Verteidiger dachten kaum über das Problem des Zusammenhanges zwischen moralischen Verhaltensregeln und dem Funktionieren der Marktwirtschaft nach und konnten auch nicht erklären, was von der Befolgung dieser Regeln abhängt – zumindest nicht in überzeugender Weise. Diese Regeln widersprachen vielfach den religiösen Lehren, denen noch übernatürliche Sanktionen zugeschrieben wurden – die religiösen Lehrer haben sich von Anfang an den meisten Schritten in der Entwicklung zu einer wirtschaftlichen Moral widersetzt –, und die utilitaristische Begründung war gewiß nicht befriedigend. Niemand hatte je diese neuen Regeln zur Erreichung gemeinnütziger Zwecke erfunden; es hatte sich nur nachher herausgestellt, daß die Regeln, die für die einzelnen Unternehmer profitabel waren, auch wesentlich zur Bereicherung der ganzen Bevölkerung beigetragen hatten. Aber daß etwas, das nicht mit dieser Absicht eingeführt worden war, trotzdem besser sein sollte als alle menschlichen Konstruktionen und den Zielen der Menschen in einer Weise dienen konnte, die sie nicht verstanden, widersprach allen Vorurteilen eines rationalistischen Zeitalters.

Es waren jene konventionellen Regeln des Einzelverhaltens, die sich durchgesetzt hatten, weil sie zu einer viel produktiveren Wirtschaftsordnung führten, da die Gruppen, die sie angenommen hatten, prosperierten und sich entweder selbst schneller vermehrten oder mehr Leute von außen anzogen, weil sie mehr boten. Wir hatten eine sich selbst regulierende Ordnung, die man gewiß nie durch Anordnung hätte herstellen können und von deren Möglichkeit vorher niemand geträumt hatte, und diese bot die materiellen Grundlagen für unser Zivilisation und damit für die Vermehrung des Menschengeschlechtes. Und es waren jene, die die neue Moral angenommen hatten, die damit – wie ich gerade erwähnt habe – die Bevölkerungsvermehrung, das heißt das Überleben von Tausenden von Kindern, die sonst entweder klein gestorben oder nie geboren worden wären, möglich machten. Und von dieser Ordnung, die nie auf eine andere Weise hergestellt wurde als durch die Wettbewerbswirtschaft, sind wir heute noch genauso abhängig wie je.

Der Sozialismus ist im wesentlichen dadurch entstanden, daß unter jenen, die nicht mehr in der kommerziellen Moral aufgewachsen waren, jene tief eingewurzelten primitiven Gefühle wieder aufwallten, die wir in den Hunderttausenden von Jahren in jenen kleinen Gruppen erworben haben, in denen das Menschengeschlecht entstanden ist und die im Gegensatz zu den gelernten, nur kulturell weitergegebenen Regeln tief in unserem Gemüt verankert sind und daher, wenn wir sie nicht durch erlernte Regeln zügeln, wieder die Vorherrschaft gewinnen. Ich habe schon angedeutet, aber möchte es nun wiederholen, daß der Mensch gelehrt werden mußte, viele dieser sogenannten natürlichen Instinkte zu unterdrücken, um eine offene Großgesellschaft möglich zu machen. Wir dürfen uns darum nicht wundern, daß, als dies die meisten nicht mehr lernten, und besonders als ihnen erzählt wurde, daß alle diese konventionellen Regeln die Erfindung von bösartigen Unterdrückern waren und rationale Überlegung zu einer besseren Ordnung der Gesellschaft führen würde, ihre Sehnsucht nach einer vorgestellten glücklicheren Kindheit der Menschheit, in der das Leben in der kleinen Gruppe noch die natürlichen Instinkte des einzelnen befriedigte, und der Wunsch, daß unser heutiges Leben diesen Instinkten angepaßt werden sollte, Herrschaft gewann. Dies ist jenes – wie ich es nennen möchte – »re-evolutionäre« Streben, das die Grundlagen der Entwicklung der Großgesellschaft rückgängig machen und dorthin zurückgehen will, wo wir angefangen haben. Eine Großgesellschaft konnte sich nur dank der Entwicklung eines selbsttätigen Ordnungsprozesses entwickeln, der mehr Informationen nutzte, als irgend jemand besitzen kann, und der als Signal, das dem einzelnen sagt, was er tun solle, eine Entlohnung verwenden mußte, die nicht den menschlichen Vorstellungen vom Bedarf oder Verdienst entsprach, sondern ihm nur sagte, welchen Wert seine verschiedenen Leistungen für andere Menschen haben.

Der Sozialismus wendet sich eben an jene in uns noch immer lebendigen Instinkte, die wir hatten unterdrücken lernen müssen, um die offene Gesellschaft mit ihrer internationalen Arbeitsteilung aufzubauen: Den Verzicht auf eine durch Befehle auf gemeinsame Ziele geleitete gemeinsame Arbeit, über deren relative Wichtigkeit in der kleinen Gruppe, der man unvermeidlich angehörte, kein Zweifel geduldet werden durfte. Aber es war gerade die Ersetzung der obligatorischen gemeinsamen Ziele, das heißt der sogenannten »Solidarität«, durch bloße abstrakte Verhaltensregeln, die das Spiel möglich machte, in dessen Ergebnisse das Wissen aller einging und das auf der Voraussetzung getrennter und aus den Spielregeln sich ergebender Herrschaftssphären der einzelnen beruhte.

Es scheint mir heute keine Frage mehr möglich, daß der ganze Sozialismus auf einem reaktionären Mißverständnis der Tatsachen der menschlichen Entwicklung beruht, demzufolge er jenen Empfindungen und Gefühlen, deren Überwindung wir den Aufstieg zur Kultur verdanken, wieder zur Herrschaft verhelfen will. Daß es gut sei, unseren eingeborenen Instinkten nachzugeben, war ein begreifliches Mißverständnis, für das es aber keine Rechtfertigung mehr gibt, nachdem wir gelernt haben, welchen Minderungen unserer Moralregeln wir die Entstehung und Erhaltung der Großgesellschaft verdanken. Es ist im wesentlichen die Disziplin, die die langsame Entwicklung der Verhaltensregeln des Rechts und der Moral unseren »natürlichen« Gefühlen auferlegt hat, die die Entwicklung der Kultur und ihrer materiellen Grundlagen möglich gemacht hat. Das langsam gewachsene und selbsttätige Ordnungsprinzip, das uns in die Lage versetzt, viel mehr Wissen zu nutzen, als irgend jemand besitzt, durch Anordnung einer Behörde zu ersetzen, würde nicht nur die Existenzbedingungen aller Kultur, sondern auch die Lebensbedingungen eines großen Teils der heute lebenden Menschen zerstören. Es wäre ein Todesurteil – nicht nur für unsere Zivilisation, sondern auch für Millionen von Individuen, die nur dieser selbsttätige Apparat erhalten kann.

Die neue Moral des Sozialen, wenn wir das Wort sozial wörtlich als »das Gefüge einer Gesellschaft fördernd« nehmen, ist das Gegenteil dessen, was sie vorgibt. Sie ist im wesentlichen ein willkommener Vorwand für den Politiker geworden, Sonderinteressen zu befriedigen. Das Soziale bezeichnet kein definierbares Ideal, sondern dient heute nur mehr dazu, die Regeln der freien Gesellschaft, der wir unseren Wohlstand verdanken, ihres Inhalts zu berauben.

Wir verdanken den Amerikanern eine große Bereicherung der Sprache durch den bezeichnenden Ausdruck »weasel-word«. So wie das kleine Raubtier, das auch wir Wiesel nennen, angeblich aus einem Ei allen Inhalt heraussaugen kann, ohne daß man dies nachher der leeren Schale anmerkt, so sind die Wiesel-Wörter jene, die, wenn man sie einem Wort hinzufügt, dieses Wort jedes Inhalts und jeder Bedeutung berauben. Ich glaube, das Wiesel-Wort par excellence ist das Wort »sozial«. Was es eigentlich heißt, weiß niemand. Wahr ist nur, daß eine soziale Marktwirtschaft keine Marktwirtschaft, ein sozialer Rechtsstaat kein Rechtsstaat, ein soziales Gewissen kein Gewissen, soziale Gerechtigkeit keine Gerechtigkeit – und ich fürchte auch, soziale Demokratie keine Demokratie ist.

Ich muß gestehen, wenn Sie auch darüber entsetzt sein werden, daß ich nicht sozial denken kann, denn ich weiß nicht, was das heißt. Ich sehe nur mit Besorgnis, daß dieser sprachliche Kollektivfetisch das Denken zerstört, und ich muß an den Ausspruch von Konfuzius denken, der einmal gesagt haben soll, daß, wenn Worte ihre Bedeutung verlieren, die Menschen ihre Freiheit verlieren werden. Mir will fast scheinen, als ob das nächste Wort, das daran ist, auch zum Wiesel-Wort zu werden, das Wort Demokratie selbst ist, sei es nun Volks- oder Sozial-Demokratie. Die schönen Symbole der Freiheit werden langsam alle in Irrlichter verwandelt, die uns einen falschen Weg führen.

Nun, meiner Weisheit, wie Sie wohl finden werden, etwas grauenhafter letzter Schluß ist also: Nicht was vom Menschen als nützlich verstanden wurde, sondern nur was sich ohne sein Verständnis für die Förderung seiner Vermehrung als wirksam erwiesen hat, regiert tatsächlich die Geschichte, ob wir dies nun mögen oder nicht; und wahrscheinlich hat dieser Umstand auch bestimmt, was die Werte sind, die zumindest in der Vergangenheit die Mehrzahl der Menschen geleitet haben.

12. Die Anmaßung von Wissen*

Der besondere Anlaß zu dieser Vorlesung und zugleich das wichtigste praktische Problem, dem die Nationalökonomen heute gegenüberstehen, haben hinsichtlich des Gegenstandes kaum eine Wahl gelassen. Einerseits ist die erst vor kurzem erfolgte Stiftung des Nobel-Gedächtnispreises für Wirtschaftswissenschaften ein bedeutsamer Schritt in der wachsenden Anerkennung der Ökonomie als einer Wissenschaft, der etwas von der Würde und dem Ansehen der exakten Naturwissenschaften zugestanden wird. Andererseits wird von den Nationalökonomen gerade jetzt verlangt, daß sie sich darüber äußern, wie die freie Welt aus der ernsten Bedrohung der fortschreitenden Inflation gerettet werden kann, die – wie man zugeben muß – durch eine Politik hervorgebracht worden ist, die die meisten Ökonomen empfohlen haben und die zu verfolgen sie die Regierungen sogar nachdrücklich gedrängt haben. Wir haben im Augenblick wahrlich wenig Grund, stolz zu sein: Als Fachleute haben wir Schlimmes angerichtet!

Daß es den Ökonomen nicht gelungen ist, die Politik mit mehr Erfolg anzuleiten, scheint mir eng mit ihrer Neigung zusammenzuhängen, die Verfahren der exakten Naturwissenschaften, die so überaus erfolgreich waren, möglichst genau nachzuahmen – ein Versuch, der in unserem Gebiet zu schweren Fehlern führen kann. Es handelt sich um eine Haltung, die man üblicherweise »szientistisch« nennt und die, wie ich sie vor etwa 30 Jahren gekennzeichnet habe, »gänzlich unwissenschaftlich im wahren Sinn des Wortes ist, da sie eine mechanische und unkritische Anwendung von Denkgewohnheiten auf andere Gebiete, als die, in denen sie sich herausgebildet haben, impliziert«[1]. Ich möchte heute damit beginnen, zu zeigen, wie einige der schwersten Fehler der jüngsten

---

* Rede aus Anlaß der Verleihung des Nobel-Gedächtnispreises in Wirtschaftswissenschaften (Nobel Memorial Prize Lecture), gehalten am 11. Dezember 1974 an der Fakultät für Wirtschaftswissenschaften in Stockholm.

[1] Hayek, F. A., »Scientism and the Study of Society«, *Economica* 35, 1942, abgedruckt in: Hayek, F. A., *The Counter-Revolution of Science*, Glencoe 1952, 15. Deutsch: *Mißbrauch und Verfall der Vernunft*, Hayek, *Schriften*, B2, 2004, 6.

Wirtschaftspolitik als unmittelbare Folge des szientistischen Irrtums entstanden sind.

Die Theorie, die die Geld- und Finanzpolitik in den letzten 30 Jahren leitete und die meines Erachtens weitgehend das Ergebnis einer solchen irrtümlichen Vorstellung von dem richtigen wissenschaftlichen Verfahren ist, besteht in der Behauptung, daß es eine einfache positive Beziehung zwischen der Gesamtbeschäftigung und der Gesamtgröße der Nachfrage nach Gütern und Dienstleistungen gibt; sie führt zu dem Glauben, daß wir durch Erhaltung der gesamten Geldausgaben auf einem geeigneten Niveau dauernd Vollbeschäftigung sichern können. Sie ist unter den verschiedenen zur Erklärung ausgedehnter Arbeitslosigkeit vorgetragenen Theorien wahrscheinlich die einzige, zu deren Stütze strenge quantitative Belege beigebracht werden können. Ich halte sie trotzdem für grundlegend falsch, und danach zu handeln, wie es jetzt geschieht, halte ich für sehr schädlich.

Das führt mich zur Kernfrage. Im Unterschied zu der Situation der exakten Naturwissenschaften ist in der Wirtschaftswissenschaft und in anderen Disziplinen, die mit inhärent komplexen Phänomenen zu tun haben, die Anzahl der Aspekte des zu erklärenden Geschehens, über die quantitative Angaben zu gewinnen sind, notwendig begrenzt, und die wichtigsten gehören vielleicht gar nicht einmal dazu. Während in den exakten Naturwissenschaften allgemein, und wahrscheinlich mit gutem Grund, angenommen wird, daß jeder wichtige Faktor, der die beobachteten Ereignisse mitbestimmt, selbst unmittelbar beobachtbar und meßbar ist, werden bei der Untersuchung komplexer Phänomene wie des Marktes, die von den Handlungen vieler Individuen abhängen, alle die Umstände, die das Resultat des Prozesses bestimmen, aus Gründen, die ich später erläutern werde, kaum je voll bekannt oder meßbar sein. Und während in den exakten Naturwissenschaften der Forscher das ihm auf der Grundlage einer prima facie Theorie wichtig Erscheinende als meßbar ansieht, wird in den Sozialwissenschaften oft das als wichtig behandelt, was gerade der Messung zugänglich ist. Das wird manchmal bis zu der Forderung getrieben, unsere Theorien müßten so formuliert werden, daß sie nur auf meßbare Größen Bezug nehmen.

Es kann kaum bestritten werden, daß eine solche Forderung die Faktoren, die als mögliche Ursachen des Geschehens in der wirklichen Welt zugelassen werden, ganz willkürlich einschränkt. Diese Ansicht, die oft ganz naiv als Erfordernis wissenschaftlicher Methode hingenommen wird, hat gewisse paradoxe Konsequenzen. Wir kennen natürlich hinsichtlich des Marktes und ähnlicher sozialer Strukturen eine Menge Tatsachen, die wir nicht messen können und über die wir nur sehr ungenaue und allgemeine Informationen besitzen. Und weil die Wirkungen dieser Tatsachen nicht in jedem Einzelfall durch quantitative Belege bestätigt werden können, werden sie von jenen, die sich darauf festgelegt haben, nur das anzuerkennen, was sie als wissenschaftliche Beweise ansehen, einfach außer Acht gelassen: sie gehen also ganz munter von der Fiktion aus, daß die Faktoren, die sie messen können, die einzig relevanten sind.

Die Korrelation zum Beispiel zwischen der Gesamtnachfrage und der Gesamtbeschäftigung mag nur annähernd bestehen, aber da sie die *einzige* ist, über die wir quantitative Angaben haben, wird sie als die einzige kausale Beziehung angesehen, die zählt. So kann es nach diesem Kriterium sehr wohl einen besseren »wissenschaftlichen« Beweis für eine falsche Theorie geben, als für eine zutreffende Erklärung, die abgelehnt wird, weil nicht genügend quantitative Belege für sie vorhanden sind.

Lassen Sie mich das mit einer kurzen Skizze der Umstände illustrieren, die ich für die tatsächliche Hauptursache einer ausgedehnten Arbeitslosigkeit halte – eine Erklärung, die auch zeigen wird, warum solche Arbeitslosigkeit nicht durch die Inflationspolitik beseitigt werden kann, die von der neuerdings populären Theorie empfohlen wird. Die richtige Erklärung scheint mir zu sein, daß zwischen der Verteilung der Nachfrage auf die verschiedenen Güter und Dienstleistungen und der Aufteilung der Arbeit und der anderen Produktionsmittel auf die Produktion dieser Güter und Dienstleistungen Diskrepanzen bestehen. Wir haben eine recht gute »qualitative« Kenntnis der Kräfte, durch die eine Übereinstimmung von Nachfrage und Angebot in den verschiedenen Sektoren der Volkswirtschaft hergestellt wird, und der Bedingungen, unter denen sie zustande gebracht wird, und auch der Faktoren, die eine solche Anpassung verhindern können. Die einzelnen Schritte in der Erklärung dieses Prozesses beruhen auf Tatsachen der alltäglichen Erfahrung, und nur wenige von denen, die sich die Mühe machen, dem Argument zu folgen, werden die Gültigkeit der Tatsachenannahmen oder die logische Richtigkeit der aus ihnen gezogenen Schlußfolgerungen in Zweifel ziehen. Wir haben tatsächlich guten Grund zu glauben, daß Arbeitslosigkeit anzeigt, daß die Struktur der relativen Preise und Löhne verzerrt worden ist (meist durch monopolistische oder staatliche Preissetzungen) und daß zur Wiederherstellung der Übereinstimmung der Nachfrage und des Angebots von Arbeit in allen Sektoren Änderungen der relativen Preise und eine Umlenkung von Arbeit notwendig sein werden.

Doch wenn wir um quantitative Belege für die besondere Struktur von Preisen und Löhnen gefragt werden, die erforderlich wäre, um einen reibungslosen kontinuierlichen Absatz der angebotenen Güter und Dienstleistungen zu sichern, müssen wir zugeben, daß wir eine solche Information nicht besitzen. Wir kennen, mit anderen Worten, die allgemeinen Bedingungen, unter denen sich ein Gleichgewicht, wie wir es etwas irreführend nennen, einstellen wird; aber wir wissen nie, welches die besonderen Preise oder Löhne sind, die bestünden, wenn durch den Markt ein solches Gleichgewicht herbeigeführt würde. Wir können nur die Bedingungen nennen, unter denen wir erwarten können, daß der Markt Preise und Löhne hervorbringen wird, bei denen Nachfrage und Angebot übereinstimmen werden. Aber wir können nie statistische Informationen beschaffen, die zeigen würden, wie weit die tatsächlichen Preise und Löhne von jenen *abweichen* werden, die eine kontinuierliche Verwendung des laufenden Arbeitsangebots sichern würden. Obwohl diese Erklärung der Ursachen der Arbeitslosigkeit eine empirische Theorie ist, in dem Sinn, daß sie sich als falsch erweisen könnte, z.B. wenn bei einer konstanten monetären Nachfrage eine allgemeine Lohnerhöhung nicht zu Arbeitslosigkeit führen würde, so ist sie doch sicherlich nicht eine Theorie, die wir dazu gebrauchen könnten, spezifische numerische Voraussagen über die zu erwartenden Lohnsätze oder die voraussichtliche Verteilung der Arbeit zu gewinnen.

Aber warum sollen wir in der Nationalökonomie genötigt sein, uns auf Unkenntnis der Art von Tatsachen zu berufen, über die im Falle einer Theorie in den exakten Naturwissenschaften vom Forscher gewiß genaue Auskunft erwartet wird? Es ist vielleicht nicht überraschend, daß jene, auf die das Beispiel der exakten Naturwissenschaften so großen Eindruck macht, diese Sachlage als sehr unbefriedigend empfinden und auf der Forderung der Art von Beweisen bestehen, wie sie sie dort finden. Der Grund für diese Lage ist der Umstand, auf den ich bereits kurz hingewiesen habe, nämlich daß die Sozialwissenschaften ebenso wie ein großer Teil der Biologie, nicht aber die meisten Fächer der exakten Naturwissenschaften, es mit Strukturen *inhärenter* Komplexität zu tun haben, d.h. mit Strukturen, deren wesentliche Eigenschaften nur durch Modelle mit einer verhältnismäßig großen Zahl von Variablen dargestellt werden können. Wettbewerb zum Beispiel ist ein Vorgang, der nur dann bestimmte Ergebnisse hervorbringt, wenn er sich zwischen einer ziemlich großen Anzahl von handelnden Personen abspielt.

In manchen Gebieten, besonders wo in den exakten Naturwissenschaften ähnliche Probleme auftreten, kann die Schwierigkeit dadurch überwunden werden, daß anstatt spezieller Informationen über die einzelnen Elemente Angaben über relative Häufigkeiten, oder die Wahrscheinlichkeit des Auftretens der verschiedenen kennzeichnenden Eigenschaften der Elemente verwendet werden. Aber das gilt nur dort, wo wir es mit »Erscheinungen von unorganisierter Komplexität« zu tun haben im Gegensatz zu jenen »Erscheinungen von organisierter Komplexität«, mit denen wir uns in den Sozialwissenschaften befassen. Diese Unterscheidung, deren Verständnis viel verbreiteter sein sollte, wurde von Dr. Warren Weaver (ehemals Rockefeller Foundation) gemacht und benannt[2]. Organisierte Komplexität bedeutet hier, daß der Charakter dieser

---

[2] Warren Weaver, »A Quarter Century in the Natural Sciences«, in: *The Rockefeller Foundation Annual Report* 1958, Kapitel I: »Science and Complexity«. (Gekürzte Fas-

komplexen Strukturen nicht nur von den Eigenschaften der einzelnen sie zusammensetzenden Elemente und ihrer relativen Häufigkeit abhängt, sondern auch von der Art und Weise, in der die einzelnen Elemente miteinander verbunden sind. Bei der Erklärung des Funktionierens solcher Strukturen können wir daher die Informationen über die einzelnen Elemente nicht durch statistische Informationen ersetzen, sondern brauchen vollständige Informationen über jedes Element, wenn wir aus unserer Theorie spezielle Voraussagen über bestimmte Ereignisse ableiten wollen. Ohne solche speziellen Informationen über die einzelnen Elemente sind wir auf Voraussagen der allgemeinen Struktur beschränkt – ich habe sie bei anderer Gelegenheit bloße »pattern predictions« genannt – Voraussagen einiger allgemeiner Eigenschaften der Strukturen, die sich bilden werden, die aber keine speziellen Aussagen über die einzelnen Elemente enthalten, aus denen die Strukturen gebildet sein werden[3].

Das gilt insbesondere für unsere Theorien über die Bestimmung des Systems von relativen Preisen und Löhnen, das sich in einem gut funktionierenden Markt bilden wird. In die Bestimmung dieser Preise und Löhne werden die Wirkungen der besonderen Kenntnisse eingehen, die jeder einzelne Teilnehmer am Marktgeschehen hat – eine Summe von Tatsachen, die in ihrer Gesamtheit weder dem wissenschaftlichen Beobachter noch irgendeinem anderen Einzelverstand bekannt sein können. Der Ursprung der Überlegenheit des Marktsystems und der Grund dafür, daß es, wenn es nicht durch staatliche Machtmittel unterdrückt wird, regelmäßig andere Arten der Ordnung verdrängt, besteht nämlich darin, daß bei der sich ergebenden Verwendung der Produktionsmittel mehr von dem unter unzähligen Personen nur verstreut existierenden Wissen über einzelne Tatsachen genutzt wird, als irgendeine einzelne Person besitzen kann. Aber weil wir, die beobachtenden Forscher, daher nie alle Bestimmungsfaktoren einer solchen Ordnung kennen und infolgedessen auch nicht wissen können, bei welcher bestimmten Struktur von Preisen und Löhnen die Nachfrage überall gleich dem Angebot sein würde, können wir auch nicht die Abweichungen von dieser Ordnung messen; und wir können auch nicht statistisch unsere Theorie überprüfen, nach der es die Abweichungen von jenem »Gleichgewicht« der Preis- und Lohnstruktur sind, die es unmöglich machen,

---

sung in *American Scientist*, XXXVI, 1948; deutsche Übersetzung der gekürzten Fassung unter dem Titel »Wissenschaft und Komplexität« in: *ORDO*, Bd. XVIII, 1967, 163–171.)

[3] Vgl. meinen Essay Hayek, F. A., »Die Theorie komplexer Phänomene«, in *Schriften* A1, 2007, 188–212. (*Anmerkung d. Übers.*: Die englischen Begriffe »pattern« und »pattern prediction« wurden im Einvernehmen mit dem Autor seinerzeit mit »Muster« und »Muster-Voraussage« übersetzt. Jedoch scheinen »Struktur« und »Strukturvoraussage« bessere Übersetzungen zu sein, die jetzt – ebenfalls im Einvernehmen mit dem Autor – hier verwendet werden.)

manche Güter und Dienstleistungen zu den Preisen abzusetzen, zu denen sie angeboten werden.

Bevor ich mit meinem unmittelbaren Anliegen, nämlich den Wirkungen von all diesem auf die gegenwärtig verfolgte Beschäftigungspolitik, fortfahre, erlauben Sie mir, die inhärente Beschränktheit unseres zahlenmäßigen Wissens, die so oft übersehen wird, genauer zu definieren. Ich möchte damit den Eindruck vermeiden, daß ich es allgemein ablehne, Mathematik in der Ökonomie anzuwenden. Ich betrachte es im Gegenteil als großen Vorteil der mathematischen Technik, daß sie uns erlaubt, mittels algebraischer Gleichungen den allgemeinen Charakter einer Struktur zu beschreiben, auch wenn wir die numerischen Werte nicht kennen, die den konkreten Fall bestimmen. Wir wären ohne diese algebraische Behandlung kaum je zu dem umfassenden Bild der gegenseitigen Abhängigkeit der verschiedenen Geschehnisse in einem Markt gekommen. Sie hat aber zu der Illusion geführt, daß wir diese Technik zur Bestimmung und Voraussage der Zahlenwerte jener Größen verwenden können; und das führte zu der vergeblichen Suche nach quantitativen oder numerischen Konstanten. Das geschah, obwohl die modernen Begründer der mathematischen Ökonomie keine solchen Illusionen hegten. Ihre Gleichungssysteme, die die Struktur eines Marktgleichgewichts beschreiben, sind so formuliert, daß *wenn* wir alle Leerstellen in den abstrakten Formeln ausfüllen könnten, d.h. *wenn* wir alle Parameter dieser Gleichungen kennten, wir die Preise und Mengen aller verkauften Güter und Dienstleistungen berechnen könnten. Aber, wie Vilfredo Pareto, einer der Begründer dieser Theorie klar ausgesprochen hat, kann es nicht ihr Zweck sein, »zu einer zahlenmäßigen Berechnung der Preise zu kommen«, weil es, wie er sagte, »absurd« wäre, anzunehmen, daß wir alle diese Daten feststellen könnten[4]. Tatsächlich wurde der Hauptpunkt von den spanischen Scholastikern des 16. Jahrhunderts, diesen bedeutenden Vorläufern der modernen Ökonomie, schon gesehen, die betonten, daß das *pretium mathematicum*, der mathematische Preis, von so vielen speziellen Umständen abhängt, daß er nie einem Menschen bekannt sein könnte, sondern nur Gott[5]. Ich wünsche manchmal, daß sich unsere mathematischen Ökonomen das zu Herzen nehmen würden. Ich muß gestehen, daß ich noch immer im Zweifel darüber bin, ob ihre Suche nach meßbaren Größen wesentlich zu unserem *theoretischen* Verständnis der Wirtschaftsphänomene beigetragen hat – im Gegensatz zu ihrem Wert als Beschreibung bestimmter Situationen. Ich bin auch nicht bereit, ihre Entschuldigung gelten zu lassen, daß dieser Forschungszweig noch

---

[4] Pareto, V., *Manuel d'économie politique*, 2. Aufl., Paris 1927, 223–224.

[5] Vgl. beispielsweise: Molina, L., *De iustitia et iure*, Köln 1596–1600, tom. II, Disp. 347, Nr. 3, und insbesondere Lugo, J. de, *Disputationum de iustitia et iure,* Lyon 1642, tom. II, disp. 26, sect. 4, Nr. 40.

sehr jung ist: Sir William Petty, der Begründer der Ökonometrie, war immerhin ein etwas älterer Kollege von Sir Isaac Newton in der Royal Society!

Es mag nur wenige Fälle geben, in denen der Aberglaube, daß nur meßbare Größen Bedeutung haben können, auf ökonomischem Gebiet eindeutig Schaden angerichtet hat; aber die gegenwärtigen Inflations- und Beschäftigungsprobleme sind ein sehr ernster Fall. Die Folge dieses Glaubens war, daß die wahrscheinlich wahre Ursache ausgedehnter Arbeitslosigkeit von der szientistisch eingestellten Mehrheit der Ökonomen unbeachtet geblieben ist, weil ihre Wirkungsweise nicht durch direkt beobachtbare Beziehungen zwischen meßbaren Größen bekräftigt werden konnte, und daß die fast ausschließliche Konzentration auf mengenmäßig meßbare Oberflächenerscheinungen eine Politik nach sich zog, die die Sache nur schlimmer machte.

Es muß natürlich bereitwillig zugestanden werden, daß die Theorie, die ich für die richtige Erklärung der Arbeitslosigkeit halte, eine Theorie von nicht sehr weitem Inhalt ist, da sie uns nur sehr allgemeine Voraussagen über die Art des Geschehens erlaubt, das wir in einer gegebenen Situation zu erwarten haben. Aber der Einfluß von anspruchsvolleren Konstruktionen auf die Politik war nicht sehr glücklich, und ich gestehe, daß mir ein richtiges, wenn auch unvollkommenes Wissen, das vieles unbestimmt und unvoraussagbar läßt, lieber ist als ein vorgeblich exaktes Wissen, das wahrscheinlich falsch ist. Das Ansehen, das die scheinbare Übereinstimmung mit anerkannten wissenschaftlichen Standards einfach erscheinenden, aber falschen Theorien zu verschaffen vermag, kann, wie unser Beispiel zeigt, ernste Folgen haben.

In dem besprochenen Beispiel ist tatsächlich gerade die Maßnahme, die die vorherrschende »makro-ökonomische« Theorie als Abhilfe gegen Arbeitslosigkeit empfohlen hat, nämlich die Steigerung der Gesamtnachfrage, eine Ursache sehr ausgedehnter Fehlleitung von Produktionsmitteln geworden, die wahrscheinlich spätere ausgedehnte Arbeitslosigkeit unvermeidbar macht. Das fortwährende Einpumpen zusätzlichen Geldes an Punkten des ökonomischen Systems, an denen es vorübergehende Nachfrage erzeugt, die aufhören muß, wenn die Vermehrung der Geldmenge endet oder sich verlangsamt, dazu die Erwartung andauernder Preissteigerungen, zieht die Arbeit und andere Produktionsmittel in Beschäftigungen, die nur so lange dauern können, als die Vermehrung der Geldmenge in demselben Ausmaß andauert – oder vielleicht sogar nur solange, als sie sich mit einer bestimmten Rate weiter beschleunigt. Was diese Politik hervorgebracht hat, ist nicht so sehr ein Beschäftigungsniveau, das auf andere Weise nicht hätte zustande gebracht werden können, als vielmehr eine Verteilung der Beschäftigung, die nicht unbegrenzt aufrechterhalten werden kann und die nach einer gewissen Zeit nur mit einer Inflationsrate aufrechterhalten werden kann, die bald zu einer Desorganisation aller Wirtschaftstätigkeit führen würde. Es ist leider so, daß wir durch eine irrtümliche theoretische

Ansicht in eine schwierige Situation geraten sind, in der wir das Wiederauftreten bedeutender Arbeitslosigkeit nicht verhindern können: nicht – wie diese Ansicht manchmal fehlgedeutet wird – weil diese Arbeitslosigkeit als ein Mittel zur Inflationsbekämpfung absichtlich herbeigeführt wird, sondern weil sie jetzt als eine tief bedauerliche, aber unabwendbare Folge falscher Politik der Vergangenheit auftreten muß, sobald die Inflation nicht mehr weiter beschleunigt wird.

Ich muß aber jetzt diese Probleme der unmittelbaren praktischen Bedeutung verlassen, die ich hauptsächlich als Illustration für die schwerwiegenden Folgen angeführt habe, die sich aus Irrtümern über abstrakte Probleme der Wissenschaftstheorie ergeben können. Es gibt ebensoviel Grund beunruhigt zu sein über die Gefahren, die auf lange Sicht in viel umfassenderen Gebieten durch die unkritische Aufnahme von Behauptungen, die den *Anschein* der Wissenschaftlichkeit haben, entstanden sind, wie über die gerade erörterten Probleme. Was ich mit dem aktuellen Beispiel vor allem klarstellen wollte, ist, daß, sicher in meinem Fachgebiet, aber ich glaube auch ganz allgemein in den Wissenschaften vom Menschen, oft das, was oberflächlich betrachtet als das wissenschaftlichste Verfahren erscheint, in Wirklichkeit das unwissenschaftlichste ist, und überdies, daß das, was wir in diesen Gebieten von der Wissenschaft erwarten können, bestimmte Grenzen hat. Das bedeutet, daß der Wissenschaft – oder der bewußten Lenkung nach wissenschaftlichen Prinzipien – mehr anzuvertrauen, als die wissenschaftliche Methode leisten kann, beklagenswerte Folgen haben kann. Der Fortschritt der Naturwissenschaften in moderner Zeit hat natürlich alle Erwartungen so sehr übertroffen, daß jede Andeutung, daß es gewisse Grenzen für ihn geben könne, Argwohn erregen muß. Besonders all jene, die gehofft hatten, daß unsere wachsende Fähigkeit der Voraussage und Handhabung – die allgemein als das wesentliche Ergebnis wissenschaftlichen Fortschritts angesehen wird – mit ihrer Anwendung auf die Vorgänge in der Gesellschaft uns bald in den Stand setzen werde, die Gesellschaft völlig nach unserem Dafürhalten zu formen, werden sich einer solchen Einsicht verschließen. Es ist wohl wahr, daß im Gegensatz zu der erhebenden Wirkung, die die Entdeckungen der exakten Naturwissenschaften haben, die Einsichten, die wir vom Studium der Gesellschaft gewinnen, auf unsere Aspirationen häufiger eine niederdrückende Wirkung ausüben; und es ist vielleicht nicht überraschend, daß die ungeduldigeren jüngeren Fachkollegen nicht immer bereit sind, das hinzunehmen. Aber der Glaube an die unbegrenzte Macht der Wissenschaft beruht nur zu oft auf einem falschen Glauben, daß die wissenschaftliche Methode in der Anwendung einer gebrauchsfertigen Technik oder in der Nachahmung der Form anstatt des Wesens des wissenschaftlichen Verfahrens besteht, so als brauchte man nur ein paar Kochrezepte anzuwenden, um alle sozialen Probleme zu lösen. Es sieht manchmal fast so aus, als seien die Techniken der Wissenschaft leichter zu erlernen als das Denken, das uns zeigt, welches die Probleme sind und wie man sie angeht.

Der Gegensatz zwischen den Erwartungen, die das Publikum heute bezüglich dessen hegt, was die Wissenschaft zur Erfüllung verbreiteter Hoffnungen beitragen kann, und dem, was tatsächlich in ihrer Macht liegt, ist eine ernste Sache, weil – auch wenn alle echten Wissenschaftler die Grenzen ihrer Möglichkeiten im Gebiet der menschlichen Belange erkennen würden – es doch, so lange die Öffentlichkeit mehr erwartet, immer einige geben wird, die vorgeben oder vielleicht sogar wirklich glauben, daß sie zur Befriedigung von populären Forderungen mehr tun können, als tatsächlich in ihrer Macht liegt. Es ist oft schwer genug für den Fachmann und sicherlich in vielen Fällen unmöglich für den Laien, zwischen berechtigten und unberechtigten im Namen der Wissenschaft erhobenen Forderungen zu unterscheiden. Die enorme Publizität, die von den Kommunikationsmedien kürzlich einem Bericht gegeben wurde, der im Namen der Wissenschaft sich über »Die Grenzen des Wachstums« (»The Limits to Growth«) äußerte und das Schweigen derselben Medien über die vernichtende Kritik, die dieser Bericht von kompetenten Fachleuten erhielt[6], muß einen etwas besorgt darüber machen, auf welche Weise das Prestige der Wissenschaft gebraucht werden kann. Aber es geschieht keineswegs nur im ökonomischen Bereich, daß weitreichende Forderungen nach einer wissenschaftlicheren Lenkung der menschlichen Tätigkeit gestellt werden und daß die Ersetzung spontaner Prozesse durch »bewußte menschliche Lenkung« als wünschenswert hingestellt wird. Wenn ich mich nicht irre, sind die Psychologie, Psychiatrie und manche Zweige der Soziologie, gar nicht zu reden von der sogenannten Geschichtsphilosophie, sogar noch mehr von dem szientistischen Vorurteil, wie ich es genannt habe, ergriffen und voll von zweifelhaften Behauptungen über das, was die Wissenschaft angeblich erreichen kann[7].

Wenn wir das Ansehen der Wissenschaft erhalten und die Anmaßung von Wissen, die auf einer oberflächlichen Ähnlichkeit des Verfahrens mit dem der exakten Naturwissenschaften gründet, verhindern wollen, wird viel Mühe auf

---

6 Vgl. *The Limits to Growth, A Report of the Club of Rome's Project on the Predicament of Mankind*, New York 1972 (deutsch: *Die Grenzen des Wachstums, Bericht des Club of Rome zur Lage der Menschheit*, Stuttgart 1972); es sei hingewiesen auf Beckermann, W., *In Defence of Growth*, London 1974, der als kompetenter Ökonom eine systematische Prüfung vorgenommen hat, und auf Haberler, G., *Economic Growth and Stability*, Los Angeles 1974, der frühere Kritiken von Experten zusammengestellt hat, deren Ergebnis er zurecht als »vernichtend« bezeichnete.

7 Ich habe einige Beispiele für diese Tendenzen in anderen Gebieten vorgeführt in meiner Antrittsvorlesung als Gastprofessor an der Universität Salzburg: Hayek, F. A., *Die Irrtümer des Konstruktivismus und die Grundlagen legitimer Kritik gesellschaftlicher Gebilde*, München 1970, neu herausgegeben vom Walter Eucken Institut, Vorträge und Aufsätze 51, Tübingen 1975 [Wiederabdruck in Hayek, *Schriften*, A7, 2004, 16–36].

die Entlarvung solcher Anmaßungen aufgewendet werden müssen, von denen manche jetzt schon geschützte Interessen anerkannter Lehrfächer geworden sind. Wir können modernen Wissenschaftstheoretikern wie Sir Karl Popper nicht dankbar genug dafür sein, daß sie uns einen Test zur Hand gegeben haben, mit dem wir unterscheiden können, was wir als wissenschaftlich anerkennen können und was nicht – ein Test, dem, dessen bin ich sicher, manche jetzt weithin anerkannte Lehren nicht standhalten könnten. Es gibt jedoch spezielle Probleme im Zusammenhang mit jenen inhärent komplexen Phänomenen, von denen die sozialen Strukturen ein so wichtiges Beispiel sind, die in mir den Wunsch erregen, zum Abschluß mehr allgemein die Gründe zu wiederholen, warum in diesen Gebieten nicht nur der Voraussage bestimmter Ereignisse absolute Hindernisse entgegenstehen, sondern auch, warum ein Handeln, das davon ausgeht, wir besäßen die wissenschaftliche Kenntnis zu solchen Voraussagen, selbst ein ernstes Hindernis für die Fortentwicklung des menschlichen Geistes wäre.

Das Wichtigste, das wir im Gedächtnis behalten müssen, ist, daß der große und schnelle Fortschritt der exakten Naturwissenschaften sich auf Gebieten vollzog, in denen es sich herausstellte, daß sich Erklärung und Voraussage auf Gesetze gründen lassen, die die beobachteten Erscheinungen als Funktionen verhältnismäßig weniger Variabler – entweder spezieller Tatsachen oder relativer Häufigkeiten von Ereignissen – darstellen. Das mag auch letztlich der Grund dafür sein, daß wir diese Bereiche als zu den »exakten Naturwissenschaften« gehörend aussondern, im Gegensatz zu jenen der höher organisierten Strukturen, die ich hier inhärent komplexe Phänomene genannt habe. Es besteht kein Grund zu der Annahme, daß die Lage im Gebiet der komplexen Erscheinungen dieselbe sein muß wie die im Gebiet der einfacheren. Die Schwierigkeiten, denen wir bei den höher organisierten Strukturen gegenüberstehen, sind nicht, wie man zunächst meinen könnte, Schwierigkeiten der Formulierung von Theorien für die Erklärung des beobachteten Geschehens – obwohl sie auch besondere Schwierigkeiten bei der Nachprüfung der vorgeschlagenen Erklärungen und damit bei der Ausmerzung schlechter Theorien verursachen. Das liegt an der Hauptschwierigkeit, die entsteht, wenn wir unsere Theorien auf irgendeine gegebene Situation in der realen Welt anwenden. Eine Theorie inhärent komplexer Phänomene muß sich auf eine große Anzahl besonderer Tatsachen beziehen, und zur Ableitung einer Voraussage oder zu ihrer Überprüfung müssen wir alle diese Einzeltatsachen feststellen. Wenn uns das jemals gelänge, sollte es keine besonderen Schwierigkeiten machen, überprüfbare Voraussagen abzuleiten – mit Hilfe moderner Computer sollte es ganz leicht sein, diese Daten in die entsprechenden Leerstellen der theoretischen Formeln einzusetzen und eine Voraussage zu erhalten. Die wirkliche Schwierigkeit, zu deren Überwindung die Wissenschaft nicht viel beitragen kann und die manchmal tatsächlich unlösbar ist, besteht aber in der Feststellung der besonderen Tatsachen.

Ein einfaches Beispiel wird die Natur dieser Schwierigkeit zeigen. Denken wir etwa an ein von einigen annähernd guten Spielern gespieltes Ballspiel. Wenn wir außer unserer allgemeinen Kenntnis der Fähigkeit der einzelnen Spieler auch noch einige besondere Tatsachen wüßten, wie den Grad ihrer Aufmerksamkeit, ihre Wahrnehmungen, den Zustand ihrer Herzen, Lungen, Muskeln und so weiter in jedem Augenblick des Spiels, könnten wir wahrscheinlich den Ausgang des Spiels voraussagen. Wenn wir sowohl mit dem Spiel als auch mit den Spielern wohlvertraut wären, hätten wir wahrscheinlich eine ziemlich genaue Vorstellung, wovon der Ausgang abhängt. Aber wir werden natürlich nicht imstande sein, jene Faktoren festzustellen, und daher wird das Ergebnis des Spiels nicht im Bereich des wissenschaftlich Voraussagbaren liegen, wie gut wir auch wissen mögen, welche Wirkungen bestimmte besondere Ereignisse auf das Ergebnis des Spiels haben werden. Das heißt nicht, daß wir überhaupt keine Voraussagen über den Verlauf eines solchen Spiels machen können. Wenn wir die Spielregeln der verschiedenen Spiele kennen, werden wir als Zuschauer bald wissen, welches Spiel gespielt wird und welche Handlungsweisen wir erwarten können und welche nicht. Aber die Möglichkeit der Voraussage wird auf solche allgemeinen Merkmale des zu erwartenden Geschehens beschränkt sein, und die Möglichkeit, bestimmte besondere Abläufe vorauszusagen, nicht einschließen.

Das ist ein Beispiel für, wie ich sie früher genannt habe, bloße »pattern predictions«, auf die wir immer mehr beschränkt werden, je mehr wir aus dem Bereich, in dem verhältnismäßig einfache Gesetze herrschen, in den Bereich vordringen, in dem organisierte Komplexität herrscht. So wie wir fortschreiten, werden wir immer öfter finden, daß wir tatsächlich nur einige, aber nicht alle besonderen Umstände feststellen können, die den Ausgang eines gegebenen Prozesses bestimmen; und daher sind wir auch nur imstande, einige, aber nicht alle Eigenschaften des zu erwartenden Ergebnisses vorauszusagen. Oft werden einige abstrakte Eigenschaften der auftretenden Struktur alles sein, was wir voraussagen können – Beziehungen zwischen gewissen Arten von Elementen, über die wir im einzelnen sehr wenig wissen. Und doch werden wir, wie ich immer wieder betonen möchte, zu Voraussagen kommen, die falsifiziert werden können und daher empirisch bedeutsam sind.

Gewiß, verglichen mit den präzisen Voraussagen, die wir in den exakten Naturwissenschaften zu erwarten gelernt haben, sind diese bloßen pattern predictions etwas Minderwertiges, womit man sich nicht gerne abfindet. Aber die Gefahr, vor der ich warnen will, ist gerade der Glaube, daß es, damit wir einen Anspruch auf Wissenschaftlichkeit haben, nötig ist, mehr zu erreichen. Das führt zu Scharlatanerie und Schlimmerem. In dem Glauben, daß wir die Kenntnis und die Macht besitzen, die Vorgänge in der Gesellschaft ganz nach unserem Gutdünken zu gestalten, eine Kenntnis, die wir in Wirklichkeit *nicht* besitzen, werden wir nur Schaden anrichten. In den exakten Naturwissenschaften mag nicht viel dagegen zu sagen sein, daß das Unmögliche versucht werden solle; man mag sogar das Gefühl haben, daß man die Überoptimistischen nicht zu sehr entmutigen sollte, weil ihre Experimente schließlich auch zu neuen Einsichten führen können. Aber im Bereich der Gesellschaft wird der falsche Glaube, daß die Ausübung einer gewissen Macht vorteilhafte Folgen haben würde, dazu führen, daß einer Behörde eine neue Macht übertragen wird, auf andere Menschen Zwang auszuüben. Wenn auch eine solche Macht nicht an und für sich schlecht ist, neigt doch ihre Ausübung dazu, das Wirken jener spontanen Ordnungskräfte zu behindern, durch die der Mensch, ohne sie zu verstehen, in der Verfolgung seiner Ziele so weitgehend unterstützt wird. Wir fangen erst an, zu verstehen, was für ein subtiles Kommunikationssystem es ist, auf das sich das Funktionieren einer fortgeschrittenen Industriegesellschaft gründet – ein Kommunikationssystem, das wir den Markt nennen und das sich als ein wirksamerer Mechanismus zur Nutzung verstreuter Informationen erweist als irgendeines, das der Mensch bewußt geschaffen hat.

Wenn der Mensch in seinem Bemühen, die Gesellschaftsordnung zu verbessern, nicht mehr Schaden stiften soll als Nutzen, wird er lernen müssen, daß er in diesem wie in anderen Gebieten, in denen inhärente Komplexität von organisierter Art besteht, nicht volles Wissen erwerben kann, das die Beherrschung des Geschehens möglich machen würde. Er wird daher, was immer er an Wissen erwerben kann, nicht dazu verwenden dürfen, um die Ergebnisse zu formen wie der Handwerker sein Werk formt, sondern ein Wachsen zu kultivieren, indem er die geeignete Umgebung schafft, wie es der Gärtner für seine Pflanzen macht. Es liegt Gefahr in dem überschwenglichen Gefühl ständig wachsender Macht, das der Fortschritt der exakten Naturwissenschaften entstehen ließ und das den Menschen versucht, »vom Erfolg berauscht«, um eine bezeichnende Phrase des frühen Kommunismus zu gebrauchen, nicht nur unsere natürliche, sondern auch unsere menschliche Umgebung der Herrschaft des menschlichen Willens zu unterwerfen. Die Erkenntnis der unüberschreitbaren Grenzen seines Wissens sollte den Forscher auf dem Gebiet der Gesellschaft eine Demut lehren, die ihn davor bewahrt, ein Mitschuldiger in des Menschen unglückseligem Streben nach Beherrschung der Gesellschaft zu werden – ein Streben, das ihn nicht nur zum Tyrannen über seine Mitmenschen, sondern auch zum Zerstörer einer Zivilisation machen kann, die kein Verstand entworfen hat, sondern die erwachsen ist aus den freien Bemühungen von Millionen von Individuen.

Teil V

Liberalismus und Demokratie

13. Grundsätze einer liberalen Gesellschaftsordnung*

1. Unter »Liberalismus« verstehe ich hier das Konzept einer wünschenswerten politischen Ordnung, wie es zuerst in England seit der Zeit der »Old Whigs« am Ende des 17. Jahrhunderts, bis zu Gladstone am Ende des 19. Jahrhunderts entwickelt wurde. Als typische Vertreter in England können David Hume, Adam Smith, Edmund Burke, T.B. Macaulay und Lord Acton gelten. Die Idee der persönlichen Freiheit unter dem Gesetz entfachte zuerst die liberalen Bewegungen auf dem Kontinent und wurde die Grundlage der politischen Tradition in Amerika. Einige der führenden politischen Denker dieser Länder vertraten diese Idee, so B. Constant und A. de Tocqueville in Frankreich, Immanuel Kant, Friedrich von Schiller und Wilhelm von Humboldt in Deutschland, und James Madison, John Marshall und Daniel Webster in den Vereinigten Staaten.

2. Dieser Liberalismus ist scharf zu unterscheiden von einer anderen, speziell kontinentaleuropäischen Tradition, die ebenfalls »Liberalismus« genannt wird, und die in der Richtung, die heute in Amerika diesen Namen beansprucht, einen direkten Abkömmling hat. Zwar versuchten die Vertreter der letztgenannten Tradition anfangs, die erstere nachzuahmen, interpretierten sie jedoch im Geiste eines konstruktivistischen Rationalismus, der in Frankreich weit verbreitet war, und machten dadurch etwas völlig anderes daraus, was schließlich dazu führte, daß sie, anstatt Beschränkungen der Regierungsgewalt zu fordern, die unbeschränkte Gewalt der Mehrheit zum Ideal erhoben. Das ist die Tradition Voltaires, Rousseaus, Condorcets und der Französischen Revolution, die zu Vorläufern des modernen Sozialismus wurden. Der englische Utilitarismus hat vieles von dieser kontinentalen Tradition übernommen; auch die englische liberale Partei am Ende des 19. Jahrhunderts, die aus einem Zusam-

* Referat für die Tagung der Mont Pèlerin Society, Tokyo, 5.–10. September 1966.

menschluß der liberalen Whigs mit den utilitaristischen Radikalen hervorging, war ein Produkt dieser Mischung.

3. Liberalismus und Demokratie sind zwar miteinander vereinbar, jedoch nicht identisch. Beim Liberalismus geht es um das Ausmaß der Regierungsgewalt, bei der Demokratie darum, wer diese Gewalt ausübt. Am deutlichsten wird der Unterschied, wenn man das jeweilige Gegenteil betrachtet: das Gegenteil von Liberalismus ist Totalitarismus, das Gegenteil von Demokratie aber Autoritarismus. Demnach ist es zumindest grundsätzlich möglich, daß eine demokratische Regierung totalitär ist und daß eine autoritäre Regierung nach liberalen Grundsätzen handelt. Die zweite der oben dargestellten Arten von »Liberalismus« ist in der Tat eher Demokratismus als Liberalismus.

4. Es muß besonders betont werden, daß diese beiden politischen Philosophien, die sich »Liberalismus« nennen und die in einigen Punkten zu ähnlichen Ergebnissen kommen, auf völlig verschiedenen philosophischen Grundlagen ruhen. Die erste basiert auf einer evolutionären Interpretation aller Kultur- und Geistesphänomene und auf der Einsicht in die Begrenztheit menschlicher Verstandeskräfte. Die zweite beruht auf dem, was ich »konstruktivistischen« Rationalismus genannt habe, also auf einer Überzeugung, die in allen kulturellen Erscheinungen das Ergebnis wohlüberlegter Entwürfe sieht – und auf dem Glauben, daß es sowohl möglich als auch wünschenswert sei, alle gewachsenen Institutionen nach einem vorbedachten Plan zu rekonstruieren. Die erste Art ist also traditionsverbunden und kommt zu der Erkenntnis, daß alles Wissen und alle Zivilisation auf Tradition beruhen, wohingegen der zweite Typ die Tradition geringschätzt, da er die unabhängige Vernunft für fähig hält, Zivilisation zu schaffen. (Vgl. den Ausspruch Voltaires: »Wenn ihr gute Gesetze wollt, so verbrennt die, die ihr habt, und macht neue.«) Die erste ist auch ihrem Wesen nach eine bescheidene Überzeugung, die sich auf die Abstraktion als einzig verfügbares Mittel verläßt, die beschränkten Verstandeskräfte zu erweitern, während die zweite es ablehnt, solche Grenzen anzuerkennen, und glaubt, die bloße Vernunft sei allein in der Lage zu entscheiden, ob bestimmte konkrete Zustände wünschenswert sind. (Infolge dieser Unterschiede ist die erste Art von Liberalismus zumindest nicht unvereinbar mit religiösen Überzeugungen und wurde oft von tief religiösen Männern vertreten und auch weiterentwickelt; der »kontinentale« Typ des Liberalismus dagegen stand aller Religion immer feindlich gegenüber und lag in ständigem politischem Kampf mit ihren Organisationen.)

5. Die erste Art des Liberalismus, die allein im folgenden betrachtet werden soll, ist nicht das Ergebnis einer theoretischen Konstruktion, sondern entsprang dem Wunsch, die wohltätigen Wirkungen auszudehnen und zu verallgemeinern, die sich ganz unbeabsichtigt aus den Beschränkungen der Staatsgewalt ergeben hatten, welche man aus purem Mißtrauen gegen die Herrscher

eingeführt hatte. Erst als man beobachtete, daß die fraglos größere persönliche Freiheit, die der Engländer im 18. Jahrhundert genoß, eine vorher nicht dagewesene materielle Blüte hervorbrachte, versuchte man, eine systematische Theorie des Liberalismus zu entwickeln. Diese Versuche wurden in England allerdings nie sehr weit geführt, und die kontinentalen Interpretationen haben den Sinn der englischen Tradition weitgehend abgeändert.

6. Der Liberalismus ergab sich also aus der Entdeckung einer sich selbst bildenden oder spontanen Ordnung gesellschaftlicher Erscheinungen, in der die Kenntnisse und die Geschicklichkeit aller Mitglieder der Gesellschaft weit besser genutzt werden als in irgendeiner durch zentrale Leitung gebildeten Ordnung (dieselbe Entdeckung führte auch zu der Erkenntnis, daß es einen Gegenstand für die theoretischen Sozialwissenschaften gibt); und daraus folgt der Wunsch, sich dieser mächtigen spontanen Ordnungskräfte so weit wie möglich zu bedienen.

7. Bei ihren Versuchen, die Grundsätze einer – wenngleich nur in unvollkommener Form – bereits bestehenden Ordnung explizit zu formulieren, entwickelten Adam Smith und seine Nachfolger die grundlegenden Prinzipien des Liberalismus, um zu demonstrieren, wie wünschenswert ihre allgemeine Anwendung sei. Dabei konnten sie stillschweigend Vertrautheit mit dem »common law«-Begriff der Gerechtigkeit und mit den Idealen der »rule of law« und des »government under the law« voraussetzen – Begriffe, die außerhalb der angelsächsischen Welt kaum verstanden wurden. Das hatte zur Folge, daß ihre Ideen nicht nur außerhalb der englischsprechenden Welt nicht richtig verstanden wurden, sondern daß sogar in England das Verständnis dafür schwand, als Bentham und seine Nachfolger die englische Rechtstradition durch einen konstruktivistischen Utilitarismus ersetzten, der stärker vom kontinentalen Rationalismus beeinflußt war als von der evolutionären Auffassung der englischen Tradition.

8. Es ist die zentrale Überzeugung des Liberalismus, daß sich eine spontane Ordnung menschlicher Handlungen von weit größerer Komplexität, als sie je durch wohlbedachte Anordnung geschaffen werden könnte, ganz von selbst bildet, sobald allgemeingültige Verhaltensregeln durchgesetzt werden, die eine klar umrissene Privatsphäre für jeden einzelnen sichern – und daß deshalb die Zwangsmaßnahmen der Regierung auf die Durchsetzung solcher Regeln beschränkt werden sollten. Desungeachtet kann die Regierung gleichzeitig unter Verwendung gesonderter Mittel, die ihr für die entsprechenden Aufgaben übertragen werden, alle möglichen anderen Dienste leisten.

9. Die Unterscheidung zwischen einer auf abstrakten Regeln beruhenden *spontanen Ordnung*, die jedem einzelnen erlaubt, seine speziellen Kenntnisse für seine eigenen Zwecke zu nutzen, und einer auf Befehlen basierenden *Organisation oder Anordnung* ist von zentraler Bedeutung für das Verständnis der

freien Gesellschaft und soll darum in den folgenden Paragraphen eingehender erläutert werden. Das empfiehlt sich besonders, weil zwar innerhalb der spontanen Ordnung einer freien Gesellschaft viele Organisationen bestehen (darunter die größte, die Regierung), die beiden Ordnungsprinzipien jedoch nicht in jeder beliebigen Weise gemischt werden können.

10. Dies ist die erste Eigentümlichkeit der spontanen Ordnung: Wir können uns zwar ihrer ordnenden Kräfte (d.h. der Regelmäßigkeiten im Verhalten ihrer Glieder) bedienen, um eine Ordnung weit komplexerer Erscheinungen zu erreichen, als es uns je durch gezielte Anordnungen möglich wäre; wenn wir dies jedoch tun, verzichten wir gleichzeitig auf einen Teil unserer Macht über die Einzelheiten dieser Ordnung. Anders ausgedrückt: Wenn wir das obengenannte Prinzip benutzen, erstreckt sich unser Einfluß nur auf den abstrakten Charakter, nicht aber auf die konkreten Einzelheiten der Ordnung.

11. Genauso wichtig ist die Tatsache, daß die spontane Ordnung im Gegensatz zur Organisation keinem bestimmten Zweck dient. Um sich für sie zu entscheiden, ist keine Einigung über konkrete Ziele, die durch sie erreicht werden sollen, nötig; denn da sie nicht zweckgebunden ist, kann sie zur Erreichung sehr vieler verschiedener, voneinander abweichender, ja widerstreitender Ziele genutzt werden. Speziell die marktwirtschaftliche Ordnung beruht nicht auf irgendwelchen gemeinsamen Zielsetzungen, sondern auf Reziprozität, d.h. auf dem Ausgleich verschiedener Interessen zum wechselseitigen Vorteil der Teilnehmer.

12. Deshalb können Begriffe wie Gemeinwohl oder öffentliches Interesse in einer freien Gesellschaft nie als Summe bestimmter anzustrebender Ziele definiert werden, sondern nur als abstrakte Ordnung, die als Ganzes nicht an irgendwelchen konkreten Zielen orientiert ist, sondern lediglich jedem zufällig herausgegriffenen Individuum die beste Chance bietet, seine Kenntnisse erfolgreich für seine persönlichen Zwecke zu nutzen. Mit Professor Michael Oakeshott (London) kann eine solche freie Gesellschaft *nomokratisch* (durch Gesetz beherrscht) genannt werden, im Gegensatz zur unfreien *teleokratischen* (zweckbeherrschten) Gesellschaftsordnung.

13. Die große Bedeutung der spontanen Ordnung oder Nomokratie liegt darin, daß sie eine friedliche Zusammenarbeit zum wechselseitigen Nutzen der Menschen über den kleinen Kreis derjenigen hinaus ermöglicht, die dieselben konkreten Ziele verfolgen oder einem gemeinsamen Herrn dienen, mit anderen Worten, daß sie die Bildung einer *Großen* oder *Offenen Gesellschaft* ermöglicht. Diese Ordnung, die nach und nach über die Organisation der Familie, der Horde, der Sippe und des Stammes, des Fürstentums und sogar des Reiches und Nationalstaates hinauswuchs und die zumindest die Anfänge eines Weltbürgertums hervorgebracht hat, beruht auf der Einhaltung von Regeln, die sich – ohne und oft sogar gegen den Wunsch der politischen Autorität – deswegen

durchsetzten, weil die Gruppen, die sich an sie hielten, erfolgreicher waren als andere. Sie bestand und breitete sich aus, lange bevor ihre Existenz den Menschen zu Bewußtsein kam oder ihre Funktionsweise begriffen wurde.

14. Die spontane Ordnung des Marktes, die auf Reziprozität oder wechselseitigem Nutzen beruht, wird gewöhnlich als eine wirtschaftliche Ordnung beschrieben; und nach der gängigen Bedeutung des Ausdrucks »Wirtschaft« wird die *Große Gesellschaft* tatsächlich nur durch wirtschaftliche Kräfte zusammengehalten. Diese Ordnung jedoch *eine* Wirtschaft zu nennen, wie es geschieht, wenn wir von National-, Volks- oder Weltwirtschaft sprechen, ist außerordentlich irreführend und eine Hauptursache für Konfusionen und Mißverständnisse. Zumindest liegt hier eine wichtige Quelle für die meisten sozialistischen Bestrebungen, die die spontane Ordnung des Marktes umwandeln wollen in eine nach vorbedachten Plänen geführte Organisation zur Erreichung eines ausgehandelten gemeinsamen Zielkatalogs.

15. Eine Wirtschaft im strengen Wortsinn, in dem wir einen Haushalt, einen Bauernhof, eine Unternehmung oder auch den Haushalt einer Regierung »eine Wirtschaft« nennen, ist in der Tat eine Organisation oder eine vorbedachte Anordnung der verfügbaren Ressourcen im Dienste einer einheitlichen Zwecksetzung. Sie beruht auf einem System ineinandergreifender Entscheidungen, bei dem nach einem einheitlichen Gesichtspunkt über die relative Wichtigkeit miteinander konkurrierender Ziele und mithin über die Verwendung der verschiedenen Ressourcen entschieden wird.

16. Die spontane Ordnung des Marktes, die aus dem Zusammenspiel vieler solcher Wirtschaften hervorgeht, unterscheidet sich so fundamental von einer »Wirtschaft« im strengen Sinn des Wortes, daß es als großes Mißgeschick angesehen werden muß, daß sie je mit demselben Namen belegt wurde. Und weil durch diese Praxis immer wieder Leute irregeführt werden, bin ich zu der Überzeugung gelangt, daß ein neuer technischer Ausdruck dafür gefunden werden sollte. Ich schlage vor, diese spontane Ordnung eines Marktes *Katallaxie* zu nennen, analog dem Ausdruck *«Katallaktik«*, der öfter als Ersatz für »Ökonomik« (oder Wirtschaftstheorie) vorgeschlagen wurde (beide Ausdrücke, »Katallaxie« und »Katallaktik«, stammen von dem altgriechischen Verb *katallatein* ab, das sehr bezeichnend nicht nur »tauschen« und »handeln«, sondern auch »in die Gemeinschaft aufnehmen« und »vom Feind zum Freunde machen« bedeutet).

17. An der Katallaxie als einer spontanen Ordnung ist hervorzuheben, daß ihre »Ordentlichkeit« *nicht* in ihrer Ausrichtung auf eine bestimmte Zielhierarchie besteht, weswegen sie als Ganzes *nicht* sicherstellen kann, daß das Wichtige vor dem weniger Wichtigen erreicht wird. Hauptsächlich deswegen wird sie von ihren Gegnern verurteilt, so daß man sagen könnte, die meisten sozialistischen Forderungen laufen auf nichts anderes hinaus, als die Katallaxie in ei-

ne echte Wirtschaft umzuformen (d.h. die zweckunabhängige, spontane Ordnung in eine zweckgerichtete Organisation zu verwandeln, um sicherzustellen, daß das Wichtige nie dem weniger Wichtigen geopfert werde). Zur Verteidigung der freien Gesellschaft muß deshalb gezeigt werden, daß gerade, weil wir keinen einheitlichen Zielkatalog durchsetzen und weil wir gar nicht erst versuchen, irgendeine spezielle Ansicht über das, was wichtig oder weniger wichtig ist, zum Leitbild für die ganze Gesellschaft zu erheben, die Mitglieder dieser freien Gesellschaft so gute Chancen haben, ihre individuellen Fähigkeiten erfolgreich für ihre jeweiligen persönlichen Ziele zu nutzen.

18. Die Ausbreitung einer friedlichen Ordnung über den Bereich der kleinen, zweckorientierten Organisation hinaus wurde möglich, als man die zweckunabhängigen (»formalen«) Verhaltensregeln auch auf die Beziehungen zwischen Menschen ausdehnte, die nicht die gleichen konkreten Ziele verfolgten und die, abgesehen von den abstrakten Verhaltensregeln, auch nicht die gleichen Werte anerkannten. Diese abstrakten Verhaltensregeln *erzwingen keine bestimmten Handlungen* (was immer ein konkretes *Ziel* voraussetzt), sondern verbieten lediglich, die geschützte Sphäre eines Individuums zu verletzen, die durch eben diese Regeln abgesteckt wird. Liberalismus ist aus diesem Grunde nicht von der Institution des Privateigentums zu trennen, denn mit diesem Namen bezeichnen wir üblicherweise den materiellen Teil der geschützten Individualsphäre.

19. Voraussetzung des Liberalismus ist die Durchsetzung von Verhaltensregeln, und nur dann, wenn diese Regeln auch tatsächlich befolgt werden, ist zu erwarten, daß sich eine spontane Ordnung bilden wird; aus diesem Grunde will der Liberalismus aber auch die Zwangsgewalt der Regierung auf die Durchsetzung solcher Verhaltensregeln beschränken, von denen freilich mindestens eine auch eine positive Pflicht vorschreibt, nämlich von den Bürgern verlangt, gemäß einheitlicher Prinzipien sowohl zu den Kosten für die Erzwingung der Regeln beizutragen als auch zu den Kosten für die Leistungen des Staates, die nicht Zwangscharakter haben; auf diese wird noch einzugehen sein. Liberalismus ist also gleichbedeutend mit der Forderung der »rule of law« im klassischen Sinne, nach der die Zwangsgewalt des Staates strikt auf die Durchsetzung einheitlicher Regeln der Gerechtigkeit, das heißt einheitlicher Regeln für das Verhalten des einzelnen seinen Mitmenschen gegenüber beschränkt wird. (Die »rule of law« entspricht hier dem deutschen »materiellen Rechtsstaat« im Gegensatz zum nur »formalen Rechtsstaat«, welcher lediglich verlangt, daß die Regierung zu jeder Handlung durch Gesetz autorisiert sein muß, wobei es aber gleichgültig ist, ob dieses Gesetz eine allgemeine Verhaltensregel darstellt oder nicht.)

20. Der Liberalismus erkennt auch an, daß es gewisse andere Leistungen gibt, die aus verschiedenen Gründen von den spontanen Ordnungskräften des

Marktes entweder gar nicht oder nur unvollkommen geboten werden, und hält es deshalb für wünschenswert, der Regierung fest abgegrenzte Mittel zu übertragen, mit deren Hilfe sie derartige Leistungen für die Gesamtheit der Bürger erstellen kann. Hier ist scharf zu trennen zwischen der Zwangsgewalt der Regierung, die strikt auf die Erzwingung von Verhaltensregeln beschränkt ist und keinen Raum für Ermessensentscheidungen läßt, und der Bereitstellung von Leistungen durch die Regierung, für die sie nur die ihr für diesen Zweck übertragenen Mittel einsetzen kann, weder Durchsetzungsgewalt noch Monopol hat, jedoch über einen breiten Ermessensspielraum bei der Verwendung der materiellen Mittel verfügt.

21. Es ist bezeichnend, daß diese Vorstellung von einer liberalen Ordnung sich nur in solchen Ländern entfaltete – im alten Griechenland und Rom ebenso wie im modernen England –, wo Gerechtigkeit als etwas aufgefaßt wurde, was durch die Bemühungen von Richtern und Gelehrten entdeckt werden kann, und nicht als etwas, das durch den unbeschränkten Willen einer Autorität bestimmt wird. In Ländern, in denen das Recht in erster Linie als Produkt bewußter Gesetzgebung verstanden wurde, konnte diese Auffassung nur schwer Fuß fassen, und sie verkümmerte überall unter dem vereinigten Einfluß von Rechtspositivismus und demokratischer Doktrin, die beide kein anderes Kriterium der Gerechtigkeit kennen als den Willen des Gesetzgebers.

22. Der Liberalismus hat von den Theorien des common law und den älteren (vor-rationalistischen) Theorien des Naturrechts eine Idee der Gerechtigkeit übernommen und setzt sie voraus, die uns erlaubt zu unterscheiden zwischen Gesetzen im Sinne der rule of law, die das individuelle Verhalten regeln und für die Bildung einer spontanen Ordnung erforderlich sind auf der einen Seite und all den speziellen, kraft Autorität erlassenen Befehlen zu Zwecken der Organisation auf der anderen Seite. Diese fundamentale Unterscheidung wurde in den Rechtstheorien zweier der größten modernen Philosophen explizit formuliert: von David Hume und Immanuel Kant. Seither aber ist sie nicht wieder in adäquater Weise dargestellt worden, und den herrschenden Rechtstheorien ist sie völlig fremd.

23. Die wesentlichen Punkte dieser Auffassung von Gerechtigkeit sind folgende: (a) Gerechtigkeit kann nur sinnvoll auf menschliche Handlungen bezogen werden und nicht auf einen Zustand als solchen, es sei denn, es würde klargemacht, ob er durch jemanden bewußt herbeigeführt wurde oder hätte herbeigeführt werden können; (b) Gerechtigkeitsregeln sind ihrem Wesen nach Verbote, oder, mit anderen Worten, Ausgangspunkt ist die Ungerechtigkeit, und die Verhaltensregeln zielen darauf ab, ungerechte Handlungen zu verhindern; (c) die Ungerechtigkeit, die verhindert werden soll, besteht darin, daß jemand in die geschützte Sphäre eines Mitmenschen einbricht, eine Sphäre, die durch diese Gerechtigkeitsregeln festgestellt wird; und (d) diese negativ formu-

lierten Regeln der Gerechtigkeit können weiterentwickelt werden, indem die verschiedensten Regeln, die in der Gesellschaft aufkommen, konsequent dem ebenfalls negativen Test allgemeiner Anwendbarkeit unterworfen werden – ein Test, der letztlich nichts anderes prüft als die Vereinbarkeit der durch diese Regeln erlaubten Handlungen mit den Umständen der realen Welt. Diese vier entscheidenden Punkte sollen in den folgenden Paragraphen näher ausgeführt werden.

24. *Ad (a)* Verhaltensregeln können vom Individuum nur verlangen, daß es diejenigen Konsequenzen seiner Handlungen berücksichtigt, die es selbst vorhersehen kann. Die konkreten Resultate einer Katallaxie für bestimmte Personen jedoch sind ihrem Wesen nach unvorhersehbar; und da diese Resultate von niemandem geplant oder beachsichtigt werden, ist es sinnlos, die Art und Weise, in der der Markt die Güter dieser Welt auf bestimmte Personen verteilt, gerecht oder ungerecht zu nennen. Gerade das aber strebt das Ideal der sogenannten *«sozialen« oder »distributiven« Gerechtigkeit* an, in deren Namen die liberale Rechtsordnung nach und nach zerstört wird. Es wird sich noch zeigen, daß bisher weder ein Test noch ein Kriterium gefunden worden ist und auch nicht gefunden werden kann, dem solche Regeln »sozialer Gerechtigkeit« unterworfen werden könnten, weshalb sie im Gegensatz zu den Verhaltensregeln durch willkürliche Entscheidungen der Machthaber festgelegt werden müssen.

25. *Ad (b)* Keine menschliche Handlung ist ohne das konkrete Ziel, dem sie dienen soll, voll determiniert. Freie Menschen, denen erlaubt sein soll, ihre Mittel und Kenntnisse für ihre persönlichen Ziele einzusetzen, dürfen keinen Regeln unterworfen werden, die ihnen sagen, was sie tun sollen, sondern nur Regeln, die ihnen sagen, was sie *nicht* tun dürfen; abgesehen von der Erfüllung von Verpflichtungen, die jemand aus freien Stücken eingegangen ist, begrenzen Verhaltensregeln also lediglich den Bereich der erlaubten Handlungen, legen aber nicht fest, welche bestimmten Handlungen zu gegebenen Zeiten auszuführen sind. (Es gibt hierzu gewisse seltene Ausnahmen, wie die Verpflichtung, Leben zu retten oder zu schützen, Katastrophen zu verhindern und dergleichen, in denen Regeln der Gerechtigkeit entweder tatsächlich positive Handlungen fordern, oder solche Regeln doch allgemein als gerecht anerkannt würden, wenn sie dies täten. Es würde zu weit führen, hier die Rolle derartiger Regeln innerhalb des Systems zu diskutieren.) Der im allgemeinen negative Charakter der Verhaltensregeln und dementsprechend das Primat der verbotenen Ungerechtigkeit ist oft bemerkt, jedoch nie in allen seinen logischen Konsequenzen zu Ende gedacht worden.

26. *Ad (c)* Die durch die Verhaltensregeln verbotene Ungerechtigkeit besteht in Eingriffen in die geschützte Sphäre anderer Menschen. Die Verhaltensregeln müssen uns daher in die Lage versetzen, die geschützte Sphäre der anderen zu erkennen. Seit der Zeit John Lockes ist es üblich, diese Sphäre als Ei-

gentum zu beschreiben (Locke selbst definierte »property« als »Leben, Freiheit und Besitz eines Menschen«). Dieser Ausdruck vermittelt jedoch einen viel zu engen und materiellen Eindruck von der geschützten Sphäre, die nicht nur materielle Gütter umfaßt, sondern auch verschiedene Ansprüche und gewisse Erwartungen. Wird der Eigentumsbegriff jedoch (mit Locke) in diesem weiteren Sinne verstanden, dann gilt auch, daß Gerechtigkeit im Sinne der rule of law und die Institutionen des Eigentums nicht voneinander zu trennen sind.

27. *Ad (d)* Die Gerechtigkeit einer einzelnen Verhaltensregel kann nicht beurteilt werden, es sei denn innerhalb eines ganzen Systems solcher Regeln, von denen die meisten für diesen Zweck jeweils als unproblematisch angesehen werden müssen: Werte können immer nur mit Hilfe anderer Werte geprüft werden. Der Test für die Gerechtigkeit einer Regel wird gewöhnlich (seit Kant) als Test ihrer »Universalierbarkeit« beschrieben, d.h., es wird geprüft, ob man wollen kann, daß diese Regel in jedem Fall gelte, in dem die entsprechenden, in ihr aufgeführten Bedingungen vorliegen (»kategorischer Imperativ«). Das heißt, durch ihre praktische Anwendung dürfen keine anderen allgemein anerkannten Regeln verletzt werden. Letztlich wird also die Verträglichkeit oder Widerspruchsfreiheit des ganzen Systems von Regeln geprüft, nicht nur im logischen, sondern auch in dem Sinne, daß in dem durch Regeln erlaubten System von Handlungen keine Konflikte entstehen.

28. Nur zweckunabhängige (»formale«) Regeln werden diesen Test bestehen, denn Regeln, die ursprünglich in kleinen, zweckgebundenen Gruppen (»Organisationen«) entwickelt wurden, dann weiter auf immer größere Gruppen ausgedehnt und schließlich verallgemeinert werden, müssen in diesem Prozeß alle Hinweise auf spezielle Zwecke abstreifen, damit sie auf die Beziehungen zwischen Gliedern einer offenen Gesellschaft anwendbar werden, die keine gemeinsamen konkreten Ziele haben und sich nur denselben abstrakten Regeln unterwerfen.

29. Man könnte sagen, die Entwicklung von Stammesorganisationen, deren sämtliche Mitglieder gemeinsamen Zwecken dienen, zur spontanen Ordnung der Offenen Gesellschaft, in der die Menschen ihre persönlichen Zwecke in Frieden verfolgen können, begann, als ein Wilder zum ersten Mal einen nützlichen Gegenstand an der Grenze seines Stammesterritoriums niederlegte in der Hoffnung, jemand von einem anderen Stamm werde ihn finden und dafür andere Güter dort lassen, um dadurch die Wiederholung eines solchen Angebotes sicherzustellen. Von der ersten Einführung einer solchen Praxis, die wechselseitigen, aber nicht gemeinsamen Zwecken diente, hat sich der Prozeß durch die Jahrtausende fortgesetzt. In seinem Verlauf entwickelten sich von den speziellen Zielen der Beteiligten unabhängige Verhaltensregeln, die auf immer weitere Kreise unbestimmter Personen ausgedehnt werden und die letzten Endes eine universelle friedliche Ordnung der Welt ermöglichen können.

30. Der Charakter solch allgemeingültiger Verhaltensregeln für den einzelnen, die der Liberalismus voraussetzt und die er soweit wie möglich vervollkommnen möchte, wurde durch die Vermengung mit jenen Gesetzen verdunkelt, die die Organisation der Regierung betreffen und die Verwaltung der ihr zur Verfügung stehenden Mittel regeln. Es ist charakteristisch für die liberale Gesellschaft, daß Privatpersonen nur gezwungen werden können, die Regeln des Privat- und Strafrechts zu befolgen. Und in der fortschreitenden Durchdringung des privaten mit dem öffentlichen Recht, die während der letzten 80 bis 100 Jahre stattgefunden hat und in deren Verlauf in zunehmendem Maße Verhaltensregeln durch Organisationsregeln verdrängt wurden, liegt eine der Hauptquellen für die Zerstörung der liberalen Ordnung. Professor Franz Böhm hat die liberale Ordnung aus diesem Grunde kürzlich sehr treffend *Privatrechtsgesellschaft* genannt.

31. Der Unterschied zwischen der Ordnung, die mit den Verhaltensregeln des Privat- und Strafrechts angestrebt wird, und der Ordnung, die durch die Organisationsregeln des öffentlichen Rechts bezweckt werden soll, tritt deutlich zutage, wenn man sich folgendes vergegenwärtigt: Verhaltensregeln determinieren nur dann eine Ordnung der Handlungen, wenn sie mit dem speziellen Wissen und den Zielen der handelnden Individuen kombiniert werden; die Organisationsregeln des öffentlichen Rechts dagegen legen diese konkreten Handlungen im Hinblick auf ganz bestimmte Ziele direkt fest oder, richtiger: sie übertragen irgendeiner Behörde die Macht, das zu tun. Das Durcheinander von Verhaltens- und Organisationsregeln wurde noch verschlimmert durch die irrige Gleichsetzung von dem, was häufig als Rechtsordnung bezeichnet wird, mit der Ordnung der Handlungen. In einer freien Gesellschaft ist die Ordnung der Handlungen durch das System von Gesetzen nicht vollständig determiniert, diese ist vielmehr nur eine von den für das Zustandekommen dieser Ordnung notwendigen Bedingungen. Nicht jedes System von Verhaltensregeln, das Gleichförmigkeit der Handlungen sicherstellt (d.i. die Bedeutung, die dem Begriff Rechtsordnung häufig gegeben wird), wird jedoch eine Ordnung der Handlungen in dem Sinne herbeiführen, daß die Handlungen, die durch die Regeln erlaubt sind, nicht in Konflikt zueinander stehen.

32. Die fortschreitende Verdrängung der Verhaltensregeln des Privat- und Strafrechts durch Vorstellungen, die sich aus dem öffentlichen Recht herleiten, kennzeichnet den Prozeß, in dessen Verlauf die bestehenden liberalen Gesellschaften nach und nach in totalitäre Gesellschaften umgewandelt werden. Diese Tendenz wurde am klarsten erkannt und unterstützt vom Kronjuristen Adolf Hitlers, Carl Schmitt, der ganz folgerichtig dafür plädierte, das »normative« Denken des liberalen Rechts durch »konkretes Ordnungsdenken« zu ersetzen.

33. Historisch wurde diese Entwicklung dadurch ermöglicht, daß ein und

dieselben repräsentativen Versammlungen mit den beiden so verschiedenen Aufgaben betraut wurden, sowohl Regeln für individuelles Verhalten festzulegen als auch Anordnungen für die Organisation und das Verhalten der Regierung zu erlassen. So kam es, daß auch der Begriff »Gesetz« selbst, der nach der älteren Idee der rule of law den allgemein anwendbaren Verhaltensregeln vorbehalten war, auch für Organisationsregeln, ja sogar für isolierte Befehle verwendet wurde, wenn sie nur durch die in der Verfassung vorgesehene Instanz verabschiedet waren. Diese Vorstellung von »Herrschaft des Gesetzes«, die nur verlangt, daß ein Befehl auf legalem Wege zustande kommt (also der bloß formale Rechtsstaat) und nicht eine Regel der Gerechtigkeit verlangt, die in gleicher Weise auf alle anwendbar ist, gewährt natürlich keinen Schutz der persönlichen Freiheit.

34. Wenn auch die in allen westlichen Demokratien eingeführten verfassungsmäßigen Einrichtungen diese Entwicklung erst ermöglichten, so ist doch die treibende Kraft, die der Entwicklung diese spezielle Richtung gab, in der wachsenden Erkenntnis zu sehen, daß die Anwendung einheitlicher oder gleicher Regeln auf das Verhalten von einzelnen, tatsächlich in vieler Beziehung verschiedenen Menschen, unausweichlich zu sehr unterschiedlichen Ergebnissen für die einzelnen Individuen führen muß. Um diese zwar unbeabsichtigten, aber doch unvermeidlichen Unterschiede in der materiellen Position der einzelnen Menschen mit Hilfe der Regierung abzubauen, hielt man es für notwendig, sie nicht nach gleichen, sondern nach verschiedenen Regeln zu behandeln. So kam eine völlig neue Vorstellung von Gerechtigkeit auf, die sogenannte *«soziale« oder »distributive Gerechtigkeit«*; sie begnügt sich nicht damit, Verhaltensregeln für die Individuen aufzustellen, sondern strebt für bestimmte Personen ganz bestimmte Ergebnisse an und kann deswegen nur in einer zweckgerichteten Organisation erreicht werden, nicht aber in einer zweckunabhängigen spontanen Ordnung.

35. Begriffe wie »gerechter Preis«, »gerechter Lohn« oder »gerechte Einkommensverteilung« sind natürlich sehr alt. Es ist jedoch bemerkenswert, daß die sich über zweitausend Jahre hinziehenden Bemühungen der Philosophen, Klarheit über die Bedeutung dieser Begriffe zu bekommen, auch nicht zur Entdeckung nur einer einzigen Regel führten, die uns zu entscheiden erlaubt, was in einer marktwirtschaftlichen Ordnung in diesem Sinne »gerecht« wäre. Die Gelehrten, die diese Frage am hartnäckigsten verfolgten, die Scholastiker des späten Mittelalters, kamen am Ende dazu, den gerechten Preis oder Lohn als den Preis oder Lohn zu definieren, der sich ohne Privilegien, Gewalt oder Betrug auf einem Markt bilden würde. So kamen sie wieder auf Verhaltensregeln zurück und akzeptierten das Ergebnis als gerecht, das durch gerechtes Verhalten aller Beteiligten hervorgebracht wird. Dieses negative Ergebnis aller Spekulationen über »soziale« oder »distributive« Gerechtigkeit war, wie wir noch

sehen werden, unvermeidlich, denn Begriffe wie gerechte Verteilung oder Entlohnung sind sinnvoll nur innerhalb einer Organisation, deren Mitglieder im Dienste eines gemeinsamen Zielsystems auf Anordnung handeln; sie haben jedoch keinerlei Sinn in einer Katallaxie oder spontanen Ordnung, die solch ein gemeinsames Zielsystem ihrem Wesen nach nicht haben kann.

36. Ein Zustand als solcher kann, wie wir gesehen haben, nicht gerecht oder ungerecht sein. Nur wenn er bewußt herbeigeführt wurde oder hätte herbeigeführt werden können, hat es einen Sinn, die Handlungen derjenigen, die ihn herbeigeführt oder geduldet haben, gerecht oder ungerecht zu nennen. In der Katallaxie, der spontanen Ordnung des Marktes, kann jedoch niemand vorhersehen, was jedes einzelne Mitglied erhalten wird, und die Ergebnisse, die bestimmte Personen erzielen, werden weder durch irgend jemandes Absicht bestimmt, noch ist jemand dafür verantwortlich, daß bestimmte Leute auch bestimmte Dinge bekommen. Wir können deshalb die Frage aufwerfen, ob die bewußte Wahl der Marktwirtschaft als Methode zur Lenkung wirtschaftlicher Handlungen mit ihrer unvorhersehbaren und weitgehend zufälligen Verteilung der Vorteile eine gerechte Entscheidung ist; wenn wir uns aber einmal entschieden haben, uns zu diesem Zweck der Katallaxie zu bedienen, dann dürfen wir hinterher nicht mehr fragen, ob die Resultate, die sich im einzelnen für bestimmte Personen ergeben, gerecht oder ungerecht sind.

37. Daß der Gerechtigkeitsbegriff nichtsdestoweniger stets und ohne Zögern auf die Einkommensverteilung angewandt wird, ist ganz und gar auf eine irrige anthropomorphe Interpretation der Gesellschaft als einer Organisation – und nicht einer spontanen Ordnung – zurückzuführen. Der Ausdruck »Verteilung« ist in diesem Zusammenhang genauso irreführend wie »Wirtschaft«, weil auch er den Eindruck erweckt, etwas sei das Ergebnis bewußten Handelns, was tatsächlich die Wirkung spontaner Ordnungskräfte ist. Da niemand in einer marktwirtschaftlichen Ordnung Einkommen verteilt (wie es in einer Organisation der Fall sein müßte), ist es einfach Unsinn, hier von gerechter oder ungerechter Verteilung zu sprechen. Weniger mißverständlich wäre es, von »Streuung« statt von »Verteilung« der Einkommen zu sprechen.

38. Alle Bestrebungen, eine »gerechte« Verteilung sicherzustellen, müssen darum darauf gerichtet sein, die spontane Ordnung des Marktes in eine Organisation umzuwandeln, mit anderen Worten, in eine totalitäre Ordnung. Dieses Streben nach einem neuen Gerechtigkeitsideal führte Schritt für Schritt zu Verdrängung zweckunabhängiger Regeln individuellen Verhaltens durch Organisationsregeln (»öffentliches Recht«), mit deren Hilfe die Menschen auf bestimmte Ziele gelenkt werden sollten, und zerstörte somit langsam die Grundlage, auf denen eine spontane Ordnung beruhen muß.

39. Die Vorstellung, man könne die Zwangsgewalt der Regierung einsetzen, um »positive« (d.h. soziale oder distributive) Gerechtigkeit zu erlangen, zer-

stört jedoch nicht nur mit Notwendigkeit die persönliche Freiheit, was einigen vielleicht kein zu hoher Preis scheinen würde, sondern sie entpuppt sich bei näherem Hinsehen als Fata Morgana oder Illusion, die unter keinen Umständen verwirklicht werden kann. Denn dieses Ideal setzt Einverständnis über die relative Wichtigkeit konkreter Ziele voraus, das in einer großen Gesellschaft aber nicht existieren kann, da ihre Mitglieder weder einander noch die gleichen Tatsachen kennen. Manchmal wird angenommen, die Tatsache, daß die meisten Menschen heute soziale Gerechtigkeit wünschen, beweise, daß dieses Ideal einen bestimmten Inhalt habe. Doch leider ist es nur allzugut möglich, einem Wunschbild nachzujagen, was meist dazu führt, daß das Endergebnis solcher Bestrebungen völlig anders ausfällt, als man beabsichtigte.

40. Es kann keine Regeln geben, die bestimmen, wieviel jedermann »haben sollte«, es sei denn, wir machten irgendeine Einheitsmeinung über die relativen »Verdienste« oder »Bedürfnisse« der einzelnen Individuen – wofür es kein objektives Maß gibt – zur Grundlage der zentralgesteuerten Zuteilung aller Güter und Dienste. Dann müßte aber jeder einzelne, anstatt seine Kenntnisse für seine persönlichen Zwecke einzusetzen, eine Pflicht erfüllen, die jemand anderer ihm auferlegt; und seine Entlohnung würde davon abhängen, wie gut er nach Ansicht der anderen seine Pflicht erfüllt. Diese Entlohnungsmethode ist einer geschlossenen Organisation, etwa einer Armee, angemessen, ist aber unvereinbar mit den Kräften, die eine spontane Ordnung aufrechterhalten.

41. Es sollte freimütig zugegeben werden, daß die Marktordnung keinen engen Zusammenhang zwischen subjektivem Verdienst oder individuellen Bedürfnissen und Belohnungen zustande bringt. Sie arbeitet nach dem Prinzip eines Spiels, in dem Geschicklichkeit und Chancen kombiniert werden und bei dem das Endergebnis für jeden einzelnen genausogut von völlig außerhalb seiner Kontrolle liegenden Umständen abhängen kann wie von seiner Geschicklichkeit oder Anstrengung. Jeder wird nach dem Wert entlohnt, den seine speziellen Leistungen für diejenigen haben, denen er sie darbringt. Und dieser Wert seiner Leistungen steht in keiner notwendigen Beziehung zu dem, was wir füglich sein Verdienst nennen könnten, und erst recht nicht zu seinen Bedürfnissen.

42. Genau genommen – und das verdient besondere Beachtung – ist es sinnlos, von einem Wert »für die Gesellschaft« zu sprechen, wenn es um den Wert geht, den bestimmte Leistungen für gewisse Leute haben, Leistungen, die vielleicht für jeden anderen ohne Interesse sind. Ein Violinvirtuose wird seine Leistungen vermutlich anderen Leuten darbringen als ein Fußballstar und ein Pfeifenhersteller wieder ganz anderen Leuten als ein Parfümfabrikant. Der ganze Begriff »Wert für die Gesellschaft« ist in einer freien Ordnung als anthropomorpher Ausdruck ebenso unzulässig wie ihre Beschreibung als »eine Wirtschaft« im strengen Sinne, als ein Ganzes, das die Leute gerecht oder ungerecht

»behandelt« oder etwas unter sie »verteilt«. Welche Resultate der Marktprozeß für bestimmte Personen herbeiführt, ist nicht davon abhängig, ob irgend jemand will, daß sie soundso viel bekommen; und diese Resultate sind auch von denen nicht vorherzusehen, die die Entscheidung für diese Art der Ordnung oder für ihre Aufrechterhaltung getroffen haben.

43. Die Klagen über die ungerechten Ergebnisse des Marktprozesses richten sich vorwiegend gegen die Ungleichheit der Belohnungen und gegen das Mißverhältnis zwischen diesen Belohnungen und offenkundigen Verdiensten, Bedürfnissen, Anstrengungen oder Leiden einzelner Marktteilnehmer. Den größten Einfluß auf die tatsächliche Politik aber hatten weder diese Argumente noch andere, die von den Theoretikern zur Begründung der Klagen gegen die marktwirtschaftliche Ordnung angeführt wurden. Daß die für alle gleich geltenden Verhaltensregeln zerstört und durch ein »soziales« Recht, welches auf »soziale Gerechtigkeit« zielt, ersetzt wurden, ist vielmehr vor allem auf die Forderung zurückzuführen, daß einzelne oder auch Gruppen von Marktteilnehmern davor bewahrt werden sollen, von einer einmal erreichten Position unverschuldet wieder absteigen zu müssen. Und wenn im Namen »sozialer Gerechtigkeit« Staatseingriffe gefordert werden, so geht es meist darum, die einmal erreichte Position irgendeiner Gruppe zu schützen. Auf diese Weise bleibt von »sozialer Gerechtigkeit« nicht viel mehr übrig als die Forderung nach Schutz bestehender Positionen und nach Verleihung neuer Privilegien, so zum Beispiel, wenn im Namen sozialer Gerechtigkeit den Bauern »Parität« mit den Industriearbeitern zugesichert wird.

44. Hier sind folgende wichtige Punkte hervorzuheben: die so geschützten Positionen sind das Ergebnis derselben Kräfte, die nunmehr die relative Position derselben Leute herabdrücken; und die Position, die sie nun geschützt wissen wollen, war ebensowenig verdient wie die niedrigere Position, auf die sie nun herabsteigen sollen; und unter den neuen, geänderten Bedingungen kann ihnen ihre alte Position nur erhalten werden, wenn man anderen die Chancen nimmt, denen sie selbst ihren Aufstieg zu verdanken haben. In einer marktwirtschaftlichen Ordnung kann die Tatsache, daß eine Gruppe eine bestimmte relative Position erreicht hat, keinen Anspruch im Namen der Gerechtigkeit begründen, sie auch weiter zu behalten. Eine Regel, die so etwas vorschriebe, wäre nicht gleichmäßig auf alle anwendbar.

45. Das wirtschaftspolitische Ziel in einer freien Gesellschaft kann deswegen niemals sein, bestimmten Personen bestimmte Vorteile zuzusichern, und man kann den Erfolg nicht messen, indem man versucht, die Werte solcher Einzelergebnisse zu addieren. Aus dieser Sicht beruht das Ziel der sogenannten *«Wohlfahrtsökonomie«* auf einem grundsätzlichen Irrtum, nicht nur, weil der Grad von Befriedigung, den verschiedene Leute erreichen, nicht sinnvoll addiert werden kann, sondern weil die Grundidee der Maximierung der Bedürf-

nisbefriedigung (oder Maximierung des Sozialprodukts) nur einer Einzelwirtschaft angemessen ist, nicht jedoch der spontanen Ordnung einer Katallaxie, die keine gemeinsamen konkreten Ziele hat.

46. Obwohl weithin angenommen wird, die Vorstellung von einer optimalen Wirtschaftspolitik (oder ein Urteil darüber, ob eine bestimmte Wirtschaftspolitik besser ist als eine andere) müsse von einer solchen Vorstellung der Maximierung des aggregierten realen Volkseinkommens ausgehen (was nur in Wertgrößen möglich ist und deswegen einen unzulässigen Nutzenvergleich verschiedener Personen impliziert), ist das doch nicht zutreffend. Eine optimale Politik in einer Katallaxie kann und sollte darauf abzielen, für jedes zufällig herausgegriffene Mitglied der Gesellschaft die Chancen zu verbessern, die es hat, ein hohes Einkommen zu erzielen, oder, was auf dasselbe hinausläuft, jedes Mitglied der Gesellschaft sollte die Chance haben, daß der reale Gegenwert seines Anteils am Gesamteinkommen – wie immer auch dieser Anteil selbst beschaffen sein mag – so groß wie irgend möglich wird.

47. Diese Bedingung wird unabhängig von der Streuung der Einkommen so gut wie möglich erfüllt, wenn alles, was überhaupt produziert wird, a) von den Leuten oder Organisationen produziert wird, die das billiger (oder wenigstens genauso billig) können als irgend jemand, der es aber nicht produziert, und b) zu einem Preis verkauft wird, der niedriger liegt, als irgend jemand sonst ihn bieten könnte, der tatsächlich nicht anbietet. (Damit ist auch der Fall berücksichtigt, in dem Personen oder Organisationen, die ein Gut oder eine Dienstleistung billiger produzieren könnten als diejenigen, die es tatsächlich tun, dennoch irgend etwas anderes produzieren, weil ihre komparativen Vorteile in dieser anderen Produktion noch größer sind; in diesem Fall müßte in ihre Gesamtkosten für das nicht produzierte Gut auch der Verlust des Gutes eingerechnet werden, das sie tatsächlich produzieren.)

48. Es ist zu beachten, daß dieses Optimum nicht »vollkommene Konkurrenz« im Sinne der Wirtschaftstheorie voraussetzt, sondern lediglich verlangt, daß der freie Zugang zu keiner Branche behindert wird und der Markt Informationen über die sich bietenden Möglichkeiten liefern kann. Es muß auch besonders hervorgehoben werden, daß dieses bescheidene und erreichbare Ziel nie voll erreicht wurde, weil die Regierungen immer und überall sowohl den Zugang zu bestimmten Beschäftigungen beschränkten als auch duldeten, daß Personen und Organisationen andere daran hinderten, bestimmte für sie vorteilhafte Beschäftigungen aufzunehmen.

49. Dieses Optimum besagt, daß – gleichgültig welche Kombination von Gütern und Dienstleistungen gewählt wird – die Produktion jeweils so groß ist, wie sie nach jeder anderen bekannten Methode sein könnte, weil wir durch diesen Gebrauch des Marktmechanismus mehr verstreutes Wissen der Gesellschaftsmitglieder aktivieren können als durch irgendeine andere Methode.

50. Mit anderen Worten, die Chance, daß unser nicht vorhersehbarer Anteil am Gesamtprodukt der Gesellschaft ein so großes Aggregat von Gütern und Diensten umfaßt, verdanken wir der Tatsache, daß Tausende von Menschen sich ständig den Anpassungen unterwerfen, die der Markt von ihnen fordert; und infolgedessen ist es unsere Pflicht, ebenfalls solche Änderungen unseres Einkommens oder unserer Position hinzunehmen, auch wenn das eine Verschlechterung unserer gewohnten Position bedeutet, die wir nicht vorhersehen konnten und für die wir nicht verantwortlich sind. Die Vorstellung, daß wir das Einkommen, das wir in glücklicheren Zeiten hatten, »verdienten« (im Sinne eines moralischen Verdienstes) und wir deswegen eine Anspruch darauf haben, so lange wir genau so ehrlich dafür arbeiten wie vorher und so lange wir keine Warnung erhalten, uns nach etwas anderem umzusehen, ist völlig irrig. Jedermann, ob arm oder reich, erreicht sein Einkommen als Ergebnis eines Spiels, in dem Geschicklichkeit und Chancen kombiniert werden. Die aggregierten Resultate dieses Spiels und die Anteile jedes einzelnen an diesen Resultaten sind nur deswegen so groß, wie sie sind, weil wir uns darauf geeinigt haben, dieses Spiel zu spielen. Und nachdem wir uns einmal auf dieses Spiel eingelassen haben und aus ihm Gewinn zogen, sind wir moralisch verpflichtet, Änderungen auch dann hinzunehmen, wenn sie sich gegen uns richten.

51. Es kann kaum einen Zweifel geben, daß in der modernen Gesellschaft alle – mit Ausnahme weniger besonders vom Unglück Verfolgter und derjenigen, die in einer anderen Gesellschaftsform rechtliche Privilegien genossen hätten – dank der Annahme dieser Methode ein weit größeres Einkommen haben, als sie sonst hätten erreichen können. Es gibt natürlich keinen Grund, warum eine Gesellschaft, die so reich ist wie die moderne, nicht *außerhalb des Marktes*, für diejenigen, die im Markt unter einen gewissen Standard fallen, ein Minimum an Sicherheit vorsehen sollte. Hier sollte nur hervorgehoben werden, daß Gerechtigkeitsüberlegungen keine Rechtfertigung für eine »Korrektur« des Marktergebnisses abgeben, daß vielmehr die Gerechtigkeit (im Sinne einer Behandlung nach gleichen Regeln) von jedem verlangt, das hinzunehmen, was ein Markt, in dem jeder einzelne sich fair verhält, liefert. Gerechtigkeit gibt es nur im individuellen Verhalten, jedoch keine Sonderform »sozialer Gerechtigkeit«.

52. Wir können hier nicht die legitimen Aufgaben der Regierung in der Verwaltung der Mittel betrachten, die ihr zur Erfüllung gewisser Dienste zugunsten der Bürger übertragen wurden. Hier soll nur erwähnt werden, daß die Regierung bei der Erledigung von Aufgaben, für die ihr Gelder übertragen werden, unter denselben Regeln stehen sollte wie jeder private Bürger: für keine Leistung dieser Art sollte sie ein Monopol haben, und sie sollte diese Aufgaben auf solch eine Art und Weise erfüllen, daß die umfassenderen, spontan geordneten Anstrengungen der Gesellschaft nicht gestört werden, und die Mit-

tel dazu sollten aufgrund einer Regel aufgebracht werden, die für alle einheitlich gilt. (Das schließt meines Erachtens eine allgemeine Progression der steuerlichen Belastung der einzelnen aus, denn ein Gebrauch der Steuer für Redistributionszwecke könnte nur mit Argumenten gerechtfertigt werden, die wir gerade ausgeschossen haben.) In den verbleibenden Paragraphen werden wir uns mit einigen Funktionen der Regierung befassen, zu deren Erfüllung ihr nicht nur Geld, sondern auch die Macht gegeben wird, private Verhaltensregeln durchzusetzen.

53. In dieser Skizze können wir nur den Teil der mit Zwangsgewalt ausgestatteten Regierungsfunktionen näher betrachten, der die Aufrechterhaltung einer funktionsfähigen Marktordnung betrifft. Es handelt sich dabei vor allem um die Bedingungen, die durch Gesetz herbeigeführt werden müssen, um den für die leistungsfähige Steuerung des Marktes notwendigen Grad von Wettbewerb zu sichern. Wir werden dieses Problem zunächst kurz für die Unternehmer und sodann für die Arbeiter betrachten.

54. Hinsichtlich der Unternehmer soll zunächst betont werden, daß es wichtiger ist, daß die Regierung sich jeglicher Unterstützung von Monopolen enthält, als daß sie sie bekämpft. Daß die Marktordnung heute nur für einen Teil der wirtschaftlichen Aktivität der Menschen gilt, ist weitgehend das Ergebnis bewußter Wettbewerbsbeschränkungen seitens der Regierung. Es ist in der Tat sehr zweifelhaft, ob heute überhaupt ein besondere Maßnahmen erforderndes Monopolproblem bestehen würde, wenn sich die Regierung immer konsequent enthalten hätte, Monopole zu schaffen oder sie durch Schutzzölle, Patentgesetze oder gewisse Bestimmungen des Körperschaftsrechts zu fördern. In diesem Zusammenhang soll noch einmal betont werden, erstens, daß Monopolpositionen in jedem Falle unerwünscht, aber oft aus objektiven Gründen, die wir nicht ändern können oder auch nicht ändern wollen, unvermeidlich sind, und zweitens, daß alle staatlich kontrollierten Monopole die Tendenz haben, zu staatlich geschützten Monopolen zu werden, die auch dann bestehenbleiben, wenn sie nicht mehr unvermeidlich sind.

55. Einige der herrschenden Ansichten über Monopolbekämpfungspolitik verfehlen ihr Ziel, weil sie bestimmte in der Theorie der vollkommenen Konkurrenz entwickelte Auffassungen übernehmen, die unter Bedingungen irrelevant sind, unter denen die tatsächlichen Voraussetzungen der vollkommenen Konkurrenz fehlen. Die Theorie der vollkomenen Konkurrenz zeigt, daß auf einem Markt, auf dem die Anzahl der Käufer und Verkäufer so groß ist, daß es für jeden einzelnen unmöglich ist, die Preise bewußt zu beeinflussen, die Mengen zu Preisen verkauft werden, die den Grenzkosten entsprechen. Das bedeutet jedoch nicht, daß es möglich oder auch nur notwendigerweise wünschenswert wäre, einen Zustand herbeizuführen, wo jeweils sehr viele Marktteilnehmer dasselbe homogene Gut kaufen und verkaufen. Die Idee, daß in

Situationen, wo wir einen solchen Zustand nicht herbeiführen können oder wollen, die Produzenten verpflichtet sein sollten, sich so zu verhalten, *als ob* vollkommene Konkurrenz bestünde, oder zu einem Preis anbieten sollten, der sich bei vollkomener Konkurrenz ergeben würde, besagt gar nichts, weil wir nicht wissen, welches spezielle Verhalten erforderlich wäre oder welcher Preis sich einspielen würde, wenn vollkommener Wettbewerb bestünde.

56. Wo die Bedingungen für vollkommene Konkurrenz fehlen, ist nichtsdestoweniger das, was der Wettbewerb dennoch leisten kann und auch leisten sollte, bedeutsam und wichtig, nämlich die Herbeiführung der Bedingungen, die oben in den Paragraphen 46 bis 49 beschrieben wurden. Dort wurde hervorgehoben, daß dieser Zustand annäherungsweise erreicht wird, wenn niemand durch die Regierung oder andere daran gehindert werden kann, jedes beliebige Gewerbe oder jede beliebige Beschäftigung aufzunehmen.

57. Diesem Zustand könnte man sich, so glaube ich, sehr weit annähern, wenn erstens alle Vereinbarungen über Handelsbeschränkungen ohne Ausnahme (nicht verboten, sondern nur) für unwirksam und nicht einklagbar erklärt würden, und zweitens alle diskriminierenden oder andere gezielte Aktionen gegen einen tatsächlichen oder potentiellen Konkurrenten, die ihm ein bestimmtes Marktverhalten aufzwingen sollen, mit mehrfachem Schadensersatz bedroht würden. Mir scheint, solch ein bescheidenes Ziel würde ein weit wirksameres Wettbewerbsrecht hervorbringen als tatsächliche Verbote mit Strafandrohung, denn solch eine Deklaration, die alle Absprachen über Handelsbeschränkungen für unwirksam und nicht einklagbar erklärt, brauchte keine Ausnahmen zuzulassen, während die ehrgeizigeren Versuche, wie die Praxis gezeigt hat, durch so viele Ausnahmen eingeschränkt werden müssen, daß sie weit weniger leisten.

58. Die Anwendung desselben Prinzips, nämlich alle Absprachen über Handelsbeschränkungen für unwirksam und nicht einklagbar zu erklären und jeden einzelnen gegen alle Versuche zu schützen, die ihn durch gezielte Diskriminierung zur ihrer Einhaltung zwingen wollen, ist noch bedeutungsvoller hinsichtlich der Arbeiter. Monopolitische Praktiken, die heute das Funktionieren des Marktes bedrohen, sind seitens der Arbeiter viel gravierender als seitens der Unternehmer, und ob es uns gelingt, diese wieder zu beschränken, wird für die Erhaltung der Marktordnung entscheidender sein als irgend etwas sonst.

59. Und zwar deshalb, weil die Entwicklung auf diesem Gebiet die Regierung zu zwingen droht und viele Regierungen bereits heute zu Maßnahmen zwingt, die die Marktordnung zerstören: Versuche, autoritär angemessene Einkommen für verschiedene Gruppen festzulegen (durch die sogenannte income policy), und Bestrebungen, die »Starrheit« der Löhne durch Inflationspolitik wettzumachen. Aber die nur temporär wirksamen geldpolitischen Maßnahmen weichen dem tatsächlichen Problem aus und müssen dazu führen, daß sich die

»Starrheiten« ständig vergrößern; sie sind nur ein Linderungsmittel, welche das Zentralproblem nur aufschieben, aber nicht lösen können.

60. Geld- und Finanzpolitik fallen nicht in den Rahmen dieses Referats. Die damit zusammenhängenden Probleme wurden hier nur erwähnt, um zu zeigen, daß fundamentale und in der gegenwärtigen Lage unlösbare Schwierigkeiten nicht durch irgendwelche geldpolitischen Mittel behoben werden können, sondern nur durch die Wiedereinsetzung des Marktes als leistungsfähiges Instrument der Lohnbestimmung.

61. Zum Schluß sollen die grundlegenden Prinzipien einer liberalen Gesellschaft dahingehend zusammengefaßt werden, daß in einer solchen Gesellschaft alle Zwangsfunktionen der Regierung geleitet sein müssen von der überragenden Bedeutung dessen, was ich gern die *drei großen Negative* nenne: *Friede, Gerechtigkeit* und *Freiheit*. Um sie zu erreichen, ist es erforderlich, daß die Zwangsgewalt der Regierung auf die Durchsetzung solcher (als abstrakte Regeln formulierter) Verbote beschränkt wird, die in gleicher Weise für alle anwendbar sind, sowie auf die Eintreibung der nach den gleichen einheitlichen Regeln zu erhebenden Kosten für die nicht mit Zwangscharakter ausgestatteten Dienste, die die Regierung mit Hilfe der so aufgebrachten materiellen und personellen Mittel den Bürgern zu leisten unternimmt.

14. Die Herrschaft der Mehrheit*

Sosehr die Menschen von ihren Interessen geleitet sein mögen, sind doch auch das Interesse selbst und alle menschlichen Angelegenheiten völlig geleitet von *Meinung.*

David Hume*

1. Liberalismus und Demokratie. Gleichheit vor dem Gesetz führt zu der Forderung, daß alle Menschen auch gleichermaßen an der Gesetzgebung beteiligt sein sollten. Hier treffen der traditionelle Liberalismus und die demokratische Bewegung zusammen. Ihre Hauptanliegen sind jedoch verschieden. Der Liberalismus (wir werden »Liberalismus« in dem ganzen Kapitel in der Bedeutung verwenden, die er in Europa im neunzehnten Jahrhundert hatte) sieht die Hauptaufgabe in der Beschränkung der Zwangsgewalt jeder Regierung, sei sie demokratisch oder nicht; der dogmatische Demokrat dagegen kennt nur eine Beschränkung der Staatsgewalt, und das ist die Meinung der jeweiligen Majorität. Der Unterschied zwischen diesen beiden Standpunkten zeigt sich am deutlichsten, wenn wir ihre Gegenteile nennen: Das Gegenteil der Demokratie ist eine autoritäre Regierung; das Gegenteil eines liberalen Systems ist ein totalitäres System. Keines der beiden Systeme schließt das Gegenteil des anderen aus: Eine Demokratie kann totalitäre Gewalt ausüben, und es ist vorstellbar, daß eine autoritäre Regierung nach liberalen Prinzipien handelt[1].

---

* Hume, D., *Essays*, Band I, Teil I, Essay VII, S. 125. Der Gedanke kommt jedoch offensichtlich bereits aus den großen Debatten des vorhergehenden Jahrhunderts. William Haller druckt als Titelbild zu Band I der *Tracts on Liberty in the Puritan Revolution 1638–1647* (New York: Columbia University Press, 1934) ein Flugblatt mit einer Radierung von Wenceslas Hollar ab, die von 1641 datiert und mit den Worten überschrieben ist: »The World Is Ruled and Governed by Opinion«.

[1] Über den Ursprung des Begriffes des »totalen« Staates und den Gegensatz von Totalitarismus zu Liberalismus, aber nicht zu Demokratie vgl. die frühe Diskussion in Ziegler, H. O., *Autoritärer oder totaler Staat*, Tübingen 1932, insbesondere S. 6–14; siehe auch Neumann, F. L., *The Democratic and The Authoritarian State*, Glencoe, Ill.: The Free Press, 1957. Der Standpunkt der »dogmatischen Demokraten«, wie wir sie in diesem

Wie die meisten Wörter in unserem Gebiet wird auch das Wort »Demokratie« oft in einem weiteren und unbestimmteren Sinn gebraucht. Wenn es aber in der strengen Bedeutung zur Bezeichnung einer Regierungsform – nämlich der Herrschaft der Mehrheit – gebraucht wird, bezieht es sich auf ein anderes Problem als das des Liberalismus. Der Liberalismus ist eine Lehre über den zulässigen Inhalt der Gesetze, die Demokratie ist ein Grundsatz über das Verfahren, in dem bestimmt wird, was als Gesetz zu gelten hat. Der Liberalismus betrachtet es als wünschenswert, daß nur das Gesetz sein soll, was die Mehrheit anerkennt, aber er glaubt nicht, daß das deswegen immer ein gutes Gesetz sein wird. Sein Ziel ist, die Mehrheit zu überreden, in der Gesetzgebung gewissen Grundsätzen zu folgen. Er anerkennt die Herrschaft der Mehrheit als eine Methode der Entscheidung, aber nicht als eine Autorität, die sagen kann, wie die Entscheidung ausfallen soll. Für den doktrinären Demokraten dagegen bildet die Tatsache, daß die Mehrheit etwas will, einen ausreichenden Grund, es auch für gut zu halten; für ihn bestimmt der Mehrheitswille nicht nur, was Gesetz ist, sondern auch, was ein gutes Gesetz ist.

Über diesen Unterschied zwischen dem liberalen und dem demokratischen Ideal besteht weitgehende Übereinstimmung[2]. Es gibt aber auch Leute, die das

---

Kapitel durchweg bezeichnen, ist klar zu erkennen in Mims, E., *The Majority of the People*, New York 1941, und Commager, H.S., *Majority Rule and Minority Rights*, New York: Oxford University Press, 1943.

[2] Vgl. z.B. Ortega y Gasset, J., *Obras Completas*, Segunda Edición, Madrid: Revista de Occidente, 1950, Bd. II, El Espectador, V (1927), S. 424–425: »Democracia y liberalismo son dos respuestas a dos cuestiones de derecho politico completamente distintas.

La democracia responde a esta pregunta: ¿Quién debe ejercer el Poder público? La respuesta es: el ejercicio del Poder púplico corresponde a la colectividad de los ciudadanos.

Pero en esa pregunta no se habla de qué extensión deba tener el Poder público. Se trata sólo de determinar el sujeto a quien el mando compete. La democracia propone que mandemos todos; es decir: que todos intervengamos soberanamente en los hechos sociales.

El liberalismo, en cambio, responde a esta otra pregunta: ejerza quienquiera el Poder público, ¿cuáles deben ser los límites de éste? La respuesta suena así: el Poder público, ejérzalo un autócrata o el pueblo, no puede ser absoluto, sino que las personas tienen derechos previos a toda injerencia del Estado. Es, pues, la tendencia a limitar la intervención del Poder público.« Vgl. auch ders., *Der Aufstand der Massen*, in: *Gesammelte Werke*, Stuttgart: Deutsche Verlagsanstalt, 1954.

Mit ähnlichem Nachdruck vertritt Max Lerner vom Standpunkt des dogmatischen Demokraten dieselbe Auffassung in »Minority Rule and the Constitutional Tradition«, in: Read, C. (Hrsg.), *The Constitution Reconsidered*, New York: Columbia University Press, 1938, S. 199: »When I speak of *democracy* here, I want to distinguish it sharply from *liberalism*. There is no greater confusion in the layman's mind today than the tendency to indentify the two.« Vgl. auch Kelsen, H., »Foundations of Democracy«, *Ethics*, LXVI, No. 1, Bd. II, 1955 (S. 1–101), S. 3: »It is of importance to be aware that the principle of democracy and that of liberalism are not identical, that there exists even a certain antagonism between them.« Ferner Benedict, R., »Primitive Freedom«, *Atlantic*

Wort »Freiheit« im Sinne von politischer Freiheit gebrauchen, und das führt dazu, daß sie Liberalismus und Demokratie gleichsetzen. Für diese kann das Ideal der Freiheit nicht die Richtschnur für die Ziele einer Demokratie sein: Denn jeder Zustand, den die Demokratie schafft, ist definitionsgemäß ein Zustand der Freiheit. Das ist zumindest ein sehr verwirrender Wortgebrauch.

Während der Liberalismus eine der Lehren über die Aufgaben und Ziele des Staates ist, unter denen die Demokratie zu wählen hat, sagt die Demokratie, da sie nur ein Verfahren ist, nichts über die Ziele der Politik. Obwohl das Wort »demokratisch« heute oft gebraucht wird, um gewisse gerade populäre Ziele, besonders gewisse egalitäre, zu bezeichnen, besteht kein notwendiger Zusammenhang zwischen Demokratie und irgend einer Ansicht darüber, wie die Macht der Mehrheit gebraucht werden soll. Um zu wissen, zu welcher Ansicht wir andere bekehren wollen, brauchen wir andere Kriterien als die jeweilige Ansicht der Mehrheit, die in dem Prozeß, in dem sich die Meinung bildet, irrelevant ist. Sie bietet uns sicherlich keine Antwort auf die Frage, wie der Einzelne wählen soll oder was wünschenswert ist – außer wir nehmen an, was viele dogmatische Demokraten anscheinend tun, daß jemandes Klassenzugehörigkeit ihn immer lehrt, seine wahren Interessen zu erkennen, und daß daher die Stimme der Mehrheit immer die besten Interessen der Mehrheit ausdrückt.

Monthly, Bd. 30, 1942 (S. 756–763), S. 760: »But being a democracy has not by itself guaranteed the blessings of liberty.«

Eine der besten historischen Darstellungen der Beziehung gibt Schnabel, F., *Deutsche Geschichte im neunzehnten Jahrhundert*, 3 Bände, 2. Aufl., Freiburg: Herder 1949, Bd. II, S. 98: »Liberalismus und Demokratie waren also nicht sich ausschließende Gegensätze, sondern handelten von zwei verschiedenen Dingen: der Liberalismus sprach vom Umfang der staatlichen Wirksamkeit, die Demokratie vom Inhaber der staatlichen Souveränität.« Vgl. auch Lowell, A. L., »Democracy and the Constitution«, in: *Essays on Government*, Boston 1889, S. 60–117; Schmitt, C., *Die geistesgeschichtlichen Grundlagen des heutigen Parlamentarismus*, München 1923; Radbruch, G., *Rechtsphilosophie*, 5. Aufl., Stuttgart 1956, S. 156ff., insbes. S. 161, 357; Wiese, L. v., »Liberalismus und Demokratismus in ihren Zusammenhängen und Gegensätzen«, *Zeitschrift für Politik*, Bd. IX, 1916; Srbik, H. v., *Deutsche Einheit*, I, München 1940, S. 245; Ritter, G., *Vom sittlichen Problem der Macht*, Bern: A. Francke, 1948, S. 106 und S. 118; Croce, B., »Liberalism as a Concept of Life«, in: *Politics and Morals*, New York 1945; Rossi, P., »Liberalismo e regime parlamentare in Gaetano Mosca«, *Giornale degli Economisti e Annali di Economia*, N. S., Bd. VIII, 1949, S. 621–634; Kägi, W., »Rechtsstaat und Demokratie (Antinomie und Synthese)«, in: *Demokratie und Rechtsstaat. Festgabe zum 60. Geburtstag von Zaccaria Giacometti*, Zürich: Polygraphischer Verlag, 1953, S. 107–142. Eine nützliche Übersicht eines Teiles der Literatur findet sich in Thür, J., *Demokratie und Liberalismus in ihrem gegenseitigen Verhältnis*, Dissertation, Zürich 1944. Siehe auch Orelli, K. v., *Das Verhältnis von Demokratie und Gewaltenteilung etc.*, Dissertation, Aarau: Sauerländer 1947.

2. Demokratie ist Mittel, nicht Zweck. Der gegenwärtige unterschiedliche Gebrauch des Wortes »demokratisch« als allgemeiner Ausdruck des Lobes ist nicht ungefährlich. Denn das legt den Gedanken nahe, daß, weil Demokratie etwas Gutes ist, es immer ein Gewinn für die Menschheit sein muß, wenn sie ausgedehnt wird. Das mag selbstverständlich klingen, aber es ist keineswegs so.

Es gibt zwei Richtungen, in denen die Demokratie ausgedehnt werden kann: den Bereich der wahlberechtigten Personen und den Bereich der Angelegenheiten, die im demokratischen Verfahren entschieden werden. In keinem dieser Belange kann ernstlich behauptet werden, daß jede mögliche Ausdehnung ein Gewinn ist oder daß das Prinzip der Demokratie verlangt, daß sie unbegrenzt ausgedehnt wird. Doch bei der Erörterung fast jeder besonderen Frage wird das Argument für die Demokratie gewöhnlich so dargestellt, als ob es außer Zweifel stünde, daß ihre größtmögliche Ausdehnung wünschenswert ist.

Daß das nicht so ist, wird hinsichtlich des Stimmrechts von praktisch jedermann implizite zugegeben. Es wäre schwer, nach irgend einer demokratischen Theorie jede mögliche Ausdehnung des Stimmrechts als eine Verbesserung anzusehen. Wir sprechen vom allgemeinen Wahlrecht der Erwachsenen, aber die Grenzen des Wahlrechts werden tatsächlich weitgehend nach Zweckmäßigkeitsüberlegungen bestimmt. Das gewöhnlich erforderliche Mindestalter von einundzwanzig Jahren und die Ausschließung von Verbrechern, von im Lande ansässigen Ausländern oder im Ausland lebenden Staatsbürgern und der Einwohner besonderer Gebiete oder Territorien gelten allgemein als berechtigt und vernünftig. Es ist auch keineswegs klar, daß das Proportionalwahlrecht besser ist, weil es demokratischer erscheint[3]. Man kann kaum sagen, daß es die Gleichheit vor dem Gesetz fordert, daß alle Erwachsenen wahlberechtigt sind; diesem Prinzip wäre Genüge getan, wenn für alle dieselbe unpersönliche Regel gälte. Wenn nur Menschen über vierzig Jahre, oder nur Einkommensbezieher, oder nur Haushaltungsvorstände, oder nur des Schreibens und Lesens Kundige wahlberechtigt wären, wäre das ebensowenig eine Durchbrechung des Prinzips wie die Beschränkungen, die allgemein üblich sind. Es kann auch vernünftigerweise argumentiert werden, daß den Idealen der Demokratie besser gedient wäre, wenn etwa alle Staatsangestellten oder alle Empfänger von öffentlichen Unterstützungen vom Wahlrecht ausgeschlossen wären[4]. Daß in der westlichen Welt allgemeines Wahlrecht der Erwachsenen das beste Arran-

---

3 Siehe Hermens, F.A., *Democracy or Anarchy?*, Notre Dame, Indiana, 1941.

4 Es ist nützlich, daran zu erinnern, daß in der ältesten und erfolgreichsten Demokratie Europas, der Schweiz, die Frauen – offenbar mit Zustimmung ihrer Mehrheit – noch vom Wahlrecht ausgeschlossen sind. Es ist anscheinend ebenso möglich, daß unter primitiven Verhältnissen nur eine Beschränkung des Wahlrechts, z.B. auf Landeigentümer, eine gesetzgebende Körperschaft hervorbrächte, die hinreichend unabhängig von der Regierung wäre, um diese wirksam zu kontrollieren.

gement zu sein scheint, beweist nicht, daß dies durch irgend ein grundlegendes Prinzip erforderlich ist.

Wir sollten auch bedenken, daß das Recht der Majorität gewöhnlich nur innerhalb eines gegebenen Staates anerkannt wird, und daß ein Staat nicht immer eine natürliche oder offensichtliche Einheit ist. Wir finden es gewiß nicht richtig, wenn die Bürger eines großen Landes die Bürger eines kleinen angrenzenden Landes beherrschen, bloß weil sie zahlreicher sind. Es ist nicht einzusehen, warum eine Mehrheit von Menschen, die sich für bestimmte Zwecke in einem Staat oder einer überstaatlichen Organisation zusammengeschlossen haben, das Recht haben sollten, ihren Machtbereich nach Belieben auszudehnen. Die herrschende Theorie der Demokratie leidet daran, daß sie gewöhnlich im Hinblick auf eine ideale homogene Gemeinschaft entwickelt wird und dann auf die sehr unvollkommenen und oft willkürlichen Einheiten, die die bestehenden Staaten darstellen, angewendet wird.

Diese Bemerkungen sollen nur zeigen, daß selbst der dogmatischste Demokrat schwerlich behaupten kann, daß jede Ausdehnung der Demokratie etwas Gutes ist. So überzeugend auch die allgemeinen Argumente für die Demokratie sind, sie ist kein letzter oder absoluter Wert und muß danach beurteilt werden, was sie leistet. Sie ist wahrscheinlich die beste Methode, gewisse Ziele zu erreichen, aber nicht ein Ziel an sich[5]. Obwohl das demokratische Verfahren wahrscheinlich überall dort gut ist, wo es offensichtlich ist, daß gemeinsames Handeln erforderlich ist, muß die Frage, ob es wünschenswert ist, den Bereich kollektiver Entscheidung zu erweitern, aus anderen Gründen als dem Prinzip der Demokratie als solchem entschieden werden.

3. Volkssouveränität. Die demokratische Überlieferung und die liberale Überlieferung stimmen also darin überein, daß überall dort, wo staatliche Aktion erforderlich ist, und insbesondere, wenn zu erzwingende Regeln festgelegt werden müssen, die Entscheidung von der Mehrheit getroffen werden soll. Sie nehmen jedoch verschiedene Standpunkte ein bezüglich des Bereichs der Staatstätigkeit, die durch demokratische Entscheidung gelenkt werden soll. Der dogmatische Demokrat erachtet es als wünschenswert, daß möglichst viele Fragen durch Mehrheitsbeschluß entschieden werden, während der Liberale

[5] Vgl. Maitland, F.W., *Collected Papers*, Cambridge: Cambridge University Press, 1911, Bd. I, S. 84: »Those who took the road to democracy to be the road to freedom mistook temporary means for an ultimate end.« Ebenso Schumpeter, J.A., *Kapitalismus, Sozialismus und Demokratie*, deutsch von Preiswerk, S., Bern: A. Francke, 1946, S. 384: »Die Demokratie ist eine politische *Methode*, das heißt: eine gewisse Art institutioneller Ordnung, um zu politischen – legislativen und administrativen – Entscheidungen zu gelangen, und daher unfähig, selbst ein Ziel zu sein, unabhängig davon, welche Entscheidungen sie unter gegebenen historischen Verhältnissen hervorbringt.«

meint, daß es für den Bereich der Fragen, die so entschieden werden sollen, bestimmte Grenzen gibt. Der dogmatische Demokrat meint insbesondere, daß die jeweilige Mehrheit das Recht haben soll, zu bestimmen, welche Gewalt sie hat und wie diese auszuüben ist, während der Liberale findet, daß es wichtig ist, die Gewalt jeder zeitweiligen Mehrheit durch langfristige Grundsätze zu beschränken. Für ihn hat die Mehrheitsentscheidung ihre Gültigkeit nicht kraft eines Willensaktes von seiten der augenblicklichen Majorität, sondern kraft einer weiterreichenden Übereinstimmung über allgemeine Grundsätze.

Der Zentralbegriff des doktrinären Demokraten ist der der Volkssouveränität. Das heißt für ihn, daß die Herrschaft der Mehrheit unbeschränkt und unbeschränkbar ist. Das Ideal der Demokratie, die ursprünglich alle willkürliche Gewalt verhindern sollte, wird damit zur Rechtfertigung für eine neue willkürliche Gewalt. Doch die demokratische Entscheidung hat Autorität dadurch, daß sie von der Mehrheit einer Gemeinschaft getroffen ist, die durch bestimmte, den meisten Mitgliedern gemeinsame Ansichten zusammengehalten wird; und es ist notwendig, daß sich die Mehrheit in diese gemeinsamen Prinzipien fügt, auch wenn es vielleicht in ihrem unmittelbaren Interesse wäre, sie zu durchbrechen. Es ist ohne Belang, daß diese Ansicht früher als »Naturrecht« oder »Gesellschaftsvertrag« dargestellt wurde, Begriffe, die uns heute nicht mehr viel bedeuten. Das Wesentliche bleibt bestehen: Es ist die Anerkennung solcher gemeinsamer Prinzipien, die aus einer Gruppe von Menschen eine Gemeinschaft macht. Und diese gemeinsame Anerkennung ist die unerläßliche Bedingung für eine freie Gesellschaft. Aus einer Gruppe von Menschen wird normalerweise nicht dadurch eine Gesellschaft, daß sie sich Gesetze geben, sondern dadurch, daß sie die gleichen Verhaltensregeln befolgen[6]. Das bedeutet, daß die Gewalt der Mehrheit durch jene gemeinsamen Grundsätze beschränkt ist und daß es darüber hinaus keine legitime Gewalt gibt. Es ist gewiß notwendig, daß die Menschen sich darüber einigen, wie notwendige Aufgaben durchzuführen sind, und es ist vernünftig, diese Entscheidung der Mehrheit zu überlassen; aber es ist keineswegs offensichtlich, daß diese Mehrheit auch das Recht haben muß, ihre eigene Kompetenz zu bestimmen. Es besteht gar kein

---

[6] Vgl. Hoebel, E., *The Law of Primitive Man*, Cambridge: Harvard University Press, 1954, S. 100, sowie Fleiner, F., *Tradition, Dogma, Entwicklung als aufbauende Kräfte der schweizerischen Demokratie*, Zürich 1933, wiederabgedruckt in des Verfassers *Ausgewählte Schriften und Reden*, Zürich 1941; auch Menger, C., *Untersuchungen*, S. 277: »Das Volksrecht in seiner ursprünglichsten Form ist solcherart allerdings nicht das Ergebniss eines Vertrags oder einer auf die Sicherung des Gemeinwohls hinzielenden Reflexion. Es ist aber auch nicht, wie die historische Schule behauptet, mit dem Volke zugleich gegeben; es ist vielmehr älter, als die Erscheinung dieses letztern, ja es ist eines der stärksten Bindemittel, durch welches die Bevölkerung eines Territoriums zu einem Volke wird und zu einer staatlichen Organisation gelangt.«

Grund, warum es nicht Dinge geben soll, die niemand das Recht hat zu tun. Fehlen ausreichender Übereinstimmung über die Notwendigkeit gewisser Verwendungen der Zwangsgewalt sollte bedeuten, daß niemand sie legitim ausüben kann. Die Anerkennung der Rechte der Minderheiten setzt voraus, daß sich die Gewalt der Mehrheit in letzter Linie von Grundsätzen ableitet, die auch die Minderheiten anerkennen, und daß sie durch diese Grundsätze beschränkt ist.

Das Prinzip, daß alles, was die Regierung macht, die Zustimmung der Mehrheit haben soll, muß daher nicht bedeuten, daß die Mehrheit moralisch berechtigt ist zu tun, was ihr beliebt. Es kann gewiß keine moralische Rechtfertigung dafür geben, daß eine Mehrheit ihren Mitgliedern Vorrechte gewährt, indem sie Gesetze zu ihren Gunsten erläßt. Demokratie muß nicht unbeschränkte Gewalt bedeuten. Und eine demokratische Regierung braucht nicht weniger notwendig feststehende Vorkehrungen zum Schutze der persönlichen Freiheit als irgend eine andere. Tatsächlich geschah es erst in einem verhältnismäßig späten Stadium der Entwicklung der modernen Demokratie, daß große Demagogen zu argumentieren begannen, daß keine Notwendigkeit einer Beschränkung der Gewalt mehr bestehe, weil sie ja nun in den Händen des Volkes liege[7]. Wenn behauptet wird, daß »in einer Demokratie Recht das ist, was die Mehrheit dazu macht«[8], ist die Demokratie in Demagogie ausgeartet.

4. Die Rechtfertigung der Demokratie. Da die Demokratie eher ein Mittel als ein Zweck ist, müssen ihre Grenzen im Hinblick auf die Zwecke festgelegt werden, denen sie dienen soll. Es gibt drei Hauptargumente, mit denen die De-

---

[7] Vgl. z.B. die Rede von Joseph Chamberlain vor dem »Eighty« Club vom 28. April 1885, wiedergegeben in der *Times*, London, vom 29. April 1885: »When government was represented only by the authority of the Crown and the views of a particular class, I can understand that it was the first duty of men who valued their freedom to restrict its authority and to limit its expenditure. But all that is changed. Now government is the organized expression of the wishes and the wants of the people and under these circumstances let us cease to regard it with suspicion. Suspicion is the product of an older time, of circumstances which have long since disappeared. Now it is our business to extend its functions and to see in what way its operations can be usefully enlarged.« Vgl. jedoch Mill, J.St., der bereits 1848 dieser Auffassung entgegentrat: *Principles*, Buch V, Kap. XI, Abschn. 3, S. 944, und ebenso in: *On Liberty*, hrsg. v. McCallum, R.B., Oxford 1946, S. 3; sowie die in F. A. Hayek, *Die Verfassung der Freiheit, Schriften* B3, Kapitel 16, Anm. 79, angeführte Äußerung von Thomas Jefferson. In der Tat geht jene Idee bis auf Rousseau zurück, der (in: *Du contrat social*, Buch I, Kapitel VII, »Bibliothèque Philosophique«, Editions Montaigne, 1943, S. 106) ausführt, daß, wenn das Volk selbst eine unumschränkte Legislatur bildet, »la puissance Souveraine n'a nul besoin de garant envers les sujets, parce qu'il est impossible que le corps veuille nuire à tous ses membres, et nous verrons ci-après qu'il ne peut nuire à aucun en particulier.«

[8] Finer, H., *Road to Reaction*, Boston 1945, S. 60.

mokratie gerechtfertigt werden kann, von denen jedes überzeugend sein dürfte. Das erste ist, daß, wann immer von mehreren widerstreitenden Meinungen eine vorherrschen muß und eine bestimmte, wenn nötig, auch mit Gewalt zum Sieg gebracht werden soll, es zur Bestimmung, welche die größere Unterstützung hat, billiger ist, die Stimmen zu zählen als zu kämpfen. Demokratie ist die einzige Methode der friedlichen Änderung, die die Menschen bisher erfunden haben[9].

Das zweite Argument, das historisch das wichtigste war und immer noch wichtig ist, obwohl wir nicht mehr so sicher sein können, daß es immer gilt, ist, daß Demokratie ein wichtiger Bürge für die persönliche Freiheit ist. Ein Autor des siebzehnten Jahrhunderts hat einmal gesagt: »Das Gute an der Demokratie ist Freiheit, und der Mut und der Fleiß, den Freiheit zeugt.«[10] Diese Ansicht anerkennt natürlich, daß Demokratie noch nicht Freiheit ist; sie behauptet nur, daß Demokratie eher Freiheit schaffen wird als andere Regierungsformen. Diese Ansicht mag wohlbegründet sein, sofern es sich darum handelt, die Ausübung von Zwang auf Individuen durch andere Individuen zu verhindern: Denn es kann kaum zum Nutzen einer Mehrheit sein, wenn einige Individuen die Macht haben, auf andere willkürlich Zwang auszuüben. Wenn es aber um den Schutz des Einzelnen gegen kollektives Handeln der Mehrheit geht, liegen die Dinge anders. Aber auch da kann argumentiert werden, daß Zwangsgewalt, da sie tatsächlich immer von wenigen ausgeübt werden muß, wahrscheinlich weniger mißbraucht wird, wenn die Gewalt, die den wenigen übertragen ist, von jenen, die sich ihr unterwerfen müssen, immer widerrufen werden kann.

---

9 Siehe Stephen, J. F., *Liberty, Equality, Fraternity*, London 1873, S. 27: »We agree to try strength by counting heads instead of breaking heads. ... It is not the wisest side which wins, but the one which for the time being shows its superior strength (of which no doubt wisdom is one element) by enlisting the largest amount of active sympathy in its support. The minority gives way, not because it is convinced that it is wrong, but because it is convinced that it is a minority.« Vgl. auch Mises, L. v., *Human Action*, New Haven: Yale University Press, 1949, S. 150: »For the sake of domestic peace, liberalism aims at democratic government. Democracy is therefore not a revolutionary institution. On the contrary, it is the very means of preventing revolutions and civil wars. It provides a method for the peaceful adjustment of government to the will of the majority.« Ähnlich Popper, K. R., »Prediction and Prophecy and Their Significance for Social Theory«, in: *Proceedings of the 10th International Congress for Philosophy*, Bd. I, Amsterdam 1948, besonders S. 90: »I personally call the type of government which can be removed without violence ›democracy‹, and the other ›tyranny‹«; siehe auch Hand, L., *The Spirit of Liberty: Papers and Addresses of Learned Hand*, hrsg. v. Dillard, I., New York 1959, S. 76: »For, abuse it as you will, it gives a bloodless measure of social forces – bloodless, have you thought of that? – a means of continuity, a principle of stability, a relief from the paralyzing terror of revolution.«

10 Culpepper, Sir John, *An Exact Collection of All Remonstrances, ... between the King and his High Court of Parliament*, London 1643, S. 266.

Doch wenn die Aussichten der persönlichen Freiheit in einer Demokratie auch besser sind als unter anderen Regierungsformen, sind sie doch nicht sicher. Die Aussichten der Freiheit hängen davon ab, ob die Mehrheit sie zu ihrem bewußten Ziel macht. Sie hätte wenig Aussicht auf Erhaltung, wenn wir uns darauf verlassen würden, daß das bloße Bestehen der Demokratie sie schon sichert.

Das dritte Argument beruht auf der Wirkung, die das Bestehen demokratischer Einrichtungen auf das allgemeine Niveau des Verständnisses für die öffentlichen Angelegenheiten hat. Dies scheint mit das stärkste Argument zu sein. Es mag richtig sein, wie oft behauptet wurde[11], daß in jeder gegebenen Situation eine Regierung, die aus einer gebildeten Elite besteht, eine leistungsfähigere und vielleicht sogar auch gerechtere Regierung wäre als eine von der Mehrheit gewählte. Das Entscheidende ist aber, daß wir bei der Gegenüberstellung von demokratischen und anderen Regierungsformen das Verständnis des Volkes für die Probleme nicht jederzeit als etwas Gegebenes betrachten dürfen. Es ist das immer wiederkehrende Argument in Tocquevilles großem Werk »Demokratie in Amerika«, daß die Demokratie die einzig wirksame Methode ist, die Mehrheit zu erziehen[12]. Das ist heute ebenso wahr wie zu seiner Zeit. Die Demokratie ist vor allem ein Prozeß der Meinungsbildung. Ihr Hauptvorteil liegt nicht in ihrer Methode, die Regierenden auszuwählen, sondern in der Tatsache, daß, da ein großer Teil der Bevölkerung an der Meinungsbildung aktiv teilnimmt, ein entsprechend großer Kreis von Personen zur

[11] Wie fasziniert die rationalistischen Liberalen von der Vorstellung eines Regierungssystems waren, in dem die politischen Fragen entschieden wurden, nicht »by an appeal, either direct or indirect, to the judgment or will of an uninstructed mass, whether of gentlemen or of clowns, but by the deliberately formed opinions of a comparatively few, specially educated for the task«, zeigt sich deutlich in dem frühen Aufsatz von Mill, J. St., »Democracy and Government«, *London Review*, 1835, wiederabgedruckt in: *Early Essays*, London 1897, S. 384, dem das vorhergehende Zitat entnommen ist. Er fährt mit dem Hinweis fort, daß »of all governments, ancient or modern, the one by which this excellence is possessed in the most eminent degree, is the government of Prussia – a most powerfully and skillfully organized aristocracy of the most highly-educated men in the Kingdom.« Vgl. auch die Stelle in: *On Liberty*, hrsg. v. McCallum, R. B., Oxford 1946, S. 9. Bezüglich der Anwendbarkeit von Freiheit und Demokratie auf weniger zivilisierte Völker waren manche der alten Whigs beträchtlich liberaler als die späteren Radikalen. T. B. Macaulay schreibt z. B. in seinem Essay über Milton in: *Critical and Historical Essays*, Neuauflage, London 1872, S. 20: »Many politicians of our time are in the habit of laying it down as a self-evident proposition, that no people ought to be free till they are fit to use their freedom. The maxim is worthy of the fool in the old story, who resolved not to go into the water till he had learned to swim. If men are to wait for liberty till they become wise and good in slavery, they may indeed have to wait forever.«

[12] Hier liegt wohl auch die Erklärung für den eigenartigen Widerspruch bei Tocqueville, der beständig an fast allen einzelnen Punkten der Demokratie etwas auszusetzen hat, das Prinzip aber begeistert annimmt, was so charakteristisch für sein Werk ist.

Verfügung steht, aus denen ausgewählt werden kann. Wir mögen zugeben, daß die Demokratie die Macht nicht in die Hände der Weisesten und Bestinformierten legt und daß in jedem gegebenen Zeitpunkt die Entscheidung einer aus einer Elite gebildeten Regierung für das Ganze wohltätiger sein kann; aber das braucht uns nicht abzuhalten, immer noch der Demokratie den Vorzug zu geben. Der Wert der Demokratie zeigt sich in ihren dynamischen, nicht in ihren statischen Aspekten. Ebenso wie bei der Freiheit zeigen sich auch bei der Demokratie die Vorteile nur im Laufe der Zeit, während ihre unmittelbaren Leistungen denen anderer Regierungsformen sehr wohl nachstehen können.

5. Der Prozeß der Meinungsbildung. Die Auffassung, daß die Regierung von der Meinung der Mehrheit geleitet werden soll, hat nur Sinn, wenn diese Meinung von der Regierung unabhängig ist. Das Ideal der Demokratie beruht auf dem Glauben, daß die Ansicht, die die Regierung lenkt, aus einem selbständigen und spontanen Prozesses hervorgeht[12a]. Sie erfordert daher das Bestehen eines großen, nicht von den Ansichten der Mehrheit beherrschten Bereichs, in dem sich die Meinungen der Einzelnen bilden können. Es wird ziemlich übereinstimmend erkannt, daß aus diesem Grund Demokratie und Rede- und Diskussionsfreiheit untrennbar zusammengehören.

Aber die Ansicht, daß Demokratie nicht nur eine Methode bietet, Meinungsverschiedenheiten über den einzuschlagenden Kurs auszugleichen, sondern eine Richtschnur dafür, welche Meinung herrschen sollte, hat bereits weitreichende Folgen gehabt. Insbesondere hat sie die Fragen ernstlich durcheinander gebracht, was tatsächlich geltendes Gesetz ist und was Gesetz sein sollte. Wenn die Demokratie funktionieren soll, ist es ebenso wichtig, daß das erste immer festgestellt werden kann, wie daß das zweite immer in Frage gestellt werden kann. Mehrheitsentscheidungen sagen uns, was die Menschen im Augenblick wollen, aber nicht, was in ihrem Interesse läge zu wollen, wenn sie besser informiert wären; und sie wären wertlos, wenn sie durch Überredung nicht geändert werden könnten. Das Argument für die Demokratie setzt voraus, daß eine Minderheitenansicht die Ansicht der Mehrheit werden kann.

Es wäre unnötig, dies zu betonen, wenn es nicht der Tatsache wegen wäre, daß es manchmal als die Pflicht des Demokraten und insbesondere des demokratischen Intellektuellen dargestellt würde, sich den Ansichten und Werten

---

[12a] Vgl. Boulding, K.E., *The Organizational Revolution. A Study in the Ethics of Economic Organization*, New York: Harper & Brothers, 1953, S. 250: »Increasingly, therefore, the state becomes an entity separate from its citizens even in democratic societies, making decisions of which they are not aware, maneuvering them into positions from which they cannot retreat, itself creating the public opinion on which its power ultimately rests, until the state is now in danger of becoming the greatest enemy of man instead of his wisest friend.«

der Mehrheit anzuschließen. Es besteht wohl die Konvention, daß die Ansicht der Mehrheit vorherrschen sollte, soweit kollektives Handeln betroffen ist, aber das bedeutet nicht im mindesten, daß man nicht jede Anstrengung machen sollte, sie zu ändern. Man kann großen Respekt vor dieser Konvention haben und doch sehr wenig vor der Weisheit der Mehrheit. Unser Wissen und unsere Einsicht machen nur deshalb Fortschritte, weil es immer Menschen geben wird, die den Anschauungen der Mehrheit entgegentreten. Es wird wahrscheinlich im Prozeß der Meinungsbildung geschehen, daß eine Meinung zu der Zeit, da sie die Meinung der Mehrheit geworden ist, nicht mehr die beste ist: Irgend jemand wird schon über den Punkt hinaus sein, den die Mehrheit gerade erst erreicht hat[13]. Aber weil wir noch nicht wissen, welche der vielen miteinander in Wettbewerb stehenden, neuen Meinungen sich als die beste erweisen wird, warten wir, bis sie genügend Unterstützung gewonnen hat.

Die Vorstellung, daß die Bestrebungen aller von der Meinung der Mehrheit gelenkt werden sollten, oder daß eine Gesellschaft desto besser ist, je mehr sie den Anschauungen der Mehrheit entspricht, ist tatsächlich eine Verkehrung des Prinzips, auf dem die Entwicklung der Zivilisation beruht. Ihre allgemeine Annahme würde wahrscheinlich die Stagnation, wenn nicht den Verfall der Zivilisation bedeuten. Fortschritt besteht darin, daß die Wenigen die Vielen überzeugen. Irgendwo müssen neue Ansichten zuerst auftreten, bevor sie die Ansichten der Mehrheit werden können. Es gibt keine Erfahrung der Gesellschaft, die nicht zuerst die Erfahrung einiger weniger Einzelner ist. Und der Prozeß der Bildung einer Mehrheitsmeinung ist auch nicht völlig oder auch nur hauptsächlich eine Sache der Diskussion, wie die überintellektualisierte Vorstellung es haben will. Es ist etwas Wahres an der Ansicht, daß Demokratie Regierung durch Diskussion ist, aber das bezieht sich nur auf das letzte Stadium des Prozesses, in dem die Vorzüge der verschiedenen Anschauungen und Wünsche geprüft werden. Obwohl Diskussion wesentlich ist, ist sie nicht die Hauptquelle, aus der die Menschen lernen. Ihre Ansichten und Wünsche werden durch Einzelne gebildet, die nach ihren eigenen Entwürfen handeln; sie profitieren von der Erfahrung, die Einzelne aus ihrer Tätigkeit gewonnen haben. Würden nicht manche Menschen mehr wissen als die übrigen und besser in der Lage sein, die anderen zu überzeugen, gäbe es in den Meinungen nicht viel Fortschritt. Da wir normalerweise nicht wissen, wer die Dinge am besten versteht, überlassen wir die Entscheidung einem Prozeß, den wir nicht in unserer Hand haben. Aber immer ist es eine Minderheit, die in einer Art und Weise handelt, die verschieden ist von derjenigen, die die Mehrheit ihr vorschreiben würde, von der die Mehrheit schließlich lernt, es besser zu machen.

---

[13] Vgl. die in Anm. 15 zitierte Äußerung von Dicey.

6. Die Notwendigkeit von Prinzipien und die Gefahr des Dahintreibens. Wir haben keinen Grund, den Mehrheitsentscheidungen jene höhere überpersönliche Weisheit zuzuschreiben, die die Ergebnisse eines spontanen gesellschaftlichen Wachstums in gewissem Sinn besitzen können. In den Mehrheitsbeschlüssen werden wir vergebens nach einer solchen höheren Weisheit suchen. Sie werden eher weniger weise sein als die Entscheidungen, die die gescheitesten Mitglieder der Gruppe treffen würden, nachdem sie alle Ansichten angehört haben: Denn sie werden weniger sorgfältig durchdacht sein und gewöhnlich einen Kompromiß darstellen, der niemand ganz befriedigt. Das gilt vielleicht noch mehr für das kumulative Ergebnis einer Reihe von Entscheidungen von sukzessiven Mehrheiten verschiedener Zusammensetzung: Das Ergebnis wird der Ausdruck verschiedener und oft widersprüchlicher Motive und Ziele sein, nicht der Ausdruck einer zusammenhängenden Konzeption.

Ein solcher Prozeß sollte nicht mit den spontanen Prozessen verwechselt werden, die nach der Erfahrung freier Gemeinschaften vieles besser entstehen lassen, als persönliche Weisheit ersinnen kann. Wenn wir unter einem »sozialen Prozeß« die schrittweise Entwicklung verstehen, die bessere Lösungen hervorbringt als ein bewußt entworfener Plan, kann die Durchsetzung des Willens der Mehrheit kaum als ein solcher gelten. Denn dieser Vorgang unterscheidet sich grundsätzlich von jenem freien Wachstum, aus dem Bräuche und Einrichtungen entstehen, weil sein zwangsmäßiger, monopolistischer und exklusiver Charakter die selbstberichtigenden Kräfte zerstört, die in einer freien Gesellschaft bewirken, daß fehlerhafte Versuche aufgegeben werden und die erfolgreichen sich durchsetzen. Er unterscheidet sich auch grundsätzlich von dem kumulativen Prozeß, in dem das Recht durch gerichtliche Vorentscheidungen gebildet wird, zumindest sofern die Mehrheit nicht ebenso wie die Gerichte sich durch allgemeine Grundsätze gebunden fühlt, die ihre einzelnen Entscheidungen zu einem zusammenhängenden Ganzen verschmelzen.

Außerdem führen Mehrheitsentscheidungen, die nicht durch anerkannte allgemeine Prinzipien geleitet sind, besonders leicht zu Gesamtergebnissen, die niemand gewollt hat. Nur zu oft sieht sich eine Majorität durch ihre eigenen Entscheidungen zu weiteren Schritten gezwungen, die weder bedacht noch gewünscht waren. Der Glaube, daß kollektives Handeln auf Prinzipien verzichten kann, ist meist eine Illusion, und die Folge des Verzichts auf Grundsätze ist gewöhnlich, daß es durch die unerwarteten Konsequenzen früherer Entscheidungen in eine bestimmte Richtung getrieben wird. Die einzelne Entscheidung mag nur für eine bestimmte Situation gemeint gewesen sein. Aber sie führt zu der Erwartung, daß in jeder ähnlichen Situation die Regierung ebenso handeln wird. So führen Grundsätze, die nie zu allgemeiner Anwendung gedacht waren und deren allgemeine Anwendung schädliche oder absurde Ergebnisse zeitigen kann, zu weiteren Entscheidungen, die ursprünglich kaum jemand gewünscht hätte. Eine Regierung, die sich auf keinerlei Grundsätze festlegt und vorgibt, jedes einzelne Problem unvoreingenommen zu beurteilen, sieht sich bald zur Verfolgung von Grundsätzen gezwungen, die sie nicht selbst gewählt hat, und zu Entscheidungen, die sie nie erwogen hat. Es ist uns heute eine vertraute Erscheinung, daß Regierungen mit dem stolzen Anspruch antreten, daß sie alles völlig bewußt in der Hand haben werden, sich aber sehr bald bei jedem Schritt von Notwendigkeiten bedrängt sehen, die ihre früheren Entscheidungen geschaffen haben. Gerade seit die Regierungen sich allmächtig fühlen, hören wir so viel über die Notwendigkeit und Unabänderlichkeit, dies oder jenes zu tun, wovon sie genau wissen, daß es unklug ist.

7. Die Herrschaft der Ideen. Wenn der Politiker oder Staatsmann keine andere Wahl hat, als einen bestimmten Kurs des Handelns einzuschlagen (oder wenn sein Handeln vom Historiker als unvermeidbar angesehen wird), geschieht dies, weil seine oder anderer Leute Meinung, nicht objektive Tatsachen, ihm keine Alternative lassen. Nur Leuten, die unter dem Einfluß bestimmter Überzeugungen stehen, mag irgend jemandes Reaktion auf gegebene Ereignisse ausschließlich als durch die Umstände bedingt erscheinen. Für den Berufspolitiker, der mit Einzelfragen befaßt ist, sind diese Überzeugungen allerdings in jeder Hinsicht unabänderliche Tatsachen. Es ist fast notwendig, daß er unoriginell ist, daß er sein Programm aus Meinungen zusammenstellt, die von vielen geteilt werden. Der erfolgreiche Politiker verdankt seine Macht der Tatsache, daß er sich im Rahmen des herrschenden Denkens bewegt und in konventioneller Weise denkt und spricht. Ein Politiker, der ein geistiger Führer ist, wäre beinahe eine contradictio in adjecto. Seine Aufgabe in einer Demokratie ist es, herauszufinden, was die Meinungen der großen Mehrheit sind, nicht, neue Ideen in Umlauf zu setzen, die in ferner Zukunft die Ansicht der Mehrheit werden können.

Die Anschauungen, die jeweils die politischen Entscheidungen bestimmen, sind immer das Ergebnis einer langsamen Entwicklung, die sich über lange Zeitspannen erstreckt und auf vielen verschiedenen Ebenen vonstatten geht. Neue Ideen tauchen in den Köpfen Einzelner auf und breiten sich langsam aus, bis sie schließlich der Besitz der Mehrheit werden, die kaum etwas von ihrem Ursprung weiß. In der modernen Gesellschaft beruht dieser Prozeß auf einer Funktionsteilung zwischen jenen, die sich in erster Linie mit speziellen Fragen beschäftigen, und jenen, die mit allgemeinen Ideen befaßt sind, mit der Formulierung und wechselseitigen Anpassung der allgemeinen Grundsätze, die sich aus früherer Erfahrung ergeben haben. Unsere Ansichten, sowohl über die Folgen verschiedener Handlungsweisen als auch über die anzustrebenden Ziele, sind hauptsächlich Maximen, die wir als Teil des Erbgutes unserer Gesellschaft übernommen haben. Diese politischen und moralischen Anschauungen sind ebenso wie die wissenschaftlichen Ansichten ursprünglich von jenen entwickelt worden, die sich berufsmäßig mit abstrakten Ideen beschäftigten. Von ihnen stammen die Grundbegriffe, die das Denken sowohl des einfachen Mannes als auch der politischen Führer bestimmen und ihr Handeln leiten.

Die Überzeugung, daß auf lange Zeit gesehen Ideen und daher die Menschen, die neue Ideen in die Welt setzen, die Entwicklung bestimmen, und der Glaube, daß die einzelnen Schritte des Prozesses von einer Gesamtanschauung geleitet werden sollen, haben seit langem einen wesentlichen Bestandteil der liberalen Anschauung gebildet. Es ist nicht möglich, Geschichte zu studieren, ohne sich der »Lektion [bewußt zu werden], die der Menschheit von jedem Zeitalter erteilt wird, aber immer unbeachtet bleibt – daß nämlich spekulative Philosophie, die dem Oberflächlichen so entfernt vom eigentlichen Leben und den äußeren Interessen der Menschen scheint, auf diese in Wirklichkeit den größten Einfluß hat und auf die Dauer alle anderen Einflüsse übertönt, außer diejenigen, welchen sie selbst folgen muß«[14]. Obwohl das heute vielleicht sogar noch weniger verstanden wird als zur Zeit, da John Stuart Mill diese Worte

[14] Mill, J.St., »Bentham«, *London and Westminster Review*, 1838, Neudruck in *Dissertations and Discussions*, Bd. I, 3. Aufl., London 1875, S. 330. Mill fährt fort: »The two writers of whom we speak [d.s. Bentham und Coleridge] have never been read by the multitude; except for the more slight of their works, their readers have been few: but they have been the teachers of the teachers; there is hardly to be found in England an individual of any importance in the world of mind, who (whatever opinions he may have afterwards adopted) did not first learn to think from one of these two; and though their influences have but begun to diffuse themselves through these intermediate channels over society at large, there is already scarcely a publication of any consequence addressed to the educated classes, which, if these persons had not existed, would not have been different from what it is.« Vgl. auch die oft zitierte Äußerung von Lord Keynes – selber das hervorragendste Beispiel für einen solchen Einfluß in unserer Generation – in der er (am Schluß der *Allgemeinen Theorie der Beschäftigung, des Zinses und des Geldes*, deutsch von Waeger, F., 4. Aufl., Berlin: Duncker & Humblot, 1966, S. 323–324) ausführt, daß »die Gedanken der Ökonomen und Staatsphilosophen, sowohl wenn sie im Recht, als wenn sie im Unrecht sind, einflußreicher [sind], als gemeinhin angenommen wird. Die Welt wird in der Tat durch nicht viel anderes beherrscht. Praktiker, die sich ganz frei von intellektuellen Einflüssen glauben, sind gewöhnlich die Sklaven irgendeines verblichenen Ökonomen. Wahnsinnige in hoher Stellung, die Stimmen in der Luft hören, zapfen ihren wilden Irrsinn aus dem, was irgendein akademischer Schreiber ein paar Jahre vorher verfaßte. Ich bin überzeugt, daß die Macht erworbener Rechte im Vergleich zum allmählichen Durchdringen von Ideen stark übertrieben wird. Diese wirken zwar nicht immer sofort, sondern nach einem gewissen Zeitraum; denn im Bereich der Wirtschaftslehre und der Staatsphilosophie gibt es nicht viele, die nach ihrem fünfundzwanzigsten oder dreißigsten Jahr durch neue Theorien beeinflußt werden, so daß die Ideen, die Staatsbeamte und Politiker und selbst Agitatoren auf die laufenden Ereignisse anwenden, wahrscheinlich nicht die neuesten sind. Aber früher oder später sind es Ideen, und nicht erworbene Rechte, von denen die Gefahr kommt, sei es zum Guten oder zum Bösen.«

schrieb, kann doch kaum bezweifelt werden, daß es zu allen Zeiten gilt, ob es die Menschen erkennen oder nicht. Es wird deswegen so wenig verstanden, weil der Einfluß des abstrakten Denkers auf die große Menge nur indirekt wirkt. Die Menschen wissen fast nie und kümmern sich auch nicht darum, ob die zu ihrer Zeit eingebürgerten Ideen von Aristoteles oder von Locke, von Rousseau oder von Marx stammen oder von irgend einem Professor, dessen Ideen vor zwanzig Jahren bei den Intellektuellen Mode waren. Die meisten haben die Werke nie gelesen oder auch nur die Namen der Autoren gehört, deren Begriffe und Ideale einfach zu ihrem Denken gehören.

Was die laufenden Geschehnisse betrifft, mag der direkte Einfluß des politischen Theoretikers unmerklich sein. Aber wenn seine Ideen durch die Arbeit der Historiker und Publizisten, Lehrer und Schriftsteller und allgemein der Intellektuellen gemeinsamer Besitz geworden sind, lenken sie die Entwicklungen ganz entscheidend. Das bedeutet nicht nur, daß neue Ideen gewöhnlich erst eine oder mehrere Generationen, nachdem sie zuerst ausgesprochen wurden, ihren Einfluß auf das politische Handeln auszuüben beginnen[15], sondern auch, daß sie, bevor die Beiträge des theoretischen Denkens solchen Einfluß ausüben können, einen langen Prozeß der Auswahl und Modifikation durchmachen müssen.

Änderungen der politischen und sozialen Anschauungen vollziehen sich zu jeder Zeit auf vielen verschiedenen Ebenen. Wir müssen uns den Prozeß nicht als eine Ausbreitung auf einer Ebene vorstellen, sondern als ein langsames Durchsickern von der Spitze einer Pyramide abwärts, wobei die höheren Stufen größere Allgemeinheit und Abstraktheit, aber nicht notwendig größere Weisheit darstellen. Während sich die Ideen nach unten ausbreiten, ändern sie auch ihren Charakter. Die Ideen, die jeweils noch von großer Allgemeinheit

---

15 Die klassische Darstellung der Art und Weise, in der Ideen über einen langen Zeitraum die Politik beeinflussen, ist immer noch die von Dicey, A. V., *Law and Opinion*, S. 28ff., und insbes. S. 33: »The opinion which changes the law is in one sense the opinion of the time when the law is actually altered; in another sense it has often been in England the opinion prevalent some twenty or thirty years before that time; it has been as often as not in reality the opinion not of to-day but of yesterday.«

»Legislative opinion must be the opinion of the day, because, when laws are altered, the alteration is of necessity carried into effect by legislators who act under the belief that the change is an amendment; but this law-making opinion is also the opinion of yesterday, because the beliefs which have at last gained such hold on the legislature as to produce an alteration in the law have generally been created by thinkers or writers, who exerted their influence long before the change in the law took place. Thus it may well happen that an innovation is carried through at a time when the teachers who supplied the arguments in its favour are in their graves, or even – and this is well worth noting – when in the world of speculation a movement has already set in against ideas which are exerting their full effect in the world of action and of legislation.«

sind, konkurrieren nur mit anderen ebenso allgemeinen Ideen und nur um die Unterstützung der für allgemeine Ideen Interessierten. Die große Mehrheit erfährt von diesen allgemeinen Prinzipien nur durch ihre Anwendung auf konkrete und spezielle Fragen. Welche Ideen sie erreichen und ihre Unterstützung erlangen werden, wird nicht von einem Einzelnen bestimmt, sondern durch Diskussion auf einem anderen Niveau unter Personen, die sich mehr mit allgemeinen Ideen als mit besonderen Problemen befassen und infolgedessen die letzteren hauptsächlich im Lichte allgemeiner Grundsätze sehen.

Außer bei seltenen Gelegenheiten, wie verfassunggebenden Versammlungen, ist der demokratische Vorgang der Diskussion und Mehrheitsentscheidung notwendig auf einen Teil des ganzen Rechts- und Staatssystems beschränkt. Die stückweisen Änderungen, die das zur Folge hat, können nur dann befriedigende und brauchbare Ergebnisse bringen, wenn sie von einer allgemeinen Vorstellung einer erwünschten Gesellschaftsordnung geleitet sind, von einem Gesamtbild der Welt, in der die Menschen leben wollen. Ein solches Bild zu formen, ist keine einfache Aufgabe, und auch der Fachgelehrte kann nicht mehr tun, als zu versuchen, etwas klarer zu sehen als seine Vorgänger. Der mit den unmittelbaren Tagesproblemen befaßte Praktiker hat weder das Interesse noch die Zeit, alle Beziehungen innerhalb der verschiedenen Teile der komplexen Ordnung der Gesellschaft zu untersuchen. Er wählt bloß unter den ihm vorgeschlagenen Ordnungen und nimmt schließlich eine politische Lehre oder ein System von Grundsätzen an, die andere ausgearbeitet und ihm vorgelegt haben.

Wären die Menschen nicht fast zu jeder Zeit von einem System gemeinsamer Ideen geleitet, so wäre keine einheitliche Politik, oder nicht einmal wirkliche Diskussion besonderer Fragen möglich. Es ist zweifelhaft, ob eine Demokratie auf die Dauer bestehen kann, wenn die große Mehrheit nicht zumindest eine gemeinsame allgemeine Vorstellung von der Gesellschaftsordnung hat, die sie wünscht. Aber selbst wenn eine solche Vorstellung existiert, muß sie nicht in jeder Mehrheitsentscheidung zum Ausdruck kommen. Gruppen handeln genauso wie Einzelmenschen nicht immer nach ihrem besten Wissen oder befolgen nicht immer Moralregeln, die sie theoretisch anerkennen. Nur wenn wir uns auf gemeinsame Grundsätze berufen, besteht Aussicht, durch Diskussion zur Einigung zu kommen und Interessenkonflikte durch Überlegen und Argumentieren und nicht mit roher Gewalt zu schlichten.

8. Die Pflichten des Staatsphilosophen. Wenn es Fortschritt in den Ansichten geben soll, darf sich der Theoretiker, der die Führung bietet, nicht durch die Ansichten der Mehrheit gebunden fühlen. Der Staatsphilosoph hat eine andere Aufgabe als der Fachbeamte, der den Willen der Mehrheit ausführt. Obwohl er sich nicht die Stellung eines »Führers« anmaßen darf, der entscheidet, was die Menschen denken sollen, ist es seine Pflicht, Möglichkeiten und Folgen gemeinsamen Handelns aufzuzeigen und umfassende Ziele der Gesamtpolitik vorzuschlagen, an die die Mehrheit noch nicht gedacht hat. Erst nachdem ein solches umfassendes Bild der möglichen Ergebnisse verschiedener Wege der Politik dargestellt wurde, kann die Demokratie darüber entscheiden, was sie will. Wenn die Politik die Kunst des Möglichen ist, dann ist die politische Philosophie die Kunst, das anscheinend Unmögliche politisch möglich zu machen[16].

Der Staatsphilosoph kann seine Aufgabe nicht erfüllen, wenn er sich auf Tatsachenfragen beschränkt und die Entscheidung zwischen widerstreitenden Werten fürchtet. Er kann sich nicht dem Positivismus des Naturwissenschaftlers hingeben, der die Aufgabe darauf beschränkt, zu zeigen, was ist, und jede Erörterung darüber ausschließt, was sein soll. Wenn er das macht, wird er zu einem Ende kommen, lange bevor er seine wichtigste Aufgabe erfüllt hat. In seiner Bemühung um ein zusammenhängendes Bild wird er oft finden, daß es Werte gibt, die einander widersprechen – eine Tatsache, die den meisten Menschen nicht bewußt ist –, und daß er wählen muß, welche er annehmen und welche er zurückweisen soll. Wenn der Staatsphilosoph nicht bereit ist, Werte zu verteidigen, die ihm wichtig scheinen, wird er nie die allgemeinen Umrisse dessen finden, was dann als Ganzes beurteilt werden muß.

In dieser Aufgabe wird er oft der Demokratie am besten dienen, wenn er dem Willen der Mehrheit entgegentritt. Nur ein völliges Verkennen des Prozesses, durch den Meinungen Fortschritte machen, könnte zu der Ansicht führen, daß er sich im Bereich der Meinung der Mehrheit anschließen soll. Die jeweilige Meinung der Mehrheit als die Richtschnur zu betrachten, die vorschreibt, was die Meinung der Mehrheit sein sollte, würde den ganzen Prozeß zu einem Zirkel machen und zum Stillstand bringen. Der Staatsphilosoph, der findet, daß seine Anschauungen sehr populär sind, hat allen Grund zu bezweifeln, daß er seine Aufgabe erfüllt[17]. Er muß seinen Wert beweisen, indem er auf Überlegungen beharrt, die die Mehrheit nicht in Betracht ziehen will, indem er Grundsätze hochhält, die sie unbequem und lästig findet. Denn daß sich Intel-

---

[16] Vgl. Schoeck, H., *Was heißt ›politisch unmöglich‹?*, Erlenbach-Zürich: Eugen Rentsch, 1959; siehe auch Philbrook, C., »›Realism‹ in Policy Espousal«, *American Economic Review*, Bd. XLIII, 1953, 846–859.

[17] Vgl. die Bemerkungen von Alfred Marshall (*Memorials of Alfred Marshall*, hrsg. v. Pigou, A. C., London 1925, S. 89), daß »students of social science must fear popular approval: evil is with them when all men speak well of them. If there is any set of opinions by the advocacy of which a newspaper can increase its sale, then the student, who wishes to leave the world in general and his country in particular better than it would be if he had not been born, is bound to dwell on the limitations and defects and errors, if any, in that set of opinions: and never to advocate them unconditionally even in an *ad hoc* discussion. It is almost impossible for a student to be a true patriot and to have the reputation of being one in his own time.«

lektuelle einem Glauben beugen, nur weil es der der Mehrheit ist, ist ein Verrat nicht nur an ihrer speziellen Mission, sondern an den Werten der Demokratie selbst.

Die Grundsätze, die für eine Selbstbeschränkung der Macht der Mehrheit sprechen, haben sich nicht als falsch erwiesen, weil die Demokratie sie mißachtet, noch hat sich die Demokratie als unerwünscht erwiesen, weil sie oft Entscheidungen trifft, die der Liberale falsch finden muß. Der Liberale glaubt nur, Argumente zu haben, die, wenn sie richtig verstanden werden, die Mehrheit veranlassen werden, die Ausübung ihrer Macht zu beschränken, und er hofft, daß sie überredet werden kann, sich bei der Entscheidung besonderer Fragen von diesen Überlegungen leiten zu lassen.

9. Die Bedingungen für die Erhaltung der Demokratie. Es ist ein nicht unwesentlicher Teil dieses liberalen Arguments, daß die Nichtbeachtung jener Grenzen der Macht der Mehrheit mit der Zeit nicht nur Prosperität und Frieden, sondern auch die Demokratie selbst zerstören muß. Der Liberale glaubt, daß die Grenzen, die sich zu setzen er von der Demokratie verlangt, auch die Grenzen sind, innerhalb derer sie mit Erfolg wirken kann und innerhalb derer die Mehrheit die Handlungen der Regierung wirklich lenken und kontrollieren kann. Solange die Demokratie die Einzelnen nur durch allgemeine Regeln, die sie aufstellt, beschränkt, behält sie die Ausübung der Zwangsgewalt in der Hand. Wenn sie jedoch versucht, sie im Einzelnen zu dirigieren, wird sie bald finden, daß sie nur mehr die zu erreichenden Ziele anzeigt und den Fachbeamten die Entscheidung überlassen muß, wie sie zu erreichen sind. Und wenn es einmal anerkannt ist, daß die Mehrheitsbeschlüsse nur Ziele angeben können und ihre Verfolgung dem Ermessen der Verwaltungsbehörden überlassen bleibt, wird auch bald die Ansicht zur Herrschaft kommen, daß zur Erreichung jener Ziele fast jedes Mittel legitim ist.

Der Einzelne hat wenig von allgemeinen Gesetzen zu fürchten, die von der Mehrheit beschlossen werden, aber er hat allen Grund, die Machthaber zu fürchten, die sie über ihn einsetzt, um ihre Weisungen auszuführen. Nicht die Macht, die demokratische Versammlungen tatsächlich ausüben können, sondern die Macht, die sie Verwaltungsbehörden zur Erreichung bestimmter Ziele übertragen, bildet heute die Gefahr für die persönliche Freiheit. Nachdem wir zugestimmt haben, daß die Mehrheit Regeln vorschreibt, die wir bei der Verfolgung unserer persönlichen Ziele einhalten werden, finden wir uns immer mehr den Befehlen und der Willkür ihrer Beamten ausgeliefert. Bezeichnenderweise finden wir nicht nur, daß die meisten Befürworter einer unbeschränkten Demokratie bald auch die administrative Willkür verteidigen und die Ansicht vertreten, daß wir es den Sachverständigen überlassen sollen zu entscheiden, was für die Gemeinschaft gut ist, sondern auch, daß die begeistertsten Verteidiger solcher unbeschränkter Gewalten der Mehrheit oft gerade jene Bürokraten sind, die genau wissen, daß, wenn solche Gewalten einmal geschaffen sind, sie selbst und nicht die Mehrheit diese Macht tatsächlich ausüben werden. Wenn die neue Erfahrung auf diesem Gebiet etwas klargemacht hat, so ist es die Tatsache, daß, sobald einmal staatlichen Behörden für bestimmte Zwecke umfassende Zwangsgewalt gegeben wurde, diese Macht von den demokratischen Körperschaften nicht mehr wirksam gezügelt werden kann. Wenn diese nicht selbst die anzuwendenden Mittel festsetzen, werden die Entscheidungen ihrer Behörden mehr oder weniger willkürlich werden.

Sowohl allgemeine Überlegungen als auch die Erfahrungen der letzten Zeit zeigen, daß Demokratie nur so lange wirksam bleiben wird, wie sich der Staat in der Ausübung seiner Zwangsgewalt auf Aufgaben beschränkt, die demokratisch durchgeführt werden können[18]. Wenn die Demokratie ein Mittel zur Erhaltung der Freiheit ist, dann ist die individuelle Freiheit nicht weniger eine wesentliche Bedingung für das Funktionieren der Demokratie. Obwohl die Demokratie die beste Form einer beschränkten Regierung sein mag, wird sie zur Absurdität, wenn sie eine unbeschränkte Herrschaft wird. Jene, die glauben, daß eine demokratische Regierung für alles zuständig ist, und die jede Forderung der Mehrheit in irgend einem Augenblick unterstützen, bereiten ihren Untergang vor. Der alte Liberale ist tatsächlich ein wahrerer Freund der Demokratie als der dogmatische Demokrat, denn er bemüht sich um die Erhaltung der Voraussetzungen, unter denen Demokratie praktikabel ist. Es ist nicht »antidemokratisch«, zu versuchen, die Mehrheit davon zu überzeugen, daß es Grenzen gibt, jenseits derer ihre Gewalt aufhört, wohltätig zu wirken, und daß

---

[18] Vgl. die eingehendere Erörterung dieser Probleme in Kap. V meines Buches *Der Weg zur Knechtschaft*, Erlenbach-Zürich: Eugen Rentsch, 1945 [Hayek, *Schriften*, B 1], und bei Lippmann, W., *Die Gesellschaft freier Menschen*, deutsch von Schneider, E., Bern: A. Francke, 1945, S. 347: »[Das Volk] darf erst dann die Regierungsgewalt übernehmen, wenn es weiss, wie eine Demokratie sich selbst regieren *kann*, wenn es sich darüber klar wird, dass es nicht mit Verordnen und Kommandieren regieren darf, sondern Vertreter bestimmen muss, die die Gesetze erlassen, durchsetzen und revidieren, welche die gegenseitigen Rechte, Pflichten, Privilegien und Immunitäten der Einzelpersonen, Gemeinschaften, Gemeinwesen und der Beamten selbst festlegen.

So sieht die Verfassung eines freien Staates aus. Weil die Theoretiker der Demokratie im 19. Jahrhundert nicht klar erkannten, dass, wenn die Regierungsgewalt in den Händen von Volksvertretern liegt, eine bestimmte Regierungsweise unerlässlich ist, liessen sie sich von dem vorgeblichen Konflikt zwischen Gesetz und Freiheit, zwischen gesellschaftlicher Lenkung und individueller Freiheit aus der Fassung bringen. Wo die gesellschaftliche Lenkung mittels einer gesetzlichen Ordnung, bei der gegenseitige Rechte angewandt und den jeweiligen Umständen angepasst werden, erfolgt, kommen diese Konflikte gar nicht auf. In einer freien Gesellschaft nimmt der Staat den Menschen nicht die Verwaltung ihrer eigenen Angelegenheiten ab. Er sorgt für Gerechtigkeit unter Menschen, die ihre Angelegenheiten selbst in die Hand nehmen.«

sie Grundsätze befolgen muß, die sie nicht selbst geschaffen hat. Wenn die Demokratie erhalten bleiben soll, muß sie einsehen, daß sie nicht der Urquell der Gerechtigkeit ist und daß sie einen Gerechtigkeitsbegriff anerkennen muß, der sich nicht unbedingt in der vorherrschenden Ansicht über jedes konkrete Problem ausdrückt. Die Gefahr ist, daß wir ein Mittel zur Sicherung der Gerechtigkeit für die Gerechtigkeit selbst halten. Jene, die versuchen, die Mehrheiten zu überreden, Grenzen ihrer rechtmäßigen Gewalt anzuerkennen, sind daher sicher für den demokratischen Prozeß ebenso wichtig wie jene, die ständig neue Betätigungsfelder für die Demokratie aufzeigen.

Im zweiten Teil dieses Buches werden wir uns weiter mit jenen Grenzen der Staatsaufgaben befassen, die eine notwendige Voraussetzung für die Funktionsfähigkeit der Demokratie zu sein scheinen und die die westliche Welt unter dem Namen der Herrschaft des Rechts entwickelt hat. Hier wollen wir nur hinzufügen, daß kaum zu erwarten ist, daß es einem Volk gelingen wird, einen demokratischen Staatsapparat erfolgreich zu betreiben und zu erhalten, wenn es sich nicht zuerst mit den Traditionen einer unter der Herrschaft des Rechts stehenden Regierung vertraut gemacht hat.

15. Mehrheitsmeinung und heutige Demokratie

> Aber die Mehrheit [der athenischen Volksversammlung] schrie auf, daß es ungeheuerlich wäre, wenn das Volk daran gehindert werden sollte zu tun, was es wolle ... Darauf stimmten die Prytanen eingeschüchtert zu, die Abstimmung zu veranstalten, mit der einzigen Ausnahme des Sokrates, Sohn des Sophroniskus; dieser aber sagte, er werde in keinem Falle gegen das Gesetz handeln.
>
> Xenophon*

Die zunehmende Enttäuschung über die Demokratie

Wenn das Tätigwerden des modernen Staates insgesamt Ergebnisse zeitigt, die wenige Menschen gewollt oder auch nur vorhergesehen haben, so gilt das für gewöhnlich als unvermeidliche Begleiterscheinung der Demokratie. Nun läßt sich aber schwerlich behaupten, daß solche Entwicklungen üblicherweise den Wünschen irgendeiner identifizierbaren Gruppe von Personen entsprechen. Es scheint, daß das eigentümliche Verfahren, das wir zur Feststellung des sogenannten Volkswillens gewählt haben, zu Ergebnissen führt, die wenig mit irgendetwas zu tun haben, das den Namen »gemeinsamer Wille« eines erheblichen Teiles der Bevölkerung verdienen würde.

Wir haben uns tatsächlich so daran gewöhnt, als demokratisch nur jenes eigentümliche Gefüge von Institutionen zu betrachten, das heute in allen westlichen Demokratien besteht und in dem eine Mehrheit einer Vertretungskörperschaft die Gesetze gibt *und* die Regierung leitet, daß wir das als die einzig mögliche Form von Demokratie ansehen. Infolgedessen halten wir uns nicht gerne dabei auf, daß dieses System nicht nur vieles herbeigeführt hat, was niemand will, selbst in den Ländern, in denen es insgesamt gut funktioniert, sondern sich in den meisten Ländern, in denen diese demokratischen Institutionen nicht durch festüberlieferte Auffassungen von den eigentlichen Aufgaben gesetzgebender Körperschaften in Zaum gehalten wurden, auch als undurchführbar erwiesen hat. Da wir zu Recht an das Grundideal der Demokratie glauben, fühlen wir uns für gewöhnlich verpflichtet, die besonderen, seit langem als ihre Verkörperung geltenden Institutionen zu verteidigen, und üben daran nur ungern Kritik, weil das die Achtung vor einem Ideal mindern könnte, das wir gerne erhalten wollen.

Man kann aber nicht länger darüber hinwegsehen, daß trotz fortdauernder Lippenbekenntnisse und sogar trotz Forderungen nach ihrer weiteren Ausdehnung bei aufmerksamen Zeitgenossen zunehmende Beunruhigung und ernsthafte Besorgnis über ihre Auswirkungen aufgekommen ist.[1] Das zeigt sich nicht überall als jener zynische Realismus, wie er für manche heutige Politikwissenschaftler typisch ist, die in der Demokratie lediglich eine weitere Form jenes unvermeidlichen Kampfes sehen, in dem entschieden wird, »wer was wann und wie bekommt«.[2] Doch daß tiefe Enttäuschung und Zweifel an der Zukunft der Demokratie herrschen, ist kaum zu leugnen; sie sind entstanden aus der Überzeugung von der Unvermeidlichkeit jener ihrer Entwicklungen, die kaum jemand positiv beurteilt. Dem gab vor vielen Jahren Joseph Schumpeter in seiner wohlbekannten Behauptung Ausdruck, ein auf der freien Marktwirtschaft beruhendes System wäre zwar für die meisten besser, sei aber hoffnungslos zum Scheitern verurteilt, während der Sozialismus unweigerlich kommen müsse, obwohl er seine Versprechungen nicht erfüllen könne.[3]

Regelmäßig scheint die Entwicklung in der Demokratie so zu verlaufen, daß sie nach einer glorreichen ersten Phase, in der sie als Garant persönlicher Freiheit gilt und auch tatsächlich fungiert, weil sie die Beschränkungen eines höheren *nomos* akzeptiert, früher oder später das Recht beansprucht, jede Einzelfrage in jeder beliebigen Weise, auf die sich eine Mehrheit einigt, zu behandeln. So geschah es in der athenischen Demokratie zu Ende des fünften Jahrhunderts, wie der berühmte Zwischenfall zeigt, auf den das Zitat zu Anfang dieses Kapitels Bezug nimmt; und im darauffolgenden Jahrhundert sollten Demosthenes und andere sich beschweren: »... unsere Gesetze sind nicht besser als soundsoviele Erlässe; im Gegenteil, man kann feststellen, daß die Gesetze, die bei der Abfassung der Erlässe zu beachten sind, jünger sind als die Erlässe selbst«.[4]

In der Neuzeit setzte eine ähnliche Entwicklung ein, als das britische Parlament souveräne, das heißt unumschränkte, Macht forderte und 1766 ausdrücklich die Vorstellung zurückwies, daß es verpflichtet sei, bei seinen jeweiligen Entscheidungen irgendwelche allgemeinen Regeln zu befolgen, die es nicht selbst erlassen hatte. Zwar verhinderte die starke rechtsstaatliche Tradition eine Zeitlang einen ernsthaften Mißbrauch der Macht, die sich das Parlament angemaßt hatte, doch erwies es sich langfristig als der große Mangel der modernen Entwicklung, daß bald nach der Einführung der repräsentativen Demokratie alle jene Schranken der höchsten Gewalt, die auf dem Wege zur konstitutionellen Monarchie errichtet worden waren, der Reihe nach als nicht mehr notwendig niedergerissen wurden. Daß das faktisch ein Abgehen vom Konstitutionalismus bedeutete, der in einer Beschränkung aller Macht durch bleibende Grundsätze der Staatsführung besteht, sah schon Aristoteles, als er betonte: »Wo aber die Gesetze nicht die Entscheidungsinstanz sind ... da [sind] viele die Herren, und nicht als ein jeweils Einzelner, sondern eben alle. ... eine derartige Demokratie [ist] gar keine Staatsverfassung«[5]; erst vor kurzem wurde es wieder von einem modernen Autor betont, der von Verfassungen spricht, »die so demokratisch sind, daß sie strenggenommen keine Verfassungen mehr sind«.[6] Ja, man sagt uns nunmehr, daß die »Demokratie nach moderner Vorstellung eine Staatsform [sei], in der der regierenden Körperschaft keine Beschränkung auferlegt ist«[7]; und wie wir sahen, haben manche daraus bereits den Schluß gezogen, Verfassungen seien Relikte, die in der modernen Vorstellung von Staatsführung keinen Platz hätten.[8]

Unbeschränkte Macht als der entscheidende Mangel der Demokratie in ihrer vorherrschenden Form

Die tragische Illusion lag in der Annahme, daß die Einführung demokratischer Verfahren alle anderen Beschränkungen staatlicher Macht entbehrlich mache. Sie förderte zudem den Glauben, die »Kontrolle der Regierung« durch den demokratisch gewählten Gesetzgeber würde die traditionellen Beschränkungen ersetzen,[9] während in Wirklichkeit die Notwendigkeit der Bildung organisierter Mehrheiten zur Unterstützung eines bestimmten Aktionsprogramms zugunsten besonderer Gruppen ein neues Motiv für Willkür und Parteilichkeit ins Spiel brachte und Ergebnisse zeitigte, die im Widerspruch zu den Moralgrundsätzen der Mehrheit standen. Wie wir sehen werden, macht es paradoxerweise der Besitz unbeschränkter Macht einer repräsentativen Körperschaft unmöglich, die allgemeinen Grundsätze walten zu lassen, über die sie sich einig ist, denn unter solch einem System *muß* die Mehrheit der Abgeordnetenversammlung, wenn sie eine Mehrheit bleiben will, ihr Möglichstes tun, sich die Unterstützung der einzelnen Interessengruppen zu kaufen, indem sie ihnen besondere Vergünstigungen gewährt.

So kam es, daß zugleich mit den kostbaren Institutionen der repräsentativen Demokratie Britannien der Welt den verhängnisvollen Grundsatz der parlamentarischen Souveränität bescherte,[10] demzufolge die Abgeordnetenversammlung nicht nur die höchste, sondern auch unumschränkte Autorität ist. Das zweite wird mitunter für eine notwendige Folge des ersten gehalten; doch ist das nicht richtig. Ihre Macht kann beschränkt werden, nicht durch einen anderen, höheren »Willen«, sondern durch Zustimmung des Volkes, auf der alle Macht und der Zusammenhalt des Staates beruht. Wenn diese Zustimmung sich nur auf die Abfassung und Durchsetzung allgemeiner Regeln gerechten Verhaltens bezieht und niemand irgendwelche Zwangsgewalt hat, außer zur Durchsetzung dieser Regeln (oder zeitweilig während einer gewaltsamen Störung der Ordnung durch irgendein umwälzendes Ereignis), so kann selbst die höchste verfaßte Macht eine beschränkte sein. Tatsächlich bedeutete der Souveränitätsanspruch des Parlaments zunächst nur, daß es über sich keinen anderen Willen anerkannte; erst allmählich bekam er den Sinn, es könne tun, was immer es wolle – was nicht zwangsläufig aus dem ersten folgt, denn die Zustimmung, auf der die Einheit des Staates und somit die Macht jedes seiner Organe beruht, vermag Macht nur zu beschränken, kann aber keine positive Macht zu handeln verleihen. Das, was Macht schafft, ist die Bürgertreue, und die so geschaffene Macht erstreckt sich nur so weit, wie sie mit Zustimmung des Volkes gewährt wurde. Weil man das vergaß, wurde die Souveränität des Gesetzes gleichbedeutend mit der Souveränität des Parlaments. Und während die Vorstellung der Herrschaft (Souveränität oder Suprematie) des Gesetzes einen Gesetzesbegriff zugrundelegt, der durch die Eigenschaften der Regeln definiert wird, nicht durch deren Quelle, *heißen heute nicht mehr Gesetzgeber deshalb so, weil sie Gesetze geben, sondern Gesetze heißen so, weil sie von Gesetzgebern stammen,* gleichgültig welche Form oder welchen Inhalt deren Beschlüsse haben.

Ließe sich zu Recht behaupten, daß die bestehenden Institutionen Resultate hervorbringen, die von einer Mehrheit gewollt oder gebilligt sind, so müßte, wer an das Grundprinzip der Demokratie glaubt, diese natürlich hinnehmen. Es gibt aber gute Gründe für die Annahme, daß das, was diese Institutionen tatsächlich hervorbringen, zum guten Teil unbeabsichtigtes Ergebnis der besonderen Art von Apparat ist, den wir aufgebaut haben, um den vermeintlichen Willen der Mehrheit festzustellen, und nicht eine vorsätzliche Entscheidung der Mehrheit oder sonst jemandes. Es hat den Anschein, daß demokratische Institutionen überall dort, wo sie nicht länger durch die Tradition der Herrschaft des Gesetzes beschränkt wurden, nicht nur zu »totalitärer Demokratie« führten, sondern mit der Zeit sogar zu einer »plebiszitären Diktatur«.[11] Das sollte uns sicherlich die Augen dafür öffnen, daß das Bewahrenswerte nicht in einer bestimmten Reihe von Institutionen besteht, die sich nur zu leicht kopieren lassen, sondern in gewissen weniger leicht greifbaren Traditionen; ja daß es sogar mit Notwendigkeit zum Verfall dieser Institutionen kommen kann, wo immer die innere Logik des Apparates nicht durch das Gewicht der herrschenden allgemeinen Gerechtigkeitsvorstellungen in Schach gehalten wird. Könnte es nicht sein, daß, wie treffend formuliert worden ist, »der Glaube an die Demokratie einen Glauben an Höheres als die Demokratie voraussetzt«?[12] Und gibt es wirklich für das Volk keinen anderen Weg zur Erhaltung eines demokratischen Staates, als eine Gruppe gewählter Vertreter mit unbeschränkter Macht auszustatten – Vertreter, deren Entscheidungen sich nach den Erfordernissen eines Verhandlungsprozesses richten müssen, in dem sie eine ausreichende Anzahl von Wählern bestechen, damit diese eine organisierte Gruppe unter ihnen unterstützen, die genügend zahlreich ist, um den Rest zu überstimmen?

Der wahre Inhalt des demokratischen Ideals

Obwohl über die Demokratie und die Vorteile, die ihre weitere Ausdehnung mit sich bringen wird, eine Menge Unsinn geredet wurde und wird, beunruhigt es mich zutiefst, daß der Glaube an sie so rasch schwindet. Dieser deutliche Rückgang in der Achtung, die kritische Geister der Demokratie entgegenbringen, sollte selbst die alarmieren, die nie die maßlose und unkritische Begeisterung teilten, die sie bis vor kurzem einzuflößen vermochte und die das Wort beinahe alles bezeichnen ließ, was in der Politik gut war. So wie es den meisten Bezeichnungen für ein politisches Ideal zu ergehen scheint, wurde »Demokratie« zur Benennung verschiedenster Arten von Dingen gebraucht, die wenig mit der ursprünglichen Bedeutung des Wortes zu tun haben, und heutzutage wird sie häufig sogar dann gebraucht, wenn eigentlich »Gleichheit« gemeint ist. Strenggenommen bezieht sich das Wort auf eine Methode, ein Verfahren zur Bildung von Regierungsentscheidungen; sie bezieht sich weder auf ein materielles Gut oder Ziel der Regierung (beispielsweise eine Art materieller Gleichheit) noch ist sie eine Methode, die sich sinnvoll auf nichtstaatliche Organisationen (wie Bildungs-, medizinische, militärische oder kommerzielle Einrichtungen) anwenden ließe. Diese beiden mißbräuchlichen Verwendungen nehmen dem Wort »Demokratie« jeden eindeutigen Sinn.[13]

Aber selbst eine ganz nüchterne und unsentimentale Betrachtung, die in der Demokratie eine bloße Übereinkunft zur Ermöglichung eines friedlichen Wechsels der Machthaber sieht,[14] sollte uns klarmachen, daß sie ein Ideal und den höchsten Einsatz wert ist; denn sie ist unser einziger Schutz vor der Tyrannei (wenn freilich in ihrer gegenwärtigen Form kein sicherer). Demokratie ist zwar nicht dasselbe wie Freiheit (außer für jenes unbestimmte Kollektiv, die Mehrheit des »Volkes«), doch ist sie einer der wichtigsten Garanten der Freiheit. Als die einzige bislang bekannte Methode friedlichen Machtwechsels ist sie einer der vorrangigen, wenn auch negativen Werte, vergleichbar Hygienevorkehrungen gegen Seuchengefahr: Wir bemerken sie kaum, solange sie ihre Wirkung tun, ihr Fehlen aber kann tödlich sein.

Der Grundsatz, Zwang solle nur zur Sicherung des Gehorsams gegenüber solchen Regeln gerechten Verhaltens angewendet werden dürfen, die die Billigung der meisten oder wenigstens einer Mehrheit haben, scheint wesentliche Voraussetzung für das Nichtauftreten von willkürlicher Macht und somit für

Freiheit zu sein. Eben dieser Grundsatz ermöglicht das friedliche Zusammenleben von Menschen in einer Großen Gesellschaft und den friedlichen Wechsel der Inhaber organisierter Macht. Die Vorstellung, daß gemeinsames Handeln, wann immer es notwendig sei, von der Meinung der Mehrheit geleitet sein solle und daß keine Zwangsgewalt legitim sei, wenn ihr leitender Grundsatz nicht die Billigung zumindest einer Mehrheit habe, besagt jedoch nicht, daß die Macht der Mehrheit unbeschränkt sein muß – oder auch nur, daß es ein Verfahren geben muß, mit dem sich in jeder nur denkbaren Frage der sogenannte Mehrheitswille feststellen läßt. Anscheinend haben wir, ohne dies zu wollen, einen Apparat geschaffen, der es möglich macht, die Billigung einer angeblichen Mehrheit für Maßnahmen zu behaupten, die in Wirklichkeit nicht von einer Mehrheit gewünscht werden, ja die vielleicht sogar von einer Mehrheit des Volkes abgelehnt werden; und anscheinend bringt dieser Apparat Bündel von Maßnahmen hervor, die nicht nur niemand will, sondern die auch in ihrer Gesamtheit von keinem vernünftigen Menschen gebilligt werden könnten, weil sie in sich widersprüchlich sind.

Wenn alle Zwangsgewalt sich auf die Meinung der Mehrheit berufen können soll, dann sollte sie auch nicht weiter reichen, als die Mehrheit sich wirklich einigen kann. Das heißt nicht, daß die Mehrheit jede einzelne Handlung der Regierung ausdrücklich billigen müßte. Eine derartige Forderung zu erfüllen, wäre in einer komplexen modernen Gesellschaft offensichtlich unmöglich, soweit es um die laufende Ausrichtung der Einzelheiten im Regierungsgeschehen geht, das heißt um alle von Tag zu Tag erfolgenden Entscheidungen über die Verwendung der dem Staat verfügbaren Mittel. Es heißt vielmehr: Der einzelne sollte nur solche Befehle zu befolgen verpflichtet sein, die zwangsläufig aus den von der Mehrheit gebilligten allgemeinen Grundsätzen folgen, und die Vertreter der Mehrheit sollten nur in der Frage der Verwendung der ihnen zur Verfügung gestellten besonderen Mittel unbeschränkte Macht haben.

Die entscheidende Rechtfertigung für die Ausstattung mit Zwangsgewalt liegt darin, daß solche Gewalt erforderlich ist, wenn eine lebensfähige Ordnung erhalten werden soll, und daß deshalb alle ein Interesse am Vorhandensein einer solchen Gewalt haben. Aber diese Rechtfertigung reicht nicht weiter als das Erfordernis. Es ist offensichtlich nicht nötig, daß irgend jemand, nicht einmal die Mehrheit, Macht über alle in der Gesellschaft vorkommenden einzelnen Handlungen oder Dinge hat. Der Schritt von der Auffassung, es solle nur das für alle verbindlich sein, was die Mehrheit billigt, zu der Auffassung, es solle alles, was die Mehrheit billigt, solche Verbindlichkeit besitzen, mag klein scheinen. Doch bedeutet er den Übergang von einem bestimmten Staatsverständnis zu einem gänzlich anderen: von der Vorstellung, der zufolge der Staat festgelegte begrenzte Aufgaben hat, die erforderlich sind, um die Bildung einer spontanen Ordnung zu ermöglichen, zu der Vorstellung, daß seine Macht unbegrenzt sei; oder: den Übergang von einem System, in dem wir in festgelegten Verfahren entscheiden, wie gewisse gemeinsame Angelegenheiten zu regeln seien, zu einem System, in dem eine Gruppe von Personen alles, was ihr beliebt, zum Gegenstand von allgemeinem Interesse erklärt und es deshalb diesen Verfahren unterwirft. Während die erste Vorstellung sich auf gemeinsame Entscheidungen bezieht, die im Interesse der Erhaltung von Frieden und Ordnung notwendig sind, erlaubt die zweite einigen organisierten Teilen der Bevölkerung, alles zu kontrollieren, und wird leicht zum Vorwand für Unterdrückung.

Es besteht aber im Fall der Mehrheit nicht mehr Grund, zu glauben, daß deshalb, weil sie etwas Bestimmtes wünscht, dieser Wunsch ein Ausdruck ihres Gerechtigkeitssinnes sei, als das bei Einzelpersonen der Fall wäre. Im letztgenannten Fall wissen wir nur zu gut, daß ihr Gerechtigkeitssinn oft vom Wunsch nach bestimmten Dingen beeinflußt wird. Als Einzelpersonen haben wir aber im allgemeinen gelernt, ungerechtfertigte Wünsche zu unterdrücken, auch wenn wir mitunter von einer höheren Instanz in Zaum gehalten werden müssen. Die Zivilisation beruht weitgehend darauf, daß die einzelnen gelernt haben, ihre Wünsche nach bestimmten Dingen in Zaum zu halten und sich nach allgemein anerkannten Regeln gerechten Verhaltens zu richten. Mehrheiten sind jedoch noch nicht in dieser Weise zivilisiert worden, weil sie keine Regeln zu befolgen haben. Was würden wir alle nicht tun, wenn wir ehrlich davon überzeugt wären, unser Wunsch nach einer bestimmten Handlung sei Beweis dafür, daß sie gerecht sei? Nicht anders ist es, wenn Leute überzeugt sind, die Übereinstimmung der Mehrheit hinsichtlich der Vorteilhaftigkeit einer bestimmten Maßnahme sei Beweis dafür, daß sie gerecht sei. Wenn Leuten beigebracht wird, zu glauben, das, worüber sie sich einig sind, sei notwendigerweise gerecht, werden sie tatsächlich bald aufhören zu fragen, ob dem so sei. Nun wird aber der Glaube, alles, worauf sich eine Mehrheit einigen kann, sei *per definitionem* gerecht, der Allgemeinheit seit mehreren Generationen eingeprägt. Was Wunder, daß die heutigen Abgeordnetenversammlungen in der Überzeugung, das, was sie beschließen, sei notwendigerweise gerecht, im konkreten Fall nicht einmal mehr überlegen, ob dem wirklich so sei?[15]

Zwar mag die Übereinstimmung vieler Menschen hinsichtlich der Gerechtigkeit einer bestimmten *Regel* ein guter, wenn auch nicht unfehlbarer Test für ihre Gerechtigkeit sein, doch führt es die Gerechtigkeitsvorstellung *ad absurdum*, wenn wir jede beliebige Einzelmaßnahme als gerecht definieren, die die Billigung der Mehrheit findet – begründen ließe sich das nur mit der positivistischen Lehre, daß es keine objektiven Kriterien der Gerechtigkeit (oder vielmehr der Ungerechtigkeit) gibt (siehe Kapitel 8). Es besteht ein großer Unterschied zwischen dem, was eine Mehrheit in einer Einzelfrage vielleicht beschließt, und dem für diese Frage relevanten allgemeinen Grundsatz, dem beizupflichten sie bereit wäre, wenn sie vor der Entscheidung stünde – wie dies unter Einzelpersonen der Fall ist. Es ist daher auch dringend nötig, von einer Mehrheit zu verlangen, daß sie ihre Überzeugung, das, was sie beschließt, sei gerecht, dadurch beweist, daß sie sich zur generellen Anwendung der Regeln, nach denen sie im Einzelfall handelt, *verpflichtet*; und ihre Zwangsgewalt sollte auf die Durchsetzung von Regeln beschränkt sein, auf die sie sich zu verpflichten bereit ist.

Der Glaube, daß in Einzelfragen der Wille der Mehrheit bestimme, was gerecht sei, führt zu der inzwischen weithin für selbstverständlich gehaltenen Auffassung, die Mehrheit könne nicht willkürlich handeln. Das erscheint nur dann als notwendige Schlußfolgerung, wenn nach herrschendem Demokratieverständnis (und der ihm zugrundeliegenden positivistischen Rechtslehre) die Quelle, aus der eine Entscheidung fließt, als Gerechtigkeitskriterium gilt, und nicht deren Übereinstimmung mit einer Regel, über die sich die Menschen einig sind,und wenn »willkürlich« willkürlich definiert wird als nicht in demokratischem Verfahren zustandegekommen. »Willkürlich« heißt jedoch ein Handeln, das von einem nicht durch eine allgemeine Regel beschränkten Einzelwillen bestimmt ist – gleichgültig, ob dies der Wille eines einzigen oder der einer Mehrheit ist. Es ist daher nicht die Übereinstimmung einer Mehrheit hinsichtlich einer einzelnen Handlung, auch nicht deren Verfassungskonformität, sondern nur die Bereitschaft einer Vertretungskörperschaft, sich zur generellen Anwendung einer gerade diese Handlung erfordernden Regel zu verpflichten, die als Beweis dafür gelten kann, daß ihre Mitglieder das, was sie beschließen, für gerecht erachten. Heutzutage wird jedoch die Mehrheit nicht einmal gefragt, ob sie eine bestimmte Entscheidung für gerecht hält; und ihre einzelnen Mitglieder könnten nicht zusichern, daß der für eine bestimmte Entscheidung herangezogene Grundsatz auch in allen ähnlich gelagerten Fällen zur Anwendung kommen wird. Da kein Beschluß einer Vertretungskörperschaft sie in ihren zukünftigen Entscheidungen bindet, ist sie bei ihren einzelnen Maßnahmen auch durch keinerlei allgemeine Regeln gebunden.

Die Schwäche einer gewählten Versammlung mit unbeschränkter Macht

Der springende Punkt ist der, daß Abstimmungen über allgemein anwendbare Regeln einen völlig anderen Charakter haben als Abstimmungen über Maßnahmen, die unmittelbar nur einige betreffen. Abstimmungen über Fragen, die alle betreffen, wie es bei Regeln gerechten Verhaltens der Fall ist, beruhen auf einer dauerhaften entschiedenen Meinung und sind somit etwas ganz anderes als Abstimmungen über Einzelmaßnahmen zugunsten (und oft auch auf Kosten) von unbekannten Personen – im allgemeinen in dem Wissen, daß solche Begünstigungen ohnehin aus öffentlichen Mitteln vorgenommen werden, und daß der einzelne nichts weiter tun kann, als diese Ausgabe in die von ihm bevorzugte Richtung zu lenken. Ein solches System muß in einer Großen Gesellschaft zu den widersinnigsten Ergebnissen führen, so zweckmäßig es auch für die Regelung lokaler Angelegenheiten sein mag, wo alle mit den Problemen einigermaßen vertraut sind; denn Anzahl und Komplexität der Verwaltungsaufgaben in einer Großen Gesellschaft gehen bei weitem über den Bereich hinaus, in dem das Unwissen des einzelnen durch bessere Information der Wähler oder Abgeordneten aufgewogen werden könnte.[16]

Die klassische Theorie der repräsentativen Demokratie nahm an:

> wenn sie [die Abgeordneten] keine Gesetze machen können außer solchen, die für sie und ihre Nachkommen Geltung haben müssen; wenn sie kein Geld ausgeben können außer dem, zu dem sie ihren Anteil beitragen müssen; wenn sie keinen Schaden anrichten können außer dem, der zugleich mit ihren Landsleuten auch sie selbst treffen muß, dann dürfen ihre Auftraggeber gute Gesetze, geringen Schaden und große Sparsamkeit erwarten.[17]

Doch diejenigen, die eine gesetzgebende Körperschaft wählen, deren Mitglieder sich hauptsächlich die Stimmen besonderer Gruppen zu sichern und zu erhalten bestrebt sind, indem sie ihnen besondere Vergünstigungen verschaffen, wird es wenig kümmern, was andere bekommen werden, und nur interessieren, was sie bei dem Feilschen gewinnen. Sie werden normalerweise lediglich zustimmen, daß anderen, von denen sie wenig wissen, irgend etwas gegeben wird, und zwar üblicherweise auf Kosten dritter Gruppen – als Preis für die Befriedigung ihrer eigenen Wünsche, ohne einen Gedanken daran, ob diese verschiedenen Forderungen gerecht sind. Jede Gruppe wird bereit sein, selbst unmäßigen Vergünstigungen für andere Gruppen aus dem allgemeinen Säckel zuzustimmen, wenn das die Bedingung für die Zustimmung der anderen zu dem ist, was sie selbst als ihr Recht anzusehen gelernt hat. Das Ergebnis dieses Prozesses wird niemandes Ansicht von dem, was recht ist, entsprechen und auch keinen Prinzipien; es wird nicht von sachlichen Erwägungen, sondern von politischer Zweckmäßigkeit bestimmt sein. Sein Hauptziel muß die Verteilung von Mitteln werden, die einer Minderheit abgepreßt wurden. Daß dies das unvermeidliche Ergebnis der Handlungen eines unbeschränkten »interventionistischen« Gesetzgebers ist, sahen die frühen Theoretiker der repräsentativen Demokratie deutlich voraus.[18] Wer würde denn wirklich behaupten wollen, daß in der heutigen Zeit die demokratischen Gesetzgeber alle die, von so vielen Interessengruppen genossenen besonderen Subventionen, Privilegien und andere Vergünstigungen deshalb gewährt hätten, weil sie deren Forderungen als gerecht ansehen? Daß A vor der Konkurrenz billiger Importe geschützt wird und B davor, daß er von einem weniger gut ausgebildeten Arbeiter unterboten wird, C vor einer Lohnsenkung und D vor dem Verlust seines Arbeitsplatzes, liegt nicht im allgemeinen Interesse, so sehr die Verfechter der jeweiligen Maßnahme das auch behaupten mögen. Und nicht deshalb, weil die Abgeordneten überzeugt wären, daß es im allgemeinen Interesse liegt, sondern hauptsächlich deshalb, weil sie die Unterstützung derjenigen brauchen, die diese Forderungen vorbringen, sind sie ihrerseits bereit, *deren* Forderungen zu unterstützen. Die Erfindung der Mär von der »sozialen Gerechtigkeit«, die wir in Teil 2 untersuchten, ist tatsächlich weitgehend das Produkt dieses besonderen demokratischen Apparates, der die Volksvertreter nötigt, sich eine moralische Rechtfertigung für die Vergünstigungen auszudenken, die sie Interessengruppen gewähren.

Oft kommen Menschen ja zu der ernsthaften Überzeugung, daß es in gewissem Sinne gerecht sein muß, wenn die Mehrheit bestimmten Gruppen regelmäßig besondere Vergünstigungen gewährt – als ob es irgend etwas mit Gerechtigkeit (oder überhaupt einer moralischen Erwägung) zu tun hätte, wenn jede Partei, die die Unterstützung der Mehrheit sucht, besondere Vergünstigungen für bestimmte Gruppen (die Großbauern oder die Kleinbauern oder juristische Privilegien für Gewerkschaften) versprechen muß, deren Stimmen das Machtgleichgewicht verschieben können. Unter dem bestehenden System kann somit jede kleine Interessengruppe ihre Forderungen durchsetzen, nicht indem sie eine Mehrheit davon überzeugt, daß die Forderungen gerecht oder billig sind, sondern indem sie die Unterstützung zu verweigern droht, welche der Kerntrupp untereinander einiger Einzelpersonen braucht, um eine Mehrheit zu bilden. Vorzugeben, daß der demokratische Gesetzgeber alle die besonderen Subventionen, Privilegien und sonstigen Vergünstigungen, die so viele Interessengruppen heute genießen, deshalb gewährt hätte, weil er sie für gerecht hielte, wäre natürlich einfach lächerlich. Obwohl geschickte Propaganda gelegentlich den einen oder anderen Weichherzigen zum Vorteil besonderer Gruppen gerührt haben mag und obwohl es dem Gesetzgeber natürlich nützt, wenn er behaupten kann, ihn hätten Gerechtigkeitsüberlegungen bewogen, entsprechen die Kunstprodukte des Entscheidungsapparates, die wir als Mehrheitsentscheidungen bezeichnen, sicherlich nicht irgendeiner Meinung der Mehrheit darüber, was richtig oder was falsch ist.

Eine Versammlung mit der Macht, über Vergünstigungen an bestimmte Gruppen abzustimmen, muß zu einer werden, in der das Aushandeln oder die »Geschäfte« innerhalb der Mehrheit ausschlaggebend sein werden und nicht die inhaltliche Übereinstimmung über die Berechtigung der verschiedenen Ansprüche.[19] Der fiktive »Mehrheitswille«, der aus diesem Aushandeln hervorgeht, ist nicht mehr als eine Übereinkunft, dessen Anhängern auf Kosten der übrigen entgegenzukommen. Den schlechten Ruf, den »die Politik« beim Mann auf der Straße hat, verdankt sie dem Umstand, daß den Menschen bewußt ist, daß Politik weitgehend von einer Reihe von Geschäften mit Interessengruppen bestimmt wird.

Jenen Hochsinnigen, die der Meinung sind, der Politiker solle sich ausschließlich mit dem Gemeinwohl befassen, muß tatsächlich die Wirklichkeit der ständigen Besänftigung einzelner Gruppen durch Zuwerfen von Häppchen oder substantielleren Geschenken schlechtweg als Korruption vorkommen. Und auf diese kommt es hinaus, wenn die Mehrheitsherrschaft nicht das hervorbringt, was die Mehrheit will, sondern das, was jede der Gruppen, die die Mehrheit bilden, den anderen zugestehen muß, um deren Unterstützung für das zu erhalten, was sie selbst will. Daß das so ist, wird heute als einer der Gemeinplätze des täglichen Lebens hingenommen; und daß der erfahrene Politiker bloß mitleidig lächeln wird über den Idealisten, der naiv genug ist, um das zu verurteilen und zu glauben, es ließe sich vermeiden, wenn nur die Leute ehrlicher wären, ist daher vollkommen richtig, soweit es die bestehenden Institutionen angeht, und falsch nur, soweit man darin eine unumgängliche Eigenschaft jeder repräsentativen oder demokratischen Herrschaft sieht, eine wesensmäßige Korruptheit, der sich die meisten tugendhaften und anständigen Menschen nicht entziehen können. Aber sie ist nicht eine notwendige Eigenschaft aller repräsentativen oder demokratischen Herrschaft, sondern nur ein notwendiges Produkt jeder unbeschränkten oder allmächtigen Regierung, die von der Unterstützung durch zahlreiche Gruppen abhängt. Nur eine eingeschränkte Regierung kann eine rechtschaffene Regierung sein, denn es gibt keine allgemeinen Moralregeln für die Zuweisung bestimmter Vergünstigungen (und kann sie nicht geben) – wie Kant es ausdrückt: denn »Wohlfahrt hat kein Prinzip ...; weil es dabei auf das *Materiale* des Willens ankommt, welches empirisch und so einer allgemeinen Regel unfähig ist«.[20] Nicht die Demokratie oder das Repräsentativsystem als solche, sondern die von uns gewählte besondere Institution eines einzigen »allmächtigen« Gesetzgebers läßt sie zwangsläufig korrupt werden.

Korrupt und gleichzeitig schwach: Unfähig, dem Druck der einzelnen Gruppen zu widerstehen, *muß* die an der Regierung befindliche Mehrheit *tun, was sie kann*, um die Wünsche jener Gruppen zu befriedigen, deren Unterstützung sie braucht, so nachteilig solche Maßnahmen auch für die übrigen sein mögen – zumindest solang das nicht allzu leicht bemerkt wird oder die leidtragenden Gruppen nicht allzu beliebt sind. Sie ist zwar äußerst und in bedrückender Weise mächtig und in der Lage, jeden Widerstand einer Minderheit niederzuringen, ist aber gänzlich unfähig, einen konsequenten Kurs zu steuern, und schlingert wie eine Dampfwalze, die ein Betrunkener lenkt. Wenn keine übergeordnete richterliche Instanz verhindern kann, daß der Gesetzgeber bestimmten Gruppen Privilegien verleiht, so sind der Erpressung, der die Regierung ausgesetzt sein wird, keine Grenzen gezogen. Wenn die Regierung die Macht hat, deren Forderungen nachzukommen, so wird sie zu deren Sklaven – wie in Großbritannien, wo sie jede Politik unmöglich machen, die das Land aus seinem wirtschaftlichen Niedergang herausreißen könnte.[21] Wenn der Staat stark genug sein soll, um Ordnung und Gerechtigkeit zu wahren, müssen wir den Politikern jenes Füllhorn entwinden, dessen Besitz sie glauben läßt, sie könnten und sollten »alle Ursachen der Unzufriedenheit beseitigen«.[22] Leider muß jede notwendige Anpassung an geänderte Umstände weithin Unzufriedenheit schaffen, und das, was von Politikern hauptsächlich verlangt werden wird, ist, daß sie diese unwillkommenen Veränderungen für den einzelnen unnötig machen.

Eine seltsame Auswirkung dieses Zustandes, in dem die Gewährung besonderer Vergünstigungen nicht von einem allgemeinen Glauben an das, was gerecht ist, sondern von der »politischen Notwendigkeit« bestimmt wird, besteht darin, daß er irrige Ansichten der folgenden Art hervorzurufen vermag: Wenn eine gewisse Gruppe regelmäßig begünstigt wird, weil sie bei Abstimmungen das Zünglein an der Waage bilden kann, so wird die Mär entstehen, man sei allgemein der Meinung, sie verdiene das. Aber natürlich wäre es absurd, den Schluß zu ziehen, wenn die Bauern, die kleinen Geschäftsleute oder die Gemeindebediensteten ihre Forderungen regelmäßig erfüllt bekämen, müßten sie darauf auch einen berechtigten Anspruch haben, während das in Wirklichkeit nur deshalb geschieht, weil ohne die Unterstützung eines erheblichen Teiles dieser Gruppen keine Regierung eine Mehrheit hätte. Doch scheint es zu einer paradoxen Verkehrung dessen zu kommen, was nach demokratischer Theorie geschehen sollte: Die Mehrheit läßt sich nicht davon leiten, was allgemein als gerecht gilt, sondern das, was ihrer Meinung nach getan werden muß, um ihren Fortbestand zu sichern, wird für gerecht erachtet. Man glaubt immer noch, daß die Zustimmung der Mehrheit Beweis für die Gerechtigkeit einer Maßnahme ist, obwohl die meisten, die diese Mehrheit ausmachen, oft nur im Sinne der Entrichtung des Preises für die Erfüllung ihrer eigenen Sonderforderungen zustimmen. Manches wird mit der Zeit als »sozial gerecht« betrachtet, bloß weil es regelmäßig geschieht, nicht weil irgend jemand außer den Begünstigten es an sich für gerecht hielte. Doch die Notwendigkeit, ständig Splittergruppen zu hofieren, schafft letztlich rein zufallsbestimmte Moralmaßstäbe und läßt die Leute oft glauben, daß die begünstigten sozialen Gruppen wirklich besonders würdig sind, weil sie eben regelmäßig für besondere Vergünstigungen ausgewählt werden. Mitunter hören wir das Argument, »alle modernen Demokratien haben es notwendig gefunden, dies oder das zu tun«, so vorgebracht, als wäre es Beweis für die Erwünschtheit einer Maßnahme statt nur das Zufallsprodukt einer besonderen Maschinerie.

So erzeugt der vorhandene Apparat einer unbeschränkten demokratischen Herrschaft einen neuen Komplex »demokratischer« Pseudo-Moral, ein Kunstprodukt des Apparates, der die Leute das als sozial gerecht ansehen läßt, was von Demokratien regelmäßig getan wird oder was durch geschickte Handhabung dieses Apparates aus demokratischen Regierungen herausgeholt werden kann. Das sich ausbreitende Bewußtsein, daß immer mehr Einkommen durch Staatshandeln bestimmt werden, führt zu immer neuen Forderungen von Gruppen, deren Position bislang noch von den Marktkräften bestimmt wird, daß ihnen in gleicher Weise das zugesichert wird, was ihnen ihrer Meinung nach gebührt. Jedes Mal, wenn das Einkommen einer Gruppe durch staatliche Maßnahmen erhöht wird, entsteht für andere Gruppen ein legitimer Anspruch auf vergleichbare Behandlung. Den meisten Forderungen nach »sozialer Gerechtigkeit« liegt nichts anderes zugrunde als die vom Gesetzgeber bei vielen durch die (gewissen Gruppen bereits gewährten) Vergünstigungen geweckten Erwartungen, daß sie in gleicher Weise behandelt werden würden.

Koalitionen organisierter Interessen und der para-staatliche Apparat

Bislang haben wir die Ausrichtung der vorherrschenden demokratischen Institutionen nur insoweit betrachtet, als sie von der Notwendigkeit bestimmt ist, den einzelnen Wähler mit Zusagen besonderer Vergünstigungen für seine Gruppe zu bestechen, ohne daß wir einen Faktor berücksichtigt hätten, der den Einfluß bestimmter Interessengruppen stark akzentuiert, nämlich deren Organisationsvermögen und Funktionsfähigkeit als Interessenverbände.[23] Er bewirkt, daß bestimmte politische Parteien nicht durch irgendwelche Grundsätze geeint werden, sondern nur aus Koalitionen oder organisierten Interessen bestehen, und daß in ihnen die Anliegen jener Interessengruppen, die sich wirksam organisieren lassen, bei weitem die derjenigen überwiegen, die aus dem einen oder anderen Grund keine tatkräftige Organisation bilden können.[24] Dieser stark vergrößerte Einfluß der organisierbaren Gruppen verzerrt die Vergabe von Vergünstigungen nur noch mehr und koppelt sie zunehmend von Effizienzkriterien oder irgendeinem denkbaren Billigkeitsgrundsatz ab. Das Ergebnis ist eine hauptsächlich durch politische Macht bestimmte Einkommensverteilung. Die heute als angebliches Inflationsbekämpfungsmittel propagierte »Einkommenspolitik« leitet sich in Wirklichkeit weitgehend von der ungeheuerlichen Idee her, daß alle materiellen Vergünstigungen von den Inhabern dieser Macht festgelegt werden sollten.[25]

Dieser Tendenz entsprechend ist im Laufe des Jahrhunderts ein riesenhafter und äußerst kostspieliger para-staatlicher Apparat entstanden, der aus Berufsverbänden, Gewerkschaften und Vereinigungen der freien Berufe besteht und in erster Linie dazu dienen soll, möglichst viel von der Fülle staatlicher Gunstbezeigung seinen Migliedern zuzuleiten. Er gilt inzwischen als offensichtlich notwendig und unvermeidlich, dennoch ist er nur in Reaktion auf (oder teilweise im Kampf gegen eine Benachteiligung durch) die wachsende Notwendigkeit einer allmächtigen Mehrheitsherrschaft entstanden, die sich ihre Mehrheit dadurch erhält, daß sie sich die Unterstützung bestimmter kleiner Gruppen kauft.

Politische Parteien werden unter diesen Umständen zu wenig mehr als Koalitionen von Interessenverbänden, deren Handeln von der inneren Logik ihrer Funktionsweise bestimmt ist und nicht von allgemeinen Grundsätzen oder Idealen, über die sie sich jeweils einig wären. Außer bei manchen Weltanschauungsparteien im Westen, die die derzeitigen Systeme ihrer Länder ablehnen und das Ziel haben, diese durch eine phantastische Utopie zu ersetzen, wäre es tatsächlich schwer, anhand der Programme und gar des Handelns irgendeiner Großpartei eine schlüssige Vorstellung von der Art von Gesellschaftsordnung zu gewinnen, über die sich ihre Anhänger einig sind. Sie fühlen sich alle genötigt – selbst wenn das nicht ihr vereinbartes Ziel ist –, ihre Macht dazu zu gebrauchen, der Gesellschaft eine bestimmte Struktur aufzuzwingen, also eine Form des Sozialismus, statt die Bedingungen zu schaffen, unter denen die Gesellschaft allmählich verbesserte Formen ausbilden kann.

Die Unvermeidlichkeit solcher Entwicklungen in einem System mit einem allmächtigen Gesetzgeber zeigt sich deutlich, wenn wir fragen, wie sich eine Mehrheit bilden läßt, die sich über das gemeinsame Handeln einig und zur Lenkung der laufenden Politik imstande ist. Das ursprüngliche demokratische Ideal beruhte auf der Vorstellung einer allgemeinen, von den meisten Leuten geteilten Meinung darüber, was recht sei. Doch eine Übereinstimmung in Grundwerten reicht nicht aus, um ein Programm für die laufende Staatstätigkeit festzulegen. Das spezifische Programm, das erforderlich ist, um eine Gruppe von Anhängern einer Regierung zu vereinigen oder solch eine Partei zusammenzuhalten, muß auf einer Zusammenfassung verschiedener Interessen beruhen, die sich nur im Zuge von Verhandlungen erreichen läßt. Es wird nicht einen gemeinsamen Wunsch nach Erreichung bestimmter Ergebnisse zum Ausdruck bringen; und da es mit der Verwendung konkreter, dem Staat für bestimmte Zwecke zur Verfügung gestellter Mittel zu tun hat, wird es im allgemeinen von der Zustimmung der einzelnen Gruppen in ihm abhängen, daß einige von ihnen bestimmte Leistungen erhalten – im Austausch dafür, daß jeder der zustimmenden Gruppen andere Leistungen angeboten werden.

Man würde sich etwas vormachen, wenn man behaupten wollte, ein solchermaßen in einer »Schacher«-Demokratie zustandegekommenes Aktionsprogramm sei in irgendeinem Sinne Ausdruck der allgemeinen oder Mehrheitsmeinung. Es muß überhaupt niemanden geben, der alle die Dinge, die in solch einem Programm enthalten sind, wünscht oder auch nur billigt; denn es wird oft so widersprüchliche Elemente enthalten, daß kein denkender Mensch sie jemals alle um ihrer selbst willen wünschen könnte. Bedenkt man, in welchem Verfahren man sich auf solche Programme für gemeinsames Handeln einigt, so wäre es tatsächlich ein Wunder, wenn das Ergebnis etwas anderes als ein Sammelsurium der gesonderten und unzusammenhängenden Wünsche vieler verschiedener Einzelpersonen oder Gruppen wäre. Zu vielen der im Programm enthaltenen Punkte werden die meisten Angehörigen der Wählerschaft (oder viele der Abgeordneten) gar keine Meinung haben, weil sie die dazugehörigen Umstände nicht kennen. Vielen weiteren werden sie gleichgültig oder gar ablehnend gegenüberstehen, jedoch bereit sein, ihnen zuzustimmen – als Preis für die Verwirklichung ihrer eigenen Wünsche. Für die meisten Menschen wird die Wahl zwischen Parteiprogrammen daher hauptsächlich eine Wahl zwischen Übeln sein, nämlich zwischen verschiedenen, für andere bestimmte Vergünstigungen, die auf ihre Kosten gehen sollen.

Der rein additive Charakter solch eines Aktionsprogramms für eine Regierung zeigt sich am deutlichsten, wenn wir das Problem betrachten, das sich dem Führer der Partei stellt. Er mag ein Hauptziel haben, an dem ihm sehr viel liegt, oder auch nicht. Aber gleichgültig, was sein oberstes Ziel ist, das, was er braucht, um es zu erreichen, ist Macht. Dazu benötigt er die Unterstützung einer Mehrheit, die er nur dadurch erhalten kann, daß er Personen gewinnt, die an den ihm vorschwebenden Zielen wenig Interesse haben. Um Unterstützung für sein Programm zu finden, wird er daher einer ausreichenden Zahl von Interessengruppen wirksame Lockangebote machen müssen, damit er zur Unterstützung seines Programms insgesamt eine Mehrheit zusammenbringt.

Das Übereinkommen, auf dem solch ein Aktionsprogramm für eine Regierung beruht, ist etwas ganz anderes als die allgemeine Meinung einer Mehrheit, die man sich als die bestimmende Kraft in einer Demokratie erhoffte. Derlei Aushandeln kann auch nicht als jene Art von Kompromiß betrachtet werden, wie er unvermeidlich ist, wann immer die Menschen verschiedener Meinung sind und dazu bewogen werden müssen, sich auf eine mittlere Linie zu einigen, die niemanden voll befriedigt. Eine Reihe von »Geschäften«, durch die die Wünsche einer Gruppe befriedigt werden – im Gegenzug für die Befriedigung der Wünsche einer anderen (und häufig auf Kosten einer nicht befragten dritten), kann Ziele für das gemeinsame Vorgehen einer Koalition festlegen; aber das heißt nicht, daß die Gesamtergebnisse vom Volk gebilligt würden. Das Ergebnis kann sogar in jeder Hinsicht jedem Grundsatz widersprechen, dem die einzelnen Vertreter der Mehrheit zustimmen würden, wenn sie je Gelegenheit bekämen, darüber abzustimmen.

Diese Beherrschung des Staates durch Koalitionen von Interessenverbänden (als sie erstmals beobachtet wurden, bezeichnete man sie allgemein als »finstere Interessen«) hält der Außenstehende üblicherweise für einen Mißbrauch oder sogar für eine Art Korruptheit. Sie ist jedoch die unvermeidliche Folge eines Systems, in dem die Regierung unbeschränkte Macht hat, jegliche Maßnahme zu ergreifen, die zur Befriedigung der Wünsche derjenigen, von deren Unterstützung sie abhängt, erforderlich ist. Eine Regierung mit solcher Macht kann nicht deren Ausübung verweigern und sich dennoch die Unterstützung einer Mehrheit erhalten. Wir haben kein Recht, den Politikern einen Vorwurf daraus zu machen, daß sie das tun, was sie in der Situation tun müssen, in die wir sie gebracht haben. Wir haben Zustände geschaffen, in denen man weiß, daß die Mehrheit die Macht hat, einem bestimmten Bevölkerungssegment alles zu geben, was es verlangt. Doch eine Regierung mit solch unbeschränkter Macht kann sich nur dadurch im Amt halten, daß sie eine genügend große Zahl von Interessengruppen zufriedenstellt, um der Unterstützung einer Mehrheit sicher sein zu können.

Regierung im engen Sinn der Verwaltung der besonderen, der Befriedigung gemeinsamer Bedürfnisse gewidmeten Mittel wird bis zu einem gewissen Grad immer diesen Charakter haben. Ihre Aufgabe besteht darin, verschiedenen Gruppen bestimmte Vergünstigungen zuteil werden zu lassen, was etwas ganz und gar anderes ist als die eigentliche Gesetzgebung. Nun ist diese Schwäche zwar vergleichsweise unschädlich, solange sich die Regierung darauf beschränkt, über die Verwendung einer Menge ihr verfügbarer Mittel nach Regeln zu entscheiden, die sie nicht ändern kann (insbesondere wenn, wie in Ortsgemeinden, die Menschen sich einer Ausbeutung entziehen können, indem sie »mit den Füßen wählen«); sie nimmt jedoch alarmierende Ausmaße an, sobald Regierung und Rechtssetzung vermischt werden und diejenigen, die die Mittel der öffentlichen Hand verwalten, auch bestimmen, welchen Teil der gesamten Mittel diese unter ihrer Kontrolle haben sollte. Bringt man diejenigen, die festlegen sollten, was gerecht ist, in eine Position, in der sie sich nur dadurch halten können, daß sie ihren Anhängern das geben, was diese wollen, so heißt das, ihnen die Verfügung über sämtliche Mittel der Gesellschaft zu überlassen – für jeden beliebigen Zweck, der ihnen notwendig scheint, um an der Macht zu bleiben.

Wenn die gewählten Verwalter eines gewissen Teiles der Mittel einer Gesellschaft einem Gesetz unterlägen, das sie nicht zu ändern vermöchten, würden sie diesen immer noch so verwenden, daß sie ihre Anhänger zufriedenstellten, aber sie könnten nicht über das hinausgehen, was sich ohne Eingriff in die Freiheit des einzelnen erreichen ließe. Sind sie aber gleichzeitig auch die Verfasser jener Verhaltensregeln, so werden sie – um den spezifischen Wünschen ihrer Wähler zu entsprechen – genötigt sein, ihre Macht so zu gebrauchen, daß sie nicht nur die Mittel der öffentlichen Hand organisieren, sondern sämtliche Mittel der Gesellschaft einschließlich der des einzelnen.

Wir können die Regierung nur daran hindern, Sonderinteressen zu bedienen, indem wir ihr die Macht nehmen, dabei Zwang anzuwenden, und das heißt, wir können die Macht von Interessenverbänden nur durch Beschränkung der Macht des Staates beschränken. Ein System, in dem die Politiker glauben, es sei ihre Pflicht und stehe in ihrer Macht, jede Unzufriedenheit zu beseitigen,[26] muß dazu führen, daß die Politiker die Angelegenheiten der Menschen vollständig in ihre Hände nehmen. Wenn jene Macht unbegrenzt ist, so wird und muß sie in den Dienst von Sonderinteressen gestellt werden, und sie wird alle organisierbaren Interessen dazu bringen, sich zu organisieren, um auf die Regierung Druck auszuüben. Das einzige, was ein Politiker gegen solchen Druck tun kann, ist, auf einen anerkannten Grundsatz zu verweisen, der ihn daran hindert, diesem nachzugeben, und den er nicht ändern kann. Kein System, in dem diejenigen, die über die Verwendung öffentlicher Mittel bestimmen, nicht durch unveränderliche Regeln gebunden sind, kann umhin, zum Instrument von Interessenverbänden zu werden.

Übereinstimmung über allgemeine Regeln und über Einzelmaßnahmen

Wir haben wiederholt betont, daß in einer Großen Gesellschaft niemand alle die Einzeltatsachen kennen oder darüber eine Meinung haben kann, die Gegenstand staatlicher Entscheidungen werden könnten. Ein Mitglied einer solchen Gesellschaft kann nicht mehr als einen kleinen Teil des umfassenden Beziehungsgefüges, aus dem die Gesellschaft besteht, kennen; aber seine Wünsche hinsichtlich der Gestaltung desjenigen Teiles der Gesamtstruktur, zu dem es gehört, werden unweigerlich in Konflikt mit den Wünschen der anderen geraten.

Obwohl niemand alles weiß, werden somit die jeweiligen Wünsche in ihren Wirkungen oft aufeinanderprallen und müssen aufeinander abgestimmt werden, wenn Einigkeit erzielt werden soll. Demokratische *Regierung* (im Unterschied zu demokratischer Gesetzgebung) erfordert, daß die Zustimmung der einzelnen weit über die Einzeltatsachen hinausgeht, die ihnen bekannt sein können; und einer Nichtberücksichtigung ihrer eigenen Wünsche werden sie sich nur dann fügen, wenn sie einige allgemeine Regeln zu akzeptieren gelernt haben, nach denen sich alle Einzelmaßnahmen richten und an die sich sogar die Mehrheit halten wird. Daß in derlei Situationen Konflikte nur durch Einigung auf allgemeine Regeln zu vermeiden sind, sie sich hingegen gar nicht beilegen ließen, wenn Einigung über die verschiedenen Einzeltatsachen erforderlich wäre, scheint heute weitgehend vergessen.

Echte allgemeine Übereinstimmung oder auch nur echte Übereinstimmung einer Mehrheit wird in einer Großen Gesellschaft selten mehr umfassen als gewisse allgemeine Grundsätze und ist nur für solche Einzelmaßnahmen zu erzielen, die den meisten ihrer Mitglieder bekannt sein können.[27] Wichtiger noch: Solch eine Gesellschaft wird eine zusammenhängende und in sich schlüssige Gesamtordnung nur erreichen, wenn sie sich bei ihren Einzelentscheidungen an allgemeine Regeln hält und nicht einmal der Mehrheit erlaubt, diese Regeln zu verletzen, es sei denn, die Mehrheit wäre bereit, sich einer neuen Regel zu beugen und sich zu verpflichten, sie fortan ohne Ausnahme anzuwenden.

Wie wir oben gesehen haben, ist die Bindung an Regeln bis zu einem gewissen Grad selbst für den einzelnen notwendig, der sich bemüht, Ordnung in einen Komplex von Handlungen zu bringen, über die er im voraus nicht im einzelnen Bescheid weiß. Noch notwendiger ist sie dort, wo die sukzessiven Entscheidungen von verschiedenen Personengruppen im Hinblick auf verschiedene Teile des Ganzen getroffen werden. Sukzessive Abstimmungen über Einzelfragen würden unter solchen Umständen voraussichtlich nicht zu einem Gesamtergebnis führen, das irgend jemand billigen würde, es sei denn, alle ließen sich von denselben allgemeinen Regeln leiten.

Zu einem guten Teil war es das Wissen um die unbefriedigenden Ergebnisse der gebräuchlichen Verfahren demokratischer Entscheidungsfindung, das zu der Forderung eines Gesamtplanes führte, nach dem über alles staatliche Handeln auf lange Zeit im voraus entschieden werden sollte. Aber ein derartiger Plan brächte nicht wirklich eine Lösung für das eigentliche Problem. So wie man ihn sich für gewöhnlich vorstellt, wäre er immer noch das Ergebnis einer Reihe von Einzelentscheidungen über konkrete Fragen, und daher würde seine Festlegung die gleichen Probleme aufwerfen. Für gewöhnlich wirkt sich die Annahme eines solchen Planes so aus, daß er zum Ersatz für echte Kriterien dafür wird, ob die in ihm vorgesehenen Maßnahmen wünschenswert sind.

Entscheidend ist nicht nur, daß es in einer Großen Gesellschaft eine echte Mehrheitsmeinung nur hinsichtlich allgemeiner Grundsätze geben wird, sondern auch, daß eine Mehrheit eine gewisse Kontrolle über das Ergebnis des Marktprozesses nur dann ausüben kann, wenn sie sich auf die Festlegung allgemeiner Grundsätze beschränkt und eine Einmischung in Einzelheiten unterläßt, selbst dann, wenn die konkreten Ergebnisse ihren Wünschen zuwiderlaufen. Wenn wir uns zur Erreichung mancher unserer Ziele eines Mechanismus bedienen, der zum Teil auf uns unbekannte Umstände reagiert, so müssen dessen Auswirkungen auf manche Einzelergebnisse unvermeidlicherweise im Widerspruch zu unseren Wünschen stehen, und deshalb wird es oft zu einem Konflikt zwischen den allgemeinen Regeln, die wir gerne befolgt sähen, und den von uns gewünschten Einzelergebnissen kommen.

Am deutlichsten wird sich dieser Konflikt im kollektiven Handeln zeigen, weil wir zwar als einzelne im allgemeinen gelernt haben, uns an Regeln zu halten, und das auch konsequent tun können, hingegen als Mitglieder einer Körperschaft, die mit Mehrheitsbeschluß entscheidet, nicht sichergehen können, daß zukünftige Mehrheiten sich an jene Regeln halten werden, die uns verbieten könnten, für Einzelheiten zu stimmen, welche uns zwar zusagen, aber nur bei Verletzung einer bestehenden Regel zu erreichen wären. Obwohl wir es als einzelne hinzunehmen gelernt haben, daß wir bei der Verfolgung unserer Ziele durch bestehende Regeln gerechten Verhaltens eingeschränkt sind, empfinden wir oft keine entsprechende Einschränkung, wenn wir als Mitglieder einer Körperschaft abstimmen, die die Macht hat, diese Regeln zu verändern. In der letztgenannten Situation werden die meisten Leute es tatsächlich für angemessen halten, für sich selbst Vergünstigungen einer Art in Anspruch zu nehmen, wie andere sie ihres Wissens erhalten, von denen sie aber auch wissen, daß sie nicht generell gewährt werden können, und die sie daher vielleicht lieber gar niemandem gewährt sähen. Im Verlaufe der besonderen Entscheidungen über spezifische Fragen werden die Wähler oder deren Vertreter sich daher oft bewogen sehen, Maßnahmen zu unterstützen, die Grundsätzen zuwiderlaufen, die sie lieber allgemein befolgt wüßten. Solange es keine Regeln gibt, die diejenigen binden, die über die Einzelmaßnahmen entscheiden, ist es demnach unvermeidlich, daß Mehrheiten Maßnahmen von einer Art billigen, die sie wahrscheinlich ein für alle Mal verbieten würden, wenn man sie über den Grundsatz abstimmen ließe.

Die Behauptung, daß in jeder Gesellschaft für gewöhnlich mehr Übereinstimmung über allgemeine Grundsätze herrscht als über Einzelfragen, mag auf den ersten Blick wie ein Widerspruch zur Alltagserfahrung erscheinen. Die tägliche Erfahrung scheint zu zeigen, daß es für gewöhnlich leichter ist, Übereinstimmung in einer Einzelfrage zu erzielen als hinsichtlich eines allgemeinen Grundsatzes. Das ist allerdings nur eine Folge der Tatsache, daß wir für gewöhnlich jene allgemeinen Grundsätze, nach denen wir durchaus zu handeln vermögen und die normalerweise verschiedene Personen in ihren Urteilen übereinstimmen lassen, nicht ausformuliert kennen und nie in Worte gefaßt haben. Oft wird es sehr schwierig sein, solche Grundsätze zu formulieren oder in Worte zu fassen. Dieses Fehlen einer bewußten Kenntnis der Grundsätze, nach denen wir handeln, ist aber kein Beweis dagegen, daß wir für gewöhnlich in einzelnen Fragen der Moral nur deshalb übereinstimmen, weil wir uns über die anzuwendenden Regeln einig sind. Jedoch werden wir oft diese allgemeinen Regeln nur dadurch ausdrücken lernen, daß wir die verschiedenen Einzelfälle, in denen wir Übereinstimmung erzielt haben, nachprüfen und die Punkte, in denen wir übereinstimmen, systematisch untersuchen.

Wenn Personen, die erstmals über die Hintergründe eines Streitfalles informiert werden, im allgemeinen zu ähnlichen Urteilen über dessen wesentliche Punkte kommen, heißt das eben, daß sie tatsächlich – ob sie das wissen oder nicht – von den gleichen Grundsätzen geleitet sind; können sie sich hingegen nicht einigen, so dürfte das anzeigen, daß ihnen solche gemeinsamen Grundsätze fehlen. Das bestätigt sich, wenn wir die Natur der Argumente untersuchen, die voraussichtlich Einigkeit unter den Parteien schaffen werden, die zunächst über die Bewertung eines bestimmten Falles uneins waren. Solche Argumente werden immer aus Verweisen auf allgemeine Grundsätze oder zumindest auf Tatsachen bestehen, die nur im Lichte eines allgemeinen Grundsatzes relevant sind. Nie wird der konkrete Fall als solcher, sondern immer entweder seine Zugehörigkeit zu einer Klasse von Fällen oder seine Subsumierbarkeit unter eine bestimmte Regel für relevant erachtet. Das Ausfindigmachen einer Regel, auf die wir uns einigen können, wird die Voraussetzung dafür bilden, daß wir uns in der jeweiligen Frage einigen können.

Anmerkungen

307:*. Xenophon, *Hellenica*, vii, 12–16.

308:1. Ein bedeutungsvolles Symptom war ein Artikel von Cecil King in der Londoner *Times* vom 16. September 1968 unter dem Titel »The Declining Reputation of Parliamentary Democracy«, in dem er behauptete:

> Was mich am meisten beunruhigt, ist der weltweite Rückgang der Autorität demokratischer Institutionen und der Achtung für diese. Vor einem Jahrhundert war man sich in den fortgeschrittenen Ländern der Welt allgemein einig, daß die parlamentarische Demokratie die beste Regierungsform sei. Heute hingegen ist die Unzufriedenheit mit dem parlamentarischen Staat weitverbreitet. Niemand kann ernstlich behaupten, daß in Europa oder Amerika Parlamente ihren Ruf verbessern. ... Der Ruf der parlamentarischen Demokratie ist so tief gesunken, daß sie nunmehr mit der Begründung verteidigt wird, so schlecht sie auch sei, andere Staatsformen seien schlechter.

Aus der ständig wachsenden Literatur zu diesem Thema seien folgende neuere Bücher genannt: Moss, R., *The Collapse of Democracy*, London 1975; Sontheimer, K., Ritter, G. A., u.a., *Der Überdruß an der Demokratie*, Köln 1970; Julien, C., *Le Suicide de la démocratie*, Paris 1972; und Lord Hailsham, *The Dilemma of Democracy*, London 1978.

308:2. Lasswell, H. D., *Politics – Who gets What, When, How,* New York 1936.

308:3. Schumpeter, J. A., *Kapitalismus, Sozialismus und Demokratie* (1942), 5. Auflage, München 1980.

308:4. Demosthenes, *Gegen Leptines*, 92. Vgl. zu der Episode, auf die sich der an den Anfang dieses Kapitels gestellte Satz von Xenophon bezieht, auch Lord Acton, *History of Freedom*, London 1907, S. 12:

> Bei denkwürdiger Gelegenheit bezeichneten die versammelten Athener es als absurd, daß sie daran gehindert würden, zu tun, was ihnen beliebte; keine bestehende Macht konnte sie zurückhalten; sie beschlossen, daß keine Pflicht sie zurückhalten solle, und daß sie durch kein Gesetz gebunden sein sollten, das nicht sie selbst gemacht hätten. Auf diese Weise wurde das fortschrittliche Volk von Athen zum Tyrannen.

309:5. Aristoteles, *Politik*, 1292a, 10, 30.

309:6. Sartori, G., *Democratic Theory*, New York 1965, S. 312. Der ganze Abschnitt 7 von Kapitel 13 dieses Buches (S. 306–314) ist für unser Thema hochaktuell.

309:7. Wollheim, R., »A Paradox in the Theory of Democracy« in Laslett, P. und Runciman, W. G., Hrsg., *Philosophy, Politics and Society*, 2. Reihe, Oxford 1962, S. 72.

309:8. Burdeau, G., wie oben zitiert (vgl. Anmerkung 4 der Einführung).

309:9. Anscheinend – was Vile, M. J. C., *Constitutionalism and the Separation of Power*, Oxford 1967, S. 217, bestätigt – war der Hauptschuldige hier James Mill, obwohl es schwierig ist, in seinem *Essay on Government* eine genau entsprechende Feststellung zu finden. Wir können jedoch seinen Einfluß deutlich bei seinem Sohn sehen, wenn etwa J. S. Mill in *Über Freiheit* behauptet: »Die Nation bedurfte keines Schutzes gegen ihren eigenen Willen« (zitiert nach: Mill, J. St., *Über Freiheit*, hrsg. v. Borries, A. v., Frankfurt/M. und Wien 1969, S. 9).

309:10. Die Amerikaner der Revolutionszeit verstanden diesen Mangel der britischen Verfassung genau und einer ihrer scharfsinnigsten Denker in Verfassungsfragen, James Wilson,

> lehnte Blackstones Lehre von der Souveränität des Parlaments als veraltet ab. Die Briten verstehen den Gedanken einer Verfassung nicht [behauptete er], welche die Tätigkeit des Gesetzgebers begrenzt und überwacht. Diese Verbesserung in der Wissenschaft von der Staatsführung blieb den Amerikanern vorbehalten.
> (So Vile, M. J. C., aaO, s. Anmerkung 9, S. 158.)

Vgl. auch den Aufsatz: »An Enviable Freedom« in *The Economist*, 2. April 1977, S. 38:

> Das amerikanische System mag somit das vorstellen, was sich vielleicht entwickelt hätte, wenn Großbritannien sich nicht der Lehre von der absoluten Souveränität des Parlaments ergeben hätte – mit ihrem, inzwischen weitgehend ins Reich der Fabel verwiesenen Zusatz, daß der mißbrauchte Bürger vom Parlament die Wahrung seiner Rechte erwarten könne.

Ich bezweifle jedoch, daß es ihnen gelang, das Problem mit mehr Erfolg zu lösen. Genau besehen sind nämlich die beiden Paradebeispiele demokratischer Staatsführung, Großbritannien und die USA, in Wirklichkeit zwei Monstrositäten und Zerrbilder des Ideals der Gewaltentrennung, denn im ersten gibt die regierende Körperschaft beiläufig auch die Gesetze, so wie das ihren augenblicklichen Zielen entgegenkommt, sieht jedoch ihre Hauptaufgabe in der Überwachung der laufenden Regierungstätigkeit, während in den zweiten die Regierung der Volksvertretung nicht verantwortlich ist und dem Präsidenten als Oberhaupt der Exekutive für seine gesamte Amtszeit die Unterstützung der Mehrheit der Volksvertretung fehlen kann, die zum guten Teil mit Regierungsfragen befaßt ist. Lange Zeit hindurch konnte man diese Mängel mit der Begründung übersehen, daß die Systeme »funktionierten«; das tun sie aber inzwischen kaum mehr.

Die Macht des britischen Parlaments läßt sich durch die Tatsache veranschaulichen, daß meines Wissen das Parlament mich, wenn es mich für wichtig genug hielte, für die hier gemachten Äußerungen wegen Mißachtung des Parlaments in den Tower sperren lassen könnte!

310:11. Vgl. Talmon, J. L., *The Origins of Totalitarian Democracy*, London 1952, und Palmer, R. A., *The Age of Democratic Revolution*, Princeton 1959.

310:12. Heimann, E., »Rationalism, Christianity and Democracy«, *Festgabe für Alfred Weber*, Heidelberg 1949, S. 175.

311:13. Vgl. Hennis, W., *Demokratisierung: Zur Problematik eines Begriffs*, Köln 1970; auch Schumpeter, J. A., aaO, S. 387f.

311:14. Vgl. Mises, L. von, *Human Action*, New Haven (1949), 3., überarbeitete Auflage, Chicago 1966, S. 150: Die Demokratie »bietet ein Verfahren für die friedliche Anpassung der Regierung an den Willen der Mehrheit«; auch Popper, K. R., *Die offene Ge-*

sellschaft und ihre Feinde, 8. Aufl. Tübingen 2003, I, S. 149 : »Als eine kurze Bezeichnung für eine Regierungsform, ... deren wir uns ohne Blutvergießen, zum Beispiel auf dem Wege über allgemeine Wahlen, entledigen können, ... schlage ich das Wort ›Demokratie‹ vor, ... die sozialen Institutionen sehen also Mittel vor, die es den Beherrschten gestatten, die Herrscher abzusetzen«; ebenso Schumpeter, J. A., aaO, passim; siehe auch die Verweise in meinem Buch *Die Verfassung der Freiheit* [siehe Hayek, *Schriften*, B 3] S. 131, Anmerkung 9. Ich bedaure es, daß ich dort (S. 132) aus Begeisterung über Tocqueville das dritte der von mir erwähnten drei Argumente für die Demokratie, nämlich daß sie die einzig wirksame Methode zur Erziehung der Mehrheit in politischen Fragen sei, als das »stärkste« Argument bezeichnete. Es ist sehr wichtig, aber natürlich weniger wichtig als das, das ich damals als erstes nannte: ihre Funktion als Instrument friedlicher Veränderung.

313:15. Erstaunlich gut wurden diese Gefahren demokratischer Staatsführung von den Old Whigs begriffen. Siehe z. B. die Diskussion in den sehr wichtigen *Cato's Letters* von John Trenchard und Thomas Gordon, die von 1720 bis 1722 in der Londoner Presse erschienen und dann mehrmals gesammelt nachgedruckt wurden (derzeit bequem greifbar in dem Band *The English Libertarian Heritage*, hrsg. v. Jacobson, D. L., Indianapolis 1965). Der Brief vom 13. Januar 1721 (S. 124 in der zitierten Ausgabe) führt aus: »Wenn das Gewicht der Infamie auf viele verteilt ist, geht keiner unter seiner eigenen Last unter.« Richtig ist auch, daß eine Aufgabe, die als Auszeichnung gilt, gewöhnlich auch als Verpflichtung angesehen wird, während man von einer, auf die jedermann ein Anrecht hat, leicht meint, sie sei legitimerweise nach eigenem Gutdünken zu erledigen.

315:16. Vgl. Schumpeter, J. A., aaO, S. 411, über das »enge Gebiet«,

> das das Denken des einzelnen Bürgers mit vollem Empfinden für seine Realität umschließt. Grob gesprochen besteht es aus den Dingen, die ihn unmittelbar berühren, – ihn selbst und seine Familie, seine Geschäfte, seine Liebhabereien, seine Freunde und Feinde, seine Stadtgemeinde oder sein Quartier, seine Klasse, Kirche, Gewerkschaft oder irgend eine andere soziale Gruppe, deren aktives Mitglied er ist, – den Dingen seiner persönlichen Beobachtung, den Dingen, die ihm vertraut sind, unabhängig davon, was ihm seine Zeitung sagt, den Dingen, die er unmittelbar beeinflussen oder arrangieren kann und denen gegenüber er jenes Verantwortlichkeitsgefühl entwickelt, das durch eine direkte Beziehung zum günstigen oder ungünstigen Ausgang einer Handlungsweise veranlaßt wird.

315:17. Vgl. *Cato's Letters*, Brief Nr. 60 vom 6. Januar 1721, aaO, S. 121. Vgl. das Zitat aus Paley, W., in F. A. Hayek, *Recht, Gesetz und Freiheit, Schriften* B4, Kapitel 13, Anmerkung 4. Zum Einfluß von *Cato's Letters* auf die Entwicklung der amerikanischen politischen Ideale schreibt Clinton Rossiter in *Seedtime of the Republic*, New York 1953, S. 141:

> Niemand kann sich auch nur kurze Zeit mit den Zeitungen, Bibliotheksinventaren und Flugschriften des kolonialen Amerika beschäftigen, ohne zu bemerken, daß in der Kolonialzeit *Cato's Letters* und nicht Lockes *Civil Government* die bekannteste, meistzitierte, am höchsten geschätzte Quelle politischer Ideen war.

315:18. Siehe *Cato's Letters*, Brief Nr. 62 vom 20. Januar 1721, S. 128:

> Es ist eine falsche Vorstellung der Regierenden, daß es nur das Interesse der Mehrheit zu berücksichtigen gelte, denn in der Gesellschaft hat jeder einen Anspruch auf die Hilfe jedes anderen beim Genuß und der Verteidigung seines Privateigentums; andernfalls kann die größere Zahl die kleinere verkaufen und deren Besitz unter sich aufteilen; und statt zu einer Gesellschaft, in der alle friedfertigen Menschen geschützt

werden, kommt es so zu einer Verschwörung der Vielen gegen die Minderheit. Mit gleicher Berechtigung könnte ein einziger mutwillig über alle verfügen und Gewalt durch bloße Macht sanktioniert werden.

316:19. Zu diesen Fragen siehe insbesondere Dahl, R. A., *A Preface to Democratic Theory*, Chicago 1950 [deutsch: *Vorstufen zur Demokratietheorie*, Tübingen 1976], und Dahl, R. A. und Lindblom, C. E., *Politics, Economics, and Welfare*, New York 1953.

317:20. Zum vollständigen Wortlaut und zur Belegstelle dieses Zitats von Kant siehe das Zitat in F. A. Hayek, *Recht, Gesetz und Freiheit, Schriften* B4, am Beginn von Kapitel 9 mit Anmerkung.

318:21. Oder in Österreich, wo der Präsident des Gewerkschaftsbundes unbestritten der mächtigste Mann im Land ist und derzeit nur seine insgesamt vernünftige Haltung diese Stellung erträglich macht.

318:22. Crossland, C. A. R., *The Future of Socialism*, London 1956, S. 205.

319:23. Siehe Schattschneider, E. E., *Politics, Pressure, and the Tariff*, New York 1935, und *The Semi-Sovereign People*, New York 1960.

319:24. Olson, M. Jr, *Die Logik des kollektiven Handelns* (1965), Tübingen 1968.

319:25. Am konsequentesten wird diese Ansicht vertreten von Lady Wootton (Mrs. Barbara Wootton). Siehe ihr neuestes Buch zum Thema: *Incomes Policy*, London 1974.

323:26. Siehe den in Anmerkung 22 oben benannten Passus von C. R. A. Crossland.

323:27. Siehe in diesem Zusammenhang die sehr aufschlußreiche Erörterung des abstrakten Charakters der Gesellschaft in Popper, K. R., *Die offene Gesellschaft und ihre Feinde*, 8. Aufl. Tübingen 2003, I, S. 208f.

Friedrich August von Hayek

Tabellarischer Lebenslauf*

8. Mai 1899	Geboren in Wien
1917	Matura am Elisabeth Gymnasium in Wien
1917 – 1918	Kriegsdienst als Fernmeldeoffizier der k. u. k. Armee an der Italienfront; Leutnant
1918 – 1921	Studium der Rechts- und Staatswissenschaften an der Universität Wien
1919 – 1920	Praktikant bei Prof. Constantin von Monakow im Hirnanatomischen Institut der Universität Zürich
1921	Promotion zum Dr. jur. an der Universität Wien
1921 – 1926	Rechtsberatungstätigkeit im Abrechnungsamt für Österreichische Kriegsschulden, Wien
1923	Promotion zum Dr. rer. pol. bei Othmar Spann und Hans Kelsen an der Universität Wien mit der Arbeit „Zur Problemstellung der Zurechnungslehre“
1923 – 1924	Forschungsassistent an der New York University bei Prof. Jeremiah W. Jenks
1927 – 1931	Gründungsdirektor des Österreichischen Instituts für Konjunkturforschung, Wien
1929	Habilitation für das Fach Nationalökonomie und Statistik an der Universität Wien mit der Arbeit „Geldtheorie und Konjunkturtheorie“; Privatdozent
1931 – 1949	Tooke Professor of Economic Science and Statistics an der London School of Economics and Political Science (LSE)
1938	Britische Staatsbürgerschaft
1940	Wirtschaftswissenschaftlicher Doktorgrad D. sc. econ. der University of London
1947 – 1961	Gründungspräsident, ab 1961 Ehrenpräsident der „Mont Pèlerin Society“
1949 – 1950	Gastprofessor an der University of Arkansas, Fayettville, USA
1950 – 1962	Professor of Social and Moral Science an der University of Chicago, USA
1962 – 1967	Professor für Volkswirtschaftslehre an der Albert-Ludwigs-Universität Freiburg
1964 – 1970	Vorstandsmitglied des Walter Eucken Instituts

---

* Zusammengestellt von Wendula Gräfin v. Klinckowstroem, Walter Eucken Institut, Freiburg i. Br.

1967	Emeritierung
1967 – 1968	Lehrstuhlvertretung an der Albert-Ludwigs-Universität Freiburg
1970 – 1974	Gastprofessor an der Universität Salzburg, Umzug nach Salzburg
1974	Nobelpreis für Wirtschaftswissenschaften
1977	Rückkehr nach Freiburg i. Br.
1978	Ehrenpräsident des Walter Eucken Instituts
23. März 1992	Gestorben in Freiburg i. Br., begraben auf dem Friedhof Neustift am Walde, Wien

Verzeichnis der in Abkürzung zitierten Schriften F.A. von Hayeks

Individualism 1948: F.A. Hayek, *Individualism and Economic Order*, Chicago: University of Chicago Press 1948.

Studies 1967: F.A. Hayek, *Studies in Philosophy, Politics and Economics*, Chicago: University of Chicago Press 1967.

Freiburger Studien 1969: F.A. Hayek, *Freiburger Studien: Gesammelte Aufsätze*, Tübingen: Mohr Siebeck 1969.

Anmaßung 1996: F.A. Hayek, *Die Anmaßung von Wissen: Neue Freiburger Studien,* hrsg. von Wolfgang Kerber, Tübingen: Mohr Siebeck 1996.

Bibliographische Angaben zu den in diesem Band zusammengestellten Beiträgen

1. Die schöpferischen Kräfte einer freien Zivilisation

Entnommen aus: Gesammelte Schriften, B3, *Die Verfassung der Freiheit*, 2005, 31–50.

Veröffentlichungsgeschichte: Der Ausgabe in den *Gesammelten Schriften* liegt die 1983 erschienene zweite, durchgesehene Auflage von *Verfassung der Freiheit* zugrunde, die als deutsche Übersetzung erstmals 1971 erschien. Die englische Originalausgabe *The Constitution of Liberty* erschien 1960 gleichzeitig in Chicago (The University of Chicago Press) und in London (Routledge & Kegan Paul). – Eine frühere Fassung des für den vorliegenden Band ausgewählten zweiten Kapitels erschien unter dem Titel „The Creative Powers of a Free Civilization" in F. Morley (Hrsg.), *Essays in Individuality*, Pittsburgh: University of Pennsylvania Press 1958, 259–289.

2. Regeln, Wahrnehmung und Verständlichkeit

Entnommen aus: Gesammelte Schriften, A 1, *Wirtschaftstheorie und Wissen*, 2007, 3–26.

Veröffentlichungsgeschichte: Die englische Erstveröffentlichung „Rules, Perception and Intelligibility" erschien in den *Proceedings of the British Academy* 48, 1962, 321–344. – Abdruck in F.A. Hayek, *Studies* 1967, 43–65.

3. Über den Sinn sozialer Institutionen

Entnommen aus: Gesammelte Schriften, A 4, *Rechtsordnung und Handelnsordnung*, 2003, 3–14.

Veröffentlichungsgeschichte: Erstveröffentlichung in *Schweizer Monatshefte* 36, 1956, 512–524.

4. Arten der Ordnung

Entnommen aus: Gesammelte Schriften, A 4, *Rechtsordnung und Handelnsordnung*, 2003, 15–29.

Veröffentlichungsgeschichte: Erstveröffentlichung in *Ordo – Jahrbuch für die Ordnung von Wirtschaft und Gesellschaft* 14, 1963, 3–20. – Abdruck in F.A. Hayek, *Freiburger Studien* 1969, 32–46.

5. *Rechtsordnung und Handelnsordnung*

Entnommen aus: Gesammelte Schriften, A 4, *Rechtsordnung und Handelnsordnung*, 2003, 35–73.

Veröffentlichungsgeschichte: Erstveröffentlichung in E. Streissler (Hrsg.), *Zur Einheit der Rechts- und Staatswissenschaften*, Karlsruhe: C.F. Müller 1967, 195–230. – Abdruck in F.A. Hayek, *Freiburger Studien* 1969, 161–198.

6. *Die Theorie komplexer Phänomene*

Entnommen aus: Gesammelte Schriften, A 1, *Wirtschaftstheorie und Wissen*, 2007, 188–212.

Veröffentlichungsgeschichte: Englische Erstveröffentlichung „The Theory of Complex Phenomena" erschien in M. Bunge (Hrsg.), *The Critical Approach to Science and Philosophy. Essays in Honor of K.R. Popper*, New York und London: The Free Press of Glencoe 1964, 332–349. – Korrigierter und ergänzter Abdruck in F.A. Hayek, *Studies* 1967, 22–47. – Deutsche Erstveröffentlichung als F.A. Hayek, *Die Theorie komplexer Phänomene*, Tübingen: Mohr Siebeck 1972 (Vorträge und Aufsätze / Walter Eucken Institut, 36). – Abdruck in F.A. Hayek, *Anmaßung* 1996, 281–306.

7. *Die Verwertung des Wissens in der Gesellschaft*

Entnommen aus: Gesammelte Schriften, A 1, *Wirtschaftstheorie und Wissen*, 2007, 57–70.

Veröffentlichungsgeschichte: Die englische Erstveröffentlichung „The Use of Knowledge in Society" erschien im *American Economic Review* 35, 1945, 519–530. – Abdruck in F.A. Hayek, *Individualism* 1948, 77–91. – Deutsche Erstveröffentlichung in F.A. Hayek, *Individualismus und wirtschaftliche Ordnung*, Erlenbach-Zürich: E. Rentsch 1952, 103–121.

8. *Die marktliche Ordnung oder Katallaxie*

Entnommen aus: Gesammelte Schriften, B 4, *Recht, Gesetz und Freiheit*, 2003, 258–283 u. 541–545.

Veröffentlichungsgeschichte: Die englische Originalausgabe unter dem Titel *Law, Legislation and Liberty* erschien zunächst in drei Bänden (1973, 1976 und 1979) beim Verlag Routledge & Kegan Paul, London. Eine erste deutsche Fassung wurde 1980 und 1981 ebenfalls in drei Bänden unter dem Titel *Recht, Gesetzgebung und Freiheit* vom Verlag Moderne Industrie, Landsberg am Lech, veröffentlicht. Die für die Ausgabe in den *Gesammelten Schriften* von Monika Streissler neu erstellte Übersetzung beruht auf der 1982 bei Routledge, London, erschienenen einbändigen Ausgabe von *Law, Legislation and Liberty*. „Die marktliche Ordnung oder Katallaxie" ist das zehnte Kapitel des Buches.

9. *Der Wettbewerb als Entdeckungsverfahren*

Entnommen aus: Gesammelte Schriften, A 4, *Rechtsordnung und Handelnsordnung*, 2003, 132–149.

Veröffentlichungsgeschichte: Erstveröffentlichung als F.A. Hayek, *Der Wettbewerb als Entdeckungsverfahren*, Kiel: Institut für Weltwirtschaft 1968 (Kieler Vorträge, N.F. 56). – Abdruck in F.A. Hayek, *Freiburger Studien* 1969, 249–265.

10. Die Irrtümer des Konstruktivismus und die Grundlagen legitimer Kritik gesellschaftlicher Gebilde

Entnommen aus: Gesammelte Schriften, A 7, *Wissenschaft und Sozialismus*, 2004, 16–36.

Veröffentlichungsgeschichte: Erstveröffentlichung als F.A. Hayek, *Die Irrtümer des Konstruktivismus und die Grundlagen legitimer Kritik gesellschaftlicher Gebilde*, München u.a.O.: Fink 1970. – Abdruck in F.A. Hayek, *Anmaßung* 1996, 16–36.

11. Wissenschaft und Sozialismus

Entnommen aus: Gesammelte Schriften, A 7, *Wissenschaft und Sozialismus*, 2004, 52–62.

Veröffentlichungsgeschichte: Erstveröffentlichung als F.A. Hayek, *Wissenschaft und Sozialismus*, Tübingen: Mohr Siebeck 1979 (Vorträge und Aufsätze / Walter Eucken Institut, 71). – Abdruck in F.A. Hayek, *Anmaßung* 1996, 267–277.

12. Die Anmaßung von Wissen

Entnommen aus: Gesammelte Schriften, A 1, *Wirtschaftstheorie und Wissen*, 2007, 87–98.

Veröffentlichungsgeschichte: Englische Erstveröffentlichung „The Pretence of Knowledge“ in: *Lex Prix Nobel en 1974*, Stockholm: Nobel Foundation 1975. – Deutsche Erstveröffentlichung in *Ordo – Jahrbuch für die Ordnung von Wirtschaft und Gesellschaft* 26, 1975, 12–21. – Abdruck in F.A. Hayek, *Anmaßung* 1996, 3–15.

13. Grundsätze einer liberalen Gesellschaftsordnung

Entnommen aus: Gesammelte Schriften, A 5, *Grundsätze einer liberalen Gesellschaftsordnung*, 2002, 69–87.

Veröffentlichungsgeschichte: Englische Erstveröffentlichung „The Principles of a Liberal Social Order“ in *Il Politico* 31, 1966, 601–618. – Deutsche Erstveröffentlichung in *Ordo – Jahrbuch für die Ordnung von Wirtschaft und Gesellschaft* 18, 1967, 11–33. – Abdruck in F.A. Hayek, *Freiburger Studien* 1969. 108–125.

14. Die Herrschaft der Mehrheit

Entnommen aus: Gesammelte Schriften, B 3, *Die Verfassung der Freiheit*, 2005, 132–151.

Veröffentlichungsgeschichte: Der Beitrag „Die Herrschaft der Mehrheit“ gibt das zehnte Kapitel aus *Die Verfassung der Freiheit* wieder. Zur Veröffentlichungsgeschichte des Buches siehe die Erläuterungen zum obigen Beitrag „Die schöpferischen Kräfte einer freien Zivilisation“.

15. Mehrheitsmeinung und heutige Demokratie

Entnommen aus: Gesammelte Schriften, B 4, *Rechts, Gesetz und Freiheit*, 2003, 307–326.

Veröffentlichungsgeschichte: Der Beitrag „Mehrheitsmeinung und heutige Demokratie" gibt das zwölfte Kapitel aus *Recht, Gesetz und Freiheit* wieder. Zur Veröffentlichungsgeschichte des Buches siehe die Erläuterungen zum obigen Beitrag „Die marktliche Ordnung oder Katallaxie".

Namenregister

Sachregister

Ziffern nach einem Schrägstrich verweisen auf Fußnoten zu der durch die Ziffer vor dem Schrägstrich bezeichneten Seite.

Gesammelte Schriften in deutscher Sprache von Friedrich A. von Hayek

Abteilung A. Aufsätze

A 1 Wirtschaftstheorie und Wissen. Aufsätze zur Erkenntnis- und Wissenschaftslehre
Herausgeber: Viktor J. Vanberg
erschienen 2007.

A 2 Sozialwissenschaftliche Denker. Aufsätze zur Ideengeschichte
Herausgeber: Alfred Bosch, Reinhold Veit † und Verena Veit-Bachmann
in Vorbereitung.

A 3 Entnationalisierung des Geldes. Schriften zur Währungspolitik und Währungsordnung
Herausgeber: Alfred Bosch, Reinhold Veit † und Verena Veit-Bachmann
erschienen 2011.

A 4 Rechtsordnung und Handelnsordnung. Aufsätze zur Ordnungsökonomik
Herausgeber: Manfred E. Streit
erschienen 2003.

A 5 Grundsätze einer liberalen Gesellschaftsordnung. Aufsätze zur Politischen Philosophie und Theorie
Herausgeber: Viktor J. Vanberg
erschienen 2002.

A 6 Wirtschaft, Wissenschaft und Politik. Aufsätze zur Wirtschaftspolitik
Herausgeber: Viktor J. Vanberg
erschienen 2001.

A 7 Wissenschaft und Sozialismus. Aufsätze zur Sozialismuskritik
Herausgeber: Manfred E. Streit
erschienen 2004.

A 8 Preise und Produktion. Frühe Schriften zur Geldtheorie und Konjunkturtheorie
Herausgeber: Alfred Bosch, Reinhold Veit † und Verena Veit-Bachmann
in Vorbereitung.

Gesammelte Schriften in deutscher Sprache von Friedrich A. von Hayek

Abteilung B. Bücher

B 1 Der Weg zur Knechtschaft
Übersetzerin: Eva Röpke; Herausgeber: Manfred E. Streit
erschienen 2004.

B 2 Mißbrauch und Verfall der Vernunft
Herausgeber: Viktor J. Vanberg
erschienen 2004.

B 3 Die Verfassung der Freiheit
Herausgeber: Alfred Bosch und Reinhold Veit
erschienen 2005.

B 4 Recht, Gesetz und Freiheit. Eine Neufassung der liberalen Grundsätze der Gerechtigkeit und der politischen Ökonomie
Übersetzerin: Monika Streissler; Herausgeber: Viktor J. Vanberg
erschienen 2003.

B 5 Die sensorische Ordnung. Eine Untersuchung der Grundlagen der theoretischen Psychologie
Übersetzer und Herausgeber: Manfred E. Streit
erschienen 2006.

B 6 Die reine Theorie des Kapitals
Übersetzerin: Monika Streissler; Herausgeber: Erich Streissler
erschienen 2006.

B 7 Die verhängnisvolle Anmaßung: Die Irrtümer des Sozialismus
Herausgeber: Viktor J. Vanberg
erschienen 2011.

Mohr Siebeck
Tübingen
info@mohr.de
www.mohr.de